U0918313

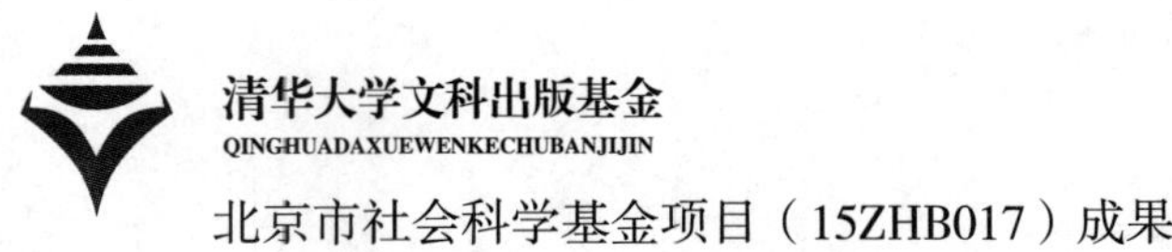

北京市社会科学基金项目（15ZHB017）成果

民国时期
北京的图书馆发展史研究

Research on the History of Library in Beijing
in the Period of the Republic of China

韦庆媛 著

清華大學出版社
北京

版权所有，侵权必究。举报：010-62782989，beiqinquan@tup.tsinghua.edu.cn。

图书在版编目(CIP)数据

民国时期北京的图书馆发展史研究 / 韦庆媛著. —北京：清华大学出版社，2021.7
ISBN 978-7-302-58745-3

Ⅰ. ①民… Ⅱ. ①韦… Ⅲ. ①公共图书馆－图书馆史－北京－民国 Ⅳ. ①G259.271

中国版本图书馆 CIP 数据核字(2021)第 146405 号

责任编辑：周 菁
封面设计：常雪影
责任校对：王荣静
责任印制：丛怀宇

出版发行：清华大学出版社
网 址：http://www.tup.com.cn，http://www.wqbook.com
地 址：北京清华大学学研大厦 A 座 **邮 编**：100084
社 总 机：010-62770175 **邮 购**：83470235
投稿与读者服务：010-62776969，c-service@tup.tsinghua.edu.cn
质量反馈：010-62772015，zhiliang@tup.tsinghua.edu.cn
印 装 者：涿州市京南印刷厂
经 销：全国新华书店
开 本：170mm×240mm **印 张**：24.25 **字 数**：372 千字
版 次：2021 年 9 月第 1 版 **印 次**：2021 年 9 月第1 次印刷
定 价：138.00 元

产品编号：091693-01

序

近十几年来，图书馆事业史颇受图书馆学研究者的关注，其中地方图书馆史已有诸多研究成果面世。特别是各地图书馆进入百年里程后纷纷开展纪念活动，不少图书馆事业史、图书馆馆史著作得以出版。这些著作体裁丰富多样，有馆志、馆史、资料汇编、大事记、图史等。百年修史，成为图书馆追寻传统、自我认知的一种自觉意识。

北京地区是我国近现代新式图书馆产生与发展的主要阵地之一，有关的图书馆史著述不在少数，其中个体图书馆馆史著作居多，整个区域图书馆事业史较少；区域性的图书馆事业史对1959年以后的发展记叙详细，而对民国时期的发展多为简略。最具代表性的地区图书馆事业史是张树华主编的《北京各类型图书馆志》(1993)，该书基于广泛调研而成，资料丰富、数据可靠，是研究北京地区从晚清至20世纪80年代图书馆事业史的重要参考书。但是我们也看到了，专门论述北京地区图书馆事业发展史的著作尚付阙如，这与北京地区麇集着众多图书馆学研究者的现状不相匹配。如果能够将北京地区图书馆发展史细密地梳理出来，无疑会对我国图书馆事业史的清晰展现有着积极作用。

韦庆媛女史长期致力于图书馆馆史研究，尤其是对清华大学图书馆史研究有素，大著迭出。如《邺架巍巍——忆清华大学图书馆》(2011年)、《清华大学图书馆百年图史》(2013年)，受到图书馆史研究者的重视。她主编的《戴志骞文集》(上、下，2016年)也为近代图书馆学家文集整理之要著。2015年，庆媛女史申请的北京市哲学社会科学基金项目“民国时期北京的图书馆发展史研究”获得立项，这是她将图书馆馆史的研究领域拓展到北京地区图书馆事业史的一种努力。本书就是这个项目结项后的成果。

拜读庆媛女史的这部书稿，收获良多。其以下写作特点尤值得称赞：

一、所凭借的资料、数据十分丰富。作者置身于清华大学图书馆文献宝库之中，又有着访查资料的丰富经验，在写作本书时，不仅遍查了公开出版的报刊文章、各种专著、外文文献，还利用了民国时期的档案、非公开出版物等资料。如本书参引的赵福来编纂的《北平市图书馆一览》(油印本，北平市图书馆协会服务委员会，1948 年)，收录了当时调查走访所得的 55 所图书馆具体信息和数据，内容颇为详尽。因是油印本，印量小，我曾在首都图书馆地方文献库见到 1 册。还有，北京最早开放的公共图书馆，可以追溯到光绪二年(1876)国英创建的"共读楼"，而国英刻印的《共读楼书目》[索绰络氏家塾藏版，巾箱本，光绪庚辰年(1880)刻印]上下两册，是研究"共读楼"的基本史料，也是难得一见。这些一手资料都被作者所参考、利用，其书可谓"采铜于山"之作也。

二、考证翔实，挖掘出诸多未见史料，披露了诸多鲜为人知的史实。如通过对杨家骆《全国机关公团名录》(1937 年)、李文裿《北平学术机关指南》(1933 年)、刘苏选编的《1933 年北平市公私立图书馆调查表》(1996 年)等多方资料的考据、统计，总结出"七七"事变前北京地区图书馆事业是最为繁盛时期，共有图书馆 124 所，藏书总计 396 万册，且通过表格一一列出所有图书馆的馆名、地址、藏书量、成立时间。估计当时只有上海多于北京(据 1936 年的《申报年鉴》统计，上海当时有各类图书馆 240 所)。此外，本书通过档案资料也整理出不少重要的图书馆数据，如根据《北平市教育局社会教育科所属社教机关一览表》(北京市档案馆藏，档案号:J004－004－00117)梳理出 1945 年 12 月日伪时期北平市图书馆、民众教育馆、阅书报处的基本情况，包括馆长姓名、职员人数等。

三、注重以图录展示原始材料，以表格呈现完整数据。如通过民国时期图书馆建筑、图书馆活动、图书馆重要人物照片或图片，展现昔日的历史风貌。在第四章"民国时期北京的图书馆建筑扩充与馆藏建设"中，作者从旧书刊资料挖掘出十几张民国时期北京地区的图书馆馆舍图，将其一一展现出来，介绍了当时图书馆建筑设计打破了以往藏书楼建筑格局、材料多用钢筋水泥、重视开放性兼及防火功能、设施配备齐全的盛况，是知民国时期图书馆事业已经达到较高的先进程度。第五章中 1931 年北平市立第一普通图书馆罗静轩馆长与全体职员的合影，1937 年香山慈幼院儿童在图书馆读书的图片，还有第六章里1925年5月26日鲍士伟在韦棣华陪同下访问北京大学，北大同人宴请鲍士伟的照片等，都是在以往图书馆史著中稀见的珍贵图影，它们再现了民国时期图书馆活动、图书馆人物的真实场景。

四、内容结构经纬纵横，既考察民国以来北京地区图书馆总体的发展源流，又从馆舍建设、藏书汇聚、业务分工、专业教育、学术活动、学者群体等不同向度展开，分析地区图书馆事业不同剖面的具体情况，借此揭示北京地区图书馆事业发展的肌理，折射北京文化发展的丰富内涵。如在有关图书馆流通服务的章节里，作者介绍了北京地区图书馆初建期的读者服务都曾收费，虽然就是一两枚铜板，价不昂贵，但这也是“门槛”。1927年1月16日新的北平北海图书馆开馆，开启了图书馆免费阅读的时代。图书馆食堂还备有午餐，供读者用餐，收价极廉。这些服务，宣示着贫民平等、自由获取知识的时代来临。20世纪30年代市属最大的图书馆北平市立第一普通图书馆，曾专门组织儿童读书会，利用儿童阅览室藏书开展活动，吸引儿童走进图书馆；举行全市巡回图书借阅展览，在城郊内外21处阅览处所进行巡回借书；利用北平、育英两个广播电台播送读书指导节目，为公众自编自演话剧《到图书馆里去》。

五、作者视野开阔，运用大历史观研究方法，将北京的图书馆发展置身于社会政治、文化、经济发展的背景中，置身于国家实现现代化历史过程中进行深入考察，关注在现代化语境下，国家政治取向、教育制度变化、市民文化程度对北京图书馆发展的影响，从而使我们从中能看到影响图书馆发展的内外部因素的作用，看到图书馆盛衰的前因后果。如叙述俄罗斯东正教图书馆时，围绕中俄两国关系所处时代，沙皇亚历山大一世旨意的影响，阐发其在京创办的意图、办馆使命、业务特征以及最后归宿等，使人得以看清东正教图书馆发展的历史逻辑。在叙述民国图书馆体制确立与发展时，作者更是从图书馆法规、教育制度完善的角度切入，不仅厘清了图书馆事业不同历史阶段的法律保障、行政归口，也明晰了图书馆事业法制保障、政府力量推进的过程，反映出政府在图书馆网络体系形成中所处的主导地位。

除了上述特点，本书语言洗练，要言不烦，也表现出自己的一种独特风格。不过，拜读获益的同时，该书个别地方还有可继续探讨的空间。如书中数据多次提到1948年时北京有图书馆55所（包括张树华《北京各类型图书馆志》也如此认为),依据来源于赵福来《北平市图书馆一览》。然而看袁同礼为《北平市图书馆一览》所做的序文,袁同礼说当时北京的图书馆当不下60余所。故我觉得赵福来所载只是其亲自走访所见,55所恐非当时准确之数。另外,徐铸成《旧闻杂忆》(生活·读书·新知三联书店香港分店出版,1980年)、邓云乡《文化古城旧事》(中华书局,2015年)等书,对民国时期北京图书馆也有生动描述,如果能将其中资料用上,北京早期图书馆面貌就会更加感性化了。

我与庆媛女史相知多年,我有几名硕士研究生学位论文外审专家的评审意见,就出自于庆媛女史之手。她的评语中肯,所提意见令人信服。2014年我在撰写《1957年图书馆界右派的言论及遭遇》一文时,曾向庆媛女史请教清华大学图书馆副馆长刘世海生平,她帮我查考清楚并及时回复,解决了我的问题。后来她整理出版了《戴志骞文集》还专门送我一部。现在,庆媛女史的新作就要面世了,我先睹为快。在此,自己将阅读感受分享给大家,并向大家推荐这部地区图书馆史的力作,冀望它能惠及更多的图书馆学研究者以及文化学人。

王子舟①

2020年1月12日于五道口

① 王子舟,北京大学信息管理系教授,兼中国图书馆学会学术委员会副主任、图书馆学基础理论专业委员会主任等。

目　录

第一章

概　述

第一节　问题的提出

在费正清提出的“冲击—回应”(impact-response)理论中,将中国这一古老国家与当时居于统治地位的、不断扩张的西欧与美国的接触,视为在社会活动的各个领域,对古老秩序进行的挑战(包括政治、经济、社会、意识形态和文化领域)。因此,19世纪以来中国社会历史变化的根本内容,就是西方对中国社会不断“冲击”以及中国社会的“回应”。[①] 就图书馆的发展而言,近代以来,中国知识精英面对来势汹涌的西方势力,“回应”的首要途径是救亡图存,做“新民”成为“中国第一急务”,社会教育被视作“民族复兴”的良药。清末新式藏书楼、图书馆的萌芽为民国时期图书馆的发展奠定了良好的基础,知识精英自下而上的推动,带动了国家政权自上而下的把控,图书馆成为近代社会教育的一部分,被纳入现代国家治理的轨道,承担起教育国民、实现国家现代化的重任,推动中国社会向现代化转型。然而,保罗·柯文等学者针对西方对于近代中国社会的冲击,提出从中国内部角度出发,对中国社会内部形态及发展动力进行研究,提出“中国中心说”。[②] 这些学术观点引发我们对图书馆发展模式的思考,图书馆在接受西方思想的过程中,表现出了多维视角。在早期接受西方图书馆学思想时,经历了“冲击—回应”的过程;然而这一过程也经受了来自“中国中心说”的考验,梁启超试图打破费正清的“回应”模式,提出“建立中国的图书馆学”。北京的图书馆在发展过程中体现出的中国

---

① 顾钧:《美国第一批留学生在北京》,52页,郑州,大象出版社,2015年。

② 闵韬:《保罗·柯文等美国学者关于费正清“冲击—回应”模式争论》,华东师范大学硕士论文,2011年。

传统与西化思想的碰撞较为典型，但学术界过去对此研究相对薄弱，还未见北京的图书馆史研究专著出现。因此，有必要将北京的图书馆放在民国的大背景中进行考察，在整个民国历史的长时段中，全面系统地展示民国时期北京的图书馆发展状况，深化图书馆学术史研究，具有重要的学术价值。

在当前复杂的国内外环境下，提高全民素质、提高全球竞争力是我们的重要任务。在新的历史时期，文化建设已经成为国家发展战略，国家大力提倡建设学习型社会，促进形成全民学习、终身学习、积极向上的社会风气，大力发展文化事业。今天，社会教育作为对家庭教育、学校教育的补充，在国内外都受到了极大重视。图书馆是社会教育的载体，是全天候的导师，它不受时间、空间、职业、年龄的限制，是人民的大学。寻找一条新世纪切实可行的图书馆转型创新发展路径，是国家和社会期待今日图书馆取得突破的课题。文化建设需要在继承的基础上发展，民国时期站在中国图书馆发展潮头的北京图书馆发展经验，可以为今日图书馆发展提供参考和借鉴。从这个意义上讲，对民国时期北京的图书馆发展史的研究，不仅是学术问题，更是顺应时代发展战略需求的现实问题，具有很强的应用价值。

有鉴于此，2015 年笔者以“民国时期北京的图书馆发展史研究”为题，申请北京哲学社会科学基金项目支持，以该项目为依托，最终完成了本书。本书对民国时期北京的图书馆发展史进行系统的研究，全面展示民国时期北京的图书馆发展历程，总结历史经验教训，探寻其成败因素，对今日图书馆发展提供借鉴，本书选题的意义也在于此。

第二节　相关概念的界定

1. 范围界定

本书以“民国时期北京的图书馆”为研究主题，以民国时期北京地区图书馆发展顶峰时期的 132 所图书馆为研究对象，分为五种类型：①国立图书馆；②市立图书馆；③学校图书馆；④私立图书馆；⑤会社图书馆。研究各种类型图书馆的产生与发展，关注北京的图书馆馆舍、藏书、管理、学会、学者等问题。

2. 区域界定

民国时期，北京的名称曾数次更改。中华民国北洋政府时期，一直称为北京，是北洋政府的首都；南京国民政府成立后，迁都南京，北京改为北平；日伪时期北平又改为北京，但国民政府不承认改名，仍称其为北平；抗战复员后复称北平。为行文方便，本书一般称为北京，在具体描述当时环境时，则使用当时的称谓。北京的城市管辖区域包括城区和郊区。民国时期的四郊分别是：东至东霸，与通州界；南至羊房，与宛平界；西至香山，与宛平界；北至清河，与昌平界。

3. 时间界定

本书研究时段为1912—1949年，具体时段与政治史分期一致。图书馆发轫于清末，本书将清末的藏书楼、阅书报处作为背景纳入研究范围。具体到民国时期北京的图书馆发展史，共分为四个时期：1912—1928年为初创时期，以1912年中华民国临时政府建立为起点，至南京国民政府的建立；1928—1937年为发展时期，以南京国民政府建立的起点，至“七七”事变爆发前为止。1937—1945年为萧条时期，以日军发动“七七”事变为起点，至日本宣布无条件投降为止。1945—1949年为恢复时期，以日本投降为起点，至中华人民共和国成立为止。

第三节　国内外研究现状述评

19世纪后期，随着西方思想传入中国，北京成为变法图强的中心，“五四”运动中更是北京率先扛起民主与科学的大旗。文化的传播与发达，使北京在民国时期中国图书馆从封建藏书楼向近代图书馆转型的巨大变革中，成为中国图书馆事业发展的中心。

北京的中心地位，使清末新兴的图书馆活动很多从北京开始，北京的图书馆在中国图书馆发展史中占有重要地位。在中国图书馆史的著作中，对北京的图书馆多有涉猎，如谢灼华主编的《中国图书与图书馆史》[1]，从宏观的角度介绍了北京的公共图书馆发展情况，以及有影响的国立北平图书馆、北京大学图书馆、北京高师图书馆、清华学校图书馆等。

区域图书馆史的研究，在很大程度上意味着学术视野的转换和深化。近年来已有学者注意区域馆史的研究，出版了一些专著，如《河南省图书馆百年》[2]《湖南近代图书馆史》[3]等，史料翔实，内容丰富，在区域馆史研究方面进行了有益的探索。对于北京的区域图书馆史综合研究，目前还没有专著问世。《北京志》中的《图书馆志》部分，[4]收录了民国时期北京的公共图书馆、学校图书馆等的简介信息。张树华主编的《北京各类型图书馆志》，[5]也有关于公共图书馆、高等院校图书馆、中国科学院北京地区图书情报系统、中国社会科学院图书馆系统、中央国家机关及其所属科研机构图书馆、工厂图书馆、中学图书馆等的介绍，主要侧重于中华人民共和国成立以后的情况。

关于民国时期北京的图书馆研究论文，有张树华的“北京近代图书馆的产生、发展和现状”，[6]该论文在《大学图书馆学报》分六期刊出，分为北京近代图书馆的产生、辛亥革命以后北京地区的图书馆事业、“五四”运动与北京地区图书馆事业的发展、抗日战争时期北京的图书馆事业、抗日战争胜利后北京的图书馆事业，以案例群的方式对北京的图书馆进行了梳理。张树华另在“民国时期北京地区私立图书馆述略”[7]一文中指出：民国时期在蔡元培、鲁迅的推动和教育部图书馆规程的鼓励下，北京地区由公共团体和私人设立的图书馆数量很多。该文介绍了北京私人成立的图书馆、宗教团体创立的图书馆、其他社会团体主办的图书馆。

近年来，北京的一些图书馆出版了本馆专题馆史研究著作，如李致忠的《中国国家图书馆馆史》，金沛霖的《首都图书馆馆史》，吴晞的《北京大学图书馆九十年记略》，韦庆媛、邓景康的《清华大学图书馆百年图史》等；还有研究

---

① 谢灼华：《中国图书与图书馆史》，1～390页，武汉，武汉大学出版社，2011年。

② 王爱功、张松道：《河南省图书馆百年》，1～236页，吉林，吉林文史出版社，2009年。

③ 沈小丁：《湖南近代图书馆史》，1～320页，长沙，岳麓书社，2013年。

④ 北京市地方志编纂委员会：《北京志·文化艺术卷·群众文化志·图书馆志·文化艺术管理志》，2001年，171～373页。

⑤ 张树华：《北京各类型图书馆志》，1～767页，北京，燕山出版社，1993年。

⑥ 张树华：《北京近代图书馆的产生、发展和现状》，《大学图书馆学报》，1990年第1～6期。

⑦ 张树华：《民国时期北京地区私立图书馆述略》，《北京图书馆馆刊》，1998年第3期，108～111页。

各馆历史的单篇论文，如翟志宏的“清末京师图书馆发展述略”，朱强、王波等的“北京大学图书馆的历史、现状与展望”，[①]韦庆媛的“清华学校在中国图书馆近代化初期的历史作用”，陈雁的“民国时期北京中法大学图书馆建设研究”。这些图书和论文立足于本馆个案，对史料进行全面的整理和应用，重在梳理馆史，总结经验，弘扬传统，写出了有深度的专题史。

在专题论文研究方面，1920 年在北京高师举办的图书馆学讲习会是中国首次全国性的图书馆员短期专业培训活动，翟桂荣从当年《晨报》所刊发的十余次全程报道入手，论述培训活动的缘起、经过、历史意义及影响。[②] 郭平关注北京与近代“新图书馆运动”的关系，从北京的图书馆教育、北京的中华图书馆协会、北京的图书馆学专业书刊等方面，分析了北京在新图书馆运动时期的影响和作用。[③] 总部设在北京的中华图书馆协会，是民国时期最大的图书馆学专业组织，学术界给予高度关注，研究论文较多，论文主要从研究年会[④]、会报[⑤]等多方面展开，李彭元则全面总结了中华图书馆协会的历史贡献，他认为中华图书馆协会基本解决了民国时期阻碍图书馆事业发展的学术问题，参与培养了 20 世纪中国图书馆事业建设的人才方阵，奠定了 20 世纪中国图书馆事业发展的基本格局。[⑥]

北京的学者群体在图书馆发展历程中起了重要作用。学术界关注较多的参与图书馆事业的近代名人有梁启超、蔡元培、李大钊、蒋梦麟、鲁迅等。梁启超因提出“建设中国的图书馆学”，在图书馆学界有特殊的地位。王子舟带领研究生讨论认为，在新的历史时期，“中国的图书馆学”建设仍在路上。[⑦]对梁启超的目录学理论和实践活动也有研究，陈光祚在 20 世纪 60 年代就总

① 朱强、王波等：《北京大学图书馆的历史、现状与展望》，《大学图书馆学报》，2012 年第 6 期，5～16 页。

② 翟桂荣：《1920 年北京高等师范学校图书馆学讲习会的历史意义及影响》，《大学图书馆学报》，2014 年第 4 期，121～126 页。

③ 郭平：《北京与近代“新图书馆运动”》，《山东图书馆学刊》，2016 年第 6 期，45～50 页。

④ 梁桂英：《中华图书馆协会年会述略》，《图书馆理论与实践》，2013 年第 9 期，80～84 页。

⑤ 邓咏秋：《评〈中华图书馆协会会报〉》，《大学图书馆学报》，2010 年第 2 期，119～121，108 页。

⑥ 李彭元：《试论中华图书馆协会的主要历史贡献》，《图书馆论坛》，2018 年第 2 期，1～11 页。

⑦ 王子舟等：《“中国的图书馆学”建设仍在路上——纪念梁启超〈中华图书馆协会成立会演说辞〉发表 90 周年》，《图书馆论坛》，2015 年第 5 期，6～12，67 页。

结了梁启超的目录学具有代表性的论著及观点，内容详实丰富。[①] 蔡元培因最早倡建教育部“社会教育司”、将图书馆纳入社会教育范畴，而受到研究者关注。全根先认为，民国时期，蔡元培执掌教育部，对于我国国家图书馆、地方图书馆、大学图书馆、专门图书馆的建设均做出了重大贡献。[②] 民国时期，北京的图书馆学专业学者领导图书馆走上了专业化道路，韦庆媛研究了戴志骞的“两半球论”“六要素说”等图书馆学思想，[③]张红扬阐述了袁同礼如何带领北京大学图书馆顺利度过内忧外患的年代。[④]

在海外，也有一些关于北京图书馆的研究成果，唐金红(Jinhong Tang)在获得西悉尼大学博士学位的毕业论文《教育改革与中国近代图书馆的诞生——以1909—1937年的京师图书馆为例》中，[⑤]阐述了京师图书馆的形成及早期发展。以往研究国立北平图书馆善本图书迁美转台主要依据中文资料，玛格丽特·方(Margaret C. Fung)在“1941—1965年美国国会图书馆对国立北平图书馆古籍善本图书的保管”一文中，[⑥]利用外文资料，从保存的角度展示了这批资料的特殊经历。

关于北京图书馆人物的研究，在海外也有一些成果。国外对清华学校图书馆主任戴志骞的研究远早于国内，最早提出“知识组织”概念的美国著名图书馆学家亨利·埃韦林·布利斯(Henry Evelyn Bliss)在其1933年出版的名著《图书馆的知识组织》中，依据戴志骞提出的“静态”和“动态”两种专业图书馆类型，定位商业图书馆为“动态”图书馆。[⑦] 台湾学者涂光霈在博士论文“西方知识和价值的转换与传播：20世纪早期中国图书馆服务的形成”中，利用哥伦比亚大学图书馆学院和伊利诺伊大学图书馆学院的档案资料，查找到北

① 陈光祚：《梁启超的目录学理论观点和实践活动》，《武汉大学人文科学学报》，1963年第4期，156～171页。

② 全根先：《蔡元培与中国近代图书馆事业》，《山东图书馆学刊》，2004年第3期，18～22页。

③ 韦庆媛：《戴志骞新图书馆学思想与实践》，《图书馆》，2010年第6期，58～61页。

④ 张红扬：《袁同礼与北京大学图书馆》，《大学图书馆学报》，2011年第5期，118～121页。

⑤ J.H. Tang. Educational Rreform and The Emergence of Modern Libraries in China: With Special Reference to the Metropolitan Library of Beijing, 1909—1937. Ph.D., Dissertation, University of Western Sydney, 2004.

⑥ Margaret C. Fung. Safekeeping of the National Peiping Library's Rare Chinese Books at the Library of Congress 1941—1965. The Journal of Library History. 1984, Vol. 19, No. 3 , pp.359-372.

⑦ Henry Evelyn Bliss. The Organization of Knowledge in Libraries and the Subject Approach to Books, The H, W. Wilson Company, 1933:108.

京留学学者的第一手资料，澄清了一些必要的史实。[①]

上述研究现状表明，学术界已经从不同侧面对民国时期北京的图书馆发展史进行了一定的研究，取得了一些较好的成果。但从整体上来看，总括性研究较为简略，专题性研究缺乏整体概念，一线人物研究多，二线人物研究少，无法从宏观上全面了解民国时期北京的图书馆发展全景，这与其在中国图书馆历史上的地位不相符合。从实现突破的研究取向上，本书选择从整体上研究民国时期北京的图书馆发展史，把北京的图书馆放在民国的大背景中去考察，在整个民国历史的长时段中，分阶段、按类型研究北京图书馆的发生和发展，从时间和空间两个维度对民国时期北京的图书馆进行全面系统的研究。

第四节　研究内容、方法、创新之处及资料来源

1. 研究内容

本书分十个方面，主旨在于通过对民国时期北京的图书馆发展史的全面考察，厘清在整个民国时期北京各类图书馆的发展变化，总结其成效和制约因素，通过反思，对今日图书馆的发展提出启示。具体内容包括十章：

（1）概述

民国时期是从封建藏书楼向近现代图书馆转型的重要时期，研究民国时期的图书馆发展情况具有重要的理论价值和应用价值。概述部分以问题意识为先导，明确课题的范围、区域、时间等概念，对国内外研究现状进行述评，阐述研究内容、方法、创新之处及资料来源，说明核心观点及主要建树。

（2）清末北京的图书馆萌芽

民国时期北京的图书馆发展不是一蹴而就的。民国以前，早期教会图书馆、开放的共读楼、维新时期的学会和学堂藏书楼、新政时期的图书馆、清末的阅报处已经为民国时期图书馆的发展奠定了基础。本章着重阐述这些活

---

① Kuang-Pei Tu. Transformation and Dissemination of Western Knowledge and Values: the Shaping of Library Services in Early Twentieth Century China. Ph. D., Dissertation, University of California, 1996.

动改良了社会风气，直接推动学部加快制订建设全国图书馆的规划。

（3）民国时期北京的图书馆发展阶段

民国政府建立后，正式确立了图书馆制度。图书馆积极发挥社会教育职能，"保存国粹"和"服务民众"双轨并行，同步发展。北京的图书馆经历了初创时期（1911—1928）、发展时期（1928—1937）、萧条时期（1937—1945）、恢复时期（1945—1949）的不同发展阶段，逐渐形成了国立、市立、学校、私立、会社等多种类型图书馆。本章厘清北京的图书馆发展脉络，明确各类图书馆的功能和线索。

（4）民国时期北京的图书馆建筑扩充与馆藏建设

中国在向西方图书馆学习的过程中，首先遇到的是器物不足。馆舍数量不足，地点偏远，条件不合，影响图书馆的可持续发展。民国时期开始建设新式馆舍，20世纪30年代达到高潮。馆舍条件的改善，促进了藏书建设，官府、私家、书院藏书逐渐汇聚到近代图书馆中来，北京的图书馆发展表现出古籍收藏量大、藏书发展不均衡、抗战时期图书损毁严重、战后恢复迅速的特点。

（5）民国时期北京的图书馆业务管理与流通服务

民国时期北京的图书馆类型多样，虽有国立、市立、学校、私立、会社图书馆之分，其功能不同，藏书结构亦有所不同，但其业务管理工作是一致的。各馆在图书馆组织与管理、分类编目、提供服务等基础业务工作方面多有交流。各类图书馆既有个性，又有共性，同处一个共同体内，在业务上互相促进，互为补充。本章主要揭示各类型图书馆业务管理工作与流通服务的情况。

（6）民国时期北京的图书馆专业教育与学术活动

北京是最早开始图书馆学专业教育的地区。北京的图书馆通过开办图书馆学讲习会、图书馆学培训班、建立图书馆学系，为图书馆事业培养专业人才。北京最早开展图书馆学术活动，北京图书馆协会，中华教育改进社图书馆教育委员会由北京学者领衔，中华图书馆协会总事务所设在北京。北京的图书馆专业组织通过举办常会、学术年会等开展学术活动，传播学术信息，有力地推动了北京图书馆事业的发展。

（7）民国时期北京的图书馆学者群体构成及特点

民国时期北京的图书馆学者群体包括社会知识精英、图书馆学专业学者、在北京工作的外国馆员、传统文献学者，他们以群体的身份出现在北京的文化舞台上，投身到倡导新学、启发民智、培育人才、开新风气的社会大潮之中，引进新观念，开展新服务，在图书馆建设、管理、教育、研究、与世界图书馆学界交流等各个方面都取得了重要成就，成为中国图书馆事业的引领者。本章主要分析学者群体的构成和特点。

(8) 民国时期北京的图书馆发展成效与制约因素

本章主要阐释民国时期北京的图书馆发展对北京乃至中国图书馆事业的影响，分析北京的图书馆在推动中国图书馆事业的进步、奠定近代北京图书馆的基本格局、建立近代图书馆的工作秩序、开展图书馆学教育、建立学术团体、提倡开放服务以及推进北京地区现代化进程等方面的成绩。同时注意到，北京的图书馆发展也受到了政治不稳、经费不足及来自人们旧观念的阻碍。

(9) 对民国时期北京图书馆发展历程的反思

本章全面反思民国时期北京的图书馆发展总体情况。肯定图书馆在“保存国粹 造就通才”的思想指导下，成为现代学术体制的重要组成部分，其成果极为显著。同时也看到，经济基础与上层建筑脱节，图书馆对民众教育收效未达预期；未能充分发挥乡绅在文化权力网络中的作用，城郊乡村地区图书馆处于空白；在建设“中国的图书馆学”的问题上，“传统的”与“西方的”之间没有建立良好的沟通渠道。

(10) 民国时期北京图书馆发展历程的启示

本章在反思历史的基础上，提出对今日工作的启示。在新的历史时期，图书馆应贯彻为民众服务的宗旨，提高图书馆开放程度；将民众的喜好纳入考量体系，设计民众喜闻乐见的图书馆教育活动；重视基层图书馆建设，构建合理的图书馆网；加强理论研讨与实际应用相结合，鼓励创新，促进发展。

2. 研究方法

(1) 在理论方面，运用大历史观等方法进行研究。本书将研究对象置于中国近代社会转型的大背景之中，用历史的长焦距审视北京的图书馆演变，进行基本史实的考证与建构。同时运用社会学、历史学等多学科研究方法对图书馆管理、图书馆教育、思想变迁等多个层面进行分析研究，总结民国时期北京的图书馆发展规律。

（2）在应用方面，采用文献调研法，重视查找原始资料，对图书馆发展历程进行考察研究。同时运用统计分析法，对历史数据进行定量和定性分析，直观生动地反映图书馆发展规模与程度，发现发展的线索与轨迹。

3. 创新之处

（1）选题视角创新。本书突破原有的介绍性、个案式研究方式，整体展示北京的图书馆发展史。本书把北京的图书馆发展的四个时期、五种类型融为一体，为北京的图书馆历史研究提供了一个新视角。

（2）研究方法创新。本书作为区域图书馆史研究，突破以往碎片化的研究方式，运用大历史观理论，把图书馆的发展放在民国历史的长时段中考察。在应用方面，注意使用统计方法，运用大量图表分析，用数据说话，得出可信的结论。

（3）应用资料创新。本书突破以往主要使用中文资料进行研究的局限，从整体上、不同角度搜集多种类型资料，尤其注意应用外文资料进行研究，扩大视野，保证研究的全面性和严谨性。

4. 资料来源

本书主要研究民国时期北京的图书馆发展、变迁的过程，进而总结民国时期北京的图书馆发展成效与制约因素，找出发展规律。对此研究应注重客观再现历史真实，并辩证地进行分析评价。要做到这一点，就必须掌握大量资料，这是研究的基础。

（1）档案史料。

北京市档案馆民国档案是北京历史的直接记录，国家第二历史档案馆也存有部分有关北京的档案，这是本研究最直接的资料。

（2）民国书刊。

民国时期北京图书馆协会、中华图书馆协会都进行过图书馆调查，其出版的调查报告很有价值，其中有关于北京的各类型图书馆情况。北京各类图书馆出版的各种形式的概况、一览，也是了解该馆的重要资料。

报刊以其短小精悍的特点记录当时史实，也是珍贵的第一手资料。中华图书馆协会是民国时期中国最大的全国性学术组织，出版了《中华图书馆协会会报》《图书馆学季刊》。北京图书馆协会也出版了《北京图书馆协会会刊》，国立北平图书馆出版八种期刊，数量最多。北平市立第一普通图书馆出版有馆刊，北京各大学、机构也有馆刊出版。抗战时期日本人办的"北平近代科学图书馆"也出版了刊物，这些期刊方便我们查找北京的图书馆动向、了解馆员和学者名单、查找馆员著述等。

除图书馆专业期刊外，普通教育和社会教育的报刊也为我们提供了一些图书馆方面的资料，如《新教育》刊登了历次中华教育改进社"图书馆教育组"的会议、提案等情况。其他社会教育的报刊也有一些图书馆的资料。各学校出版的校刊一般都有本校图书馆的信息，是反映当时情况不可多得的资料。

（3）法令汇编、统计数据。

民国时期北京出版了一些法令、年鉴、政府公报、各种统计等，其中的一些相关内容可以作为图书馆档案材料的补充或修正数据。教育部编辑出版的《第一次中国教育年鉴》（1934 年）、《第二次中国教育年鉴》（1948 年）提供了一些教育信息和统计数据。北平市政府编的《北平市教育法规汇编》（北平市社会局教育科，1933 年），《北平市市政公报》（1928 年创办），其中有政策法规、人事任免等事项。此外，民国时期的京师学务局、市政府、教育局、社会局等公文、总结报告、统计数据等都是第一手原始资料。

（4）近年来的研究成果。

已经出版的张树华主编《北京各类型图书馆志》《北京志·文化艺术卷·群众文化志、图书馆志、文化艺术管理志》，是直接的参考资料。间接的如耿申等编的《北京近代教育纪事》，也收集了北京地区的相关教育信息，其中亦有图书馆的信息。期刊文章体现最新的研究成果，近年来不断有关于京师图书馆、国立北平图书馆、清华大学图书馆、北京大学图书馆、松坡图书馆等个案专题研究文章出现，也是有价值的专题参考资料。

（5）外文资料。

民国时期北京的图书馆学者留学海外，带动了开眼看世界的人们走出国门。留学学者的第一手外文资料是了解学者经历、思想形成过程的重要参考。美国学校留下了他们学习的记录。如美国纽约州大学院图书馆学院学生名录[①]、纽约公共图书馆年度报告等,[②]都是重要资料。

1926 年 5 月,在孟禄(美国)、杜威(美国)与郭秉文、胡适等中美著名人士的积极推动下,在美国纽约创建了华美协进社(China Institute in America)。该社分别于 1927 年、1928 年、1931 年、1936 年出版了四册《中国留美学生硕博士论文》(*Theses and Dissertations by Chinese Students in America*)。1943—1945 年华美协进社又连续编辑出版了《旅美中国同人录》(*Directory of Chinese University Graduates and Students in America*),该书收录当时在美国学习和工作的中国馆员信息。

1933 年、1943 年、1955 年、1966 年、1970 年美国分别出版了五版《图书馆服务名录：美国和加拿大图书馆员传记录》(*Who's Who in Library Service: A Biographical Directory of Librarians in the United States and Canada*),其中收录了华裔馆员的信息。

一些专题性的外文论文往往会有国内从未见过的资料,一些综合性的论文可从不同角度了解外界对于中国图书馆的看法和感受,如"历史回顾：中国的图书馆服务"等[③]。

综上可见,关于北京图书馆主题的资料相当丰富。本书在查阅原始资料的基础上,参阅当代学者的研究成果,描绘民国时期北京的图书馆初创、发展、萧条、恢复的曲折历史,做出历史评价。

第五节　核心观点及主要贡献

1. 核心观点

(1) 北京的图书馆在转型过程中体现了较强的软实力

由于北京的重要性,民国时期北京地区图书馆的发展史差不多就是半部

① James I.Wyer.New York State Library School Register 1887—1926.New York State Library School Association.INC.,1959.

② New York Public Library. Library School of The New York Public Library Annual Report. New York：The Library School,1918.

③ Lee-hsia Hsu Ting. Library Services in the People's Republic of China：A Historical Overview. The Library Quarterly：Information，Community，Policy. 1983，Vol.53，No.2：pp.134-160.

全国图书馆的发展史。本书关注“人”的作用，通过系统总结社会知识精英、图书馆学专业学者、在北京的图书馆工作的外国学者、传统文献学者等群体的构成和贡献，寻找图书馆发展的软实力，为图书馆文化史研究提供新视角。

（2）北京的图书馆在转型过程中发挥了示范作用

民国时期北京的图书馆率先奠定了近代图书馆的基本格局，建立了近代图书馆的基本工作秩序，最早开展专业教育，建立学术团体，在为普通民众和学术研究服务的“双轨制”图书馆体系中，为学术研究提供有力的支撑，为民众提供知识储备，推进了北京地区的现代化进程。

（3）北京区域馆史进程体现出国家意志

民国时期北京的图书馆发展经历了从自下而上的知识精英启蒙，到国家政权自上而下把控的过程。国家政权通过制度规定，将图书馆纳入国家治理体系之中。作为区域馆史研究，本书揭示在现代化语境下，国家政治取向、国家制度变化对北京图书馆发展的影响，重视政学之间的互动。

（4）北京的图书馆发展特征具有普适性

民国时期北京的图书馆在促进近现代学术体制的转型方面成果显著，但在民众教育方面收效未达预期；城郊乡村图书馆处于空白，未能充分发挥乡绅在文化权力网络中的作用；未能建立“传统的”与“西方的”沟通渠道，从而真正建立“中国的图书馆学”；对民国时期北京图书馆发展史的反思具有普适性，启示今日图书馆的发展，具有现实意义。

2. 主要贡献

（1）挖掘北京图书馆发展的软实力，拓展图书馆文化史研究新视角

本书利用民国时期的档案、非公开出版物、期刊论文、各种专著、外文文献等资料，考证翔实，挖掘以往未见的史料，披露了诸多鲜为人知的史实、数据及图片，系统梳理了民国时期北京图书馆的人物和事件。“人是创造历史的主人”，本书关注“人”的作用，用较大力度挖掘北京的图书馆人物史料，系统总结社会知识精英学者、图书馆学专业学者、在北京的图书馆工作的外国学者、传统文献学者的构成和贡献，注重寻找民国时期北京的图书馆发展的软实力，为图书馆文化史研究提供了新视角。

（2）揭示北京在民国时期图书馆转型中的示范作用

本书通过具体史实的构建，揭示了北京的图书馆在中国近代社会转型时期的作用：推动了中国图书馆事业的进步；奠定了近代图书馆的基本格局；建立了近代图书馆的基本工作秩序；最早开展图书馆学专业教育，培养了图书馆学专业人才；最早建立学术团体，促进学术研究的发展。北京的“双轨制”图书馆体系，为学术研究提供了有力的支撑，也在引导民众走向“新民”，“使人民具备近代都市及农村生活之常识”主旋律中扮演重要角色，推进了北京地区现代化进程。民国时期北京的图书馆是中国近代图书馆转型发展的重镇。

(3) 强调用大历史观研究区域馆史

北京近代图书馆的建立和发展经历了自下而上的知识精英启蒙，进而国家政权自上而下实现把控，将图书馆纳入国家治理体系之中。以往对区域图书馆史的研究多将区域历史作为关注的焦点，局限于一地一馆的发展，国家政权成为虚化的符号。本书作为区域馆史研究，运用大历史观研究方法，将北京的图书馆发展置于国家实现现代化的大背景之下，密切关注在现代化语境下，国家政治取向、国家制度变化对北京图书馆发展的影响，把图书馆的发展与国家培养现代国民的导向结合起来，重视政学两界的互动。

(4) 立足区域馆史研究，反思整个民国时期图书馆的发展进程

本书通过对历史的反思，认识到民国时期的图书馆在促进近现代学术体制的转型方面成果显著；通俗图书馆在民众教育活动中充当重要角色，但经济基础与上层建筑不相适应，民众教育收效未达预期；城郊乡村图书馆处于空白，未能充分发挥乡绅在文化权力网络中的作用；关注建设“中国的图书馆学”问题，但没有建立良好的“传统的”与“西方的”沟通渠道。北京的图书馆发展规律同样适用于中国图书馆和其他区域图书馆的发展，具有普适性价值，其中反映出的经验教训对于指导当今图书馆的发展仍然有现实意义。

第二章

清末北京的图书馆萌芽

晚清以来，中国社会发生了巨大变化，天朝大国风光不再，古代藏书楼观念受到来自西方图书馆观念的巨大冲击。在这种强大的冲击下，北京的宗教图书馆及相继建立的共读楼、维新时期的学会和学堂藏书楼、阅报处、新政时期的图书馆成为建立近代图书馆的前奏。

第一节　早期教会图书馆

明清时期，西方传教士开始登陆中国。基督教有三大主要教派，分别是天主教、东正教和新教。北京是中国的首都，既是传教士争相进入的地方，又是国家排斥异教限制发展的地方。在矛盾之中，传教士采用各种途径施加影响，图书馆作为文化的载体受到青睐，成为传播科学、保存知识的重要机构。

1. 北堂图书馆

伴随西方的"地理大发现"，航海势力向东方扩展，来到了以北京为中心的天朝大国，带来了西方人的不同观念，也带来了西方的图书馆。

15 世纪以来，外国人开始在北京建立教堂，最著名的有南、东、北、西四堂。1605 年 8 月 27 日，意大利天主教耶稣会士利玛窦(Matteo Ricci，1552—1610)正式建立南堂图书馆。[①] 1623 年法国耶稣会士金尼阁(Nicolas Trigault，1577—1628)将罗马教皇赞助的图书运至北京南堂，[②]1696—1856 年间，南堂的索主教和汤主教又搜集了大量图书。这些书中，有数学、天文学及其他自然科学方面的书籍，也有教律、法律、典礼、伦理、神学等社会科学方面

① 张欣毅、贾晓玲：《北堂图书馆纪略》，《图书馆理论与实践》，2008 年第 2 期，107～115 页。

② 张树华：《民国时期北京地区私立图书馆述略》，《北京图书馆馆刊》，1998 年第 3 期，108～111 页。

的图书。

1655 年 11 月，意大利耶稣会士利类思（Lodovico Buglio）和葡萄牙耶稣会士安文思（Gabriel de Magalhães）创立东堂图书馆，该图书馆相对规模较小，其中有传教士汤若望（Johann Adam Schal von Bell）、南怀仁（Ferdinand Verbiest）、利类思等人的著作。

1693 年 12 月 19 日北堂图书馆正式建立，因法国耶稣会士洪若翰（Jean de Fontaney）神父用奎宁粉治愈了康熙的持续发烧，教堂和图书馆的建立得到清廷的支持。北堂图书馆的藏书最多，有大量的代数、几何、天文学、建筑、医学、外科学、自然史、物理方面的书籍，还有很多宗教方面的图书。

1726 年总部设在山东的传道总会在嘉禄主教（Carlo Mezzabarba）的努力下，在北京有了固定的房产，开始建立西堂图书馆，其中有教律、法律、伦理、神学、史学等书籍。

耶稣会士在中国传教和建立图书馆并不顺利。在罗马方面，1773 年由于教会内部矛盾，罗马教廷宣布解散耶稣会，教廷传信部派遣使会接替耶稣会士在中国的传教工作，大批派遣使会会士前来接管。罗马教廷传信部和法国政府派遣使会会士于 1785 年 4 月 29 日抵达北京，接管北堂法国教团及其他传教工作。耶稣会的活动直到 1814 年才被允许重新恢复。在中国方面，1805 年嘉庆帝下令禁止天主教活动，1811 年清政府颁布《西洋人传教治罪专条》，对违反者处以“绞决”。[①] 西堂嘉禄主教被驱逐，西堂藏书移至南堂，1838 年南堂主教去世，原西堂藏书移交给北京的俄国东正教传教团，使图书得以保存，并最后移交给北堂图书馆。1812 年东堂图书馆失火，全部藏书付之一炬，耶稣会士迁往南堂，仅随身带走了 13 册图书，后随南堂图书一起并入北堂。1827 年，道光皇帝花费 5000 两银子买下了北堂，拆了教堂，北堂图书馆的藏书交给一个中国教徒保管。1857 年北京教区主教和蒙古名誉主教分别保存这批图书，北京主教将自己保存的图书移至南堂图书馆；而由蒙古主教保存的图书于 1946 年 12 月 7 日被战火吞噬，最后只剩下 2 本书。1887 年北堂移到西什库，图书馆设在西什库教堂西北角的一座建筑里。至此，四堂图书经过艰难的经历，最后汇集到北堂，而北堂图书馆的图书并非最初的那些图

① 吴伯娅：《乾嘉时期清廷的西方文化政策》，《暨南史学》，2003 年第 3 辑，464～486 页。

书了。

汇集到北堂的图书,除了四堂图书之外,还有三个私人图书馆的藏书,包括迈莎巴巴(教皇克莱蒙十一世的使节),北京教区主教S.J.波利卡普·德·苏莎,弗朗西斯会第三级教士及主教亚历山大·德·高韦的藏书,以及济南、镇江、杭州、淮安、南京、正定、开封、上海、武昌、商州等内地10个小教团的图书,加上一些不知名的神父留下的图书。北堂藏书持续收集350多年,以宗教书籍为多,收入很多善本和精装本。如金尼阁获得的教皇赠书均为羊皮书,左、右上角分别镂刻教皇及基督教会的印章,非常珍贵。

1939年北京主教委任法籍惠泽霖(H. Verhaeren)对北堂图书进行整理编目,1949年出版了《北堂图书馆目录》(见图2-1),共著录外文图书4 010种15 133册。另外还清理出8万册中文图书。1958年,在"献堂献庙"运动中,北堂图书馆的藏书移交给文津街国家图书馆善本特藏部保管,1988年迁至紫竹院国家图书馆新馆,国家图书馆清点北堂外文图书共3 663种,5 144册。[①]

图2-1 1949年出版的《北堂图书馆目录》

① 菊秋芳:《宁夏图书馆馆藏西方教会文献概况(二)——与北堂藏书的渊源(下)》,《图书馆理论与实践》,2014年第8期,96~100页。

2. 俄国东正教图书馆[①]

雍正六年(1728),中俄签订《中俄恰克图条约》,确定了中国东部与北部的边界。在该条约中还规定中国要接纳俄国东正教传教团,在北京为其建教堂,供养教士四人,学生四人,教习二人,开展汉学研究,使俄国驻北京东正教传教团获得了合法地位。

北京俄国东正教教堂建在东交民巷,教会建立初期,由于关系没有理顺,内部管理比较混乱,没有什么成绩。1793年第八届教会首领大司祭格利勃夫斯基到北京上任之前,向俄国东正教最高会议提出,增加北京教会的图书资料,以便于学生学习和教会开展研究。1794年底格利勃夫斯基到达北京,1795年汇集从俄国带来的图书、教会其他成员的图书、天主教徒提供的图书,建起了一个小型图书部。1796年他又着手筹建正式的图书馆,在得到俄国外交委员会的同意后,开始用教会的活动经费购买图书,增加馆藏。

1818年7月27日,沙皇亚历山大一世签署给北京俄国东正教会的命令,详细规定了教会在中国的任务,其中涉及搜集中国的图书资料,要求尽量为教会图书馆收集各种书籍、地图册和城镇平面图等,如果发现好书或其他珍贵物品,同时买两份,一份保存在教会图书馆,另一份运回俄国。是否那时沙皇就想到要侵吞"各种书籍、地图册和城镇平面图等",不得而知。

按照沙皇旨意,北京东正教会图书馆共向俄国运送四次资料:(1)1821年第九届教会首领修士大司祭雅金夫·俾丘林回国时,用15头骆驼带走总重量约40普特(1普特=16.38千克)的中国图书和他本人的手稿,这些手稿涉及中国的政治、经济、文化等各方面,后保存在喀山和圣彼得堡图书馆。(2)1830年第十届教会首领修士大司祭彼德·卡缅斯基回国,带去一大批满、汉文书籍,分别送给了伊尔库茨克宗教职业学校、圣彼得堡图书馆、圣彼得堡宗教学院、莫斯科大学和外交委员会亚洲司。(3)1840年第十一届学者教会成员奥·科瓦列夫斯基回国时,带走大批满、汉、藏、蒙文书籍。(4)1863年以博学著称的康·安·斯卡奇科夫回国时,带走中文书(包括木刻本和手抄本)共1435种,内容涉及天文、地理、数学、医学、交通运输、水文、地图等资料,其

---

① 米镇波:《清代北京俄罗斯东正教会图书馆的若干问题》,《故宫博物院院刊》,1994年第3期,84~90页。

收藏汉籍善本之富，为当时俄国之冠。1867 年圣彼得堡公共图书馆曾保存过这批图书，1873 年伊尔库茨克商人阿·列·罗基奥诺夫买下这批书，转赠给了鲁勉采夫博物馆。

在沙皇的鼓励和要求下，到 1820 年前后，北京东正教图书馆藏书已有二十几个大类，包括：神学、历史学、地理学、哲学、医药、植物、动物、物理、化学、工艺、军事、艺术、天文、数学、法学、政治、统计、商学、经济、农学、语言、文学等。还有一些特色资料，如地图集、论文集、个人文集、各种字典（含手稿本）等，医学中包含大量的满、汉、藏文医药典籍，主要供给该教会人员使用。

1842 年沙皇政府拨款 13500 银卢布，重建了一座新的图书馆，聘请中国学者对图书进行分类编目。1897 年沙皇政府拨款在教会开办了印刷厂，印刷中、俄文书籍，馆藏量一度猛增。到 1900 年前夕，已经形成东方文（包括满、汉、藏文）、西文和俄文图书均非常丰富完整的馆藏。然而，1900 年八国联军入侵中国时，图书馆被义和团焚毁，图书所剩无几。光绪末年，沙皇政府又拨款 15 万银卢布重修图书馆，图书有所恢复，但始终未达到 1900 年以前的水平。1917 年俄国“十月革命”之后，图书馆馆藏大部分转交给了苏俄驻华使馆。

早期教会图书馆一般都经历了以西学书籍为主转向西学书籍和中学书籍并存的过程。这一变化的原因主要来自于外来宗教在华发展的需要以及外来宗教的中国化。早期来华传教士大多带来了大量西方书籍，但是在后来的传教过程中逐渐意识到，西方宗教为中国人所接纳的重要条件是需要以中文形式进行传播，于是，搜集、珍藏、查阅、研究中国典籍成为他们致力于图书馆建设的重要考量，教会图书馆中文典籍逐渐增多。

教会图书馆带来了有别于中国传统藏书楼的图书收藏方式、图书分类编目等观念和方法，使这些图书馆成为完全不同于中国旧式藏书楼的近代图书馆。教会图书馆为教士和学者研究提供服务，传播异域文化，促进中西文化交流，是中国早期带有西方特色的图书馆，也为中国图书馆的发展提供了样本。

第二节　开放的共读楼

光绪年间，在北京崇文门外东单牌楼东观音寺胡同索绰络氏宗祠“崇正义塾”东边，有一座二层藏书楼，称为共读楼，因其公开阅览而远近闻名，是北京在清末图书馆萌芽时期最早对外开放的藏书楼。

1. 国英及共读楼

国英(1823—1884),字鼎臣,满族,满姓索绰络氏,汉姓国,名英,满洲镶白旗人,原籍吉林,定居北京,自幼父母双亡,十八岁以科举出仕。关于国英出仕后的经历,在《共读楼书目序》中有详细记载:"道光二十年考笔帖式,隶兵部。历升主事员外郎、郎中,掌各司印钥。以呈递捷报,赏蓝翎,换花翎,加三品衔、布政使衔。出直隶口北道,山西归绥道,广东盐运使,擢按察使,转江西按察使,病罢。痊,授广西按察使。光绪九年,调浙江按察使。十年,召归。三月十五日卒于京畿杨村驿旅次,年六十有余。"[①]

国英一生做了三件大事:一是创办"崇正义学";二是主持刊刻《射法秘传攻瑕》;三是建立了北京最早开放的"共读楼"。

国英幼时父母双亡,家境败落,他深知读书于已于国大大有利,极力倡导读书。此时正是鸦片战争后不久,列强横行中国,深切的民族灾难使他立志提高民众的文化知识水平。同治三年(1864),他与同好在北京建立"崇正义学",据《光绪顺天府志》卷六十二载:"崇正义学在崇文之门内方巾巷,同治三年广西按察使国英倡建。原在观音寺胡同,九年移今所。"同治九年(1870)"崇正义学"从观音寺移至崇文门外东单牌楼东观音寺胡同索绰络氏宗祠的东首,[②]设杏倚、竹虚二书斋。[③]

光绪二年(1876),国英在广东盐运史任上,于广东番禺翻刻《射法秘传攻瑕》一卷,该书作者不详,内容分站、前手病、后手病、心谈十四要、射法约言、马射法等,主要是为参加武举考生编写的读物。[④]

刊刻《射法秘传攻瑕》之后不久,国英因病回家闲居,光绪二年(1876),招募工匠,于"崇正义学"边建藏书楼五楹,称为共读楼。共读楼分上下两层,坐北向南,楼上为书库,楼下为阅览室,设有桌凳,可同时容纳 20 人阅览。抗战胜利后,国民后人将房产售出,共读楼藏书逐渐散出。据吴晓铃记述:"文革"

① 国英:《共读楼书目》,索绰络氏家塾藏版,1880 年(清光绪六年)。

② 卢正言:《近代图书馆的先声——关于国英和他的藏书室共读楼》,《图书馆杂志》,1992 年第 3 期,62～64 页。

③ 方家幸:《国英和他的共读楼》,《图书馆建设》,1997 年第 3 期,83～84 页。

④ 马明达:《中国古代射书考》,《暨南史学》,2003 年第 2 辑,1～41 页。

时期，共读楼尚存，由东城区某房管所接管，后北京建筑国际饭店，共读楼归施工队作为指挥部，国际饭店建好后，与南面的北京火车站遥遥相对，后被拆毁，“片瓦无存地没于野草荒烟中了”。[①]

2.《共读楼书目》及图书分类特点

从光绪七年(1881)起，国英陆续将共读楼所藏图书编成《共读楼书目》10卷。第一卷是满文图书；第二卷是经部(计 584 种，7179 卷)；第三卷是史部(计 417 种，9608 卷)；第四卷是子部(计 2046 种，2420 卷)；第五卷是集部(101 种，2625 卷)；第六卷是法帖(计 403 种，8718 页)；第七卷是《古今图书集成》目录；第八卷是《四库全书目》；第九卷是《永乐大典目》；第十卷是补藏丛书丛贴。每本书的书名、卷数连署，下注撰写者的朝代、姓名，间有附注，总计书三千余种，二万余卷；法帖四百余册。

其分类特点：

(1) 按照四部分类法分类，丛书未单独列类，而是“仅辨丛书首载之书应归某部即统隶某部”。共读楼的图书按照清代流行的四部分类法进行分类，这样分类还有一个目的。因共读楼邻近贡院，每年大量的举子来参加科举考试，共读楼向举子开放，方便他们按照四部分类阅读使用。国英的皇权思想明显体现在其分类思想中，在四部中，“御纂书皆分冠于各部类之上，示有区别”。

(2) 将满文图书集中在一类，便于查找。共读楼收藏满汉文通俗读物，如小说等，便于普通市民阅读。分类体现国英“满一汉二”的固有观念，如某书同时有满、汉两文本，则著录满文本为主。清军入关后接受了先进的汉文化，一些文化学者将中国传统典籍译成满文，方便满人阅读。如《聊斋志异》就被译为满文，共读楼收录满文版《聊斋志异》，国英将其分类放在满文之中，著录为“《清汉聊斋志异二十四卷》，道光二十八年。是书于汉文为小说，然非深通满洲文字者则不能译成清文，故所取在清文不在汉文”。

(3) 大型类书、丛书单独列类，便于“崇正义学”的学生使用。《永乐大典》《古今图书集成》《四库全书》是明清两代编撰的大型类书、丛书，共读楼的藏书以实用为主，这些图书作为大型工具书，专供“崇正义学”生徒浏览，方便查

① 吴晓铃：《梦忆共读楼》，转引自吴晓铃：《吴晓铃集(第四卷)》，156～157 页，石家庄，河北教育出版社，2006 年。

找。国英强调“《永乐大典》与《钦定古今图书集成》《钦定四库全书》,本楼存此三书目录,兹特撮举其大略附载于后,用备考核”。

《共读楼书目》是早期私人开放藏书楼分类的典型,既尊崇正统的四部分类法,又根据实用性进行变通,方便图书的利用,为私家藏书分类管理树立了典范。

3. 共读楼的管理及规则

共读楼向所有公众开放,国英制定《共读楼书目·条规》,共12条,这是中国早期的阅览规则。主要规则有:

(1) 开放时间。“自光绪七年(1881)三月十三日起,除腊、正两月不计外,每月逢初三、初八日巳正开楼至申正锁闭”。即农历每年2月至11月逢初三、初八两日开放,时间是上午10时至下午4时。楼址邻近贡院,清代科举每3年举行一次乡试、会试,一般乡试在8月举行,会试在下一年2月举行。8月本地考生在北京贡院举行乡试,2月各省举人在北京贡院举行中央会试,由礼部主持。遇到举行乡试时,在考试期间,即自7月25日至8月5日连续开放;遇到举行会试的年份,自2月25日至3月5日连续开放,方便到京赶考的读书人利用图书。

(2) 阅览证件。读者第一次阅书,需要先确认身份,凭条阅览。读者要有人介绍,领取图章条(阅览证),以后凭条借阅。家塾教师为教学所需,可以例外,直接入楼阅览。

(3) 管理人员。“每逢开楼日期,必有本家主人看守,如不得闲,请两斋夫子代为照料”。[①] 虽是本家藏书楼,但对于管理要求非常严格,“家人看守楼门须谨慎小心,倘非开楼日期又无本宅图章条,有人径欲入楼,家人不即阻拦擅行私开,一经查出坐罪家人,轻者罚工食一个月,重者逐出”。

(4) 阅览规则。图书只阅不借,闭架管理,任何人看书都要遵守规则,连家人及国英本人也不例外。读者入楼后,按顺序入座,“言明抄某书,查某书,自有执事者代为检取送阅”,每位读者每次借阅1～2册,抄、阅之后,图书“仍交执事者归还原处,妥为安放”。阅览室每次接待20人,迟到者不得入楼,需

① 作者注:两斋是指“崇正义学”设立的“杏倚、竹虚”二书斋。

待下次再约。如果违背条规，要在楼柱上贴出告示，视其情节轻重，半月或永久不得入楼。

（5）保管制度。共读楼的藏书均盖有“索绰络氏家塾之章”和“共读楼珍藏”的藏书印。阅览时如有损坏图书者，以后永久取消其入楼读书的资格，处罚极为严格。为了防霉、防虫，保护图书，根据北方天气特点，要在“每年三、四、六、七、八五个月，每月晒书二次，须择天朗气清之日，仔细按次序运出晾晒”。晒后图书不能随意堆放，需“仍按次序收好，毋得凌乱以致安插错误”。

共读楼是北京最早开放的藏书楼，国英制定的一套完备的管理制度，有效地保护了图书，使私家藏书楼能够坚持开放几十年。同时这也是一个相当完备的管理制度，现代图书馆管理的基本要件都已经具备。共读楼是近代图书馆的雏形，为北京乃至全国的藏书楼开放起到了很好的示范作用。

第三节　维新时期的学会和学堂藏书楼

在西学东渐的冲击下，知识精英的回应是改良旧法。1898 年，康有为、梁启超等发动戊戌变法运动，倡导向西方国家学习，改革中国的政治、教育制度。然而变法仅历时 103 天，便遭到顽固派的镇压而失败，史称“百日维新”。戊戌变法运动虽然失败了，但在维新时期创办的学会和学堂藏书楼却为图书馆的发展奠定了基础。学会和学堂藏书楼既是西学东渐的产物，也是西学东渐的载体。维新派不仅为建立公共藏书楼而大造舆论，而且还身体力行，在他们建立的学会、学堂中设立新式藏书楼，收藏中西图书，供众阅览。

1. 维新时期北京的学会和学堂

1840 年列强用大炮打开了中国的大门，随之而来的是一系列不平等条约。外国人在中国享受特权，肆意横行，“落后就要挨打！”中国人深切地体会到其中的道理。不甘落后的中国人进行各种努力和尝试，进行了不屈不挠的斗争，争取实现国家富强和民族独立。他们通过建立学会和学堂，凝聚力量，培养人才。

结社活动在中国古已有之，然而戊戌维新时期的学会组织观念并非来自于中国古代，而是主要来源于西式学会。梁启超于 1896 年在《时务报》上发表

"论学会",以群力为号召,论述了学会的力量。维新人士以中国士人结社的传统和西方传教士在中国创办的学会为范例,通过以文会友,聚集了一批志同道合的人,建立各具特色的学会组织。戊戌变法时期在北京建立的学会见表 2-1。

表 2-1　戊戌维新时期在北京成立的学会组织[①]

名　称	成立时间	地　点	主持人	备　注
强学会	1895 年 11 月	北京宣武门外后孙公园	康有为、陈炽、沈曾植、梁启超、文廷式、徐世昌	参与者有官绅 20 余人
兴儒会	1895 年 12 月		孙诒让	在强学会影响下,计划集股办书局、商团,闭门造车,未真正成立
知耻学会	1897 年		寿富	满族青年争相加入[②]
经济学会	1897 年		康有为、文焕、夏虎臣	与庆亲王奕劻意见不合,未成立。后并入知耻学会
思集学会[③]	1897 年	宣武城南	吴葆初	
闽学会	1898 年 1 月 31 日	福建会馆	林旭、张铁君	数日一集,讨论学术、时事
粤学会	1898 年 1 月	南海会馆	康有为	
关西学会(陕学会、关学会、西学会)	1898 年 2 月 8 日		关竹、宋伯鲁、李岳瑞、王步瀛、雷延寿、王凤文	每一星期聚会一次,会友多习西文者,每人捐会费 20 两
蜀学会(保川会)	1898 年 3 月	四川会馆的观善堂旧址	杨锐、刘光第	
保国会	1898 年 4 月 12 日[④]	首在粤东会馆集会	康有为、李盛铎、梁启超、林旭、刘光第、杨锐	参加者约 200 人
保浙会(浙学会)	1898 年			旅京浙人受保国会影响而建,数日一集

① 张玉法:《戊戌时期的学会运动》,《历史研究》,1998 年第 5 期,5～26 页。

② 《清季之知耻学会》,《现代青年(北平)》,1936 年第 2 卷第 2 期,5 页。

③ 刘高:《北京戊戌变法史》,111 页,北京,燕山出版社,2001 年。

④ 耿申、邓清兰、沈言、喻秀芳:《北京近代教育记事》,11 页,北京,北京教育出版社,1991 年。

续表

名　　称	成立时间	地　　点	主持人	备　　注
保滇会	1898 年			旅京滇人受保国会影响而建
湘学会	1898 年			旅京湘人受保国会影响而建①

维新派除设立学会外，还倡设学堂。梁启超认为“世界之运，由乱而进于平，胜败之原，由力而趋于智，故言自强于今日，以开民智为第一义”。如何开民智？教育是最直接的途径，维新派倡设新式学堂。在戊戌变法期间，北京设立的新式学堂主要见表 2-2。

表 2-2　戊戌维新前后在北京成立的主要学堂

名　　称	成立时间	地　　址	创建人
通艺学堂	1897 年 2 月 13 日	宣武门象坊桥	张元济、陈昭常、张荫棠、何藻翔、曾习经、周汝钧、夏偕复等人集资创设
蜀学堂	1898 年 8 月 17 日	四川同乡公所观善堂旧址	杨锐、骆成襄、高枬、王乃征、廉吉士、李稷勋、傅增湘等 15 人筹设，经费募捐
京师大学堂	1898 年 7 月 3 日	地安门马神庙（原和嘉公主府邸）	清政府公办，孙家鼐为管学大臣
会文学堂②	1898 年 2 月	北城	王宗基、杨朝庆、徐棠、李哲浚、维勤、蒋嘉樹、宋寿征、王宾基、许保猷、王宽基筹设，自筹经费

2. 学会和学堂设立的藏书楼

(1) 学会藏书楼

为了启民智，维新人士向西方学习，将新式藏书楼作为载体，将报刊图书作为工具，向民众传播新思想，因此在维新派创办的学会中，大多数都设有藏书楼。

1895 年建立的京师强学会是最早的学会。在梁启超的主持下，强学会的

① 张玉法：《戊戌时期的学会运动》，《历史研究》，1998 年第 5 期，5～26 页。

② 《孙协揆京师设立会文学堂片》，《知新报》，1898 年第 77 期，5 页。

总机关设在北京宣南后孙公园的安徽会馆(强学会旧址见图 2-2),每十日集会一次,每次集会,都有维新人士登台演讲,听者众多。强学会建立之初,即开始筹备建立学会藏书楼,并在琉璃厂租到一处房舍作为藏书楼址,派维新派人士麦孟华去上海采购图书。藏书楼不仅储集图书,还计划印书,扩大宣传。

图 2-2　强学会旧址

藏书楼仿照西方图书馆做法,以普及新学、启迪民智为己任,推广藏书的利用,向广大民众开放,供公众阅览图书。这种免费开放藏书楼的形式,在当时还是新鲜事,人们还不熟悉,来者很少,强学会成员便四处邀人来看书。梁启超曾回忆道:"备置图书仪器,邀人来观,冀输入世界智识于我国民。该书藏中有一世界地图,会中同人视拱璧。偶有一人来观,即欣喜无量。"[①]强学会藏书楼是戊戌维新时期第一个建立的藏书楼,为后来的藏书楼所效仿。可惜的是强学会藏书楼仅存在 4 个月,1896 年 3 月就被顽固势力查封了。

知耻学会创办人是浙江督学宝廷之子寿富(字伯福),因为宗室之故,对满族贵族子弟有极强的号召力,参加者众多。该会组织演讲,寄托以"书"来使民智渐开,"购集图书,私相讲习"。后寿富因深感义和拳乱于国家无益,向朝廷谏言,不获采纳,八国联军攻入北京,与其弟一起自杀身亡。[②]

---

① 吴晞:《从藏书楼到图书馆》,56 页,北京,书目文献出版社,1996 年。

② 《清季之知耻学会》,《现代青年(北平)》,1936 年第 2 卷第 2 期,5 页。

京都保国会是戊戌变法时期北京最大的学会，以保国、保种、保教为宗旨。该会设有藏书楼，司账负责采买和管理图书，有薪俸收入。该会规定买书官须廉洁自律，如有舞弊，有严格的处罚办法。《京都保国会章程》规定："商董兼司账须习知贸易书籍情形及印刷文字者充其选，必须考查确实，秉至公，倘涉营私舞弊，照例责赔，经手之董事会友，凡预有保荐之责者，亦须一律议罚。"[①]

（2）学堂藏书楼

1897 年张元济等在北京创建通艺学堂，这是戊戌变法时期建立的新式学堂，主要学习英文和自然科学课程。张元济在通艺学堂创建伊始就高度重视图书资料的建设，学堂设有图书馆，张元济上书"请拨给同文馆书籍"，得到皇帝照准。[②] 1897 年该校制定了《通艺学堂图书馆章程》，[③]这是目前所知我国最早使用"图书馆"称谓的章程。

中国古代称藏书所为宫、府、阁、观、馆、殿、院、堂、斋、楼等，近代称藏书楼。"图书馆"何时开始使用？学界一般认为来自日本，据《中国大百科全书》载，1872 年日本政府在东京设立书籍馆，向公众开放，1880 年改为东京图书馆，1887 年改为帝国图书馆，1892 年成立全国性的图书馆协会，1899 年在全国创办多种类型的图书馆。[④] 在中国，1896 年《时务报》第三册至第七册连载译自《日本新报》的《古巴岛述略》一文，在第六册中提到该国"虽在争战时，犹不废讲习，又有女学校、音乐学校、农艺学校、身体学校、慈惠病院、贫民养育所、博物馆、图书馆等"。[⑤] 此后"图书馆"在中国渐被使用。

《通艺学堂图书馆章程》规定：

① 读者阅览。"本馆专藏中外各种有用图书，凡在堂同学及在外同志均可随时入馆观览"，不住在学堂的学生，还可以借书回家阅读。章程突破了学校图书馆的限制，校外读者也可以使用图书馆的图书，只是校外读者"应请同学作保，再由本馆赠一凭单"，可以享受免费，但不得转借他人。

---

① 《京都保国会章程》，《集成报》，1898 年第 34 期，20～24 页。

② 《总理衙门奏京员设立通艺学堂并援案准予奖励调考片》，《时务报》，1898 年第 52 期，6～7 页。

③ 通艺学堂图书馆章程，转引自汪家熔：《两件图书馆史史料》，《图书馆学通讯》，1983 年第 2 期，88～90 页。

④ 《中国大百科全书图书馆学、情报学、档案学》，363 页，北京，中国大百科全书出版社，1993 年。

⑤ 贞吉：《古巴岛述略》，《时务报》，1896 年第 6 期，52～55 页。

② 图书馆管理。馆内最高管理者为“总理”，下设馆正一人，“由同学兼理，专司搜采”，再设司事一人，“检查等事仍由司事襄办”。另外，还设“书佣一人，每日将看书人数暨借出缴还书数登簿，呈交司事查验”。总理和馆正随时抽查图书借还情况，“如有遗失，责成书佣赔偿”。

③ 藏品种类。该馆藏品，主要有本国翻译出版的图书，“凡同文馆、制造局及各教会所印行者”全部购齐，西文书“择其浅近切要购备参考”，同人学业所出作品也尽量添购。关于中文书，“专择有关政教者藏之”，其他“琐碎芜杂者概不收录”。

④ 书籍管理。“书籍概存柜中，另设书目，分类登载。”馆内备有提书单，读者来馆先填写提书单，写明书名卷期号，签名后，由书佣提取交给读者，读完后，将原填单收回。读者阅读时，如书籍损坏，要按二倍的价钱赔偿，如果弄脏，按原价赔偿。外借图书以四日为限，每次不能超过两册，违者罚款书价的四分之一。[①]

1898 年创建的京师大学堂也设有藏书楼，藏书楼成立之初接收了同文馆、强学会、通艺学堂的藏书，但经历戊戌变法失败、八国联军入侵，藏书悉数被毁。1902 年学堂恢复，重建了藏书楼。

以通艺学堂图书馆为代表的学堂图书馆，图书不仅提供本校使用，而且对外开放。当时不仅是一般学堂图书馆专为一己之用，即使是一些学会图书馆也只是“仅限本会会员使用”或“仅限出资借阅”，而通艺学堂所持的开放态度真正实现了资源的共享，张元济后来也成为著名的出版家。可惜的是，“戊戌变法”的高潮仅为“百日维新”，“戊戌变法”失败后，张元济被革职，通艺学堂后来并入京师大学堂。[②]

第四节　清末的阅报处

在维新思潮、立宪精神的影响下，有识之士意识到只有提高普通民众的思想水平，才能真正实现救亡图存。随着国家政权政治走向开明，国家治理的目标与有识之士达成一致，政府也参与到创办阅报处的活动之中，于是一股读报、阅报的活动浪潮席卷北京。

---

① 汪家熔：《两件图书馆史史料》，《图书馆学通讯》，1983 年第 2 期，88～90 页。

② 刘高：《北京戊戌变法史》，111 页，北京，燕山出版社，2001 年。

1. 清末北京阅报处统计

1895年8月17日，康有为、梁启超等在北京创办《万国公报》，维新思想开始在北京传播。此后新式报纸如雨后春笋般涌现，较知名的有《京话日报》《强学报》《燕京时报》《北京日报》《中华报》《中华新报》《中国报》《国报》《全京日报》《刍言报》《中央大同报》《中华日报》《帝国日报》《京都时报》《北京时报》《帝京新闻》《华字汇报》《金台组报》《宪志日报》《公论实报》《国民公报》《新闻汇报》《京津时报》《大同报》《京师日报》《北京女报》《白话学报》《公益报》等，还有外国人办的《顺天时报》。[①] 报纸的大量出现，激发了人们读报的热情，1905—1907年北京共出现了40多家阅报处所，具体见表2-3。

表2-3　1905—1907年北京的阅报处[②]

编号	社　　名	创办时间	创　办　人	地　　址
1	西城阅报处	1905年4月16日	黄琮	西城西斜街
2	会友讲报处	1905年5月	卜广海	东四六条胡同，1906年年初迁至东安市场
3	尚友阅报处	1905年5月	王子贞、陆达夫、魏华轩	西单
4	首善阅报处	1905年5月25日	朱昆玉	前门外西河沿大宛试馆内
5	第二讲报处	1905年5月	李星五、陈乐园	东直门外关厢
6	日新阅报处	1905年5月14日	曾荫	安定门内宽街东博济庵
7	克明阅报处	1905年6月25日	恒十丰、维藻轩、文时泉	东城方巾巷
8	阅报社	1905年6月		西城护国寺
9	渝智阅报所	1905年7月		五城学堂
10	乐群阅报社	1905年7月	马璇	朝阳门外
11	经正阅报社	1905年7月	吴云庵	米市胡同关帝庙内
12	西北城阅报社	1905年7月	乐绶卿、景绍先、赵泽田	西城宝禅寺

① 刘晓云：《近代北京社会教育发展研究》，27页，北京，知识产权出版社，2013年。
② 闵杰：《近代中国社会文化变迁录》第2卷，400～405页，杭州，浙江人民出版社，1998年。

续表

编号	社　　名	创办时间	创　办　人	地　　址
13	广益阅报社	1905 年 8 月 6 日	陆达夫、李松石、王武亭	西城西安门
14	讲报说书处	1905 年 8 月	刘瀛东	骡马市大街
15	左安阅报社	1905 年 8 月 23 日	张子江、史魁俊	左安门外
16	合群阅报社	1905 年秋	李福	东直门
17	爱国阅报社	1905 年秋	吴绍埙	北新桥东
18	多闻阅报社	1905 年秋	赵廷弼	西直门
19	进化阅报社	1905 年 10 月	贵福	北新桥北
20	正俗阅报社	1905 年冬	多福	烟袋斜街
21	半日讲报社	1905 年底—1906 年初	朱克忠	前门大街
22	同人阅报社	1905 年底—1906 年初	马广润	皇城根
23	爱群阅报社	1905 年底—1906 年初	志恺	旧刑部街
24	代立阅报社	1905 年底—1906 年初	续成	朝阳门外
25	草市讲报说书处	1905 年底—1906 年初	陈汉章	
26	公议阅报社	1905 年底—1906 年初	雷德润	西交民巷
27	宣明阅报社	1906 年 3 月	觉先	宣武门内
28	福禄轩讲报社	1906 年春	勋莛臣	西四
29	公艺局阅报社	1906 年春、夏	农工商部工艺局	土地庙
30	阜成阅报处	1906 年春、夏	祥瑞卿	顺城街
31	阅报处	1906 年 7 月 6 日	顺天府尹	顺天府署东侧
32	勉志阅报社	1906 年 7 月 30 日	陈兰圃	地安门
33	阅报处	1906 年夏	外城西分厅讲习所	
34	外城官立第一阅报处	1906 年夏	王某	果家园
35	盼醒阅报社	1906 年夏、秋		

续表

编号	社　　名	创办时间	创　办　人	地　　址
36	师爱阅报社	1906 年夏、秋	鲍蕴昣	
37	开智阅报社	1906 年夏、秋		护国寺
38	梦醒阅报社	1906 年夏、秋		武隆厅
39	女阅报处	1906 年 9 月	外城女学传习所	
40	同德阅报处	1906 年 10 月	荫锡有、善冬华	门头村健锐营内
41	讲报社	1906 年 10 月	荣润贤、恒寿芝	四王府
42	朝阳阅报社	1907 年 3 月	常静仁	第五高等小学[①]
43	安定阅报社	1907 年 9 月	湍松高	交道口
44	大观阅报社	1907 年 9 月	博启图	锦什坊街
45	阅报处	1907 年 10 月	民政部	民政部内

2. 阅报处的发展情况

北京的第一家阅报处开在琉璃厂工艺商局的楼上，因地方太高雅，普通民众不敢入内，乏人问津，不久就关门了。其后开办的西城阅报处，为了请人来阅读，登报公告，四处张贴传单，阅报人渐多，制定了章程。

《北京西城阅报处创办章程》[②]分为定名、宗旨、择地、藏品、开馆时间、阅览规则、禁止条例、任职、经费等。关于定名释义，取名“阅报处”的想法，是因“备报纸给人家阅看，所以名叫阅报处”；关于宗旨，因为“学堂教育一时不能够普及，所以多一个阅报的人，就多一个明白的人，开通风气，这阅报处算是一个好法子，因此同人就赶快的兴办起来”。关于收藏的报纸，主要是北京出版的《中华报》《京话日报》《顺天时报》《北京日报》等，也有外埠出版的《时报》《汉报》《外交报》《中外日报》《大公报》等；开馆时间为夏、秋每日 8∶00—17∶00，春、冬 9∶00—16∶00，阅报处免费提供报纸、茶水，有专门服务人员；开办经费由创办人提供，维持经费需要募捐；阅报室备有桌凳，阅览规则规定：阅报室不得大声喧哗，报纸概不借出，不能随意剪裁，不能乱写乱画，不能在

① 《组织联合会》，《直隶教育杂志》，1908 年第 3 期，118 页。

② 《北京西城阅报处创办章程》，《直隶白话报》，1905 年第 1 卷第 10 期，3～4 页。

阅报室闲谈,不得随地吐痰,阅完将报送回原处。

与藏书楼、图书馆相比,阅报处的章程规定免费提供阅报,更加接近普通民众的需求,免费提供茶水,增加了休闲阅读的旨趣。后来建立的阅报处基本都订有章程,均以西城阅报处章程为蓝本,具体项目略微不同,如《北京日新阅报处创办章程》[①]规定的开馆时间为夏、秋10:00—17:00,春、冬11:00—16:00;所收报纸,在京出版的与西城阅报处相似,外埠的除与西城阅报处相同的报纸外,还有《汇报》《中外报》《胶州报》《政艺通报》《中外时报》《天津日日新闻报》等,除报纸外,日新阅报处还准备增订《东方杂志》《译报汇编》等杂志类,"以为输进文明开浚知识之助"。

阅报处谋求互相联络,互相支持,拟建团体组织。1906年2月6日,北京19家阅报讲报社齐聚首善阅报处,共同商讨阅报处经营的具体事宜,最后就宗旨、择人、择报、克己、联络、研究、交涉、划一、预定、经费等方面达成协议,形成了《北京各阅报讲报社商拟茶话规则》。[②] 然而,阅报社多数为开办人自筹经费,后续的运行经费成了大问题。1907年3月间,因为缺乏经费,同人、正俗、爱国、乐群四家阅报处先后停办。[③] "辛亥革命"后,京师学务局重新成立官方主办的九个公众阅报处。

清末阅报活动的特点:

第一,创办人类型众多。创办人有知识分子、官吏、商人、教师、医生、僧人、喇嘛,如西城阅报处创办人黄琮是刑部主政,宣明阅报社创办人觉明是僧人,朝阳阅报社的创办人常静仁是教师,师爱阅报社的创办人鲍蕴畛是喇嘛,各种类型的人们对"输进文明开浚知识"达成了基本共识,显示了阅报组织者的广泛参与性。

第二,向下层民众延伸。阅报处不仅请人进室内读报,还每日将报纸张贴出来,方便阅读。湘学堂英文教习刘瀛东自费购买30份《京话日报》,在大街路口张贴。阅报需要识字,当时的普通贫民识字的很少,于是有读报、讲报者出现。在护国寺天泰轩茶馆门口贴了一份《京话日报》,有人高声朗读,茶

① 《北京日新阅报处创办章程》,《教育杂志》(天津),1905年第8期,44~45页。

② 彭望苏:《北京报界先声》,125~126页,北京,商务印书馆,2013年。

③ 《纪阅报社》,《大公报》,1907年3月4日,4版。

馆里的苦工"一时蜂拥而至,某君且诵且讲,苦工等侧耳而听"。[①]

第三,从藏书楼到茶馆的转变。茶馆是寻常百姓最常光顾之所,茶馆店主本着吸引顾客和启发民智的双重目的,提供阅报、读报,休闲之中学习知识,这种读报活动确实给店主带来了收益,"北新桥西天寿轩茶社铺长王君,购报数份,任人观览,复有愿尽义务诸公捐报数份,竭力赞成,以故每午饮茶者倍于往日"。[②] 不只是藏书楼能启发民智,茶馆也能学习知识,高高在上的读书活动走进了普通民众的生活。阅报、读报活动给北京带来的影响是巨大的,对下层贫民的无门槛开放,改良了社会风气,为后续图书馆的建立打下了良好的群众基础。

第五节　新政时期的图书馆

1900 年八国联军入侵北京,清廷皇帝、太后避祸西安,深切感受落后是国家的耻辱,是人民的灾难。光绪二十七年(1901),慈禧太后颁布上谕,准备实行新政,力图在军事、官制、法律、商业、教育和社会等方面进行一系列改革。1906 年清政府宣布开始"预备立宪",1908 年 8 月清政府正式批准颁布了《钦定宪法大纲》,规定了自 1908 年起到 1916 年九年间每年应完成的预备立宪准备事宜。然而,1911 年爆发辛亥革命,推翻了清朝的封建统治,新政就此终止。

兴学育才是新政的头等大事,在宣布"预备立宪"之前,教育改革首先被提上日程。1901 年 9 月 14 日,清廷发布上谕:"著各省所有书院,于省城均设大学堂,各府及直隶州均改设中学堂,各州县均改设小学堂。"[③]

1905 年废除了在中国延续一千多年的科举制度,1905 年 12 月设立学部,作为管理全国教育的最高行政机构。1906 年 5 月,鉴于"京师为首善之区,中外观瞻所击,教育建设至关重要,应特别加以提倡,以为全国模范"[④],特设京师督学局,地址在宣武门内东铁匠胡同,直属学部。京师督学局下设师范教

---

① 《苦工亦喜听报》,《大公报》,1905 年 7 月 22 日。

② 闵杰:《近代中国社会文化变迁录》第 2 卷,407 页,杭州,浙江人民出版社,1998 年。

③ 朱寿朋:《光绪朝东华录》,4719 页,北京,中华书局,1958 年。

④ 刘晓云:《近代北京社会教育发展研究》,22 页,北京,知识产权出版社,2013 年。

育、中等教育、小学教育三科，[①]京师督学局规定各类学校均应设立图书馆，归各校行政管辖，社会教育中的图书馆工作则归师范教育科管辖。

1. 学校图书馆

1902年，清政府公布了中国史上第一个学制《钦定学堂章程》，史称“壬寅学制”，包括《钦定京师大学堂章程》《钦定高等学堂章程》《钦定中学堂章程》《钦定小学堂章程》等，除规定大学堂要设立藏书楼之外，在《钦定中学堂章程》中规定，中学堂应“设文案一员，专任全学往来文报，并掌管书籍”。“中学堂应有图书、器械、标本诸室”。“中学堂之应备教科所用书籍、图式、黑板……”。在《钦定小学堂章程》中规定，小学堂应“设文案一员，专任全学往来文报，并掌管书籍，或以副办兼任”。“小学堂应备有藏书室、器械室、标本室，或得兼用一室，视经费之多寡、陈列之繁简定之”。“小学堂内应备教科必用之书籍、图式、度量衡……”。[②] 此学制虽经公布，但未实施。

1904年，清政府修改公布了《奏定学堂章程》，即“癸卯学制”，包括《奏定大学堂章程》《奏定高等学堂章程》《奏定中学堂章程》《奏定高等小学堂章程》《奏定初等小学堂章程》等，基本延续了《钦定学堂章程》的规定，大学堂“当置附属图书馆一所，广罗中外、古今各种图书，以资考证”。并设专门掌书官，“凡教授用及参考用图书等均应齐备”；高等学堂应设图书室，并“设图书等专用讲堂”；中学堂应“按学科门类设置图书室”，当备可供教科用及参考用的图书；高等小学堂应备储藏室，用于储藏图书。初等小学堂应备储藏室，以备储藏书籍。这是中国第一个正式在全国范围内推广实行的学制，一直沿用到清末，也对民国以后的教育体制产生了深远的影响。

《奏定学堂章程》比《钦定学堂章程》对各校建立图书馆的规定更加明确。依据《奏定学堂章程》的规定，各类学校均应建立相应的图书机构。1898年建立的京师大学堂是全国最高学府，建校同时建立了藏书楼，1900年八国联军入侵北京时，德、俄侵略军将京师大学堂占为兵营，校舍、书籍、设备严重损毁，大学堂被迫停办长达两年。1902年作为戊戌变法仅存的硕果，京师大学

---

① 耿申、邓清兰、沈言、喻秀芳：《北京近代教育记事》，26页，北京，北京教育出版社，1991年。

② 《钦定京师大学堂章程》，转引自璩鑫圭、唐良炎：《中国近代教育史资料汇编 学制演变》，243～289页，上海，上海教育出版社，2007年。

堂恢复，藏书楼亦逐渐恢复，工作人员整理焚余的旧藏书，又从各省调集了一批图书，在位于马神庙和嘉公主旧府第的梳妆楼（见图 2-3）恢复建立藏书楼，颁布了《京师大学堂藏书楼章程》，分为总纲、阅书、取书三部分，对借书、阅书作了具体规定。

图 2-3　京师大学堂总教习丁韪良（居中的洋人）和教员在和嘉公主府梳妆楼前合影。后面二层楼是京师大学堂藏书楼。

资料来源：北京大学图书馆官网

新政时期，在政府主持下，北京陆续建立了一些新学堂。1903 年学部在琉璃厂后孙公园创办实业医学堂；[①]1904 年商部在京师设高等实业学堂；1906 年清廷在京师阜成门内西四牌楼迤南丰盛胡同设立满蒙文高等学堂；1907 年学部设京师法政学堂。1907 年医学堂停办，学部在原址设女子师范学堂，1908 年学部改京师大学堂优级师范科为京师优级师范学堂。[②] 随着高等学堂的相继创办，学堂陆续创办了图书馆，如满蒙文高等学堂是专门培养满蒙人才的学堂，学校设藏书阅报室 3 间。[③] 京师法政学堂拟定章程 49 条，其中要求学校设"掌书官"一人，[④]秉承于教务长，专管图书、器具、标本、收发、存储一

① 吕永和、张宗平：《清末北京志资料》，198 页，北京，北京燕山出版社，1994 年。

② 王笛：《清末新政与近代学堂的兴起》，《近代史研究》，1987 年第 3 期，245～270 页。

③ 李静：《1901—1911 年北京地区中学教育研究》，首都师范大学硕士论文，2007 年。

④ 《筹设京师法政学堂酌拟章程折》，《学部官报》，1907 年第 14 期，111～122 页。

切事务。[①]

中小学堂隶属京师督学局管辖。1906 年,京师督学局调查所辖中小学堂,计官立 42 所,教职员 353 人,学生 4875 人;公立 31 所,教职员 377 人,学生 2138 人;私立 28 所,教职员 229 人,学生 1717 人。总计学校 101 所,教职员 959 人,学生 8730 人。[②] 尽管《奏定学堂》章程规定各类学校均须设置图书馆,但中小学在初创时期设立图书馆者还是很少。

2. 公共图书馆

晚清时期,面对内忧外患的局面,中国实行立宪政治的呼声日益高涨,促使清政府将政体改革提上日程。1906 年清政府派载泽、戴鸿慈、端方、尚其亨、李盛铎五大臣赴欧美及日本考察各国政治,准备"预备立宪"。出使归来的考察大臣除上奏军政、教育奏折外,还有一道文化奏折,在文化奏折中提出:"各国导民善法,拟请次第举办,曰图书馆,曰博物馆,曰万牲园(作者注:即动物园),曰公园。"五大臣文化奏折助推了建立图书馆的吁请,学部立即要求各地主管学务的提学使"迅速筹设图书馆,以稗教育而开民智"。[③]

北京作为首善之区,理当在建图书馆方面起带头作用。1905—1906 年邮传部率先设立了图书馆。清末的邮传部专辖船、路、邮、电四政,均系专门之学,应用的都是专科之书,该部还请出使各国的大臣帮助购置各种图书,丰富图书馆馆藏。[④] 1907 年陆军部设立兵学图书馆,有报道称:"陆军部铁尚书准凤禹门大臣之请,设立兵学编译图书馆一所,延聘精通各国文字之译才,无论陆军、水师,广为搜译,以资参考,现由铁尚书派定本部参议许秉琦为该馆总办。"[⑤]

1907 年 4 月,法部主事江亢虎(绍铨)筹办内外城女学传习所,同时筹办内外城图书馆。1907 年 5 月制订计划,准备将内城图书馆馆址设在东安市场,建筑洋式房屋,外城图书馆租借琉璃厂旧丰泰照相馆楼上。图书馆虽由

---

① 《学部奏定京师法政学堂章程(续完)》,《浙江教育官报》,1910 年第 17 期,108～109 页。

② 耿申、邓清兰、沈言、喻秀芳:《北京近代教育记事》,31 页,北京,北京教育出版社,1991 年。

③ 《学部催设图书馆》,《北洋官报》,1907 年第 1352 期,8 页。

④ 陈源蒸、张树华、毕世栋:《中国图书馆百年纪事 1840—2000》,10 页,北京,北京图书馆出版社,2004 年。

⑤ 《议设兵学图书馆》,《秦中官报》,1907 年第 5 期,193 页。

江亢虎提议兴建，但因资金无着落，一开始就有民政部参与，“闻民政部各堂官于此举颇表同情，内城图书馆一所，实由民政部助资兴办云”。[①] 民政部的资助主要是提供馆舍，资助官房，免收租金。江亢虎又“与中外新旧各大书肆订立合同，搜罗切用图书，并得前京师官书局所存储及收藏，加之寄陈者”，[②] 已经初具规模。民政部虽赞助房屋，但不合图书馆使用，必须进行改造，购买书柜、书架，至少需要 5000 元，其他设备需要 2000 元，合计万元以上，这不是一个小数目，江亢虎向学部、民政部募款也未见效果，图书馆虽有各种准备在先，但迟迟未能开放。

1906 年罗振玉发表《京师创设图书馆私议》，呼吁在京师创办国家级图书馆，在北京，先后建有两个京师图书馆。1907 年 8 月，江亢虎上呈“创办京师图书馆请拨款”折，其中说道：“欧美日本都邑之间官立、公立图书馆往往多至四五，我朝隆盛时代亦颁四库全书”，而今“学务日见维新，京师号称首善，而图书馆之设无闻，岂非新政一大阙典（缺点）。”江亢虎呈报创办京师图书馆，这是首次将此前筹办的内外城图书馆改为京师图书馆，其目的一方面补京师缺图书馆之憾，另一方面希望得到官方拨款支持。然而“京师图书馆”名头之大，岂非个人所能独撑，因此江亢虎提出“或即改为北洋官办，别简（检）能员，宽筹长款，益扩而大之，职亦乐以筹划之费，搜罗之图书，拟订之事宜规则供采择”。[③]

江亢虎呈文同时附《京师图书馆拟定章程》，该章程对图书馆的名称、宗旨、位置、开馆时间、馆员职责、设备、阅览等都作了详细说明和规划。该馆名称为“京师图书馆”，办馆宗旨为“保存国粹，输进文明”，与 1906 年的《湖南图书馆暂定章程》基本一致；内城图书馆仍在东安市场，外城图书馆仍在琉璃厂；开馆时间：除每年十二月二十五日至第二年正月初五闭馆盘点及每月农历初一休息之外全部开馆；馆员包括总理一人，经理一人，书记一人，会计一人，杂务一人，管理书籍八人，阅览四人，出借二人，代售图书二人；馆舍应包括大堂、藏书室、男女阅书室、阅报室、接待室、事务室、寄售柜、售券处、休息

① 《内外城分设图书馆》，《北洋官报》，1907 年第 1354 期，9 页。

② 《法部主事江绍铨呈创办京师图书馆请拨款提倡文并批》，《北洋官报》，1907 年第 1460 期，7～8 页。

③ 《法部主事江绍铨呈创办京师图书馆请拨款提倡文并批》，《北洋官报》，1907 年第 1460 期，6～7 页。

室;藏书包括四库全书、钦定各种图书、京外各衙门纂图书、各直省官书局图书、各国官纂图书、各书肆经官审定印行图书、中外各报馆报纸等。除了自有购买的图书外,还接受寄赠、寄存、寄售,包括向收藏家借书、与书店订立合约调取图书、与外国书肆订立合约调取图书、购取的秘本佚书;图书馆还可以售书,寄售的图书可以代售,按书价提成;在经费一项最引人注意,读书需要购买阅览券,普通券每铜货一枚,可以入室参观,不准看书;特别券每铜货五枚,可以到阅书室借十册书;出借券每银货五元,可以借书,每券可以借书五次,每次可以借书五册,借期五日,若有损坏按全书价格赔偿。

然而,也许是民政部采纳了江亢虎的意见,代表国家全盘接收了京师图书馆的创办事宜,或者是江亢虎全身而退,总之,江亢虎并没有将事业持续下去。1907 年 10 月 16 日京师图书馆阅报处先行成立,由民政部主持,主事是民政部侍郎荣勋,参议金梁协助,决定"暂不取资"。[①] 而江亢虎当年计划与内城图书馆一起建立的外城图书馆则一直没有下文。

另一个京师图书馆是由学部主持建立的。按照 1908 年清政府《钦定宪法大纲》设计的预备立宪实施步骤,1908 年至 1916 年分年实行预备立宪。学部于 1909 年 4 月 18 日上呈《奏报分年筹备事宜折》,计划 1909 年"颁布图书馆章程""京师开办图书馆(附古物保存所)";1910 年"各省一律开办图书馆。"1909 年 8 月,清政府分管学部的大学士张之洞上奏《奏筹建京师图书馆折》,奏请"在京师开设图书馆一条,奏蒙允准,钦遵在案。自应即时修建馆舍,搜求图书,俾承学之士得以观览。"经清政府批准,委派翰林院编修缪荃孙为图书馆正监督,国子监丞徐坊为副监督,总务司郎中杨熊祥为提调。1910 年学部拟定《京师及各省图书馆通行章程》。

《京师及各省图书馆通行章程》[②]共 20 条,对图书馆的宗旨、名称、地址、管理、藏书、印书、钤印、私人图书馆、经费、阅览等都作了详细规定。根据上述规定,在北京设立的图书馆定名为"京师图书馆",各省设立的"名曰某省图书馆",各府厅州县治所设立的"曰某府厅州县图书馆";办馆宗旨为"保存国粹,造就通才",地址应"远市避嚣为合宜",图书馆应设"监督一员、提调一员"

① 刘波、黄梦洁:《清末民政部所建京师图书馆史事钩沉》,《大学图书馆学报》,2010 年第 3 期,31~35 页。

② 《学部奏拟定京师及各省图书馆章程折》,《广东教育官报》,1910 年第 5 期,19~24 页。

进行管理,“其余各员量事之繁简酌量设置”;藏书分为“保存之类”和“观览之类”,分别服务不同人群;图书馆还应附设排印所、刊印所,“如有收藏秘籍孤本,应随时仿刊印行或排印发行”;京师图书馆的图书使用“学部图书”钤印;私人可以设立图书馆,“由地方官报明学部立案”;京师图书馆经费由学部筹拨,各省图书馆由本省提学使司筹拨,府厅州县图书馆由地方公款开支;图书馆实行收费借阅,“京师及外省各图书馆均需刊刻观书券,以便稽查。”根据《京师及各省图书馆通行章程》计划,各省图书馆应于1913年2月一律开办。①

1907年制定的《京师图书馆拟定章程》,是继维新时期藏书楼之后的重要章程,也是京城第一个完备的图书馆章程,其规定的名称、宗旨、位置、开馆时间、馆员职责、设备、阅览等规则,为以后的图书馆制定章程提供了参照。但《京师图书馆拟定章程》也体现了与后来的图书馆不同的特点:第一,图书馆不仅可以看书,还可以售书,图书馆兼具书店的功能。第二,由于经费紧张,首现收费券,这与早期的共读楼、通艺学堂的章程大相径庭,也与图书馆的公益性背道而驰,并且开了不好的先例,以后学部主持的京师图书馆也收费阅览。

1910年制定的《京师及各省图书馆通行章程》是1907年《京师图书馆拟定章程》的延续,两者既有发展,又有继承。第一,与《京师图书馆拟定章程》不同的是,《京师及各省图书馆通行章程》中拟设的图书馆是由政府机构主导的,带有明显的官方色彩,体现国家意志,首次以制度形式确定了京师、各省、府厅州县图书馆的模式。第二,延续《京师图书馆拟定章程》确定的收费制度,《京师及各省图书馆通行章程》仍然规定收费借阅。而作为启发民智的机构,由官方主导的图书馆仍然采用收费借阅制度,将贫穷的普通民众拒之图书馆门外,体现了20世纪初期为民众服务的图书馆理念转变面临来自传统观念和社会现实的种种桎梏,极其艰难。

在列强进入中国的同时,西学也在不断影响中国人的传统观念,北京没有像上海等开埠较早的地区那样,无条件接受传教士的涌入,但也以其独特的地位吸引外国宗教图书馆的建立,为中国近代图书馆的发展提供了样本。在国英以开放的姿态建立共读楼的同时,洋务派把目光集中在引进西方先进

---

① 陈源蒸、张树华、毕世栋:《中国图书馆百年纪事1840—2000》,14页,北京,北京图书馆出版社,2004年。

技术方面。然而,器物的改造并没有改变中国的命运,于是维新派掀起了一场以“变法图强”为宗旨的戊戌变法运动,建立了新式藏书楼,尝试对普通民众开放,可惜的是这种改革并没有持续下去;清末的阅报处完全对普通民众免费开放,开始倡导休闲阅读。1907 年京师图书馆的建立是北京自发的建立近代图书馆的实践行动,1909 年国家主导的京师图书馆建立,表明国家把图书馆纳入到社会治理体制之中。北京的图书馆发展与中国近代历史发展融为一体,清末图书馆的萌芽,为近代图书馆的发展提供了良好的条件,预示着一个图书馆发展的大时代即将来临。

第三章

民国时期北京的图书馆发展阶段

中华民国时期(1912—1949)分为三个阶段。第一阶段:南京临时政府时期。1911年辛亥革命胜利后,各省代表推举孙中山为临时大总统,1912年元旦,中华民国临时政府在南京成立,孙中山就任中华民国临时大总统。第二阶段:北洋政府时期。辛亥革命后不久,革命的成果被北洋军阀袁世凯窃取了,1912年2月中华民国临时参议院选举袁世凯为临时大总统,首都迁至北京。1913年10月袁世凯就任中华民国大总统,在此后的时间里,虽然总统历经更迭,但始终由北洋军阀掌握政权,因此北京政府又称北洋政府。第三阶段:南京国民政府时期。1926年7月,国民革命军开始进行统一全国的北伐战争,1927年4月18日蒋介石建立南京国民政府。1928年6月8日,国民革命军进入北京,北洋军阀控制的北洋政府时期结束。1928年12月张学良宣布东北"改旗易帜",接受南京国民政府的领导,全国实现了形式上的统一。1948年3月29日在南京召开"国民大会",5月20日南京国民政府改组为中华民国政府,国民政府主席改称中华民国总统。

在动荡的社会背景下,民国时期北京的图书馆发展经历了四个时期:①初创时期(1912—1928);②发展时期(1928—1937);③萧条时期(1937—1945);④恢复时期(1945—1949)。在北京的图书馆发展过程中逐渐形成五种类型:①国立图书馆;②市立图书馆;③私立图书馆;④学校图书馆;⑤会社机构图书馆。文化之都的北京,图书馆事业经历了曲折的发展历程。

第一节　民国时期北京的图书馆初创时期（1912—1928）

民国初年,伴随图书馆法规的制定和发布,北京的图书馆系统逐渐建立起来,形成了公共学术图书馆、通俗图书馆、学校图书馆、私立图书馆、会社图书馆等多种类型的图书馆。

1. 图书馆行政制度的确立

1911年爆发了辛亥革命，推翻了中国两千多年的封建帝制，1912年建立中华民国临时政府，1912年1月9日成立中华民国临时政府教育部，蔡元培任教育总长，教育部取代了清学部。教育部指派前学部图书局主编兼顺天府学务总处董理高步瀛负责接收图书馆事务。[①]

(1) 民国初期的图书馆行政设置

教育部成立后，即开始制定“民国政府教育部官制草案”，其中有三点涉及图书馆：①由承政厅执掌“学校图书馆博物馆等之修建事项”。[②] 前学部管理图书馆时，曾把建筑图书馆事项单独列出来，由会计司下设的建筑科负责学堂图书馆的建造、营缮，并考核全国的学堂之经营、建造是否合适，教育部则改由承政厅负责图书馆修建事宜。②增设社会教育司，掌管“关于博物馆、图书馆事项”。教育总长蔡元培深知读书对于改良社会的重要，他曾“久在欧洲，眼见各国社会教育之发达，深信教育之责任不仅在教育青年，须兼顾多数年长失学之成人。故草拟官制时，予普通、专门二司外，坚持设立社会教育一司”。[③] 蔡元培聘请周树人(鲁迅)任教育部佥事，主管社会教育中的图书馆等事宜。包括以京师图书馆为首的国立—省立—府—厅—州—县立图书馆体系，均属于社会教育范围，归社会教育司管辖。③社会教育司还负责“关于通俗图书馆巡回文库事项”。[④]社会教育是学校教育的补充，在《万国公报》将欧美采用巡回图书馆的方法介绍到中国之后，管理者认为巡回文库很适合中国幅员辽阔、民众受教育程度低等特点，因此专门提倡在通俗图书馆设立巡回文库。

1912年8月，中华民国政府公布临时大总统令，批准参议院议决修正教

---

① 朱有瓛、戚名琇、钱曼倩、霍益萍：《中国近代教育史资料汇编 教育行政机构及教育团体》，104页，上海，上海教育出版社，1993年。

② 朱有瓛、戚名琇、钱曼倩：《中国近代教育史资料汇编 教育行政机构及教育团体》，108页，上海，上海世纪出版股份有限公司，2007年。

③ 蒋维乔：《民初以后之教育行政》，转引自朱有瓛、戚名琇、钱曼倩、霍益萍：《中国近代教育史资料汇编 教育行政机构及教育团体》，165页，上海，上海教育出版社，1993年。

④ 朱有瓛、戚名琇、钱曼倩：《中国近代教育史资料汇编 教育行政机构及教育团体》，109页，上海，上海世纪出版股份有限公司，2007年。

育部官制案，修正官制案基本沿袭教育部初成立时设计的官制草案。1914 年 7 月，教育部公布修正官制，修建图书馆之事归总务厅管辖，学术图书馆和通俗图书馆仍归社会教育司管辖。[①] 1918 年 12 月，教育部改定分科规程，社会教育司分设第一科、第二科，对图书馆的问题规定，第一科负责一般“博物馆、图书馆事项”，第二科负责“通俗图书馆、巡行文库事项”。[②] 民国前期图书馆行政制度基本确定。图书馆行政制度的确定，以法令的形式确立了民国初年图书馆的管理框架。

(2) 民国初期的图书馆规程

1915 年教育部公布《图书馆规程》，[③]共 11 条。规程规定“各省、各特别区域应设图书馆”，各县可以“得视地方情形设置之”；设置的目的是“储集各种图书供公众之阅览”，这比湖南图书馆章程、京师图书馆章程有所进步。

《图书馆规程》对图书馆的名称做了统一规定，各县及各特别区设立者应称公立图书馆，公私立学校设立者应称为某学校图书馆，公共团体所设者应称为某团体图书馆，私人所设者应称为某私立图书馆。

《图书馆规程》规定公立图书馆运行经费由主管公署拨给，馆长及馆员的任用由主管公署转报教育部，薪俸与教育职员相同。公立学校图书馆经费由计划拨给，私立图书馆除自筹外，可向地方长官申请奖励。

《图书馆规程》将公立图书馆作为国家行政管理的一部分，每年应将“名称、位置、经费、书籍卷数、建筑图式、章程规则、开馆时间”等基本信息由主管长官报教育部立案；附设学校、团体及私立图书馆应将“名称、位置、经费、书籍卷数、建筑图式、章程规则、开馆时间”等信息报主管长官立案。

该规程是清末制订的《京师及各省图书馆通行章程》的延续，进一步以法规形式确定了省立—(特别)区立—县立学术图书馆体系。值得注意的是，该《规程》第九条规定：“图书馆得酌收阅览费”，承袭了京师图书馆的规则。按照《图书馆规程》的规定，公立图书馆提供有偿服务，付费阅览。

---

① 朱有瓛、戚名琇、钱曼倩、霍益萍：《中国近代教育史资料汇编　教育行政机构及教育团体》，110 页，上海，上海教育出版社，1993 年。

② 朱有瓛、戚名琇、钱曼倩、霍益萍：《中国近代教育史资料汇编　教育行政机构及教育团体》，116 页，上海，上海教育出版社，1993 年。

③ 《图书馆规程》，《江苏教育行政月报》，1915 年第 10 期，3～4 页。

1915 年，教育部公布《通俗图书馆规程》，[①]共 11 条。规程涉及各地设立通俗图书馆的基本问题，其中若干条款是根据《图书馆规程》的相关规定而订立的，在内容上二者也具有相通之处。

关于设立层次，《通俗图书馆规程》规定"省治、县治应设通俗图书馆"，自治地区也应设立之，"称为某自治区公立通俗图书馆"；关于馆藏，主要针对下层民众"储集各种通俗图书，供公众之阅览。各自治区得视地方情形设置之"。与学术图书馆重点"保存国粹"具有不同的目的。

按照《通俗图书馆规程》规定，通俗图书馆的工作人员每年需上报工作情况，经费及工资由教育公署拨给；私立通俗图书馆也可申请获得政府奖励。该规程以法规的形式确立了省治—县治通俗图书馆体系，与学术图书馆不同的是，"通俗图书馆不征收阅览费"。

(3) 北京教育行政机关的变化

1905 年清政府宣布废除在中国延续了 1300 年的科举制度。废科举以后，学部在北京设立八旗学务处，管辖八旗学堂，另设京师督学局，管辖公私立学堂。民国成立以后，鉴于五族共和，满汉不分，教育部撤八旗学务处和京师督学局，1912 年 5 月 10 日，正式成立京师学务局，[②]直隶教育部，地点在北京东铁匠胡同原京师督学局旧址，管理北京中等以下学校及下辖的教育处所。

京师学务局初设立时，国家和机构本身对于其定位都不甚明了，原因是北京地处京师，与中央机构有不可分割的关系。直到 1927 年，京师学务局的定位还很模糊，姚金绅的文章指出："吾国教育行政机关，在政府则有教育部，在省区则有教育厅，在县则有教育局，而京师地方，虽名为特别市，实际上则为政府直辖地域，于是设京师学务局，作为地方行政机关。"但是对行政机关的组织及行政管理关系到底是属于省区级还是县级，认识仍然不清楚，姚金绅也很无奈，他感到：京师学务局"有类省区之教育厅，而较之各县教育局，亦颇有相似之处，可谓特殊之教育行政机关"。[③] 这使京师学务局在行使行政权力时处于一种尴尬境地。

---

① 《通俗图书馆规程》，《教育公报》，1915 年第 2 卷第 8 期，2～3 页。

② 《京师学务局之组织及北京地方教育经费状况》，《京师教育报》，1917 年第 38 期，1～7 页。

③ 姚金绅：《京师学务局之组织及行政》，1927 年第 1 卷第 6～7 期，5～11 页。

京师学务局下设通俗教育科、小学科、中学科、总务科四科，[①]图书馆归通俗教育科管辖，该科执掌的与图书馆有关的事务有：关于通俗讲演所及通俗图书馆事项；关于巡回讲演及巡回文库事项；关于博物馆图书馆事项。如何开展图书馆工作？1912 年京师学务局制定《社会教育之性质及提倡设施意见》，提出社会教育设施有：(1)社会上的各种学理、教义等，能博多数人之娱乐，动多数人之观感，都具有社会教育性质。(2)社会上的建筑物、陈列品、印刷品等，能资多数人展览，集合机关辅导社会的进步，也具有社会教育之性质。对于具体实施意见，京师学务局根据教育部关于图书馆的官制和法令精神提出：(1)"应由国家设立中央图书馆，订定各地图书馆并简易图书馆、巡回文库等，设法督促各地实行并倡导私立图书馆。"[②](2)阅书馆等涉及通俗教育的，应由京师学务局负责。

按照京师学务局的设计，图书馆应由中央直接领导设立，阅书馆(处)由京师学务局设立。由于京师学务局隶属关系不甚明了，图书馆的管理有时亦不顺畅。1923 年京师学务局改组，设立三科，其中"第三科掌理小学教育、初等实业教育、补习教育及图书馆事项"，[③]这一设置延续至南京国民政府成立。

2. 图书馆类型多样化

(1) 公共学术图书馆

1909 年 9 月 9 日，清政府同意设立京师图书馆。张之洞在筹建京师图书馆的奏折中提出："图书馆为学术之渊薮，京师尤系天下观听，规模必求宏远，搜罗必极精详，庶足以供多士之研求，昭同文之盛治"。[④] 京师图书馆正监督调派缪荃孙充任，徐坊任副监督，杨熊祥为提调。1912 年中华民国临时政府教育部成立，5 月 23 日教育部任命江翰为京师图书馆馆长，[⑤]1912 年 8 月 27

---

① 朱有瓛、戚名琇、钱曼倩、霍益萍：《中国近代教育史资料汇编 教育行政机构及教育团体》，166 页，上海，上海教育出版社，1993 年。

② 刘晓云：《近代北京社会教育史料汇编》，20 页，石家庄，河北科学技术出版社，2011 年。

③ 姚金绅：《京师学务局之组织及行政》，1927 年第 1 卷第 6～7 期，5～11 页。

④ 《学部奏筹建京师图书馆折》，转引自李希泌、张椒华：《中国古代藏书与近代图书馆史料(春秋至五四前后)》，132 页，北京，中华书局，1982 年。

⑤ 张书美：《民国初期京师图书馆的发展困境》，《图书馆界》，2012 年第 1 期，72～74 页。

日京师图书馆在什刹海北岸广化寺正式开馆。

1913年10月29日，教育部发布训令："查北京图书馆[①]创自前清，曾经学部奏定地址，嗣因鼎革，未及开办。民国肇造，日不遑给，因京城图书馆系举国观听，姑就旧藏书处暂行开馆。今国家粗定，不能不谋所以进行。仰社会教育司，转饬北京图书本馆，暂行停止阅书。兹派本部佥事周树人（鲁迅）、沈彭年、齐宗正，主事胡朝梁、戴克让前往，会同该馆馆员王懋镕、乔曾劬、秦锡纯、雷瑜、孙遁、王惠醇、杨承煦，迅将所有收藏图书按照目录检查，装箱封锁。其存款账册，亦应逐一清理，悉交周树人等接收报部。"此后鲁迅积极为京师图书馆寻找新馆址。1917年1月26日，京师图书馆迁往方家胡同原国子监南学旧址重新开馆（见图3-1）。1925年11月26日更名为国立京师图书馆，1928年7月18日更名为国立北平图书馆，迁往中南海居仁堂（见图3-2），1929年1月10日举行开馆典礼。1929年8月31日与北平北海图书馆合组国立北平图书馆。

图3-1　1917年1月26日京师图书馆在方家胡同馆舍（原国子监南学）开馆纪念摄影［第一排左5为蔡元培，第二排左5为周树人（鲁迅）］

资料来源：李致忠：《中国国家图书馆馆史》，北京，国家图书馆出版，2009年

北平北海图书馆成立于1926年3月1日。1900年，英、美、德、法、意、奥、日、俄八个帝国主义国家组成"八国联军"入侵中国，镇压义和团运动，并

① 作者注：即京师图书馆。

图 3-2　国立北平图书馆中海居仁堂旧址

迫使中国于 1901 年签订了丧权辱国的《辛丑条约》，强迫清政府赔偿各国“军费损失”4.5 亿两白银，分 39 年还清，年息 4 厘，共计 9.8 亿两白银，史称“庚子赔款”。此次赔款数额巨大，远超列强实际“损失”数额。20 世纪初期各国陆续退还部分多收的赔款。具体退款数额见表 3-1。

表 3-1　英美等七国庚子赔款“退款”数额[①]

国 别	在庚子赔款中分得的份额/%	退款名义量/万美元	退款扣除量/万美元	实退量/万美元
美	7.3	3493.0	—	3493.0
法	15.8	4796.7	4465.2	331.5
比	1.9	685.4	10.0	675.4
意	5.9	1687.4	460.0	650.0
荷	0.2	43.1	7.5	35.6
俄	29.0	1719.5	—	1719.5
英	11.3	3963.8	279.5	3684.3
总 计	71.4	16388.9	5222.2	10589.3

说明：1.庚子赔款共分 14 部分，这里只计与“退款”有关的 7 部分，其总量在所有赔款数额中共占 71.4%。2.名义量是指列强多收的庚子赔款应退还的量。3.扣除量是指退款国以各种理由扣除应退款数量，从而减少退款。4.实退量是指实际退还给中国的数量。5.日本以种种借口拒不退款，因此统计只有七国。

① 宓汝成：《庚款“退款”及其管理和利用》，《近代史研究》，1999 年第 6 期，64～100 页。

从1904年开始，中国驻美公使梁诚经过多方斡旋，最终促使美国政府同意将多收的“庚子赔款”退还给中国。1908年5月25日，美国国会通过《议决则例》，[①]明确退款时间及方式。第一次退款于1909年开始，退款用于派遣留学生赴美学习，清政府创办了清华学堂作为留美预备学校。退还余款的议案于1924年5月21日在美国参众两院联席会议上获得通过，此为美国第二次向中国退还“庚子赔款”。1924年9月18日成立由中外知名人士组成的中华教育文化基金董事会管理此款项。经过美国友人韦棣华等努力，中华教育文化基金董事会同意将部分退款用于支持中国的图书馆事业，1925年10月22日，中华教育文化基金董事会与教育部签订《合办国立京师图书馆契约》，[②]但因教育部未能履约而使合作搁浅。此后中华教育文化基金董事会决定自办北京图书馆，地点在北海公园内的庆霄楼、悦心殿等处（北平北海图书馆庆霄楼旧址见图3-3）。

图3-3　北平北海图书馆庆霄楼旧址

1926年3月1日，成立由范源濂、任鸿隽、周诒春、张伯苓、戴志骞5人组成的北京图书馆委员会，聘请梁启超、李四光为正、副馆长，袁同礼为图书部主任。1928年南京国民政府改“北京”为“北平”，北京图书馆更名为北海图书馆。1929年6月，中华教育文化基金董事会举行第5次年会，通过北平北海

① 《照录美署外部大臣培根来文》，转引自清华大学校史研究室编.《清华大学史料选编（一）》.87页，北京，清华大学出版社，1991年。

② 北京图书馆：《北京图书馆第一年度报告》，1页，北平，北京图书馆，1927年。

图书馆与国立北平图书馆合组国立北平图书馆的决议，1929 年 8 月 31 日两馆正式合组为国立北平图书馆，1930 年 2 月 1 日教育部核准《合组国立北平图书馆办法及委员会组织大纲》。[①]

故宫博物院图书馆成立于 1925 年 10 月 10 日。1924 年 11 月 5 日，清朝末代皇帝溥仪及其眷属被逐出紫禁城，1924 年 11 月 7 日，中华民国政府发布命令："着国务院组织善后委员会，会同清室近支人员，协同清理公产、私产，昭示大公。所有接收各公产，暂责成该委员会妥善保管，俟全部结束，即将宫禁一律开放，备充国立图书、博物馆等项之用，籍彰文化而垂久远。"1924 年 11 月 14 日国务院公布《清室善后委员会组织条例》，成立图书馆、博物馆筹备会。1925 年 9 月清室善后委员会制定《故宫博物院临时组织大纲》，1925 年 10 月 10 日下午，在故宫乾清门举行了隆重的故宫博物院建院典礼，正式宣布故宫博物院成立。故宫博物院下设古物馆和图书馆，古物馆馆长易培基，图书馆馆长陈垣，图书馆以故宫寿安宫为馆址（见图 3-4）。1935 年 5 月在太庙公园设立故宫博物院图书分馆。自此，图书馆作为故宫博物院的一个机构，一直延续至今。

图 3-4　故宫博物院图书馆大门：故宫寿安门

① 《1930 年 2 月 1 日教育部训令第 91 号核准合组国立北平图书馆办法及委员会组织大纲》，转引自北京图书馆业务研究委员会编：《北京图书馆馆史资料汇编（1909—1949）》，319 页，北京，书目文献出版社，1992 年。

(2) 通俗图书馆

民国初期,从行政划分上,作为地方机构,应由京师学务局办理通俗教育,但由于京师学务局归教育部直辖,在教育隶属关系上没有廓清,因此北京早期的通俗图书馆均由教育部设立,学务局只负责阅书报处。

① 教育部创立的通俗图书馆。京师图书馆分馆成立于 1913 年 6 月。1912 年京师图书馆开馆,因其地址偏僻,交通不便,馆内藏书以古籍善本为主,用于普通阅读的图书很少,且收费阅览,普通民众很难利用。因此,在开馆之初,京师图书馆就计划"略仿欧美通俗图书馆之制"开设一座图书分馆。1913 年 2 月 2 日京师图书馆呈请教育部批准,租用琉璃厂西门外前青厂武阳会馆夹道十八间民房设立京师图书馆分馆,1913 年 6 月开馆,主任关维震,京城第一所通俗图书馆由此诞生。京师图书馆分馆建立后,馆址几经变迁,1916 年 3 月 1 日迁至宣武门外西茶食胡同东头香炉营四条西口新筑洋房,1924 年 7 月迁至宣武门内大街京师通俗图书馆院内,与之同在一个院内,分别运行。1924 年 12 月,教育部拨充宣武门内头发胡同 22 号前清翰林院讲习馆旧址为两馆馆址,直至中华人民共和国成立。

京师通俗图书馆成立于 1913 年 10 月 21 日。当时,由于"京师地面辽阔,虽由京师学务局设立公众阅书处十余所,然均附属于各宣讲所内,图书无多,规模甚小"。[①] 1913 年教育部在北京宣武门内大街设立京师通俗图书馆,10 月 21 日正式开馆,开馆之初有工作人员 12 人,主任王丕谟。1924 年 12 月迁至宣武门内头发胡同 22 号。

中央公园图书阅览所成立于 1917 年 8 月。中央公园原为明清两朝的社稷坛,1913 年被中华民国政府接收后辟为公园,1914 年 10 月对外开放,改称中央公园。1917 年 8 月教育部在中央公园社稷坛后大殿设立图书阅览所。1928 年北平特别市市长何其巩主持对公园进行了改造,改为中山公园。

1925 年 12 月 7 日,教育部令京师图书馆分馆改为京师第一普通图书馆,原京师图书馆拨 1 万册普通科学书籍给分馆,加之原有 2 万多册图书,第一普通图书馆拥有 3 万多册图书,主任王丕谟;京师通俗图书馆改为京师第二普通

---

① 李希泌、张椒华:《中国古代藏书与近代图书馆史料(春秋至五四前后)》,266 页,北京,中华书局,1982 年。

图书馆，主任黄中垲；中央公园图书阅览所改为京师第三普通图书馆，主任戴克让；[①]1927 年 7 月第一、第二普通图书馆合并，改称京师第一普通图书馆，主任王丕谟，馆址仍在宣武门内头发胡同 22 号前清翰林院讲习馆旧址。[②] 第三普通图书馆改为京师第二普通图书馆。1928 年 11 月京师第一、第二普通图书馆划归北平特别市政府管辖，分别改为北平特别市第一普通图书馆（见图 3-5）、北平特别市革命图书馆。

图 3-5　北平市立第一普通图书馆大门

② 京兆尹公署创办的通俗图书馆。北京是中华民国北洋政府时期的首都，除中央机关设在北京外，北京亦设有地方行政管理机构。民国初建时，北京的地方行政制度延续清制，设立顺天府尹。1914 年 10 月改顺天府为京兆地方，作为特别行政区域，相当于行省，行政机关改称京兆尹公署，管辖北京地方行政事务。京兆尹公署设置内务、总务、教育、实业四科，各设科长一人。

① 《教育部令第 206 号令》，《政府公报》，1925 年第 3483 期，696 页。

② 《北平特别市市立第一普通图书馆沿革》，《北平特别市市立第一普通图书馆周年纪念刊》，1930 年 3 月，25～26 页。

1925 年春，京兆尹薛笃弼将地坛辟为京兆公园，在园内开辟了通俗图书馆、世界园、公共体育场等文化体育设施。通俗图书馆馆址原为地坛的皇祇室，辛亥革命后渐渐荒芜。皇祇室辟为图书馆后，远远可见外墙上有“勤俭治家，孝悌立身”八字，入门内侧墙壁有“为善最乐，读书便佳”八字，劝进读书的宗旨一目了然。进入馆内，四壁张贴通俗教育画、地图、节俭图、卫生图等。旁有木阁，收储通俗教育类丛书，中间设有桌椅为阅报处，周围原有石桌为阅书处。馆外有露天讲演台，设百余个座位，备有留声机，各界名流可随时讲演。

该馆的通俗性体现在为农民而设，在《通俗图书馆规则》中明确提出“本馆为增进农民普通知识起见，特设通俗图书馆，俾农民随便阅览”。馆内设专人管理，只阅不借。

1928 年夏，京兆公园改名为市民公园。后因经费困难，无法维持公园的正常运行。园内常有驻兵，肆意破坏，公园逐渐荒芜。原公园内的通俗图书馆并入鼓楼内的第一民众教育馆，世界园改做育苗场地，文体设施荡然无存。据内务部坛庙管理所 1934 年调查，地坛内皇祇室等瓦顶已坏，木料糟朽，坛内外杂草丛生。1935 年停办市民公园，1957 年地坛恢复为公园。（通俗图书馆外观和内部见图 3-6、图 3-7。）

图 3-6　位于京兆公园的通俗图书馆外观

图 3-7　位于京兆公园的通俗图书馆内部

资料来源：刘骥.京兆公园纪实.1925

③ 京师学务局主办的阅书报处。根据京师学务局制订的“社会教育之性质及提倡设施意见”，图书馆由教育部设立，阅书报处归学务局负责。清末曾轰轰烈烈地建立了大量阅报处，进入民国以后，私人阅报处减少，政府接力，将阅书处和阅报处分开办理，均由京师学务局负责。阅报处基本上是清末阅报处的延续，在体制上、内容上都与清末阅报处相差无几。京师阅报处一览(1918 年 3 月调查)见表 3-2。

表 3-2　京师阅报处一览(1918 年 3 月调查)①

名　称	地　址	报纸种类	平均阅报人数	开办时间
第一阅报处	正阳门外珠市口以南	文言 8、白话 3、教育 1	50 人，星期日较多	1912 年 11 月
第二阅报处	附第二讲演所内	文言 8、白话 3	70～80 人，星期日较多	1912 年 12 月
第三阅报处	附第三讲演所内	文言 8、白话 3、教育 2	20 余人	1912 年 12 月
第四阅报处	附第四讲演所内	文言 9、白话 3、教育 1	40～50 人	1912 年 12 月
第五阅报处	附第五演讲所内	文言 9、白话 3、教育 1	40～50 人	1912 年 12 月

① 万妮娜：《民国时期北京社会教育活动研究(1912—1937)》，159～160 页，南昌，江西人民出版社，2015 年。

续表

名　称	地　址	报纸种类	平均阅报人数	开办时间
第六阅报处	附第七讲演所内	文言 10、白话 3、教育 4	40 人	1912 年 12 月
第七阅报处	附第九讲演所内	文言 8、白话 4、教育 1	40～50 人	1912 年 12 月
第八阅报处	附第一讲演所内	文言 8、白话 3、教育 1	50～60 人，星期日较多	1913 年 9 月
第九阅报处	附第十讲演所内	文言 8、白话 3	40～50 人	1913 年 10 月
第十阅报处	附第八讲演所内	文言 13、白话 6	30～40 人	1914 年 5 月
模范讲演所附设阅报处	正阳门外虎坊桥东	30 余种	60 人	1916 年 4 月

除阅报处外，京师学务局还负责阅书处的工作。阅书处在制度设计时是为通俗图书馆雏形，但由于图书少，规模小，读者少，1913 年 12 月开办时，统称公众阅书处。[①] 京师公立公众阅书处概况（1916 年）见表 3-3。

表 3-3　京师公立公众阅书处概况（1916 年）[②]

名　称	地　址	开办时间	图书数量	每日阅览人数
第一公众阅书处	同第十一讲演所	1912 年 11 月	215	30
第二公众阅书处	同第二讲演所	1912 年 12 月	517	23
第三公众阅书处	同第四讲演所	1913 年 3 月	226	36
第四公众阅书处	同第五讲演所	1913 年 7 月	590	23
第五公众阅书处	同第八讲演所	1913 年 8 月	160	32
第六公众阅书处	同第九讲演所	1915 年 1 月	233	37
第七公众阅书处	同第二讲演所	1915 年 1 月	338	22
第八公众阅书处	同第三讲演所	1915 年 3 月	205	25

阅书人数低于阅报人数，主要原因有：①公众阅书处主要为普通民众服务，应以收藏通俗读物为主，而当时的阅书处仍然以收藏传统古籍为主，通俗

① 《函各通俗图书馆改订名称》，《京师教育报》，1914 年第 1 期，5 页。

② 万妮娜：《民国时期北京社会教育活动研究（1912—1937）》，163 页，南昌，江西人民出版社，2015 年。

白话图书较少，普通民众识字率低，不易阅读。②公众阅书处一般与宣讲所共用一室，轮流使用，宣讲、阅书时间错开，阅书时间短，如第七阅书处调查员佟永元调查显示，宣讲时以故事形式讲道理，听众达百余人，而宣讲前阅书时仅2人，人数相差悬殊。③社会上还没有形成读书的风气，对读书的好处认识还很少，很多人空闲时间不是用来读书，而是选择其他娱乐方式。④开馆时间没有切实考虑民众的需求，如第七阅书处开放时间为9:00—13:00，这个时间正是人们上班工作的时间，而没有工作游手好闲的人又无兴趣读书，或者无阅书的能力。相比之下，阅报较为灵活，报纸内容新鲜，文章短小精悍，开馆时间适时调整，因此阅报比阅书人数多。

京师学务局虽不负责设立图书馆，但在学务局附设了一所民众图书馆，附设于社会教育办公处，位于东铁匠胡同，后改为社会教育办公处附设通俗图书馆。馆内设有阅书室、阅报室、儿童阅览室，藏书3000余部，杂志20余种，规模较小。1929年5月该馆改为市立民众图书馆，[①]1936年并入第三区民教馆图书馆。

（3）学校图书馆

① 国立大学图书馆。北京最早设立的国立大学，是1898年建立的京师大学堂，这是北京乃至全国最早的国立大学。就全国而言，北京的国立大学在1925年以前增长最快，据统计，1925年全国有国立大学20所，其中北京9所，上海3所，南京2所，武汉2所，天津、唐山、成都、西安各1所。北京的9所国立大学分别是北京大学、北京师范大学、北京女子师范大学、北京法政大学、北京农业大学、北京工业大学、北京医科大学、北京艺术专科学校、北京女子大学，北京的国立大学几乎占到全国国立大学的一半。[②] 1927年，北洋政府将北京的国立大学合并为京师大学校，由于遭到抗议，未能实现。作为培养高等教育人才的摇篮，各国立大学均设有图书馆。1918年8月—1931年9月北大红楼一层曾作为北大图书馆馆舍。（图3-8为北大图书馆内部）。

---

① 赵倩：《现代化语境下的民众教育与社会改造：1928—1937年北平地区民众教育馆研究》，94页，北京，中国人民大学出版社，2015年。

② 李涛：《民国时期国立大学数量及区域分布变迁》，《华东师范大学学报》（教育科学版），2014年第2期，104～110页。

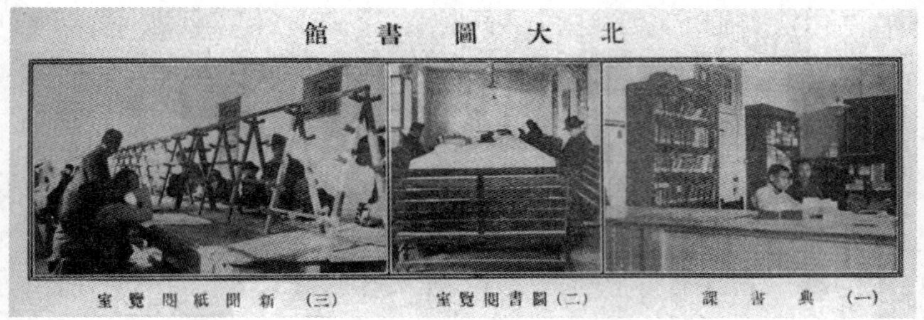

图 3-8　国立北京大学图书馆内部

资料来源：《北大图书馆》，《北大生活》，1921 年第 12 期

② 私立大学图书馆。民国时期的私立大学包括二类：一类是教会大学，办学资金由教会提供，行政事务由教会主导；另一类是私人创办的大学，办学资金由私人筹集，校长、教职员由私人聘请。尽管自晚清开始外国人就来华办学，但在北京这个中国文化深厚的城市，外国教会的势力渗透还是比沿海城市晚了一些。北京的教会大学基本建立于 20 世纪一二十年代，如燕京大学、辅仁大学等。民国时期私人创办的大学也很活跃，1912 年北洋政府教育部分别颁布《专门学校令》①和《大学令》②，规定私人可以设立大学，为私立大学的建立提供了制度保证。北京的私立大学有中法大学、民国大学等。1922 年 11 月中华民国政府又颁布了《学校系统改革案》③，规定可设立单科大学，北京创办了铁路大学等专科大学。私立大学与国立大学培养高等教育人才的目标是一致的，各校都设立了图书馆。(图 3-9 为民国大学图书馆外观)。

图 3-9　民国大学图书馆外观

① 《教育部公布专门学校令》，《教育杂志》，1913 第 4 卷第 10 期，33 页。

② 《教育部公布大学令》，《教育部编纂处月刊》，1913 年第 1 卷第 4 期，1～4 页。

③ 《学校系统改革案》，《新教育》，1922 年第 5 卷第 4 期，146～150 页。

③ 中学及其他学校图书馆。民国时期北京的公私立中学均占有相当比重，公立学校的规模和办学条件要高于私立学校。但从数量上来看，私立学校多于公立学校。北洋政府统治时期，北京公立学校共有 5 所；而 1913—1928 年，京师地区开办的私立中学达到 37 所，如中国公学附属中学、正志中学、孔德学校、四存中学、励志中学、香山慈幼院初级中学、志成中学、中法大学附属温泉中学、华北中学、两吉女子中学、培根女子中学、清明中学、艺文中学、立达中学、北京中山公学、翊教女子中学等。在近代中学教育中，还有一支不可忽视的力量来自教会，北京的教会中学在数量上不及沿海城市多，但在质量上毫不逊色，如育英学校、贝满女中、汇文学校等。1917 年北京设有慕贞、汇文、贝满、崇实、育英、育才、崇德、毓英、笃志、培华、萃贞、萃文等 12 所教会中学，1917—1927 年新设立的教会中学有盛新中学、光华女子中学、燕京大学附属女子高级中学等。[①] 根据学校规程要求，中等学校应建图书（室）馆，1884 年汇文中学设立图书馆，香山慈幼院于 1920 年建院，1921 年设立香山教育图书馆，1924 年夏育英学校设立图书馆（见图 3-10）。[②] 1924 年北京平民中

图 3-10　育英学校图书馆职员在图书馆门前合影（从左至右：王善甫、沈增庠、杨正一、邵作德、杨兆钧、胡少廷、赵士英）

资料来源：育英学校图书馆职员合影.育英学校年刊，1934

① 王艳：《1912—1927 年北京地区的中学教育研究》，首都师范大学硕士学位论文，2007 年。

② 毕晓莹：《民国时期北京育英学校述略》，《北京社会科学》，2012 年第 4 期，95～98 页。

学设立平民图书馆，[①]该馆组织完善，管理精当，不仅供给本校使用，而且提供校外读者使用。

(4) 私立图书馆

私人藏书是中国民间的传统。近代以来，随着藏书观念的变化，一些人将私藏公之于众，供众借阅。也有人或以一己之力，或与同道一起，汇聚图书，创办私立图书馆。根据《京师及各省图书馆通行章程》的规定："私家藏书繁富，欲自行筹款，随在设立图书馆以惠士林者，听其书籍目录、办理章程，应详细开载，呈由地方官报明学部立案。"此项规定以法规的形式确定了私立图书馆的合法性。一些有影响的社会人士参与创办私立图书馆，外国人也在北京设立私人文库，私立图书馆根据开办人的喜好，各具特色，成为公立图书馆的补充。

① 莫理循文库。莫理循(George Ernest Morrison，1862—1920)(见图 3-11)，英国人，1862 年 2 月 4 日生于英属澳大利亚维多利亚州吉隆市，1894 年来到中国上海，次年受聘为英国《泰晤士报》驻中国的记者，1897 年来到北京，开始建立莫理循文库，1917 年离去。1920 年 5 月 30 日在英国西德茅斯病逝。

图 3-11　乔治・沃尼斯特・莫理循

莫理循文库最初设在北京东交民巷公使馆区莫理循自家的私宅，1900 年义和团运动爆发时，他把藏书转移到了肃亲王府，幸免于难。义和团运动平息后，莫理循将文库藏书迁到王府井大街西侧原朱启钤私宅，按照近代建筑式样，用钢筋水泥建造了一座可以避火险的书库。1916 年莫理循决定返回英

① 《平民图书馆规则》，《北京大学日刊》，1924 年第 1451 期，2～3 页。

国定居，准备出让文库，他最初希望文库能够留在中国，但北洋政府官员各为私利争权夺势，有识之士囊中羞涩，均无力出资购买。而美国哈佛大学、耶鲁大学、加利福尼亚大学都有意向购买，日本人也闻风而至，最终日本三菱财阀岩崎久弥以 35 000 英镑买下了整个文库（见图 3-12）。1917 年 9 月 26 日，文库藏书全部运抵日本，结束了莫理循文库在中国的历史。莫理循文库迁往日本，是中国近代图书馆史上的重大损失。

图 3-12　岩崎久弥购买莫理循文库后，在书库合影（中为莫理循）

② 松坡图书馆。蔡锷，字松坡，是梁启超在清末长沙时务学堂任主讲教师时的得意门生。1915 年袁世凯窃国称帝，师生志同道合，共同讨伐袁世凯的倒行逆施，结下了深厚的友谊。1916 年 1 月 8 日蔡锷在日本福冈病逝，梁启超悲痛万分，决定建立以蔡锷的字号松坡命名的纪念性图书馆。1916 年 12 月梁启超开始着手筹办建馆事宜，先在上海，后移到北京，募捐款项和书籍。1922 年，北洋政府同意拨北海快雪堂及西城石虎胡同七号为松坡图书馆第一馆、第二馆馆址（两馆示意图见图 3-13、图 3-14）。同年 12 月在北京成立了“松坡图书馆干事会”，推选梁启超为干事长，蹇季常等 7 人为常务干事，周大烈等 32 人为干事。1923 年 11 月 4 日，松坡图书馆在北京正式成立，梁启超被干事会推举为馆长。北海快雪堂为松坡图书馆总馆，在西城石虎胡同七号设立分馆。

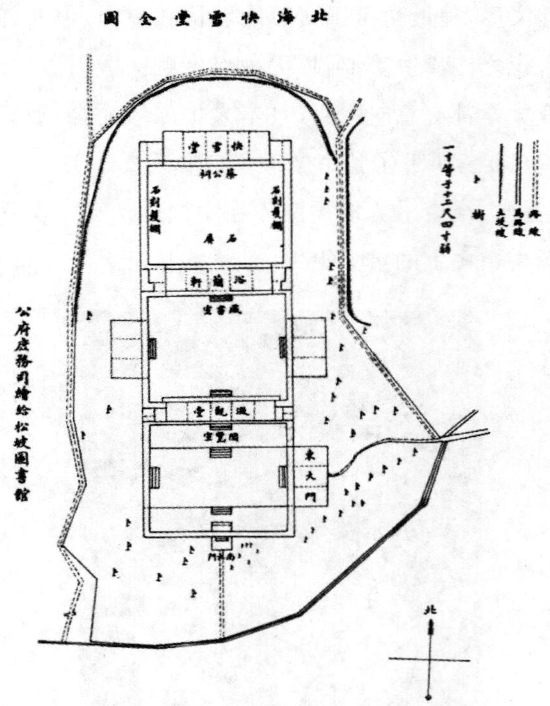

图 3-13　松坡图书馆第一馆示意图

资料来源:《松坡图书馆第一馆、第二馆示意图》,《松坡图书馆十五年份报告》,1927

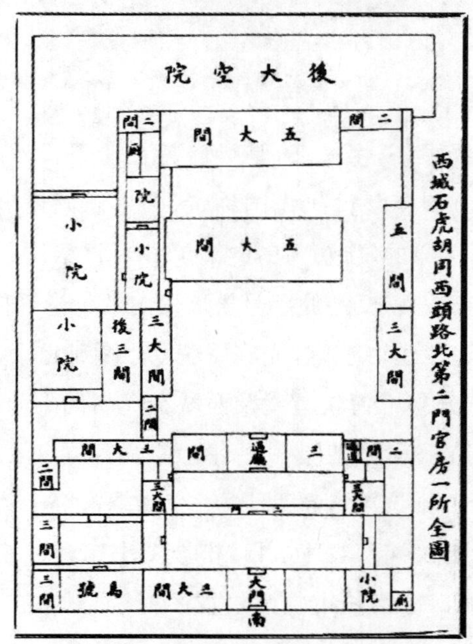

图 3-14　松坡图书馆第二馆示意图

(5) 会社图书馆

民国时期的会社组织数量多,分布范围广,遍及社会科学、自然科学、人文科学等各领域,北京的会社组织亦不在少数,一些会社组织设有图书馆。会社图书馆一般收藏很专,适合专门研究。

1915 年由美国驻中国公使芮恩施博士(Dr. Paul S. Reinsch)提议,并与中国驻美国公使顾维钧商议,仿效美国政治科学协会(American Political Science Association)成立中国社会政治学会(The Chinese Social and Political Science Association),其宗旨是"鼓励法律、政治、社会学、经济学以及行政管理方面的研究",1915 年年底正式成立。1920 年学会在北京南池子办起了图书馆,首任管理者是前驻华美国领事格林先生(Mr.R.S.Greene),后来曾担任协和医学院总视事。格林离开后,该馆聘请文华大学图书科第一届毕业生陈宗登(尺楼)任图书馆主任。图书馆有一间大屋,两间小屋,大屋正中陈列图书,左边是储藏书报室、办事房、杂书收藏室,墙上刷着乌煤,内部器具非常讲究,适合读书,也适合聚会。图书馆收藏很专,藏书大半都是政治、经济方面的参考书和公文、布告等,[①]图书馆还直接从国外购书,1925 年一次就从欧美购买社会学书籍数百种。[②] 该馆不但服务于学会,也对周边的公众开放,袁同礼、陶孟和、萧公权、蒋廷黼等人都曾经担任过该馆图书馆管理委员会委员。

1912 年 6 月,叶恭绰、关赓麟等集合全国铁路界同人,在北京西长安街正式成立中华全国铁路协会。[③] 该会以"协助全国铁路之进行,促进工业发达,保护本国权利,融洽铁路同人之情谊"为宗旨,设有图书馆。1913 年 10 月,丁文江主持在北京马神庙京师大学堂旧址开设地质研究所,规划"附设图书馆、博物馆,搜集关于地质图籍、标本,以为研究之资料",有书报 400 余册。

3. 北京的图书馆统计

1912—1928 年北京出现了一批新型图书馆。1929 年北平图书馆协会调查北京各类图书馆 46 所,具体见表 3-4。

---

① 查修:《北京图书界见闻记录》,《文华温故集》,1920 年第 15 卷第 4 期,32~37 页。

② 《北京中国社会政治学会图书馆》,《社会学杂志》,1925 第 2 卷第 4 期,2 页。

③ 《中华全国铁路协会》,《京沪沪杭甬铁路日刊》,1933 年第 730 期,172 页。

表 3-4 1929 年北平图书馆协会调查[①]

序号	馆名	负责人	建立时间	藏书量	经费(元/年)
1	国立北平图书馆	罗普 徐鸿宝	1909 年 9 月 9 日	中西日满蒙文图书148 024册,杂志报纸9 771册,地图、金石拓片3 699件	教育部 18 000,中央研究院 12 000
2	北平北海图书馆	蔡元培 袁同礼	1926 年 3 月 1 日	中西日文图书 152 638 册,杂志报纸 3 228 册,地图、金石拓片 1 110 件	中华教育文化基金董事会 1 250 000
3	故宫博物院图书馆	庄蕴宽[②]	1925 年 10 月 10 日	中文 46 000 册,满文2 000 册[③]	故宫博物院拨给常费,购书费无
4	故宫博物院图书分馆[④]	庄蕴宽	1927 年 9 月	中文 19 166 册,满文 880 册	故宫博物院拨给常费,购书费无
5	地质调查所图书馆	翁文灏(所长兼)	1916 年 7 月	中西文图书 27 873 册,地图 8 000 幅,杂志 1 000 册	购书费 8 000
6	北平特别市第一普通图书馆[⑤]	罗静轩	1913 年 6 月	中文 50 302 册,杂志 16 266册	教育部 14 880
7	北平特别市革命图书馆[⑥]	王樾	1917 年 8 月	共 42 684 册	教育部 8 484

① 北平图书馆协会:《北平图书馆指南》,《北平图书馆协会会刊》,1929 年第 2 期,9～42 页。

② 1929 年 3 月 5 日国民政府委任故宫博物院理事庄蕴宽为故宫博物院图书馆馆长,但因庄蕴宽正在担任编写《江苏通志》的任务,未能到任,1930 年 3 月由故宫博物院理事会改聘故宫博物院理事江瀚代理馆长。

③ 本表藏书数量为提取故宫各宫殿的图书,集中在寿安宫,截至 1929 年,提取了 46 000 册,未提取的图书,各宫殿还有很多,陆续集中。

④ 故宫博物院图书馆除在寿安宫设立总馆外,还在景山西大高殿开设分馆,正殿为书库,西庑为阅览室,公开阅览。此分馆并非后来的太庙分馆,其收藏主要有原观海堂、资政院、方略馆的藏书。观海堂藏书是清末藏书家杨守敬的私人收藏。1915 年杨守敬去世后,由曾任教育总长的傅增湘极力推动,中华民国政府以 7 万余金将杨守敬藏书购为国有。1918 年应松坡图书馆梁启超之请,将杨氏藏书中的经部、丛书及佛经等 24 000 册归该馆保存。1927 年故宫博物院接收其余杨氏藏书 15 000 册及资政院、方略馆钞本 4 000 多册,在分馆开放阅览,1928 年 12 月因时局关系故宫博物院图书分馆停止阅览。1929 年冬图书移至故宫内。

⑤ 原为 1913 年 6 月成立的京师图书馆分馆、1913 年 10 月成立的京师通俗图书馆,1926 年 5 月教育部令京师图书馆分馆改为第一普通图书馆,京师通俗图书馆改为京师第二普通图书馆。1927 年 7 月,教育部令两馆合并,改称京师第一普通图书馆,1928 年 11 月,北平特别市教育局接管,改为北平特别市第一普通图书馆。

⑥ 原为 1917 年 8 月成立的中央公园图书阅览所,直隶教育部,1928 年 11 月,划归北平特别市市政府,改为北平特别市革命图书馆。

续表

序号	馆　　名	负责人	建立时间	藏　书　量	经费(元/年)
8	北平教育局附设民众图书馆	关寄云		共 3 000 册	无定额
9	松坡图书馆	梁启超	1923 年 11 月 4 日	中西日文图书 48 640 册,杂志、报纸、地图 166 种,另有梵文 4 册,世界语 9 册	自筹 7 500
10	慈航图书馆	释宗月	1928 年 5 月 21 日	佛经 300 余种	北平佛教会辅助 500
11	北平大学北大学院图书部①	马衡	1898 年	中西日文图书 182 400 册,杂志报纸地图 270 种,金石拓片 195 件	36 000
12	北平大学第一师范学院图书馆	黄恭宪	1902 年	中西日文图书 11 757 种,杂志报纸 180 种	18 000
13	北平大学第二师范学院图书馆②	田伯苍	1910 年	中西日文图书 22 229 册,杂志报纸地图 1 014	无定额
14	北平大学法学院图书馆	刘大绶	1914 年	中西日文图书 27 244 册,杂志报纸 64 种	无定额
15	北平大学农学院图书馆	李绥垣	1914 年 5 月	中西日文图书 12 000 卷,小册 4 000 册,杂志 50 种	无定额
16	北平大学第一工学院图书课	胡樹楷	1904 年	中西日文图书 18 550 册,杂志 200,报纸 9 种	无定额
17	北平大学医学院图书课	张叔扬	1922 年 7 月	中西图书 9 042 册③	—

① 南京国民政府成立后,实行大学区制,合并北京原九所高等学校,建立国立北平大学:包括北京大学改为北大学院;北京师范大学改为第一师范学院;北京女子师范大学改为第二师范学院;北京法政大学改为法学院;北京农业大学改为农学院;北京工业大学改为第一工学院;北京医科大学改为医学院;北京女子大学改为女子学院;北京艺术专门学校改为艺术学院;北京俄文法政专门学校改为俄文法政学院。国立北平大学校长由李石曾担任,李书华任副校长。

② 该校原为 1908 年清御史黄瑞麟奏请设立的京师女子师范学堂,1909 年由清学部在石驸马大街(今新文化街)斗公府旧址建造校舍,包括主楼、礼堂、图书馆等,1910 年 7 月建成。1919 年更名为国立北京女子高等师范学校。1924 年更名为国立北京女子师范大学。1928 年更名为国立北平大学第二师范学院。

③ 《全国中西医药学校调查报告:国立北平大学医学院》,《中西医药》,1936 年第 2 卷第 1 期,60～61页。

续表

序号	馆　　名	负责人	建立时间	藏　书　量	经费(元/年)
18	北平大学艺术学院图书馆	王云涛	1918 年秋	中西日文图书杂志 2 361 册,报纸地图金石拓片 55 种	无定额
19	北平大学俄文法政学院图书馆	吴前楷	1899 年	中俄西文图书 700 册,报纸 5 种	无定额
20	清华大学图书馆	洪有丰	1912 年	中西日满蒙藏文图书 116 893册,杂志报纸 596 种	81 996
21	交通大学北平铁道管理学院图书馆	张景澄	1909 年	中西杂志 13 400 册,报纸 15 种	7 000
22	燕京大学图书馆	田洪都	1919 年	中西文图书杂志报纸 160 710册,报纸地图金石拓片 250 件	40 000
23	协和医科大学图书馆	戴罗瑜丽	1917 年	中西文图书杂志 34 500 册,报纸 2 种	23 000
24	朝阳大学图书馆	萧弨	1926 年 1 月	中西日文图书 20 306 册,杂志报纸 55 种	3 000
25	中国大学图书馆	张鸿逵	1922 年	中西日文图书 16 048 册,杂志报纸地图 125 种	1 000
26	辅仁大学图书馆	管理员	1925 年 10 月	中西文图书 16 000 册,杂志报纸地图 90 种	8 400
27	平民大学图书馆	胡南山	1926 年 9 月	中西日文图书 9 251 册,杂志报纸地图 83 种,佛经 20	2 200
28	北平民国大学图书馆	尹商屏	1922 年	中西日文图书杂志 8 584 册,报纸地图 40 种	2 400
29	北平铁路大学图书馆	张祖袭	1924 年秋	中英日俄法德满蒙文图书杂志地图 2 140 种,金石拓片 20 种	无定额
30	北平郁文大学图书馆	汪公亮	1923 年 7 月	中西日文图书杂志 10 914 种,报纸地图其他 364 种	500

续表

序号	馆　　名	负责人	建立时间	藏　书　量	经费(元/年)
31	国立北平大学附属中学图书馆[①]	林砺儒	1920 年 1 月	中西文图书 33 497 册,杂志报纸地图 68 种	2 480
32	北平特别市公立师范学校图书馆	刘贞甫	1920 年 9 月	中西日文图书 17 301 册,杂志报纸地图 156 种	1 900
33	北平公立第一中学图书馆	阮师竹	1912 年	中西日文图书 2 000 种,杂志报纸地图 35 种	200
34	北平孔德学校图书馆	马廉	1924 年	中西文图书 26 720 册,杂志报纸地图 70 种,金石拓片 40 种	无定额
35	北平成达中学图书馆		1915 年 2 月	中西文图书 16 774 册,杂志报纸地图 42 种,博物图 13 张	200
36	香山教育图书馆	贺秉钧	1921 年	中西日文图书杂志27 741 册	4 200
37	育英中学图书馆	邵作德	1924 年	中西文图书 2 800 册,杂志报纸 46 种	1 000
38	崇实中学图书馆	邵世英	1912 年	中西文图书 3 063 册,杂志报纸地图 151 种	700
39	北平平民中学图书馆	陈哲文	1927 年	中西文图书 2 232 册,杂志报纸 79 种	480
40	汇文学校图书馆	年景丰	1884 年	中西日法文图书 16 363 册,杂志报纸地图 118 种,金石拓片 50 张	3 200
41	汇文神学校图书馆	王耀庭	1912 年	中西朝文图书 3 767 册,杂志报纸地图 48 种	150
42	北平大中公学图书馆	季佩震	1927 年 9 月	中西日文图书杂志报纸地图 257 册	无定额
43	中国社会政治学会图书馆	陈尺楼	1920 年 7 月 1 日	西文 8 000 册,杂志报纸 152 种	7 950

① 原为国立北京师范大学附属中学,实行大学区制后改为国立北平大学附属中学。大学区制取消后改为国立北平师范大学附属中学。

续表

序号	馆　　名	负责人	建立时间	藏　书　量	经费(元/年)
44	中华全国铁路协会图书室	阮宗和	1919 年	中西日文图书 27 428 册，杂志报纸地图 356 种，金石拓片 30 种	无定额
45	中法大学图书馆	李麟玉(校长兼)	1923 年	中西文图书 15 000 册，杂志地图 350 种	
46	华北协和华文学校图书馆	满薏德	1916 年	中西日满文图书杂志报纸 21 950 册，地图金石拓片 2 293，珂罗版中国名画 23，字画屏联 79，佛经 14	

注：根据“七七”事变前图书馆的统计资料记载，一些图书馆在 1929 年以前已经成立，但 1929 年北平图书馆协会的统计未列入内，北平图书馆协会的统计数据不全。

第二节　民国时期北京的图书馆发展时期（1928—1937）

1924 年孙中山先生起草中华民国《国民政府建国大纲》，将建设中华民国的程序分为军政、训政、宪政三个时期。1928 年南京国民政府形式上统一了全国，孙中山先生设计的中华民国《国民政府建国大纲》“三步骤”中的“军政”时期结束，进入“训政”时期。这一时期的主要任务是施行约法，让人民了解应行使的民权和应尽的义务，达到自治。要使人民提高行使民权的政治意识，首先要提高国民的文化水平。在此背景下，中国的图书馆事业进入了难得的发展时期，北京形成了国立图书馆、市立图书馆、学校图书馆、私立图书馆、会社机构图书馆并立的基本格局，并出现了国立图书馆一枝独秀、通俗图书馆顺势勃发、学校图书馆领军起航的局面，达到民国时期图书馆发展的顶峰。据统计，到“七七”事变前，北京有 132 所图书馆，藏书总计 400 多万册。

1. 民众教育背景下的图书馆

(1) 民众教育思想的确立

1926—1928 年，国民革命军发动北伐战争，连克各路军阀。1926 年 9 月冯玉祥率部加入北伐，1927 年 6 月阎锡山率部加入北伐，1927 年 4 月 18 日，蒋介石在南京建立国民政府。1928 年 6 月北伐军攻克北洋政府的首都北京，奉系军阀首领张作霖从北京撤往东北途中遇刺身亡，其子张学良于 1928 年 12 月 29 日宣布东北改旗易帜。至此南京国民政府完成了形式上的全国统一，结束了军阀混战。

南京国民政府成立伊始，便宣称奉行孙中山先生的三民主义，在训政阶段致力于唤起民众，筹备自治，实现民选，兴办实业。以何种方式“唤起民众”，成为当时政界、知识界普遍关注的问题。一些有识之士指出，中国社会的弊端是“贫、病、弱、私”，其根源是民众缺乏知识，迫切要解决的问题是民众的教育问题。

1931 年国民政府拟订的《三民主义民众教育具备的目标》中认为，“现在所谓民众运动，不是民众自己的运动，而是我们教育民众的运动。总要把民众教育好了，民众运动才名副其实，而民众教育又是真正的建设的民众运动。现在正值训政时期，训政重在训字，训就是教育，训政的对象是民众，所以训政可说就是民众教育，我们能从救国的民众教育下手，即所以实行训政”。① 从政府的角度看，民众教育是训政时期最重要的工作，培养民众自治能力，以此实现国家富强，走向现代化，这正是孙中山先生为之努力的方向，“吾人将藉全民训政之民众教育，期造成现代之新中国”。② 民国初年的社会教育上升为社会改造。

在政府主导下，在中央，由教育部社会教育司统辖；在地方，由各省市教育厅局设社会教育科，各县市教育局设社会教育课，逐级分理，构建了民众教育的行政系统。1932 年教育部颁布《民众教育馆暂行规程》，规定各省市应分别设立民众教育馆，作为实施社会教育的中心机关，隶属于省教育厅，省级中心机关有对县市立民众教育馆辅导及示范之责。1933 年 3 月，教育部颁布《县市民众教育委员会组织要点》，要求各地由当地最高行政长官、教育行政官员为主要成员，迅速成立各级民众教育委员会，与各级教育行政管理系统相配合，形成在政府主导下的民众教育治理体系，开展以民众教育馆为中心的民众教育活动。

---

① 《国民党中央训练部拟定的〈三民主义民众教育具备的目标〉》，转引自《中华民国史档案资料汇编》第五辑 第一编 教育(二)，700～705 页，南京，江苏古籍出版社，1994 年。

② 纽永建：《建立民众教育系统之刍见》，《教育与民众》，1932 年第 3 卷第 6 期，1045～1061 页。

民众教育者认为,“贫、病、弱、私”的根源在于没有文化知识,识字是民众教育的手段,但不是唯一的手段,明白道理才是启民智的必经途径。学校教育、家庭教育之外的图书馆学习被提上日程,图书馆的功能发生了转变,不仅是专门学者研究学术的处所,而且成为教育民众的有效利器。人们普遍认识到:“如果说以学校教育与图书馆教育来做一个比较的话,那么,学校教育可以说是一种死的教育,因为在学校里受教育完全是处于一种被动的地位,而且所学的范围,也极为狭小!至于图书馆教育则反之,它可以说是一种活的教育,在图书馆里受教育,完全是靠了自动的研究,惟其如此,所学的范围,也就因之广泛起来。所以在功效上讲:图书馆教育,常常是要超过学校教育的。”[①]民教学者的倡议得到了图书馆学界的回应,1933 年中华图书馆协会第二次年会特设“民众教育组”,讨论通过了关于民众图书馆六大提案,包括:请本会通函全国各图书馆注重民众教育事业案;为推广民众教育拟请本会组织民众教育委员会案;呈请教育部通令各省市县在乡村区域从速广设民众图书馆案;建议中央通令各省于各宗祠内附设民众图书馆案;县市图书馆与民众教育馆应并行设立分工合作案;编制通俗图书目录案。图书馆学者相信民众图书馆是“知识之明灯,出有众于幽暗”的社会利器。[②] 作为提供民众教育的重要场所,图书馆受到了政府的高度重视,各类图书馆的设置在抗战前达到民国时期的顶峰。

(2) 图书馆法规的变化

1927 年 12 月,蔡元培签发大学院《图书馆条例》[③]15 条,条款大多沿袭 1915 年制定的《图书馆规程》,重点地方做了一些修改,其特点是:①明确了行政隶属关系。该条例规定,“省区立图书馆以省区教育行政机关为主管机关,市县立图书馆以市县教育行政机关为主管机关,私立图书馆以该图书馆所在地之教育行政机关为主管机关”。②董事会制度。该条例规定“私立图书馆应设立董事会,为该图书馆法律上之代表;私立图书馆董事会,第一任由创办人延聘,以后由该会自行推选”。董事会的权限,包括有处分财产、推选

---

① 芸芸:《记首都巡回图书车》,《教育学报(北京)》,1939 年第 4 期,6~15 页。

② 中华图书馆协会执行委员会:《中华图书馆协会第二次年会报告》,中华图书馆协会事务所,1933 页。

③ 《图书馆条例》,《第四中山大学教育行政周刊》,1928 年第 28 期,10~12 页。

馆长、监督用人行政、议决预算决算之权。规程规定私立图书馆董事会应"负经营图书馆之全责",其职权范围与公立图书馆相同。③馆长资格。该条例首次对馆长资格做出了规定,要求馆长应具备的条件是:国内外图书馆专科毕业者;在图书馆服务三年以上而有成绩者;对于图书馆事务有相当学识及经验者。对馆长人选的重视,表明政府已经注意到管理者对于图书馆发展的重要性。④阅览服务。该条例规定"图书馆为便利阅览起见,得设分馆、巡回文库及代办处"。这是民国初年国立—省立—府—厅—州—县立公共学术图书馆观念的一个重要改变。民国初年仅通俗图书馆有设立巡回文库的职责,本条例透出的信息则是所有图书馆都应注重服务,为普通民众送去知识,包括公共学术图书馆。该条例还规定公共图书馆应"与就近之学校订特别协助之约",提供学生读者阅览,辅助学习。⑤经费问题。该条例规定"公立图书馆之经费,应于会计年度开始之前,由主管机关列入预算,上报大学院。但不得少于该地方教育经费总额百分之五"。同时,大学院通令全国各级各类学校,要求每所学校必须设置图书馆,并从每年的办学经费中拨出5%以上作为购书费。该条例以政府行政命令的形式,从根本上改变了以往因公共图书馆和学校图书馆的购书经费无保证而造成的藏书匮乏局面。

该条例没有像1915年《图书馆规程》一样列入收费条款。此后陆续颁布的图书馆法规,也未提到收费问题。然而,应该注意的是,该条例虽未列入有关收费的条款,但也未明确规定公共图书馆必须实行免费服务。因此,在执行过程中,各个图书馆取消收费的时间不尽相同,总体来看,20世纪30年代,公共学术图书馆基本全面实行对读者的免费开放。[①]

在《图书馆条例》的指导下,民国初期建立的通俗图书馆,在社会教育部门的领导下,职能逐渐转变为民众图书馆。在民众教育馆系统内也设有图书馆,根据《民众教育馆暂行规程》的规定,民众教育馆应设阅览部、讲演部、健康部、生计部、游艺部、陈列部、教育部、出版部,其中阅览部主管书籍、杂志、图表、报纸之公开阅览、巡回文库、民众书报阅览所等工作。

(3)北平的图书馆行政隶属关系

1927年4月18日,蒋介石宣布南京国民政府成立,定都南京,中国的政

---

① 黄少明:《走向免费服务——从清末和民国时期的图书馆法规看公共图书馆免费服务的原则最终在我国的确立》,《图书馆》,2005年第2期,22～25页。

治中心转移到南京。1928 年 6 月，北伐军进入北京，北京的北洋政府最后一位统治者张作霖逃出北京，南京国民政府改北京为“北平特别市”。1930 年 5 月，国民政府公布《市组织法》，取消“特别市”名称，规定城市人口在百万人以上，或在政治经济等方面有特殊情形的，得直隶行政院，[①]1930 年 11 月北平升为行政院直辖市。北京不再是首都，失掉了政治中心地位，但仍然是教育、文化中心。

这一时期的北平市区包括内城六区、外城五区和部分城外近郊区，大致范围是东至大黄庄与通县交界，西至三家店与宛平接壤，南到西红门临大兴，北到立水桥接昌平。全市划分为 15 个学区，内城六区为第 1～6 学区，外城五区为第 7～11 学区，东、西、南、北四郊为第 12～15 学区。[②]（北平区划分布示意图见图 3-15）。

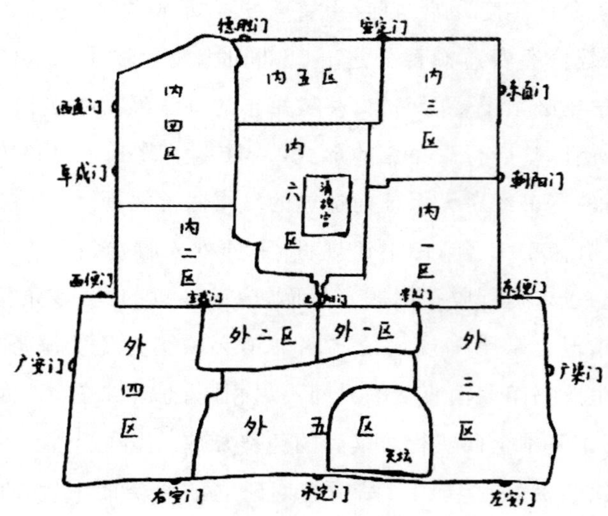

图 3-15 北平区划分布示意图

1928 年 6 月，北京结束了京师地位，教育部随政府机构迁往南京，原负责北京地方教育事务的京师学务局改为北平特别市教育局，归属北京特别市政府管辖，局长李泰。北京的社会教育由教育部直管改为地方政府主管，北平

① 《中央法规：市组织法》，《浙江财政月刊》，1930 年第 29 期，3～28 页。

② 赵倩：《北平地区民众教育馆中心地位的确立与发展（1933～1937）》，《北京社会科学》，2010 年第 1 期，60～67 页。

特别市教育局开始履行地方行政机关的职责，通俗图书馆划归市教育局管辖，改变了以往京师学务局归属不清的问题，理顺了行政管理关系。

京师学务局改为北平特别市教育局，作为北平市政府的职能部门，主要负责北平市中小学校的教育行政管理、文化教育事业管理，同时负责图书编辑、出版、宣传工作等。教育局设立四科，第四科为通俗教育科，主管社会教育，图书馆隶属于该科管辖。1930 年 5 月 24 日，北平特别市教育局修订组织细则，四科改为三科，社会教育事项中的图书馆划归第三科管辖。[①] 市立图书馆经费由市教育局直接拨给，中小学校附设的图书馆一般由学校直辖，经费由学校拨给，间接接受北平特别市教育局领导。

1932 年 7 月，北平市政府出于减政的需要，裁撤教育局，原教育局业务划归社会局，在社会局添设第四科，负责教育事业。不久社会局改组，裁撤原设第二科，第四科改为第三科，仍然负责教育事业，所有中小学校、图书馆均归社会局第三科管辖。

社会局接手图书馆事务后，派专人考察图书馆的办理情况，并制定《考察市立图书馆、教育馆、阅书报处、民众茶社暂行办法》，对图书馆的考察主要有：①图书、报纸及其他陈列品保管适当否；②注意清洁及秩序否；③能联络社会引起观众兴趣否；④对于儿童阅览有诱导方法否；⑤图书检阅便利否；⑥经费支配适当否；⑦社会评论如何；⑧每月添购新书暨各种报纸、杂志若干；考察打分，以百分制计算。[②] 社会局的考察意在督促北京图书馆系统的工作，使其更好地发挥效能。

2. 图书馆事业百花齐放

(1) 国立图书馆

京师图书馆自建立后，虽有国立之实，而无国立之名。1925 年 10 月 22 日，中华教育文化基金董事会与教育部签订《合办国立京师图书馆契约》，1925 年 11 月 26 日教育部下达第 206 号令：“原设方家胡同之京师图书馆，应

---

① 《修正北平特别市教育局组织细则各条条文》,《北平特别市市政公报》,1930 年第 48 期,1～2 页。

② 《北平市社会局考查市立图书馆教育馆阅书报处民众茶社暂行办法》,《时代教育(北平)》,1934 年第 2 卷第 3 期,81～82 页。

改为‘国立京师图书馆’，暂移北海地方。”[①]这是首见“国立”之名，遗憾的是因教育部未能履约，合办计划未能实行，中基会决定独办图书馆，定名为“北京图书馆”，而“国立”名称由京师图书馆使用。

北伐军占领北京后，改名北平，1928 年 7 月 18 日南京政府大学院致函京师图书馆，“旧京师图书馆奉中央命令改为北平图书馆”。[②] 1928 年 10 月原中基会独办的“北京图书馆”更名为“北平北海图书馆”，1929 年 8 月 31 日国立京师图书馆与北平北海图书馆合并为新的“国立北平图书馆”，“国立”之名一直沿用至中华人民共和国成立。

1931 年国立北平图书馆新馆舍落成，6 月 25 日举行新馆落成典礼，时任代理教育部部长蒋介石(代理时间：1930.12—1931.6)签署教育部第 984 号令，派原教育部部长、时任国立北京大学校长蒋梦麟代表教育部参加典礼，表明国家承认国立北平图书馆的代表地位。随着国立北平图书馆和北平北海图书馆合并为新的国立北平图书馆以及新馆舍落成，加之国立北平图书馆的经费由中基会提供，来源是美国政府退还给中国政府的庚子赔款，财务独立于两国政府，给予该馆稳定的经费支持，[③]该馆迎来了稳定发展的大好时机，馆务蒸蒸日上，馆藏大量增加。该馆还联合北平各图书馆，先后编制了《北平各图书馆所藏西文书联合目录》《满文书籍联合目录》《北平各图书馆所藏中国算学书联合目录》等，[④]发行卡片目录，起到了全国“带头馆”的作用，使国立北平图书馆成为北京乃至中国最大的一所国立图书馆。

另一所国立图书馆为国立故宫博物院图书馆。1925 年 10 月 10 日依据《故宫博物院临时组织大纲》成立了故宫博物院，下设古物馆和图书馆。成立之初，采用董事会监督和理事会管理制度，制定了《故宫博物院临时董事会章程》《故宫博物院临时理事会章程》，推选 21 名董事和 9 名理事，公推李石曾为理事长并主持院务。北伐军占领北京后，国民政府派易培基于 1928 年 6 月

---

① 北京图书馆：《北京图书馆馆史资料汇编(1909—1949)》，127～129 页，北京，书目文献出版社，1992 年。

② 北京图书馆：《北京图书馆馆史资料汇编(1909—1949)》，218 页，北京，书目文献出版社，1992 年。

③ 李致忠：《北京图书馆的历史沿革与历史定位》，《北京图书馆馆刊》，1997 年第 3 期，32～40 页。

④ 苏健：《民国时期国家图书馆编纂的几部联合目录研究》，《新世纪图书馆》，2017 年第 6 期，91～95 页。

26 日接管了故宫博物院，1928 年 10 月 5 日，国民政府公布《故宫博物院组织法》《理事会条例》，规定故宫博物院直隶于国民政府，委员会制改为院长制，理事会成为院内议会和监督机关，李石曾为理事长，易培基为首任院长。故宫博物院由董事会管理改为由国民政府直接管辖。

1934 年 2 月，国民政府公布《国立北平故宫博物院暂行组织条例》，故宫博物院改隶行政院，任命马衡为院长。国立北平故宫博物院图书馆虽为保存图书机构，但其建筑、图书的文物性质更强，图书馆的主要任务为整理、研究旧藏，新购很少。

(2) 市立图书馆

北伐成功后，军政时期结束，训政开始，北平市教育局廓清责任范围，通俗图书馆一律归属市教育局管辖，建立了市立图书馆系统，包括普通图书馆、民众教育馆图书馆、阅书报处，发展目标更加明确。与国家提倡民众教育相契合，市立图书馆进行了整合和重新规划。

① 普通图书馆

北平市立第一普通图书馆。1928 年 6 月 30 日北伐军战地政务委员会派员接收京师第一普通图书馆，7 月 18 日大学院特派员办公处派员二次接收，前主任王丕谟向大学院特派员办公处请假离开北平，馆内所有公物、书籍由 5 位职员保管，图书馆关闭。11 月 10 日，北平特别市政府接管该馆，改为北平特别市立第一普通图书馆，直隶北平特别市政府教育局，11 月 23 日任命罗静轩为馆长。罗静轩到任后，积极整顿馆务，1929 年春，北平特别市政府拨给经费，修缮馆舍、添置新书、编制目录，恢复开馆。[①] 1932 年北平特别市撤教育局，图书馆改隶社会局，1933 年北平特别市立第一普通图书馆改称北平市立第一普通图书馆。[②]

中山图书馆。1928 年 11 月原中央公园图书阅览所划归北平市政府管辖，改为北平市革命图书馆，[③]1929 年 7 月 13 北平市长张荫梧令将北平市革

① 万妮娜：《民国时期北京社会教育活动研究(1912—1937)》，154 页，南昌，江西人民出版社，2015 年。

② 赵倩：《现代化语境下的民众教育与社会改造：1928—1937 年北平地区民众教育馆研究》，103 页，北京，中国人民大学出版社，2015 年。

③ 《北平中山公园图书馆改名》，《新闻报》，1928 年 11 月 14 日，6 版。

命图书馆改称中山图书馆,[①]1946 年并入北平市立图书馆。[②]

北平市立民众图书馆。该馆原由清末京师学务局附设的民众图书馆及后来社会教育办公处附设的通俗图书馆演变而来,1929 年 5 月改为市立民众图书馆,隶属北平特别市教育局,裁撤教育局后,改归社会局管辖。1936 年管理部门认为该馆地处东铁匠胡同,比较偏僻,一般民众不常去,又距离北平市立第一普通图书馆很近,不必设立,决定将该馆并入第三区民教馆。[③]

② 民众教育馆图书馆

民众教育馆脱胎于清末的通俗教育馆。1925 年京兆尹薛笃弼上任后,请内务部将北京钟鼓楼作为通俗教育馆,委派京兆尹公署总司王凤翰为馆长,1925 年 10 月 4 日正式开馆,由京兆尹直辖。南京国民政府成立后,通俗教育馆改为民众教育馆,由北平市教育局直辖。1932 年根据《民众教育馆暂行规程》的精神,民众教育馆改为北平市民众教育馆,同年北平市教育局并入社会局,民众教育馆由社会局管辖。

1933 年 11 月,北平市社会局拟定《变更本市社会教育组织计划草案》,对北平的社会教育组织系统进行改革:a)将原北平 15 个学区划分为 4 个社会教育区。第一社教区包括原第三、第五、第十五区;第二社教区包括原第二、第四、第十三区;第三社教区包括原第一、第六、第十二区;第四社教区包括原第七、第八、第九、第十、第十一、第十四区。[④] b)每一社教区内各设民众教育馆一处,除直辖教学、阅览、康乐三部外,还附设阅书报处、民众茶社、民众学校等若干处。c)由于经费不足,社会局先行试办第一社会教育区民众教育馆,下设阅书报处、民众学校、民众茶社等若干处。1933 年年末,第一区民教馆在北平市民众教育馆基础上依照计划改组成立,馆长戚彬如。1936 年 6 月 29 日第三区民众教育馆正式成立,原市立民众图书馆并入,地点在东安市场附近,馆长张肇基。1936 年 9 月 27 日第二区民众教育馆正式成立,馆长王栋。1937 年 5 月 16 日第四区民教馆正式成立,在原市立民众乐园基础上改

---

① 《革命图书馆着改为中山图书馆》,《北平特别市市政公报》,1929 年第 3 期,1 页。

② 《北平中山图书馆并归市立图书馆》,《中华图书馆协会会报》,1946 年第 20 卷第 4～6 期,12 页。

③ 赵倩:《现代化语境下的民众教育与社会改造:1928—1937 年北平地区民众教育馆研究》,96 页,北京,中国人民大学出版社,2015 年。

④ 赵倩:《北平地区民众教育馆中心地位的确立与发展(1933—1937)》,《北京社会科学》,2010 年第 1 期,60～67 页。

组而成，馆长杨明德。各馆内部组织设置和第一馆基本相同。各馆情况如表 3-5 所示。

表 3-5　北平社会教育区民众教育馆基本情况[①]

名　称	级别	地　址	馆员人数				建立年月	设立单位	全年经费
			馆长	主任	干事	助理			
第一区民众教育馆	市立	地安门外鼓楼	1	3	14	6	1925 年 3 月	北京京兆尹	13 728 元
第二区民众教育馆	市立	西四牌楼北南魏儿胡同	1	2	7	1	1936 年 9 月	北平社会局	8 400 元
第三区民众教育馆	市立	西堂子胡同	1	2	7	1	1936 年 6 月	北平社会局	7 200 元
第四区民众教育馆	市立	天桥西永安路	1	2	8	2	1937 年 5 月	北平社会局	10 920 元

北平四处社教机关及所辖区域分布情况如图 3-16 所示。

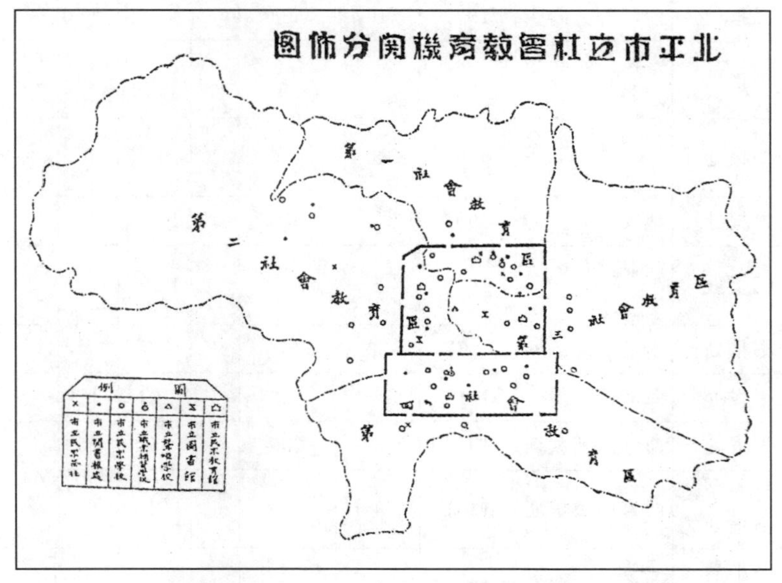

图 3-16　北平社教机关分布图

资料来源：《北平市社会教育机关分布图》，《北平社教》，1937 年创刊号，1 页

① 《北平社教相关内容制表及第一社会教育区民众教育馆关于举办卫生展览会和年画、唱本、儿童玩具展览会蒋经国情形及常宝该馆改进计划书的呈文及社会局的指令》，北京市档案馆，档案号：J002-003-00668。

③ 阅书报处

1928—1937 年，北平只有第一区民教馆附设有阅书报处，其他阅书报处均隶属于市政府，阅书报处均为公办性质。1937 年 5 月，北平市政府计划将隶属于市政府的民众学校及阅书报处划归第二、三、四民教馆统一办理，进一步完善北平社教规划的社教组织系统。由于不久爆发了全面抗战，这一计划未能实现。1930 年市立阅书报处情况见表 3-6。

表 3-6 1930 年市立阅书报处概览表①

名 称	所 在 地	创办年份(年)	阅览室(间)	全年经费(元)	职员	书籍(册)	日报(种)	月刊或周刊(种)
第一阅书报处	前门大街	1912	6	624	1	2 360	12	1
第二阅书报处②	东四北十条	1908	7	492	1	1 925	13	1
第四阅书报处	东安门大街	1908	9	420	1	2 452	10	5
第五阅书报处	宣武门内大街	1908	4	420	1	1 927	10	
第六阅书报处	前门外兴隆街	1915	10	584	1	1 841	10	
第八阅书报处	崇文门外花市大街	1909	5	552	1	1 571	10	1
第九阅书报处	宣武门外果子巷	1908	8	420	1	1 875	9	
第十阅书报处	地安门外大街	1908	6	576	1	1 508	9	1
东郊阅书报处	朝阳门外吉市口	1926	1	4207	1	1 503	14	3
南郊阅书报处	永定门外关厢	1917	3	768	1	984	6	
西郊阅书报处	海淀西大街	1917	6	528	1	704	11	
北郊阅书报处	德胜门外大街	1913	5	696	1	652	15	6
第十一民众学校附设阅书报处	西直门娘娘庙	1931	4	120	1		10	2
第五十一小学附设阅书报处	西郊外火器营	1931	2	120	1	596	7	

① 《市立阅书报处概览表》,《时代教育》,1933 年第 1 卷第 6 期,134 页。

② 1933 年社教组织改组时,原第二、第十、北郊阅书报处划归第一区民教馆管辖,分别称为第一、第二、第三阅书报处。转引自赵倩:《现代化语境下的民众教育与社会改造:1928—1937 年北平地区民众教育馆研究》,103 页,北京,中国人民大学出版社,2015 年。

(3) 学校图书馆

大学图书馆是北平图书馆发展的重要力量。南京国民政府统一全国后,变更教育制度,建立大学院,设立大学区。根据国民政府大学院的设计,北平实行大学区制,[①]在区内设立国立北平大学,统领区内教育。按照《北平大学区组织大纲》规定,大学区范围"以北平政治分会所辖之区域,即河北、热河、北平、天津"为限,合并重组原北大、北师大、北京法政大学、北京农大、北京医大、北京女师大、北京艺术专科学校、北京工大、北京俄文专修馆、天津北洋大学、天津法政专门学校、保定河北大学等校为国立北平大学,并裁撤河北省教育厅,由北平大学区兼管河北省教育行政。[②] 北平大学区的建立,遭到北京大学、北平师范大学的持续反对,两校坚持独立,北洋大学和北平艺术专科学校也相继独立,其他几校合并成功,组成了一个松散的国立北平大学。

实行大学区制给北平高等教育格局带来一定的变化,但其文化中心地位毫不动摇。1934 年全国共有高等院校 110 所,包括大学 41 所,独立学院 38 所,专科学校 31 所,北平则有高等学校 17 所,其中大学 8 所,学院 5 所,专校 4 所,全国 15%的高等学校在北平。图书馆对于高等学校教学和科研具有重要作用,各校都很重视图书馆的建设。

"七七"事变前北平的 8 所大学包括:国立大学有北平大学、北京大学、清华大学、北平师范大学 4 校,教会大学有燕京大学、辅仁大学,私立大学有中法大学、中国大学,办学都很有特点。在相对稳定的社会环境下,大学图书馆发展迅速,北京大学图书馆新建馆舍,清华大学图书馆扩充馆舍,藏书以万级增加,中国大学图书馆"图书购置委员会"制订购书计划,目标是"谋本大学各系图书设备之充实及其平均发展"。(图 3-17 是中国大学图书馆外观。)

---

① 1927 年 10 月,蔡元培仿照法国大学院制度,在中国实行大学院和大学区制,在中央,设立大学院,作为掌管全国学术及教育行政的最高机构,行使原教育部职务,首任院长蔡元培;在地方,将全国划分为几大学区,每一学区内设一所国立大学,由国立大学校长统理大学区内的教育行政和学术事宜。大学院制和大学区制遭到各级教育行政部门和学校的反对,1928 年 10 月 24 日,大学院被裁撤,1929 年 6 月,废止大学区制度,恢复先前教育制度。

② 王昊:《民国时期的北平大学区风潮》,《百年潮》,2002 年第 2 期,63~66 页。

图 3-17 中国大学图书馆外观

"七七"事变前十年,北平中学教育稳步发展,教育投入逐年增加,教育管理渐次完善,尤其是高中教育水平在 20 世纪 30 年代一直久居全国榜首。公立中学数量虽少,但经费稳定,较有保障;私立中学数量较多,但经费不稳,较为动荡;教会中学历史悠久,有教会支持,有所扩充。"七七"事变前,北平还有三所民族中学:北平蒙藏学校、西北中学(回族)、新月女子中学(回族)。据统计,至 1937 年北平中学数量已达 71 所,在校学生数量及毕业生人数逐年增长。[①] 中学图书馆也蓬勃发展,60 多所中学都设立了图书馆,图书成为学校必备的教学设备。

(4) 会社、私立图书馆

由于国民政府首都南迁,一些社团迁往南京,一些社团停止活动,北平的会社图书馆进入发展相对缓慢时期。如 1926 年 7 月,北伐战争开始,中华教育改进社渐渐停止了活动。[②] 1930 年 6 月中华全国铁路协会迁往南京。

宗教图书馆相对活跃,佛寺办起了佛教图书馆,慈航图书馆于 1928 年由释宗月刊社创办,地址在新街口西街,后迁至鹫峰寺内,主要收藏佛经 300 余种。慈济图书馆建于 1929 年,地址在沙滩关帝庙内,藏书以佛经为主,约 500 种。[③]

① 巩丽宏:《抗战前十年北平地区中学教育研究》,首都师范大学硕士论文,2009 年,23 页。

② 卢浩:《中华教育改进社》,华东师范大学硕士论文,2003 年,52 页。

③ 张树华:《民国时期北京地区私立图书馆述略》,《北京图书馆馆刊》,1998 年第 3 期,108～111 页。

北平还出现了伊斯兰教图书馆。福德图书馆隶属于成达师范学校，主要收藏伊斯兰教图书，地址在东四清真寺内，1932 年该馆接受埃及国王福瓦德一世及爱资哈尔大学校长佐瓦希理先生赠书 441 部。除伊斯兰教图书外，馆内还有 1928 年赵镤华先生捐赠的《万有文库》一部。[①]

北堂图书馆历经磨难之后，1938 年由北京主教委托惠泽霖教士（H. Vertholens）为馆长，改装书库钢架，对全部藏书进行编目整理。据 1938 年统计，共有西文书 15 133 册，中文书 8 万册，其中有宋版、明版、清帝御赐本及武英殿聚珍版等珍贵书籍。在整理过程中，惠泽霖主持将各种珍本书的书名页拍成照片，分送梵蒂冈教廷图书馆和美国国会图书馆保存。

私立图书馆又有新成员。天津藏书家卢木斋（1856—1948）以个人之力建立了两所木斋图书馆：天津南开大学木斋图书馆、北平私立木斋图书馆。1936 年 10 月 18 日北平私立木斋图书馆在西单旧刑部街 20 号正式开馆（见图 3-18）。其他私立图书馆发展不理想，松坡图书馆因 1928 年梁启超病故，以后未任命新馆长，馆务由干事数人管理。1929 年以后，因经费紧张，将石虎胡同松坡图书馆分馆并入北海快雪堂总馆，抗战期间坚持苦撑。抗战胜利后力图恢复，直到全国解放，馆藏并入北京图书馆。

图 3-18　北平私立木斋图书馆

① 沈毅：《民国时期北平成达师范学校——近代中国穆斯林新式教育个案研究》，西北民族大学硕士论文，2009 年，17～20 页。

3. “七七”事变前北平的图书馆及藏书统计

在“七七”事变前社会相对稳定的环境下，各类图书馆都有了较大的发展，进入民国鼎盛时期。这一时期，对图书馆的调查活动也较多，综合各种调查资料，列表如表 3-7 所示。

表 3-7 “七七”事变前北平的图书馆及藏书表

序号	名　　称	地　　址	藏书数量	成立时间
1	国立北平图书馆	文津街 1 号	500 000	1909 年
2	北平市中山图书馆	中山公园社稷坛	64 309	1917 年 8 月
3	北平市立第一普通图书馆	宣内头发胡同 22 号	86 237	1913 年
4	北平市立民众图书馆	宣内东铁匠胡同	11 102	
5	公立中南海图书馆	中南海公园	20 000	1929 年
6	公立颐和园图书馆	颐和园	250	1930 年
7	社会调查所图书馆	文津街 3 号	17 806	1926 年 7 月
8	故宫博物院图书馆	神武门外	335 063	1925 年 10 月 10 日
9	故宫博物院图书馆太庙分馆	太庙	27 677	1935 年
10	中国社会政治学会图书馆	南池子民声胡同	15 000	1920 年
11	青年会图书馆	崇内大街	35 200	1913 年
12	私立香山教育图书馆	西郊香山静宜园	95 496	1921 年
13	北平近代科学图书馆	王府井大街 9 号	18 819	1936 年 12 月 5 日
14	中华全国铁路协会图书室①	西长安街 113 号	27 428	1919 年
15	中华教育改进社图书馆②	西城羊市大街	4 200	1922 年
16	中德学会图书馆	地安门外槐宝庵甲 6 号	2 000	1933 年
17	北平国剧图书馆	虎坊桥 45 号	4 000	1932 年

① 1930 年 6 月，中华全国铁路协会迁往南京。1932 年 7 月设立中华全国铁路协会北平分会，图书室留在北平，到“七七”事变前基本没有再增加藏书。转引自柏冠冰：《路事与国事：中华全国铁路协会研究(1912—1936)》，华中师范大学硕士论文，2017 年。

② 1926 年 7 月，北伐战争开始，中华教育改进社渐渐停止了活动。

续表

序号	名　称	地　址	藏书数量	成立时间
18	民社图书馆	马圈胡同 11 号	10 000	1931 年
19	中华图书馆协会图书馆	文津街 1 号	2 000	1925 年 6 月
20	地质调查所图书馆	西城兵马司	60 000	1916 年 7 月
21	河北省立实验乡村民众教育馆图书部	北宁路杨村河西	4 000	1930 年
22	泉寿东文书藏	西城受壁胡同	5 000	1930 年 1 月
23	慈济图书馆	沙滩关帝庙	500	1929 年 9 月
24	松坡图书馆	北海公园	56 823	1923 年 11 月 4 日
25	北平私立木斋图书馆	旧刑部街 20 号	244 500	1936 年 10 月
26	慈航图书馆	鹫峰寺	300	1928 年 5 月 21 日
27	北堂图书馆	西什库大街 33 号	95 133	1693 年
28	国立北京大学图书馆	景山东街	250 657	1898 年
29	国立清华大学图书馆	清华园	300 107	1912 年
30	国立北平师范大学图书馆	南新华街	118 767	1902 年
31	国立北平师范大学文学院图书馆①	石驸马大街	31 944	1910 年
32	国立北平大学农学院图书馆	阜成门外罗道庄	17 094	1914 年 5 月
33	国立北平大学医学院图书馆	和平门外后孙公园	9 346	1922 年 7 月
34	国立北平大学工学院图书馆	西直门内祖家街端王府夹道	19 785	1904 年
35	国立北平大学商学院图书馆②	东总布胡同	11 031	1899 年

① 国立北平师范大学文学院原为 1928 年更名的国立北平大学第二师范学院，1930 年更名为国立北平大学女子师范学院，1931 年并入国立北平师范大学，更名为国立北平师范大学文学院。国立北平师范大学教育学院和理学院设在南新华街校本部，文学院设在石驸马大街原国立北平大学女子师范学院。

② 国立北平大学商学院原为 1899 年由清总理各国事务衙门大臣兼中东铁路督办许景澄奏设的东省铁路俄文学堂，1903 年在东总布胡同自建校舍。1912 年更名为俄文专修馆。1921 年更名为俄文法政专门学校。1928 年更名为国立北平大学俄文法政学院。1931 年 8 月更名为北平大学商学院。1934 年 8 月北平大学商学院与法学院合并为法商学院。

续表

序号	名　　称	地　　址	藏书数量	成立时间
36	国立北平大学女子文理学院图书馆①	朝内北小街	14 425	1928 年
37	国立北平大学法学院图书馆	宣武门内国会街	38 810	1914 年
38	国立交通大学北平铁道管理学院图书馆	府右街	30 000	1909 年
39	国立北平艺术专科学校图书室②	西城京畿道	1 716	1918 年秋
40	私立燕京大学图书馆	海淀	305 439	1919 年
41	私立东北大学图书馆③	西直门内	11 558	1932 年 3 月
42	私立辅仁大学图书馆	地外定阜大街	71 521	1925 年 10 月
43	私立北平协和医学院图书馆	东单三条	57 152	1917 年
44	私立朝阳学院图书馆	东直门内海运仓	48 553	1926 年 1 月
45	私立民国学院图书馆	太平湖	34 534	1922 年
46	私立中国学院图书馆	西单新皮库胡同	56 494	1922 年
47	北平铁路大学图书馆	东城干面胡同	35 982	1924 年秋
48	私立华北学院图书馆	西四羊皮市	18 400	1922 年 10 月
49	私立中法大学图书馆	东黄城根	154 952	1923 年
50	私立汇文神学院图书馆	崇内孝顺胡同	11 841	1912 年
51	私立税务专门学校图书馆④	东城大雅宝胡同	11 447	1908 年 5 月
52	北平市立体育专科学校图书馆	先农坛	567	1934 年 10 月
53	私立协和华文学校图书馆	东四牌楼头条胡同 5 号	24 933	1916 年

① 北平大学女子文理学院原为 1925 年北京女子师范大学学生反对校长杨荫榆压制学生参加革命活动的风潮平息后建立的北京女子大学。1929 年更名为国立北平大学女子学院。1931 年更名为国立北平大学女子文理学院。该校校舍初与国立北京女子师范大学同，后几经周折，落脚在朝阳门内北小街原孚王府（亦称九爷府）。

② 该校原为 1918 年 4 月创办的北京美术学校。1925 更名为国立北京艺术专门学校，1928 年更名为国立北平大学艺术学院，1934 年更名为国立北平艺术专科学校。该校在存续期间曾多次停办，图书统计方式多有不同。表中藏书数量来自 1936 年 9 月教育部社会教育司的统计，应为该校自 1934 年更名为国立北平艺术专科学校以后的数字。

③ 1931 年“九一八”事变后，东北大学遭到严重破坏，1931 年 10 月，东北大学在北平勉强复课。1937 年 1 月，东北大学南迁到河南开封。

④ 该校约在 1933 年停办。

续表

序号	名称	地址	藏书数量	成立时间
54	北平平民学院图书馆	德胜门内石虎胡同	22 375	1926 年 9 月
55	内政部警官高等学校图书馆[①]	交道口	5 129	1912 年
56	北平市立高级商科职业学校图书馆	宣武门内	407	1929 年 5 月
57	北平市立高级职业学校图书馆	东四什锦花园	1 223	1926 年
58	北平艺术专科职业学校图书馆	府右街	1 260	1934 年 3 月
59	北平市立师范学校图书馆	祖家街端王府夹道	28 661	1920 年 9 月
60	私立人右商业学校图书馆	崇外手帕胡同	600	1932 年 6 月
61	成达师范学校福德图书馆	东四牌楼清真寺	14 741	1936 年 9 月 22 日
62	国立东北中山中学图书馆[②]	北新桥、交道口	4 987 种	1934 年 3 月
63	国立北平师范大学附属中学图书馆	厂甸	40 000	1920 年 1 月
64	北平市第一中学图书馆	安内郎家胡同	45 000	1912 年
65	北平市第二中学图书馆	东城史家胡同	6 965	1912 年
66	北平市第三中学图书馆	西城祖家街	10 255	1925 年 9 月
67	北平市第四中学图书馆	西什库后库	9 462	1926 年 8 月
68	北平市第五中学图书馆	方家胡同	3 135	1928 年 5 月
69	北平市第一女中图书馆	西华门	6 550	1913 年
70	国立北平大学附属高级中学图书馆	府右街运料科	772	1931 年 8 月
71	北平大中中学图书馆	交道口东大街 77 号	1 341	1925 年 2 月
72	私立燕京大学附属初级中学图书馆	海淀	2 370	1932 年 3 月
73	私立辅仁大学附属中学图书馆	李广桥	3 705	1929 年 6 月
74	私立中国学院附属中学图书馆	前内顺成街	2 980	1930 年 8 月

---

① 1934 年该校迁往南京。

② 1934 年 3 月 26 日，国立东北中山中学(负责国民党东北党务的齐世英向教育部申请五万银洋的创校经费，故为国立之名)在北平成立。以北新桥原高等警官学校旧址和交道口河北省民政厅旧址为校址，为东、西两个校区。

续表

序号	名　称	地　址	藏书数量	成立时间
75	私立中法大学附属西山温泉初中图书馆	西山环谷园	23 254	1923 年 10 月
76	私立中法大学附属温泉女中图书馆	地安门外迤东	11 000	1932 年 8 月
77	私立育英中学图书馆	东城灯市口	26 500	1924 年 9 月
78	私立五三中学图书馆	西四丰盛胡同	4 850	1929 年 6 月
79	私立育华中学图书馆	彰仪门大街	5 831	1931 年
80	私立汇文中学图书馆	崇内船板胡同	22 888	1884 年
81	私立平民中学图书馆	西四北帅府胡同	3 700	1927 年
82	私立成城中学图书馆	粉子胡同	3 995	1932 年 9 月
83	私立镜湖中学图书馆	西城王府仓	5 695	1932 年 9 月
84	私立精业中学图书馆	北河沿	5 450	1932 年 8 月
85	私立四存中学图书馆	府右街	14 514	1921 年 1 月
86	私立上义中学图书馆	平西黑山扈	10 031	1925 年 12 月
87	私立志成中学图书馆	二龙坑小口袋胡同	8 264	1932 年 12 月
88	私立弘达中学图书馆	新皮库胡同	13 207	1923 年 1 月
89	私立东北中学图书馆	皮库胡同	2 380	1932 年 3 月
90	私立北方中学图书馆	和平门内	4 700	1923 年 8 月
91	私立中华中学图书馆	和内东夹道	4 443	1932 年 2 月
92	私立崇实中学图书馆	安内大三条胡同	8 000	1912 年
93	私立崇德中学图书馆	绒线胡同	500	1912 年
94	私立山东中学图书馆	前内顺城街	2 443	1928 年 8 月
95	私立三基中学图书馆	大佛寺	1 900	1931 年 3 月
96	私立东方高中图书馆	东城干面胡同	32 335	1928 年 7 月
97	私立西北中学图书馆	宣外牛街	3 649	1930 年 8 月
98	私立进德中学图书馆	后门后前鼓楼	2 970	1931 年 3 月
99	私立文治中学图书馆	西四宫门口	9 494	1929 年 9 月
100	私立大同中学图书馆	外交部街	5 519	1930 年
101	私立念一中学图书馆	天坛	1 358	1932 年 9 月

续表

序号	名　　称	地　　址	藏书数量	成立时间
102	私立立达初中图书馆	东堂子胡同	4 686	1931 年 9 月
103	私立盛新初中图书馆	西安门内五龙亭	2 285	1931 年 9 月
104	私立励志初中图书馆	东城府学胡同	6 079	
105	私立成达初中图书馆	阜外礼士路	13 599	1915 年 2 月
106	私立惠中女子中学图书馆	交道口南大街	1 805	1922 年 8 月
107	私立笃志女子中学图书馆	宣内前王公厂	708	1927 年 8 月
108	私立贝满女子中学图书馆	灯市口	7 094	1912 年
109	私立华光女子中学图书馆	西单前英子胡同	4 629	1931 年 10 月
110	私立光华女子中学图书馆	西什库	990	1932 年 8 月
111	私立慕贞女子中学图书馆	崇内孝顺胡同	7 000	1919 年
112	私立培华女子中学图书馆	石驸马大街	1 900	1914 年
113	私立翊教女子中学图书馆	西单堂子胡同	5 436	1930 年
114	私立燕冀中学图书馆	宣外大街	15 000	1931 年 9 月
115	私立孔德学校图书馆	东华门大街	66 000	1924 年
116	私立崇慈女子中学图书馆	安内二条胡同	707	1927 年
117	私立今是中学图书馆	大佛寺东街	1 500	1925 年 10 月
118	私立平民中学图书馆	石虎胡同	13 380	1926 年 9 月
119	私立艺文中学仁山图书馆	府前街甲 1 号	7 500	1929 年
120	私立慈济中学图书馆	内六区沙滩 1 号	400	1929 年 6 月
121	国立北平师范大学附属第一小学图书馆	南新华街	8 389	1934 年
122	市立师范学校附属小学图书馆	西斜街宏庙	8 000	1918 年 4 月
123	私立中才小学淑贤图书馆	宣武门外麻刀胡同		1930 年 5 月 25 日
124	育英中学小学部图书馆	东城灯市口	3 016 册、杂志 23 种	
125	佛教图书馆	什刹海	佛经数万卷	1936 年 3 月 27 日
126	中央研究院历史语言研究所图书馆	北海静心斋	37 000	1929 年

续表

序号	名称	地址	藏书数量	成立时间
127	中华戏曲音乐院北平戏曲专科学校图书馆	崇文门外木厂胡同 56 号	昆曲剧本 1 000 种	1929 年
128	北平郁文学院图书馆	阜成门内	9 233	1923 年 7 月
129	北平私立兢存中学图书馆	广安门内昭忠祠	4 100	1935 年 9 月
130	北平财政商业专门学校图书馆	马大人胡同 24 号		1921 年
131	北平第一助产学校图书馆	南兵马司 3 号	3 018	1931 年 9 月
132	北平第一监狱图书馆	宣武门外姚家井	4 363	1922 年 4 月

本表资料主要来源：杨家骆：《全国机关公团名录》，中国图书馆大辞典编辑馆，1937 年，79～85 页；李文祷：《北平学术机关指南》，北平图书馆协会，1933 年，137～257 页；刘苏编选：《1933 年北平市公私立图书馆调查表》，《北京档案史料》，1996 年第 5 期，16～25 页，1996 年第 6 期，16～28 页，1997 年第 1 期，11～19 页；张树华：《民国时期北京地区私立图书馆述略》，《北京图书馆馆刊》，1998 年第 3 期，108～111 页。

第三节　民国时期北京的图书馆萧条时期（1937—1945）

日本的侵略打乱了北京图书馆的发展节奏，很多图书馆迁往内地，图书未及运走，被毁严重；一些留在北平的图书馆也惨遭劫难，损失惨重。据 1940 年统计，北京有 22 所图书馆（未包括中学图书馆），比战前大幅减少。大量有关新教育、新思想、新材料的图书杂志被销毁。除销毁外，一部分“违禁”图书被封存，无法流通。

1. 日本的奴化教育

(1) 北京教育隶属关系的变化

1937 年 7 月 7 日，日本发动“七七”事变，全面侵华战争开始。7 月 29 日，驻守北平的国民革命军第二十九军撤出北平城，北平沦陷。7 月 30 日，日寇在北平成立了以江朝宗为首的伪“北平市地方维持会”，负责管理北平地方治安。伪“北平市地方维持会”下设文化组，暂时负责北平的教育事宜。“七七”事变发生两个月后，日寇强令全市影剧院、图书馆、阅书报处等自 1937 年 9 月 11 日起“恢复营业”，其目的一方面是为了加强对民众的奴化教育；另一方面借此粉饰太平，营造和平景象，各相关图书馆、阅报处等，经过“整顿”后予以“恢复”。

1937年10月12日，伪“北平市地方维持会”改“北平”为“北京”，国民政府一直不承认改名，抗战期间及复员后仍称“北平”。12月14日，日本侵略者扶植下的汉奸伪“中华民国临时政府”成立，以北平为首府，王克敏为伪“中华民国临时政府”行政委员会委员长，12月31日，改北京市为“北京特别市”。1938年1月1日，伪“北京特别市政府”成立，江朝宗就任伪“北京特别市市长”。1月13日，伪“北京特别市政府”改称伪“北京特别市公署”，延续原北京行政区划，“北京内城划分为内一、内二、内三、内四、内五、内六6个区，外城划分为外一、外二、外三、外四、外五5个区，市郊分为东郊、西郊、南郊、北郊，共15个区”。①

伪“中华民国临时政府”下设6部，教育部总长汤尔和，黎世蘅为次长，负责管理伪“中华民国临时政府”辖区内文化教育行政事宜。1938年1月1日公布伪《教育部组织大纲》，下设总务、文化、教育三局，教育局掌管大中小学教育、师范教育、职业教育、社会教育等事项，文化局掌管“关于图书馆、博物馆等建筑事项”及“关于图书、仪器及其他教育用品审查核定事项”②，凡有关学校教育、社会教育及社会文化等事项，均在伪教育部直接管辖之下。

伪“中华民国临时政府”教育部成立后，伪“北京特别市公署”成立教育局，专门负责北平地方教育事宜，局长张鼎勋。“七七”事变前，北平社会教育由社会局第三科负责，“七七”事变后伪教育局将社会教育重新划归伪教育局管辖。伪教育局下设二室三科，第三科分设社会教育、体育保健、设计三股，社会教育股的职责包括民众教育馆、图书馆、阅书报处等管理事项。③ 1940年3月30日，以汪精卫为首的伪“中华民国国民政府”在南京成立，北平伪“中华民国临时政府”改称伪“华北政务委员会”，伪“中华民国临时政府”教育部随之易名伪“华北政务委员会”教育总署，伪“中华民国临时政府”教育部总长改称伪“华北政务委员会”教育总署督办。1940年11月8日，伪“华北政务委员会”教育总署督办汤尔和因肺癌死于北平。汤尔和死后，周作人继任督办。

---

① 李铁虎：《北平伪临时政府辖境政区沿革述略》，《北京档案史料》，1987年第3期，57～62页。

② 《教育部组织大纲》，《教育学报(北京)》，1938年第1期，12～14页。

③ 《修正北京特别市公署教育局组织规则》，《市政公报》，1938年第18期，7～14页。

(2) 日本统治下的奴化教育特点

日伪为了使沦陷区民众丧失民族意识，甘心为奴，在北平推行奴化教育。1938 年 7 月日寇制定了《从内部指导中国政权大纲》，后来又秘密制定了《对支宣传策略纲要》，规定的教育方针是：消灭民族意识，制造奴隶"文化"；提倡复古，强调反共。根据这个基本方针，伪"中华民国临时政府"在 1938 年制定的教育策略是：①根绝党化及排外(指抗日)容共等思想；②依据东亚民族集团的精神，发扬中国传统美德，以完成"新中国"的使命。[①] 后来任伪"华北政务委员会"教育总署督办的周作人进一步解释："一扫盲从欧美自由主义及世界主义之流弊，以我国固有的文化精神为中心，而发扬新东洋的世界观，尽瘁于次代国民之熏陶启导。"[②]他要求以封建纲常礼教为指导思想，进行复古教育，培养有技能的"顺民"与奴才。

日寇奴化教育的特点：

① 顽固效忠伪政权

1938 年 8 月 12 日，伪"北京特别市公署"教育局局长张鼎勋"病休"卸任，王养怡代理。10 月 5 日，伪"中华民国临时政府"任命王养怡为伪"北京特别市公署"教育局局长。王养怡是一个彻头彻尾的汉奸，他叫嚣北京教育界将彻底效忠日伪当局，使"北京立于华北之指导"地位，致力于日中满之间的"提携亲和"。[③]

② 学校教育强化思想控制

日寇在学校推行入学志愿书制，每到新生入学时，伪教育局强迫学生出具志愿书，要绝对服从伪政权的统治和意志。志愿书制的目的，就是迫使师生服服帖帖地做"顺民"，一旦违背，轻则被逐，重则有牢狱之灾。[④]

③ 篡改和垄断教科书

1937 年 8 月 17 日，伪"北京特别市"社会局成立伪"中小学教科书审订委员会"，令与现实"不联系之课本务必全部删除"。8 月 18 日中学组开始初审，

---

① 李玉非、宋荐戈：《日本侵略者在华北实施奴化教育和华北人民反奴化教育的斗争》，318～324 页，转引自《直面血与火——国际殖民主义教育文化论集》，呼和浩特，内蒙古大学出版社，2003 年。

② 《华北政务委员会教育总署转发周作人对世界大势及华北教育事业的训令及教育局转发各校、馆、处的指令》，北京市档案馆藏，档案号：J004-001-00512。

③ 《北京市教育局三十一年度中学教育行政计划案》，北京市档案馆藏，档案号：J002-007-1384。

④ 王显成：《北京市伪政权对中小学的奴化教育》，《长春师范学院学报》，2012 年第 7 期，21～24 页。

21 日小学组开始复审。复审委员会由伪“北平市地方维持会”日本顾问武田熙、西田耕一、桥川时雄及第一系委员马邻翼等组成，拟订《审查课本标准》，明确编写教材的指导原则：反共、“和平”、亲日。审查标准如表 3-8 所示。

表 3-8　日伪审查小学教科书的标准①

一	1. 妨碍邦交	二	1. 全篇者撕去之	三	1. “双十节”可留
	2. 宣传党义及孙文事项		2. 半篇者糊盖之		2. 红地青天白日旗可留
	3. 隐含“赤化”		3. 数语或数行涂改之		

④ 控制课外读物

1944 年，伪教育局局长孙世庆给全市中小学开了一个课外书目，其特点是：出版的年代久远，复古倾向明显。目的是使师生远离现实政治，安心做“顺民”。日伪当权者的著作，如汪精卫的《双照楼诗稿》也进入书目，还有大批提倡“中日共存共荣”的书籍推荐给学生，用以毒害青少年。

⑤ 日语教育的政治化

语言占领是奴化教育的重要表现，日伪统治者强迫中国青少年学生学习日语，将日本的价值观以一种温和的方式逐步地渗透到中国人心中，以达到他们控制中国青少年学生思想的险恶目的。日语是中学的必修课，如北平市立第一中学开的日语课有日本事情、发音等；中学年级越高，对日语的要求越高。日伪当权者还通过举行日语作文比赛，激励学生学习日语。据王养怡记载：“现在本市中小学校之必修日本语课程，除遵照部颁标准规定外，年来为鼓励学生勤加修习起见，当经分于二十八九两年度举行全市中小学生及中学生日本语作文募集学艺会各一次，均以奖励方式行之。”②

⑥ 奴化教育社会化

1937 年 12 月 24 日伪“新民会”成立，该会宣称与伪“中华民国临时政府”保持“表里一体的关系”，起初伪“新民会”是附属政府的教化机关，后来逐渐成为一个包括各行各业的庞杂组织，自上而下自成体系，从“思想教化团体”演变为“政府专用机关”。伪“新民会”的纲领是“剿共”与“灭党”，主要目标是

① 陈兆肆：《日伪统治时期北平的中小学教育》，《北京社会科学》，2009 年第 2 期，101～108 页。

② 王养怡：《三年来之北京市教育》，《教育时报》，1941 年第 2 期，24～28 页。

为了维护新成立的伪“中华民国临时政府”，实现“和平建国”，通过各种形式向中国人民灌输封建糟粕与“亲日”“媚日”观念。1938 年 6 月，伪“北京特别市政府”及伪“新民会首都指导部”令将北平的民众教育馆、民众学校等全部改为所谓的“新民教育馆”“新民学校”，“新民教育馆”设“新民阅览室”“新民主义研究部”等，通过组织读书等活动向民众灌输奴化思想。

日本侵华是全方位的，武力侵略在先，文化侵略在后，武力侵略是从军事层面灭亡中国，奴化教育是从文化层面灭亡中国。两者互为因果，相互促进，加速了沦陷区的殖民化。奴化教育相对于军事侵略，形式上是温和的，结果却是更为险恶的。

2. 各类图书馆的厄运

（1）国立图书馆

北平沦陷后，国立北平图书馆副馆长袁同礼带领部分馆员南下，随同国立北京大学、国立清华大学、私立南开大学一起南迁，先到长沙，再到昆明，先后与国立长沙临时大学图书馆、国立西南联合大学图书馆合作办馆。部分馆员留在北平继续保护平馆馆藏。留在北平的国立北平图书馆除“七七”事变前转移出去一小部分图书外，书库中还有大量藏书，其中有文津阁《四库全书》以及 1931—1937 年所购的中文善本图书等。基于当时的后勤保障能力及战时安全角度考虑，全面转移馆藏文献不可行，对难以搬运的大量普通图书，馆里决定派留守人员坚守，尽最大努力避免损失。为国立北平图书馆提供经费支持的中华教育文化基金董事会常会决议由王访渔、张允亮、顾子刚等人组成行政委员会，主持国立北平图书馆的日常管理工作。[①]

留在北平的图书馆，除了时刻提防日军掠取图书外，遇到的最大困难就是经费问题。国立北平图书馆除平馆本部外，当时还有昆明、上海、香港等办事处，因馆址分散，用费增加，加之物价飞涨，馆务维持、职员生活都面临危机。而此时，中国政府财政支出增加，压力剧增，自 1939 年 1 月起无限期延付庚子赔款。1939 年 4 月 22 日，中基会第 15 次董事会通过决议，庚子赔款停付期间将基金利息拨充国立北平图书馆作为经常费用，不敷使用的部分以

① 姜元刚：《抗战时期国立北平图书馆馆藏文献保护措施及其启示》，《河南科技学院学报》，2017 年第 11 期，41～45 页。

1939 年 1 月后美国应收而未收的庚子赔款作为抵押，由财政部担保，向政府银行借款。由于中基会资助项目较多，本身几乎断炊，补助锐减，国立北平图书馆的经费面临困难。[①] 1940 年，国立北平图书馆馆长蔡元培去世，由袁同礼继任，袁同礼多方筹措图书馆运行经费，勉力维持。

1941 年 12 月 7 日，日军偷袭美国太平洋海军舰队基地珍珠港，第二天美国对日宣战，爆发太平洋战争。太平洋战争爆发后，日寇更加丧心病狂，1942 年 1 月 2 日，伪“华北政务委员会”教育总署接管了国立北平图书馆，更名为“国立北京图书馆”。1945 年抗战胜利，恢复为国立北平图书馆。沦陷期间，国立北平图书馆留守人员面临经费不足、同仁生活窘迫、敌伪侵扰、强行掠取图书资料等困难。尽管困难重重，留守人员仍然坚守岗位，直至抗战胜利。

故宫博物院图书馆于“七七”事变前南运了一部分图书，留在北京故宫的还有近 30 万册书刊资料，1940 年有工作人员 16 人。故宫博物院图书馆太庙分馆馆员仍由故宫博物院图书馆调配，主任李益华，工作人员 6 人，管理新旧图书 3 万册。

(2) 市立图书馆及阅书报处

在伪“新民会首都指导部”制定的《1938 年度工作大纲》中，要点是：①组织“新民教育馆”、普通图书馆、阅报处、“新民茶社”等社教机关联谊会，发动全市“新民教育”运动，举办中日图书画片展览会，举行民众联欢会。②在第一、第二、第三、第四“新民教育馆”举行“新民主义”宣传周。③改进“新民茶社”。④通过“新民宣讲班”，在东西南北各处“新民教育馆”及“新民茶社”宣讲“新民主义”真谛，培养“顺民”。⑤分期召集民众教育座谈会，灌输“新民思想”。伪“新民会”以此来对全市图书馆、民众教育馆、阅书报处实行全面控制。

“七七”事变后，原北平市立第一普通图书馆改称北京市立第一普通图书馆，馆长初为李文裿，后由何其哲、程明、汪勃继任，经费由伪“北京市特别公署”教育局拨发。作为日伪直接控制的图书馆，该馆“图书查禁”极为严格。据记载，1939 年李文裿任馆长期间，被人告密馆内藏有大批抗日书刊，日本宪兵队前来搜查，李文裿被拘留。释放后，他被迫将大量进步书刊烧毁、埋藏，1935—1937 年所购的报纸、期刊几乎全部被毁。图书馆还被迫对馆藏书刊进

① 高平叔：《蔡元培年谱长编》第四卷，489 页，北京，人民教育出版社，1998 年。

行“清理审查”，对其中有个别抗日词句者，用墨笔涂去才能阅览。“七七”事变前该馆图书已达8万多册，经过“查核”“注销”，据1940年统计，馆藏仅剩中、日、英文图书11 565种，46 074册。日伪还强迫图书馆设立“新民阅览室”，宣传“中日共荣”“强化治安”等奴化思想。[①]

中山图书馆于1937年10月被改为北京市通俗图书馆[②]，馆长由市长委任，藏书有甲、乙两类，甲为古籍，乙为普通书籍。“七七”事变前该馆藏书也有6万多册，经过一番“查核”“注销”，1940年馆藏仅剩中外文图书8 435种，37 714册。

“七七”事变前，北平设有四个社会教育区民众教育馆图书馆，日伪将四个社教区民教馆全部改为“新民教育馆”，将昔日阅书报处扩充为22个，成为所谓“改造新民”的一部分。[③] 1940年阅书报处情况见表3-9。

表3-9　1940年阅书报处情况

序号	名　称	创办时间	地　点	负责人	藏书数量	经费（年/元）	借阅人数（日）
1	北京市第一社会教育区新民教育馆	1925年10月	钟鼓楼	唐家桢	1 087	11 018.4	200
2	北京市第二社会教育区新民教育馆	1936年9月27日	西四北南魏胡同	吕能书	9 420	7 170.0	100
3	北京市第三社会教育区新民教育馆	1936年6月	朝内大方家胡同52号	宋春韶	1 676	5 760.0	225
4	北京市第四社会教育区新民教育馆	1937年5月26日[④]	宣外大街路东193号	武鸿桥	1 400（种）	8 640.0	100
5	北京市立第一阅书报处	1915年	天桥鸟市	王思明	书600，报300	933.4	200
6	北京市立第二阅书报处	1935年2月	广安门大街107号	彭甘名	书354册，报16种	818.4	90
7	北京市立第三阅书报处	1935年12月	西直门内新街口西大街	郭沛元	书780，报16	758.4	150

① 金沛霖：《首都图书馆馆史》，北京市文化局首都图书馆印制，1994年版，10～11页。

② 江朝宗：《北京地方维持会报告书》，1938年，未刊稿，146页。

③ 李文裿、武田熙：《北平学术文化机关综览》，新民印书馆，1940年版，13～19页。

④ 日寇侵占北平后，将民众教育馆全部改为新民教育馆，第四民教馆于1938年6月10日改为北京市第四社会教育区新民教育馆。

续表

序号	名　　称	创办时间	地　　点	负责人	藏书数量	经费（年/元）	借阅人数（日）
8	北京市立第四阅书报处	1910 年	东四北大街 449 号	樊际鹏	书报 509 种	962.4	250
9	北京市立第五阅书报处	1908 年	宣内大街 181 号	徐粲章	书 1 172，报 13 种	590.4	200
10	北京市立第六阅书报处	1917 年	前外鲜鱼口兴隆街	宋化涛	书报 653 册	890.4	200
11	北京市立第七阅书报处	1935 年 12 月	西四北大街 136 号	王权	书报 380 种	770.4	200
12	北京市立第八阅书报处	1908 年 2 月	崇外南羊市口 36 号	白介秋	书 408，刊 10 种，报 11	854.4	150
13	北京市立第九阅书报处	1928 年	虎坊桥路西	徐铣	书 260	890.4	75
14	北京市立第十阅书报处	1936 年 9 月	朝内大街 265 号	姚磐石	书 400，报 20	778.4	158
15	北京市立西郊阅书报处	1917 年 5 月	西郊海淀	李春祥	书 137，报 15 种	698.4	130
16	北京市立东郊阅书报处	1913 年 3 月	朝外大街路北 248 号	黄执元	书 400 册，报 200 份	794.4	100
17	北京市立南郊阅书报处	1913 年 3 月	永外关厢	王秉谦	书 180，报 20	806.4	60
18	北京市立第一社会教育区第一阅书报处	1908 年 2 月	东四北十条胡同西口外路东	李增	书 1214，报 16	669.4	250
19	北京市立第一社会教育区第二阅书报处	1912 年 2 月	安内大街 35 号	楼裕焌	书 1 174 册，报 16 种	830.4	176
20	北京市立第一社会教育区第三阅书报处	1912 年 7 月	德外大街路西 165 号	董景生	书报 1 000	746.4	89
21	北京市立第十一新民学校附设阅书报处	1931 年 2 月	西直门外娘娘庙	谢怀民	书 77 册，刊 30 册，报 25 册	96.0	60
22	北京市立蓝靛厂南门小学附设阅书报处	1931 年 2 月	西郊外火器营	关海英	书 145 种，报 5 种，刊 4 种	96.0	35

(3) 学校图书馆

① 大学图书馆

抗战爆发后,国立北京大学、国立清华大学、国立北平师范大学、国立北平大学、私立中法大学、私立朝阳学院、私立东北大学、私立华北学院等陆续迁往后方继续办学;私立燕京大学、私立协和医学院坚持到太平洋战争爆发后也不得不内迁;私立民国学院、私立北平铁路学院、北平市立体育专科学校陆续停办。抗战期间大学变化情况见表 3-10。

表 3-10 抗战期间大学变化表[①]

序号	名 称	变 化
1	北京大学	1937 年 9 月与清华、南开组建长沙临时大学,1938 年再迁昆明,改为西南联合大学
2	清华大学	1937 年 9 月与北大、南开组建长沙临时大学,1938 年再迁昆明,改为西南联合大学
3	北平大学	1937 年 11 月与北平师范大学、北洋工学院、河北省立女子师范学院等合组西安临时大学,1938 年改为西北联合大学,1939 年改为西北大学,抗战胜利后没有恢复
4	北平师范大学	1937 年 11 月与北平大学、北洋工学院、河北省立女子师范学院等合组西安临时大学,1938 年改为西北联合大学,1939 年独立为西北师范学院
5	交通大学北平铁道管理学院	“七七”事变后迁往湖南湘潭
6	北平艺术专科学校	“七七”事变后迁往湖南,与杭州艺术专科学校合并为国立艺术专科学校
7	东北大学	“七七”事变后迁河南开封,后再迁陕西城固,1938 年并入西北联合大学
8	中法大学	“七七”事变后曾一度开学,至 1938 年被迫停办,1939 年迁往云南昆明
9	华北学院	“七七”事变后一度开学,后迁内地
10	朝阳学院	“七七”事变后迁湖北沙市,1938 年再迁四川成都,1941 年再迁陪都重庆
11	民国学院	“七七”事变后拟迁河南开封,未几停办。此后未恢复
12	北平铁路学院	“七七”事变后停办,此后未恢复
13	燕京大学	“七七”事变后,因有美国背景,得以继续办学。太平洋战争爆发后,校园被日军强占,1942 年学校迁往四川成都

① 李铁虎:《抗战时期北平高等院校的兴衰》,《北京党史研究》,1995 年第 4 期,39~41 页。

续表

序号	名　　称	变　　化
14	燕京神学院	即燕京大学宗教学院，因其宗教背景，事变后得以继续办学。太平洋战争爆发后未随燕京大学内迁，1941年院长赵紫宸被日军逮捕入狱，宗教学院停办①
15	协和医学院	"七七"事变后继续办学，太平洋战争爆发后日军进驻该院，1942年1月31日被迫停办，1943年3月迁往四川成都
16	市立体育专科学校	1931年在永定门内太平街创办，北平沦陷后继续办学，1943年停办
17	成达师范学校	1937年迁桂林，1944年秋因桂林沦陷迁往重庆

第二次世界大战期间，日本、德国、意大利三个法西斯国家组成"轴心国"，对抗反法西斯国家组成的"同盟国"。中国抗日战争爆发后，在北平坚持办学的大学仅有私立辅仁大学、私立中国大学。私立辅仁大学前身是1925年罗马教廷天主教会创办的"公教大学"，1927年更名为辅仁大学。"七七"事变后，辅仁大学教务长德国人雷冕出面与日本人交涉，因德日同属"轴心国"，该校得以不挂日本旗，基本维持正常教学活动，图书馆坚持开放。（辅仁大学图书馆阅览室见图3-19。）

图3-19　辅仁大学图书馆阅览室

资料来源：《辅仁大学图书馆阅览室》，辅仁年刊，1938

① 张德明、苏明强：《燕京大学宗教学院史话》，《北京档案》，2013年第8期，51～53页。

1941年太平洋战争爆发后，燕京大学被查封，辅仁大学成为华北沦陷区唯一存在的教会大学，且为重庆国民政府所承认，因而聚集了一批滞留在沦陷区具有爱国心的学者、教授、名流及一批优秀的学生，辅仁大学也因此名声大振。私立中国大学1913年由孙中山先生首创，1917年改称中国大学，“七七”事变后，校长何其巩利用各种关系与日本人周旋，得以维持学校继续办学，保持独立性，也是北平唯一一所获得重庆国民政府立案而没有外国背景的高等学府。此外还有两所国医学院，虽然规模较小，但始终坚持自主办学。沦陷期间北平自主办学的大学见表3-11。

表3-11 沦陷期间北平自主办学的大学①

序号	名　称	办学情况
1	私立辅仁大学	事变后，因德国背景得以继续办学，直到1945年抗战胜利。1950年由中央教育部接办，1952年辅仁大学撤销，并入北京师范大学
2	私立中国大学	事变后，校长何其巩与日本人周旋，始终坚持办学，1949年4月停办
3	北平国医学院	1930年孔伯华大夫创办，地点在西单北南宽街，事变后称“北京国医学院”，1945年结束
4	华北国医学院	1931年施今墨大夫开办，1937年迁到广安门内西砖胡同36号，1949年结束

日军占领北平后，日伪政府为了装点文化城市的“门面”，利用原校舍也办了一些学校，如利用原北京大学校舍继续办伪“北京大学”，1939年1月14日开学，建六个学院。利用原北平师范大学校舍办了伪“北京师范大学”。据统计，日伪占领北平期间开办的专科以上学校有13所，具体见表3-12。

表3-12 沦陷期间日伪在北平主办的专科以上学校②

序号	名　称	办学情况
1	伪国立北京大学	1939年1月14日开学，建农学、医学、工学、理学、文学、法学六个学院

① 李铁虎：《抗战时期北平高等院校的兴衰》，《北京党史研究》，1995年第4期，39～41页。

② 李铁虎：《抗战时期北平高等院校的兴衰》，《北京党史研究》，1995年第4期，39～41页。

续表

序号	名　　称	办 学 情 况
2	伪国立北京师范大学	1938年4月18日伪国立北京师范学院开学,占用原北平师范大学教理学院校舍,地点在和平门外南新华街,设文、理两科及体育、工艺专修科。1938年4月4日伪国立北京女子师范学院开学,占用原北平大学法商学院第三院校舍,地点在西单李阁老胡同,设文、理、家政三科及体育、音乐专修科。1941年11月1日两校合并成立伪国立北京师范大学,设文、理、教育三学院
3	伪国立北京艺术专科学校	1938年5月设立,占用原北平艺术专科学校校舍,地点在东单东总布胡同10号
4	伪国立北京外国语专科学校	1938年3月伪"中华民国临时政府"教育部设立,占用原东北中山中学校舍,地点在交道口东公街,1941年改为外国语专科学校
5	伪师资讲肆馆	1938年4月1日伪"中华民国临时政府"教育部设立,占用原北平师范大学教理学院之一部。1940年迁往原求知中学校址,地点在西直门内南小街井儿胡同,约1943年停办
6	伪国立新民学院	1938年1月10日成立,占用原北平大学法商学院校舍,地点在宣武门内国会街,主要培养维护日本殖民统治的汉奸爪牙,太平洋战争爆发后处于瘫痪状态,名存实亡
7	伪国立华北行政学院	1944年8月创办,主要培养伪政权官吏
8	伪北京高等警官学校	1938年3月10日开学,伪"中华民国临时政府"治安部设立,占用原北京大学第三院校舍,地点在东安门北河沿54号
9	伪北京铁道学院	1940年由伪"华北交通公司"设立,占用原北平铁路大学校舍,地点在东单北干面胡同92号
10	伪中华新闻学院	1940年7月由日本人佐佐木健儿主持设立,地点在中南海万善殿
11	伪陆军军官学校	1938年5月1日成立于通县,1939年迁到北平德胜门外清河镇原北洋陆军中学旧址,故又称"清河军校"
12	伪陆军宪兵学校	1938年9月伪"中华民国临时政府"治安部成立,以宪兵司令邵文凯兼任校长,地点在东四四条32号
13	伪建设总署土木工程专科学校	1940年由伪"华北政务委员会"建设总署督办殷同设立,地点在颐和园东宫门对面

在敌伪创办的高校里,伪"国立北京大学"规模最大,包含六个学院,多数都借用"七七"事变前各高校校舍,建立时间不等,具体情况见表3-13。

表 3-13 伪"国立北京大学"各学院情况①

序号	名 称	概 况
1	伪国立北京大学农学院	1938 年 3 月 1 日设立,占用原朝阳学院校舍,地点在东直门内海运仓,农场则占用罗道庄原北平大学农学院农场
2	伪国立北京大学医学院	1938 年 5 月设立,占用原北平大学医学院校舍,地点在和平门外后孙公园,1942 年迁往西安门内后库
3	伪国立北京大学工学院	1938 年 7 月设立,占用原北平大学工学院校舍,地点在西直门内端王府夹道 7 号
4	伪国立北京大学理学院	1938 年 8 月设立,占用原北京大学第二院校舍,地点在景山东街 45 号
5	伪国立北京大学文学院	1939 年 4 月设立,占用原北京大学第一院校舍,地点在松公府夹道 6 号
6	伪国立北京大学法学院	1941 年 8 月设立,占用原中法大学校舍,地点在东黄城根 39 号

抗战胜利后,教育部颁布"伪专科以上学校在校生、毕业生甄审办法",1945 年 10 月在北平设立"教育部特设北平临时大学实习班",要求伪"北京大学"和伪"北京师范大学"学生参加补习功课。1946 年国立北京大学和北平师范学院在北平复员,参加"教育部特设北平临时大学补习班"的学生经甄别后分别并入两校相关学院,其余沦陷时期日伪在北平兴办的各院校均自行或强制解散。

随着学校进入动荡状态,图书馆亦不保,清华大学图书馆馆舍遭到强占。1939 年春,日本陆军野战医院一五二病院开始进驻清华园,图书馆成为病院本部。东部阅览室、研究室、办公室作为病院的总枢纽所在地,职员办公室、电话交换室以及 X 光室均设在这里。② 二楼东部大阅览室是普通病室,二楼西部大阅览室是外科病室,摆放着几十张病床。西部书库成为手术室及药库,原各馆员办公室变为诊疗室和药房。一楼原各系研究室被隔成许多小间,作为将校病室,有些房间还装上了日式木炕。原阅览室中桌椅荡然无存,樟木书案被盗卖,木地板遭到破坏,楼中下水管道亦全被破坏,原卫生设施全部废弃不用,而改用日式水槽③。1952 年毕业于清华大学建筑系的关肇邺院

① 李铁虎:《抗战时期北平高等院校的兴衰》,《北京党史研究》,1995 年第 4 期,39～41 页。

② 梅贻琦:《抗战期中之清华》(三续),《清华校友通讯》,1942 年第 8 卷第 1 期,4 页。

③ 朱育和、陈兆玲:《日军铁蹄下的清华园》,图片插页,北京,清华大学出版社,1995 年。

士曾回忆道："记得很清楚的是，图书馆东门内出纳台前壮观的大理石拱门下，是一排排日本伤兵用的蹲坑厕位，地上血迹、污水狼藉，见了令人扼腕。"[①] 日军对馆舍的破坏是彻底的、毁灭性的。（见图 3-20）

图 3-20　国立清华大学图书馆阅览室变成病房

② 中小学图书馆

北平沦陷前，全市有公私立普通中学 71 所[②]，1937 年 9 月日寇强令各学校一律开学。[③] 1939 年北平有公私立中学 61 所[④]，至 1941 年 5 月，北平公私立中学仅剩 48 所。[⑤] 在所有的侵略行为中，最彻底也是最隐蔽的手段，莫过于对少年儿童进行洗脑。日伪政府通过各种方式向中小学生灌输"复古""反共"等思想，限制新教育、新思想、新材料的传播。对中学的控制主要体现在不断增设日伪管理的市立中学（公立），而私立中学经费独立，有较大的自由度，因而遭到日寇打压，数量不断减少。太平洋战争爆发后，日寇勒令部分教会学校停办，15 所教会学校仅剩下 5 所，削减了 2/3。中学锐减，影响图书馆的

① 侯竹筠、韦庆媛：《不尽书缘——忆清华大学图书馆》，23 页，北京，清华大学出版社，2001 年。

② 巩丽宏：《抗战前十年北平地区中学教育研究》，首都师范大学硕士论文，2009 年，23 页。

③ 纪彦：《沦陷时期北平中学教育概况》，《首都师范大学学报》（社会科学版），2007 年第 S1 期，63～70 页。

④ 《北京特别市市私立中等以上学校事变前后概况统计一览表》，《侨声》，1939 年第 1 卷第 1 期，61 页。

⑤ 纪彦：《沦陷时期北平中学教育概况》，《首都师范大学学报》（社会科学版），2007 年第 S1 期，63～70 页。

发展，即使能够坚持办学，也因为受经费限制、查禁限制，很多中学图书馆停办。

“七七”事变前，北平有市立小学、私立小学、市立短期小学、市立简易小学等共421所，日伪统治时期小学数量明显减少。据1939年统计，各类小学仅有375所。[①] “七七”事变前一些小学也设有图书馆，北平沦陷后图书有所损失。

（4）私立、会社图书馆

北平近代科学图书馆由日本人辻野朔次郎、大槻敬藏、山室三良创办于1936年9月，1936年12月正式开馆(见图3-21)。馆长山室三良毕业于日本九州帝国大学法文学部，由于该馆在掠夺模式下发展，图书增长很快，1937年8月底，该馆藏书18 819册，[②]1938年12月，藏书数量增至39 422册。[③] 1939年增至45 570册。[④] 该馆不仅是一所图书馆，还是一所文化侵略机构，不仅收藏图书，还出版教科书，该馆出版有馆刊、丛刊、日文模范教科书，1938年6月7日，在西单北小酱坊胡同18号设立西城分馆，后又陆续开设东城、西城、北城日语学校。

图3-21　北平近代科学图书馆

① 《北京特别市市私立小学概况统计一览表》，《侨声》，1939年第1卷第1期，64页。

② 《本馆统计》，《北平近代科学图书馆馆刊》，1937年创刊号，100页。

③ 王燕：《抗战时期的北平近代科学图书馆》，《兰台世界》，2016年第14期，87～91页。

④ 北京近代科学图书馆：《北京近代科学图书馆概况》，1939年。

松坡图书馆尚能维持开馆，主任王利民，职员 3 人，每年经费 5 000 元。该馆因拒绝参加伪组织召集的会议，遭到报复，伪“新民会”成立后多次派人到馆检查。1938 年 6 月，敌伪到馆搜查，随手撕毁、当场焚烧书籍。1941 年 10 月，伪教育局以查禁图书为名，将该馆 3 300 余册图书、地图一束、晨报全份掠去。①

慈航图书馆因地处寺庙，尚能维持。其他图书馆大多关门，木斋图书馆破坏最巨，抗战期间完全停顿。除北平近代科学图书馆外，其他图书馆藏书比照“七七”事变前没有增长。

3. 北平的图书馆统计

沦陷时期，北平各图书馆有的沦为日伪统治的工具，有的在极其艰难的情况下维持生存。1940 年李文裿、武田熙出版了《北平学术文化机关综览》，其中收录了北京国立、市立、大学、私立图书馆的情况，但未包括中学图书馆。据战后情况看，中学图书馆多数关门。图书馆的情况如表 3-14 所示。

表 3-14　1940 年北京各图书馆概况②

序号	名　　称	地　　址	负责人	图书分类	藏书（册）	经费（年/元）
1	伪国立北京大学图书馆	松公府夹道，原北京大学图书馆馆址	周作人（后期钱稻孙）	中、日文图书采用皮高品十进分类法，西文图书采用杜威十进分类法	中、西文图书 250 293 册，杂志 400 余种，报纸 30 余种	51 072
2	伪国立北京大学医学院图书馆	和平门外后孙公园 7 号③	林振纲	美国波士顿医学图书分类法	中、西文图书 8 910 册，杂志 2 222 册	12 000
3	伪国立北京大学农学院图书馆	东直门内海运仓 13 号④	唐荃生	杜威十进分类法	中、外文图书 13 488 册	由学院开支拨给
4	伪国立北京大学理学院图书馆	景山东街	职员：陆式蘅、裴荫桢、叶荣兆	杜威十进分类法	理科图书杂志 10 000 多册	

① 《松坡图书馆损失情形》，《中华图书馆协会会报》，1946 年第 20 卷第 1/2/3 期，12 页。

② 李文裿、武田熙：《北平学术文化机关综览》，新民印书馆，1940 年版，13～19 页。

③ 伪国立北京大学医学院图书馆设有分馆，地址在运料门内，原北平大学医学院图书馆。

④ 原朝阳学院图书馆。

续表

序号	名称	地址	负责人	图书分类	藏书（册）	经费（年/元）
5	燕京大学图书馆	海淀燕京大学内	田洪都	中、日文图书采用裘开明汉和图书分类法，西文图书采用杜威十进分类法	中、西文图书325 063册，杂志15 032册	65 000
6	辅仁大学图书馆	定阜大街	谢礼士（德）	中文图书采用何日章、袁涌进中国图书十进分类法，西文图书采用美国国会图书馆分类法	中、西文图书79 520册，杂志1 200册	12 000
7	伪国立北京师范学院图书馆	和平门外南新华街①	杨荫庆	中文图书采用何日章、袁涌进中国图书十进分类法，西文图书采用杜威十进分类法	中、西文图书108 932册	无定额
8	伪国立北京女子师范学院图书馆	西城李阁老胡同②	戎春田	自编中文图书馆分类表，西文图书采用杜威十进分类法	中、西、日文图书36 232册，杂志19种，日报12种	学院经费支给
9	伪国立北京艺术专科学校图书馆	东城东总布胡同10号	黄宾虹	杜威十进分类法，王云五中外图书统一分类法	中、西、日文图书4 000册，名人书画200件	3 600
10	中国学院图书馆	西单新皮库胡同	主任一人	中、日文图书采用刘国钧中国图书分类法，西文图书采用杜威十进分类法	中西日文图书46 139册	学校行政费支给

① 原北平师范大学图书馆。

② 原北平大学女子文理学院图书馆。

续表

序号	名　称	地　址	负责人	图书分类	藏书（册）	经费（年/元）
11	北京神学院图书馆	崇文门内孝顺胡同	杨苑林	据杜威、王云五、刘国钧图书分类法增减	中、西文、特藏图书14 521册，期刊4 000册	薪金除外330元
12	协和医学院图书馆	东单三条胡同五号旁门	名誉馆长何博礼，副主任赵廷范	波士顿医学图书馆分类法	中、西、日文图书35 901册，杂志33 483册	11 400美元购书费，15 000元薪金、常费
13	伪教育部立外国语学校图书馆	地安门外鼓楼东大街旧京兆尹公署	组长一人，办事员一人	刘国钧中国图书分类法	图书3 000册	校经常费支给
14	国立北京图书馆	文津街1号	馆长蔡元培（在假），副馆长袁同礼（在假）	西文图书采用美国国会图书馆分类法	中、西、日文特藏图书944 900册，期刊2 000种，舆图1万幅	84 000
15	北京市立第一普通图书馆	宣内头发胡同22号	李文祷	刘国钧中国图书分类法	中、英、日文图书46 074册	伪教育局拨给，每月13 219.20元
16	北京特别市公署通俗图书馆	中央公园内	崔麟台，日本东京弘文学院师范科毕业	甲部按四部分类法，乙部按刘国钧中国图书分类法	中、外文图书37 714册	北京特别市公署拨给3 132元
17	中国社会政治学会图书馆	南池子大街	陈宗登	杜威十进分类法	西文8 000册，期刊140种，报纸12种	9 750
18	北京近代科学图书馆	王府井大街9号	山室三良	杜威十进分类法	图书45 570册①	日本外务省

① 北京近代科学图书馆：《北京近代科学图书馆概况》，1939年。

续表

序号	名　称	地　址	负责人	图书分类	藏书（册）	经费（年/元）
19	故宫博物院图书馆太庙分馆	太庙	馆长袁同礼（在假），主任李益华	旧书按四部分类法，新书按刘国钧中国图书分类法	新、旧图书31 895册	故宫博物院拨给
20	故宫博物院图书馆	神武门内寿安宫	袁同礼（在假）	按四部分类法	图书共计297 538册，另有满蒙经文71包，16夹，13张，8轴，拓片105，舆图209幅	由故宫博物院拨给
21	松坡图书馆	北海公园内	王利民	外文按杜威十进分类法，中文按四部分类法	中、西、日文图书51 081册，杂志351册，报纸15种，地图9种，金石拓片数种	5 000
22	慈航图书馆	新街口西街58号	释宗月	中国图书十进分类法	佛经300余种	北平佛教会补助500元

第四节　民国时期北京的图书馆恢复时期（1945—1949）

1945年8月15日，日本宣布无条件投降，经过艰苦的抗战，中国人民终于取得了抗日战争的胜利。为了尽快恢复图书馆事业，北平各类图书馆除尽快恢复馆舍外，极力搜求资源，恢复馆藏和管理秩序，在艰难中寻求发展机遇。据1948年统计，北平有55所图书馆，虽不及“七七”事变前的一半，但比1940年已经有较大恢复。

1. 抗战胜利后的复员

(1) 国家教育复员计划

1944年6月，日寇已至穷途末路，南京国民政府中央设计局开始组织各部拟订复员计划。根据国民政府的意见，1944 年 6 月，行政院责成教育部准备战后接收事宜。1944 年 10 月 13 日，教育部召开会议，首次讨论战后复员计划。会议决定收复区教育机关之接收及恢复，由高等、中等、国民、社会、蒙藏教育司负责；光复区教育机关之接收与改组，由高等、中等、国民、社会、蒙藏教育司负责；教育文化事业损失之调查与统计，由统计处负责。

1945 年 5—6 月，教育部几度修改"教育复员计划"，但始终未能与行政院、中央设计局达成一致意见。1945 年 8 月 15 日，日本宣布无条件投降，人们兴高采烈地迎接胜利，而对于教育部来说，胜利来得太快，复员计划还未确定。8 月 17 日，教育部部长朱家骅向收复区广播"奉告前方教育文化界人士"，要求：曾经陷敌区域的中学小学，必须照常上课，不可一刻停顿；所有一切在曾经陷敌区域的学校及文化与学术机关，不论在怎样情况下，必须负责保存校舍、校产、图书、仪器等，不得有丝毫损坏，并维持校内秩序，不得放任，否则必受应有惩处。8 月 18 日，教育部召开紧急会议，决定设立武汉、平津、东北、京沪、台湾、广州各区特派员办公处，成立各区教育复员辅导委员会，负责接收工作。各区教育复员辅导委员会特派员名单见表 3-15。

表 3-15　各区教育复员辅导委员会特派员名单①

区　　别	特派员	包 括 区 域
京沪区	蒋复璁	江苏、浙江、安徽
平津区	沈兼士	河北、山东、河南、青岛、察哈尔、绥远、山西
武汉区	辛树帜	湖北、湖南、江西
广州区	张云	广东、广西
东北区	藏启芳	辽宁、吉林、黑龙江、热河
台湾区	罗宗洛	台湾、澎湖列岛

在收复区，军事受降事宜由国民政府陆军总部主持；敌伪产业的接收则由行政院全国事业接收委员会负责，成立了各区敌伪产业处理局。教育部成立的各区教育复员辅导委员会与各区敌伪产业处理局配合，负责调查、整理、发还收复区图书文物工作。

① 《各区教育复员辅导委员会委员名录》，《教育部公报》，1945 年第 17 卷第 9 期，21～22 页。

平津地区图书文物损失严重，是工作的重点地区。“平津区教育复员辅导委员会”由特派员沈兼士负责，委员有：英千里、张怀、黄洗凡、王任远、邓以蛰、徐侍峰、郝任夫、郑天挺、田培林等，专门委员：胡毓瑞，下设干事九人，聘顾问三人，专门委员二人，主要任务是接收保管各教育文化机构及整理图书，雇用临时职员若干名。

1945年10月17日，沈兼士从“平津区敌伪产业处理局”接管了平津区教育文化产业的接收工作，“平津区教育复员辅导委员会”“平津区特派员办公处”开始联合对图书文物进行清查。

(2) 北平的损失调查

早在1945年3月17日，教育部主持召开“中国保存战区美术及古迹委员会”第一次会议，成立“战区文物保存委员会”，出席会议的有中央各机关代表以及国立中央研究院、国立北平故宫博物院、国立中央博物院筹备处、国立中央图书馆、国立北平图书馆等单位的代表。会议制定了《战区文物保存委员会组织规程》，[①]规定该会的任务是调查战区重要文化建筑、美术、古籍、古物实况并设法保护，确定了各组委员名单：建筑组主任梁思成、美术组主任汪日章、古书组主任蒋复璁、古物组主任马衡。“战区文物保存委员会”的经费由教育部垫拨100万元，1945年4月1日“战区文物保存委员会”借用南京国府路中央研究院正式开始办公。

随着日本的投降，1945年9月以后，“战区文物保存委员会”的工作重心从过去的接收准备转移到收复区图书文物整理与发还工作上来。1945年10月26日起，该委员会主持全国公私文物损失登记，包括一切具有历史艺术价值之建筑、器物、图书、美术品等。11月1日“战区文物保存委员会”更名为“教育部清理战时文物损失委员会”，仍分建筑、古物、图书、美术四组，教育次长杭立武为主任，委员有马衡、蒋复璁、袁同礼等18人。

为调查各地文物损失情况，“教育部清理战时文物损失委员会”设立了京沪区、平津区、粤港区、武汉区、东北区办事处，聘请著名学者担任代表、副代表，具体情况如表3-16所示。

---

① 《战区文物保存委员会组织规程》，《教育部公报》，1945年第17卷第4期，3页。

表 3-16　教育部清理战时文物损失委员会各区代表[1]

区别	工作人员	包括区域
京沪区	代表:徐森玉(该会委员兼),副代表:余绍宋(浙江)、黄增樾(福建)、江彤侯、程复生(安徽),助理代表:金研僧,办事员:顾廷龙	南京、上海、江苏、浙江、安徽、江西、福建
平津区	代表:沈兼士(该会委员兼),副代表:唐兰,助理代表:王世襄(北平)、傅振伦(山东)、郭子衡(河南)	北平、天津、河北、山东、河南、山西
粤港区	代表:罗香林、简又文	香港、广州、广东、广西
武汉区	代表:章树帜	武汉、湖北、湖南
东北区	代表:金毓黻(该会委员兼)	

“教育部清理战时文物损失委员会”根据调查统计数据,编成《中国战时文物损失数量及估价目录凡例暨总目表》,全国损失情况如表 3-17 所示。[2]

表 3-17　抗战期间全国图书文物损失表

类别	损失数量		估计价值(元)	
	公	私	公	私
书籍	2 253 252 册,另 5 360 种 411 箱 44 538 部	488 856 册,另 18 315 种 168 箱 1 215 部	3 804 014	1 204 766
字画	1 554 幅	13 612 幅,另 16 箱	185 490	555 035
碑帖	455 件	8 922 件	37 135	170 764
古物	17 818 件	8 567 件,另 2 箱	1 035 888	318 246
古迹	705 处	36 处	1 620 600	65 000
仪器	5 012 件,另 63 箱	110 件,另 3 箱	626 658	40 025
标本	14 582 件,另 1 204 箱	17 904 件	77 369	15 000
地图	125 件	56 003 件	480	13 926
艺术品	公私 2 506 件		39 721	
杂件	648 368 件	3 箱	65 429	10 000
合计	3 607 074 件,另 741 处 1 870 箱		9 885 546	

① 吴忠良:《陈训慈与“清理战时文物损失委员会”》,《中国国家博物馆馆刊》,2016 年第 12 期,133~139 页。

② 《中国战时文物损失数量及估价目录凡例暨总目表(1949 年 1 月 24 日)》,中国第二历史档案馆藏,档案号:全宗号 5(2),案卷号 913。

“教育部清理战时文物损失委员会”的调查进行了分区记录，在大量的损失中，北平的损失是极为惨重的，图书损失最大，共计 58 万册。沦陷期间北平公私文物损失数量及估价情况如表 3-18 所示。

表 3-18 沦陷期间北平公私文物损失总表①

类别	损失数量		估计价值(元)	
	公	私	公	私
书籍	448 957 册，另 5 箱	137 471 册，另 4 箱	574 390	76 595
字画	5 幅	131 幅	1 700	30 100
碑帖		2 127 件		47 100
仪器	48 件		22 000	
古物	2 471 件	411 件	236 380	21 166
合计	591 621 件，另 9 箱		1 009 431	

上述统计包括单位和个人的损失，除单位损失图书、文物、仪器外，个人损失图书、字画、碑帖等特藏物品也很多，图书馆学界的王重民、曾宪三都有图书损失，沦陷期间北平公私文物具体损失情况如表 3-19 所示。

表 3-19 沦陷期间北平公私文物损失具体数量表②

物　主	地　址	文物类别	数　量	损失情形	估计价值(元)
中华教育文化基金董事会编辑委员会		书籍	5 箱	太平洋战争爆发后香港沦陷时被敌劫去	10 000
北平民国学院		书籍	59 836 册 1 063 册	民国二十六年八月被敌劫去	3 000
北平历史博物馆	午门	古物	1 372 件	民国三十三年至三十四年间被敌劫去	229 500
扶轮中学		书籍 仪器	5 600 册 45 种	民国三十三年十一月在黔桂路上被敌机炸毁	3 000

① 《中国战时文物损失数量及估价目录凡例及总目表(1949 年 1 月 24 日)》，中国第二历史档案馆藏，档案号：全宗号 5，案卷号 11707。

② 注：统计与实际损失有出入。例如清华大学是假定所有馆藏全部损失，而实际操作时，收回原有图书 175 000 册，另外已知有损失的学校也未列在统计之中。

续表

物　　主	地　　址	文物类别	数　量	损失情形	估计价值（元）
河北省立邢台师范学校		书籍 仪器	16 000 册 3 件	民国三十三年十一月在黔桂路上被敌机炸毁	50 000
国立故宫博物院	景山前街	书籍 古物	11 022 册 971 公斤	北平沦陷时损失	21 000 1 500
清华大学		中西文书籍	349 991 册	北平沦陷时损失	340 000
辅仁大学		中文书籍 西文书籍	226 册 18 册	北平沦陷时损失	100 240
燕京大学	海淀成府	字画 古物	5 幅 128 件	民国三十年十二月被敌劫去	1 750 5 380
曹绍濂	湖南大学	中文书籍 西文书籍	100 种 100 种	民国卅三年衡阳作战时被敌焚毁	1 500 2 000
王重民	北平图书馆	书籍	3 箱	太平洋战争爆发后香港沦陷时被敌劫去	4 800
王贻荣	中央电台	字画 碑帖 古物	1 件 1 件 1 件	民国三十年及三十一年时在北平损失	300
李维堺	小沙果胡同寿康里二号	书籍 字画 碑帖 古物	7 000 册 30 幅 6 种 255 种	民国廿八年及三十年二月被敌劫去	40 000
李鸿文	东黄城根四号	书籍 字画 碑帖 古物	128 000 册 100 幅 1 000 种 1 件	“七七”事变后在本宅被劫	64 000 20 000 12 000 4 000
曾宪三	北平图书馆	书籍	1 箱	北平沦陷时被劫	1 300
程枕霞	宣外烂缦胡同二十九号	古物	28 件	民国二十六年七月在察哈尔被日劫去	1 000
张新虞	东单三条十五号	书籍 碑帖 古物	3 400 册 1 120 件 120 件	民国三十三年十一月在黔桂路上被敌机炸毁	2 000 20 000 1 000

续表

物　　主	地　　址	文物类别	数　量	损失情形	估计价值（元）
刘永义	内嵩寺后身钟鼓寺甲廿一号盛博宣转	书籍 古物	71册 6件	民国三十三年在贵州独山被敌焚毁	195 66

（3）北平文化事业的恢复

1945年11月北平市政府接管伪“北京特别市公署”教育局，改为北平市教育局，恢复旧制，局长英千里，教育局下辖公私立中小学校及社教机关，开始着手恢复工作。

在中小学校方面，首先改订各校课程，恢复太平洋战争爆发后取缔的教会中小学校，规定私立中小学校收费标准，训练小学校长，对敌伪时期中小学教员进行甄别，利用暑假培训中小学师资和社会教育机关职员。

在社会教育方面，教育局设社会教育科，下设民众教育股、体育股、电化教育股和两个民众教育馆。1946年教育局制订《北平社会教育发展计划》①，要点包括扩充市立民众教育馆、阅书报处、讲演所至40所；筹办市立图书馆1所，分区设立分馆5所，增设阅书报处24所，设置巡回书库4所。

然而，教育局的工作进展并不顺利。1946年全市有普通小学125所，幼稚园5所，普通男女中学11所，比“七七”事变前相差甚远。复员期拟计划1946年增加小学及幼儿园56所，临时男女中学及职业学校8所，但因经费困难，计划难以完成。更为困难的是，已开办的普通小学、幼稚园、普通男女中学共141所，其中有108所租用民房，有的即将到期。市政府曾令警察、地政、工务局及第十一战区长官司令部协助，拨给敌伪房产54处，但这些房产多数被军队、机关占用，经多方斡旋，仅接收15处；北平有日本人遗留中小学校22处，北平市教育局呈准教育部拨给市教育局14处及教职员宿舍12处，共26处，但仅接收13处。已经接收的校舍，房屋简陋，缺少桌椅，学校只能挪用添置教具、图书等项资金用于修缮校舍，以解燃眉之急，恢复图书馆之艰难可想

① 《北平市民国三十五年度职业教育推选及改进计划书和〈教育局三十五年度计划社会教育部分〉》，北京市档案馆藏，档案号：J004-004-00124。

而知。[①] 在社会教育方面，图书馆、阅书报处的扩充也只能停留在计划阶段。

抗战期间，北平被日寇侵占，奴化教育严重，复员后纠正思想，是北京社会教育界必须正视的现实。社会教育人士为尽快推进社会教育，达成共识，积极筹备成立“北平市社会教育同仁联合会”，会址在中山公园市立中山图书馆，设委员11人，主任委员为北平市立图书馆主任张桂森，北平市立第一阅书报处管理员陈忠海为委员之一。设监察委员3人，监察主任委员为北平市立图书馆馆长姜文锦，北平市立图书馆主任洪道韩为委员之一，图书馆的领导人在社教机关活动中处于领导地位。[②] 1948年6月16日，由政府主导成立“北平社会教育促进会”，设理事会和监事会，主要协助政府从事社教活动，其中包括设立市民图书阅览室，举办学术性定期演讲会等。[③]

2. 各类图书馆的恢复

日寇占领期间，图书馆是破坏的重灾区，作为战后教育复员工作的一项重要内容，图书馆的复员和图书的收回是一项十分艰巨的工作。

（1）国立图书馆

抗战胜利，日伪统治期间被侵占的“国立北京图书馆”立即改回“国立北平图书馆”，1945年11月13日，袁同礼馆长到馆办理接收事宜。抗战期间国立北平图书馆虽被日伪霸占，但因其性质、功能并未改变，因而图书未受到大的破坏。

抗战时期，由于国立北平图书馆赖以生存的中华教育文化基金董事会停止拨款，经费曾面临极大困难。1942年1月2日，留守北平的国立北平图书馆本部由伪“华北政务委员会”教育总署接管，中基会停拨留在北平的国立北平图书馆运行经费，1942年度国立北平图书馆后方各分馆经费由中基会和教育部共同拨给。1943年年初，中美两国订立《中美新约》，中国政府永久性停付给美国的庚款。1943年教育部正式任命袁同礼为国立北平图书馆馆长，经

---

① 《教育局局长英千里在市临参会报告》，《北平市政府公报》，1946年第1卷第6期，10～11页。

② 《市民王卓然为成立“保持人生健康学社”给教育局的呈及北平市社会教育同仁联合会》，北京市档案馆藏，档案号：J004-004-00397。

③ 《北平市社会教育促进会筹经费的公函及教育局的复函(附组织章程等)》，北京市档案馆藏，档案号：J004-004-00345。

费由主管部门教育部承担，纳入国家预算体系，国立北平图书馆隶属关系转向单独隶属教育部。

馆藏的恢复是战后的主要工作。国立北平图书馆积极追回被日伪掠取的图书，还与国外藏书机关联络争取援助图书资料。在恢复馆藏的同时，积极拓展新业务，设立国际问题研究室、金石拓片研究室、工程研究室、边疆文献研究室、舆图研究室、满蒙藏文研究室、西北西南语文研究室、苏联文史研究室、日本研究室等，收藏专门资料，辅助专门研究。

故宫博物院图书馆接收工作由原馆长沈兼士主持。抗战期间，故宫博物院除铜铁制品外，大部分古物财产得以保全，图书馆的图书文献损失不大。太庙分馆损失较大，图书于1938—1939年屡经宪兵检查，搬走及撕毁1万多册。[①]

(2) 市立图书馆

日伪统治时期对市立图书馆系统的破坏非常严重。1945年12月统计，仅有市立图书馆2所、阅书报处2所、民众教育馆3所。“七七”事变前，北平设有四所民众教育馆，各处民众教育馆均设有图书馆，并有一定存书，1941年伪教育局裁撤了建立最早的市立第一民众教育馆，将原馆中器物分别存放在第二、第三、第四民教馆，第一民教馆馆务废弛。1945年12月北平市图书馆、民众教育馆、阅书报处情况见表3-20。

表3-20　1945年12月北平市图书馆、民众教育馆、阅书报处情况[②]

机关名称	职员人数(人)	工役数(人)	馆　长
市立第一普通图书馆	19	6	姜文锦
市立中山图书馆	7	2	姜文锦
市立第二民众教育馆	12	4	吕能书
市立第三民众教育馆	11	5	张廷志
市立第四民众教育馆	13	5	武鸿桥
市立第一阅书报处	1	1	陈忠海
市立第二阅书报处	1	1	李景绵

① 《北平故宫博物院文献图书幸保全》,《中华图书馆协会会报》,1945年第19卷第4～6期,9页。

② 《北平市教育局社会教育科所属社教机关一览表》,北京市档案馆藏,档案号：J004-004-00117。

1945 年 8 月熊斌任北平市市长，1946 年 1 月熊斌主持制订《北平市政府复员计划》，首先恢复第一民众教育馆，恢复后，内设图书室，有阅书室和阅报室，阅书室有中文图书 11 000 册，每日平均接待读者 400 人，阅报室每日接待读者 50 人次，恢复设立儿童读书会。

北平市教育局在恢复旧设施的同时，积极实现新的发展计划，制定具体的完成时间表。根据 1946 年教育局制订的《北平社会教育发展计划》，由教育局主持筹办市立图书馆 1 所，对现有市立图书馆进行扩充，依照部颁标准设立 5 部：总务部、编辑部、阅览部、特藏部、研究辅导部。分区设立 5 所分馆，将中山图书馆改为市立图书馆第一分馆，另增设 4 个分馆。计划自 1946 年 4 月开始，每月完成 20%工作计划，至 8 月建设完成。图书馆预算经费 600 万元，由临时费补充 80 万元。

设置巡回文库 4 所，附设于各处的民众教育馆，每日按照一定的路线巡回开放。计划自 1946 年 5 月起，每月完成建设计划的 25%，4 个月完成。预算经费 90 万元。临时费补充 40 万元。

扩充民众教育馆组织，将原有的市立第一、第二、第三民众教育馆合并，合组市立第一民众教育馆，原有第四民教馆增添设备，改称市立第二民众教育馆，另增设市立第三、第四民众教育馆 2 所。依据部颁标准，民教馆分设 5 部：总务部、教导部、生计部、艺术部、研究辅导部。预算经费 800 万元。

增设阅书报处 24 所，所需经费由经常费和临时费支付。计划自 1946 年 8 月起，每月完成建设 20%，5 个月完成。阅书报处、演讲所、民教馆共 40 所，补助临时费 10 万元。①

依据《北平社会教育发展计划》，北平市立第一普通图书馆改为北平市立图书馆，北平市立图书馆积极配合执行市府和教育局计划。馆长姜文锦毕业于武昌文华图书馆专科学校，自接任北平市立图书馆馆长以来，积极整顿馆务，并聘任原国立北平图书馆职员张桂森为研究辅导部主任，举办巡回文库，广设图书站，按期更换新书，1946 年已设有 10 多个图书站。② 鉴于北平虽公私立大中学图书馆林立，但始终没有一所专门的儿童图书馆，1948 年市立图

---

① 《北平市民国三十五年度职业教育推选及改进计划书》，北京市档案馆藏，档案号：J004-004-00124。

② 《北平市立图书馆举办巡回文库》，《中华图书馆协会会报》，1946 年第 20 卷第 4～6 期，12 页。

书馆呈请教育局批准，在中山公园分馆设立“北平市儿童图书馆”，除该馆原藏的1万多册儿童图书外，得到国立北平图书馆的大力支持，国立北平图书馆将儿童图书提供给北平市立图书馆寄阅，儿童图书馆还发起募书运动，使儿童读物得以充实。[①]

复员后，北平市政府雄心勃勃，市教育局计划宏大，希望把图书馆作为重要的社会教育机构而加以推广。然而，战后经费紧张，尽管上述计划对经费做了部署，但并未到位，计划无法实现。而在政治上，熊斌对拥蒋态度不积极，与军政部部长陈诚发生矛盾，加之非嫡系出身，无力与蒋介石嫡系抗争，1946年年底被解职，致使计划落空，未能改变北平社会教育状况。

(3) 学校图书馆

抗战时期，北平的大学纷纷内迁，弦歌不辍。抗战胜利后，内迁的学校陆续迁回北平，遗憾的是一些学校在抗战期间或者解散，或者合并，已经无法恢复。抗战胜利后出于调整全国教育分布的考虑，也有学校没有恢复，如国立北平大学等。大学变迁情况如表3-21所示。

表3-21 抗战时期外迁大学及复员情况

校　名	迁往地	备　注
北京大学	昆明	1946年在北平复校
清华大学	昆明	1946年在北平复校
北平艺术专科学校	重庆	1946年在北平复校
北平师范学院 (原北平师范大学)	兰州	教育部指示原北平师范大学准予恢复，改为师范学院，移设石家庄，在该地校舍未建筑以前，暂在北平上课，1946年7月该校返回北平，称北平师范学院。1948年12月11日复称北平师范大学，并一直留在北平
交通大学北平铁道管理学院	湘潭	1946年在北平复校
成达师范学校	桂林 重庆	1945年秋在北平复校
燕京大学	成都	1945年10月在北平复校，1951年由中央教育部接收，1952年撤销

① 《平市设立儿童图书馆》，《中华图书馆协会会报》，1948年第21卷第3～4期，14页。

续表

校　　名	迁往地	备　　注
中法大学	昆明	1946 年在北平复校
华北学院		1946 年在北平复校，改为华北文法学院，1949 年 3 月并入华北大学(中国人民大学前身)
朝阳学院	重庆巴县①	1946 年在北平复校，1949 年由政府接管，改为中国政法大学，1950 年 2 月并入中国人民大学
燕京神学院		1946 年秋在北平复课
协和医学院	成都	1948 年 10 月在北平复校
北平市立体育专科学校	1937 年停办	1945 年恢复，1949 年 5 月撤销，并入北平师范大学

图书馆是大学师生教学科研的重要保障，是大学复校的重中之重。抗战期间，辅仁大学、中国大学始终坚持在北平办学，成为日伪阴云笼罩下难得的知识净土。两所学校图书馆破坏不大，较容易恢复；北京大学因在沦陷期间作为伪"北京大学"校舍，图书不但没有损失，还有所增加。而内迁各学校的恢复则大费周折。

抗战期间清华大学图书馆馆舍被用作日本伤兵医院，破坏极大，阅览室成了病房，书库成了药库，日寇还把第三层书库楼板和书架拆除，馆内图书也全部散出，致使恢复极为困难。复员接收图书馆后，资深馆员毕树棠带领同人修复馆舍，追回图书，克服困难，锲而不舍，保证了恢复工作的顺序进行。在四处寻找收回原有馆藏图书时，图书馆书库仍被占用，迟迟未能收回，收回的图书只能堆放在阅览室地上(见图 3-22)。燕京大学图书馆原主任田洪都因沦陷时与日本人合作，该校复员后去职，改任文华图书馆学专科学校训导主任。燕大图书馆主任由聂崇岐担任，馆中原职员陆续回馆，馆务也陆续恢复。[②] 华北学院战时校舍被敌所占，图书损失严重，复员后一年尽力购置图书，但仍感觉不敷应用，为了应急，该校请各系主任分别就各系急需的参考书开列书单，由图书馆主任设法购买。[③] 朝阳学院至 1947 年图书馆仍未开放，

① 吴学义：《朝阳学院校史及概况》，《中华法学杂志》，1945 年第 4 卷第 9 期，70～75 页。
② 《燕大图书馆积极整顿》，《中华图书馆协会会报》，1946 年第 20 卷第 4～6 期，13 页。
③ 《校闻》，《华院旬刊》，1947 年第 5 期，2 页。

图 3-22　国立清华大学图书馆复员收回来的图书堆放在地板上

资料来源：韦庆媛，邓景康：《清华大学图书馆百年图史》，188 页，北京：清华大学出版社，2013 年。

同学无参考书可看，颇感精神营养之不足。[1] 各校图书馆工作人员在极其艰难的情况下，敬业奉献，到中华人民共和国成立前，大部分学校图书馆恢复了旧观。

中学图书馆恢复缓慢。太平洋战争爆发后，作为教会学校，育英中学遭到迫害，改为市立第八中学，抗战胜利后恢复为育英中学，该校图书馆战前有 2 万多册藏书，战后仅剩 1 万余册，为了满足师生对知识的渴求，该校在第四院建设新图书馆，阅览室能容纳百余人，仍然“足为全国中学图书馆之冠军”![2] 国立北平师范学院附属中学、附属女子中学以及市立第一中学、第三中学、第四中学、第三女子中学、师范学校和私立育英中学、平民中学、汇文中学、贝满中学、华北中学等 12 所中学恢复了图书馆，还有国立北平师范学院附属第一小学、第二小学 2 所小学图书馆。

（4）私立、会社图书馆

抗战时期，私立松坡图书馆一直坚持开馆，未受大的破坏，恢复较为容

① 《朝阳学院简介》，《妇女半月刊》，1947 年第 1 卷第 8 期，24 页。

② 碧：《北平育英中学简介》，《一四七画报》，1947 年第 14 卷第 9 期，11～12 页。

易。但木斋图书馆被毁严重。北平沦陷后，为避免破坏，北平私立木斋图书馆停止借阅，自动闭馆。抗战胜利后，卢木斋先生已近90岁，体力不支，无力恢复开馆，1948年8月10日卢木斋先生在北京逝世。卢木斋先生在80岁时曾立下遗嘱，身后财产不传子孙，全部用于教育事业。卢木斋先生去世后，家人遵照遗嘱，决定在木斋图书馆原址与清华大学合办"国立清华大学木斋数学研究所"，由木斋教育基金会提供资金。1948年10月1日，木斋先生家人与清华大学代表签订合约，并成立"国立清华大学木斋数学研究基金委员会"。关于原木斋图书馆的图书，木斋家人与清华大学代表讨论决定：数学方面的图书留在"国立清华大学木斋数学研究所"，其余普通图书全部捐赠给清华大学。清华大学图书馆派出馆员宋泽泉到城内木斋图书馆清查、点收。经过清点，抗战前有近30万册新旧藏书的北平私立木斋图书馆，此时仅剩5万册图书。在接收过程中，该馆舍又被东北临时中学占用，对图书进一步破坏。中华人民共和国成立后，由于政治人事的变化，木斋图书馆书籍全部归并清华大学图书馆。据接收时的《国立清华大学图书馆木斋先生赠书实存目录》记载，共计2 533部，41 461册。①

会社图书馆在战后有所发展。中国社会政治学会图书馆收回被日占用的馆舍，经多方搜寻图书陆续收回十之八九。北平美国新闻处曾陆续收到一些新书和杂志，因没有合适的地点供众阅览而闲置，1947年与中国社会政治学会图书馆商定合作，由该馆供给阅览地点，美国新闻处提供新书及管理人员，待新闻处工作结束时，图书归中国社会政治学会图书馆所有，文华图书馆学专科学校毕业生章新民受聘负责管理这批图书，称北平美国图书馆。②

其他图书馆如地质调查所图书馆等相继恢复，此外还有巴黎大学北平汉学研究所图书馆、英国文化委员会图书馆、河北高等法院图书馆、卫生部中央卫生实验院北平分院图书馆、农林部中央农业实验所北平农事试验场图书馆、经济部矿冶研究所图书室、中国大辞典编纂处图书室、经济部北平工业试验所图书馆等处陆续恢复或新建。

---

① 韦庆媛：《卢木斋与北平私立木斋图书馆》，《兰台世界》，2011年第29期，63～64页。

② 《北平美新闻处与政治学会图书馆合作》，《中华图书馆协会会报》，1946年第20卷第4～6期，13页。

3. 北平的图书馆统计

北京的图书馆经过沦陷期间日伪的破坏所剩无几，抗战后旧馆艰难恢复，又有新建图书馆，具体如表 3-22 所示。

表 3-22　1948 年北平的图书馆一览表①

序号	名　称	地　址	馆　长	分　类　法	每日阅览人数(人)	藏书数量(册)
1	国立北平图书馆	文津街 1 号	袁同礼	善本图书采用四部分类法，普通中文自定之编目条例，西文书用美国国会图书馆分类法	1 800	1 400 000
2	北平市立图书馆②	宣内头发胡同 22 号	朱励安	刘国钧中国图书分类法	300	124 880
3	北平市立图书馆分馆	中山公园社稷坛	朱励安	刘国钧中国图书分类法	100	43 350
4	北平市立儿童图书馆	中山公园社稷坛	朱励安	朱励安氏儿童图书分类法	由市立总馆统筹	12 000
5	松坡图书馆	北海公园快雪堂	叶景华	中文图书采用自创分类法，分十四门，西文图书采用杜威十进分类法	40～50	53 438
6	北平居士林图书馆	西安门外 11 号	周叔迦	刘国钧中国图书分类法	30 人	20 500
7	中国社会政治学会图书馆	南池子民声胡同 1 号	陈尺楼	杜威十进分类法	十数人	18 000
8	国立北平故宫博物院图书馆	神武门内故宫博物院外西路	袁同礼	四部分类法	多系专家来馆研究	295 190
9	国立北平故宫博物院图书馆太庙分馆	天安门迤东太庙	袁同礼	刘国钧中国图书分类法	200	36 145

① 赵福来：《北平市图书馆一览》，北平市图书馆协会编印，1948 年未刊稿，1～17 页。

② 由原北平市立第一普通图书馆改名而来。

续表

序号	名　　称	地　　址	馆　长	分　类　法	每日阅览人数(人)	藏书数量(册)
10	经济部中央地质调查所北平分所图书馆	兵马司9号	高平所长兼	王云五中外图书统一分类法及自定标准分类法约五种	30	50 000[①]
11	巴黎大学北平汉学研究所图书馆	东交民巷台基厂3条1号	景培元	中西文均采用刘国钧中国图书分类法	所内外研究人员不定	26 000
12	中德学会图书馆	安定门内板厂胡同7号	毛子水	谢礼士简明分类法	不定	10 128
13	北平美国图书馆	南池子大苏州胡同1号	章新民	杜威十进分类法	350	5 438
14	法文图书馆(The French Bookstore)[②]	台基厂3条5号	Elena Evreeva	杜威十进分类法	10	20 000
15	英国文化委员会图书馆	东交民巷		杜威十进分类法	30	8 000
16	河北高等法院图书馆	司法部街法院后花园	马英元	王云五中外图书统一分类法	10	14 713
17	卫生部中央卫生实验院北平分院图书馆	先农坛南纬路	黄祯祥院长兼	美国波士顿医学图书分类法	仅本院十数人利用图书,到馆人数不定	1 943
18	经济部北平工业试验所图书馆	西四翠花街留题胡同11号	穆彭寿(代理潘君英)	未分类	10	5 668
19	经济部矿冶研究所图书室	大木仓13号	杨成奇	杜威十进分类法	50	3 999

① 顾晓华:《中国地质图书馆史》,62页,北京:地质出版社,2011年。

② 法国商人魏池(Francis Vetch, 1862—1944),出生于留尼汪岛(Reunion)圣德尼(Saint Denis)省,1919年到北京,创办北京法文图书馆,后到天津,又到香港,后死于越南胡志明市。他共有六个孩子,魏智(Henri Georges Archibald Vetch, 1898—1978)是魏池的幼子,出生于法国伊夫林省拉塞勒圣云(La Celle Saint-Cloud,Yvelines,France),1920年来到北京,与其父一起经营法文图书馆,妻子伊莲娜(Elena Evreeva,1900—1984)。该馆首先是书店,一方面从欧美采购外文图书,卖给中国文人或机构;另一方面收购中文古籍善本,主要是卖给来华的西方人。因此早期未入图书馆调查系列。1951年魏智因涉嫌炮击天安门事件,被判10年徒刑,1954年被驱逐出境。1953年法文图书馆的图书移交首都图书馆,有中文古籍84 203册。

续表

序号	名称	地址	馆长	分类法	每日阅览人数(人)	藏书数量(册)
20	中国大辞典编纂处图书室	中海怀仁堂东四所	职员自兼	黎劭西学术业务类码表	仅对本处开放	16 085
21	农林部中央农业实验所北平农事试验场图书馆	西郊白祥庵村12号	赵福来	中文图书采用刘国钧中国图书分类法,西文图书采用杜威十进分类法	70～80	18 636
22	中国佛教学院图书馆	德胜门甘水桥胡同6号瑞应寺	含文	刘国钧中国图书分类法	本院学僧及佛教信仰者	20 200
23	国立北京大学图书馆	松公府夹道10号	毛子水	中日文图书采用皮高品中国十进分类法,西文图书采用杜威十进分类法	1 850	713 189
24	国立北京大学工学院图书馆	西城端王府夹道	毛子水	由总馆分类编目	100	30 386
25	国立北京大学农学院图书馆	西郊罗道庄	毛子水	由总馆分类编目	100	26 172
26	国立北京大学第四院阅览室	宣内国会街	毛子水	由总馆分类编目	300	
27	国立北京大学医学院图书馆	西安门皇城根	毛子水	波士顿医学图书馆分类法增订	85	15 353
28	国立北平师范学院图书馆	和平门外南新华街	胡正支	中文图书采用何日章、袁涌进中国图书十进分类法,西文图书采用杜威十进分类法	200	242 310
29	国立清华大学图书馆	西郊清华园	潘光旦	中日文图书采用八大类分类法,西文图书采用杜威十进分类法	3 550	312 051
30	北平私立协和医学院图书馆	东单3条5号	赵廷范	波士顿医学分类法	60～80	40 792

续表

序号	名　　称	地　　址	馆　长	分　类　法	每日阅览人数(人)	藏书数量(册)
31	燕京大学图书馆	西郊燕大	陈鸿舜	中文图书采用裘开明汉和图书分类法,西文图书采用杜威十进分类法	1 100	390 000
32	北平华文学校图书馆	东四头条5号	隶属于校长	杜威十进分类法	50～60	90 050
33	私立华北文法学院图书馆	西四南大酱坊胡同1号	钟燕年	中国图书十进分类法	200	15 020
34	国立北平艺术专科学校图书馆	王府井大街帅府园1号	廖学琦	中外图书统一分类法	100	7 277
35	朝阳学院图书馆	海运仓13号	苏观洲	杜威十进分类法	200～300	22 000
36	中法大学图书馆	东黄城根39号	李麟玉	杜威十进分类法	100	161 750
37	中国大学图书馆	西单新皮库胡同乙12号	陈沁吾	中日文图书采用刘国钧中国图书分类法,西文图书采用杜威十进分类法	200	55 211
38	私立辅仁大学图书馆	定阜大街	葛而慈博士	中文图书采用刘国钧中国图书分类法,西文图书采用美国国会图书馆分类法	600	148 397
39	国立北平铁道管理学院图书馆	府右街25号	万准长	尚未分类		15 000
40	北平私立育英学校图书馆	灯市口	于炳照	杜威十进分类法	500	17 500
41	北平市立第一中学图书馆	安内郎家胡同17号	佟绍宗	中外图书统一分类法	70	56 646
42	北平市立第三女子中学图书馆	西四羊市大街52号	邵晓琴	尚未分类	尚未正式开馆	1 027
43	北平市立第三中学图书馆	西四祖家街1号	刘荫轩	中外图书统一分类法	100	2 000
44	北平市立师范学校图书馆	西城端王府夹道	李?	中外图书统一分类法	130	36 000

续表

序号	名　　称	地　　址	馆　长	分　类　法	每日阅览人数(人)	藏书数量(册)
45	北平市立第四中学图书馆	后库 4 号	?	尚未分类	50	5 235
46	北平平民中学校图书馆	西城帅府胡同 29 号	王丽斋(教务员兼)	尚未分类	100	5 672
47	国立北平师范学院附属女子中学校图书馆	西单辟才胡同	陈锡瑗	王云五中外图书统一分类法	200	20 000
48	国立北平师范学院附属中学校图书馆	和平门外新华街	李兰坡	中国图书十进分类法	100	24 576
49	汇文中学图书馆	崇内船板胡同 1 号	许芳	杜威十进分类法	400	36 367
50	北平私立华北中学校图书馆	西直门大街路北	无	无	80	495
51	北平私立贝满中学图书馆	灯市口同福夹道 3 号	陈哲文	王云五中外图书统一分类法	87	11 450
52	国立北平师范学院附属第一小学儿童图书馆	和平门外新华街	张应龙	中国图书十进分类法	60～70	6 132
53	国立北平师范学院附属第二小学儿童图书馆	西城手帕胡同 34 号	钱瑞林	中国图书十进分类法	50	4 000
54	北平市立第一民众教育馆附设图书馆	地安门外鼓楼	何继麟	刘国钧中国图书分类法	400	15 808
55	北平市立第二民众教育馆附设图书馆	前门箭楼 3 号	李畯蔚	王云五中外图书统一分类法	500	6 138

民国时期,北京的图书馆发展经历了艰难曲折的过程。北京最早建立了公共学术图书馆、通俗图书馆、学校图书馆、私立图书馆、会社图书馆等,类型齐全。南京国民政府建立后,国都南迁,北京失掉了政治中心地位,但仍然是全国教育、文化中心。且因缺少了政治因素的影响,而使文化更趋昌盛,图书馆不断发展,到全面抗战前,北京共有 132 所各类图书馆,图书馆数量达到民

国时期的高峰。抗战爆发后,学校图书馆纷纷南迁,北京的图书馆发展进入萧条时期。日伪推行奴化教育,图书馆成为奴化教育的工具,由于日伪的破坏,公共图书馆系统损失惨重。抗战胜利后,各级图书馆迅速恢复,一些私藏机构图书重聚图书馆,藏书规模明显扩大,但因政治不稳等因素影响,民国时期结束时,北京的图书馆数量始终没有恢复到战前水平。

第四章

民国时期北京的图书馆建筑扩充与馆藏建设

中国在向西方图书馆学习的过程中，首先遇到的是器物不足，图书馆数量不足，地点偏远，馆舍条件不足，中国传统木结构建筑不符合现代图书馆的要求，影响图书馆的发展，因此图书馆的革新就从建设新式馆舍开始。

第一节　新式馆舍的建筑与扩充

建筑是“石头的史书”“物化的历史”。图书馆建筑作为人类历史的载体，最能反映各个历史时期的文化形态，中国古代木结构藏书楼深沉、内敛，但不合现代使用，当新式图书馆观念来袭时，营造现代读书场所就被提上日程。

1. 新式馆舍的出现

图书馆建筑是图书馆的物理存在形式，是实体图书馆的具体体现，是人们心目中读书的“场所”。有“楼”有“馆”才称得上“场所”，中国传统藏书建筑立意以藏为主，一般不考虑阅览问题，所以一般选址在偏僻之地。因其宗旨主要在个人藏书，最多是服务士林，又多亭台楼阁，重在营造读书意境。但此种建筑不近民众，不适合近代图书馆开放使用，新式图书馆的开放、公共、共享观念无法实现，近代以来，传统藏书楼建筑观念渐被抛弃。

然而，观念的转变非一朝一夕之事，实践的挫折加速了馆舍的变迁。京师图书馆馆舍曾几经搬迁，学部（教育部）设立京师图书馆之初，即以“偏僻之地，利于研究”作为选址考虑。最初选址在什刹海之广化寺，1912 年 8 月 27 日开馆。由于广化寺馆址偏僻，交通不便，读者很少，而且馆内潮湿，不适合储存图书，馆舍不适用，选址不合适。实际上，在开馆以前，1912 年 8 月 26 日该馆就上教育部呈文，希望另选馆址，理由是：“此馆系借用广化寺之屋，不惟地址太偏，往来非便，且房室过少，布置不敷，兼之潮湿甚重，于藏书尤不相宜。虽暂时因陋就简，藉立基础，盖终非别谋建筑无以称名实而臻完备也。"[①] 1913年10月，教育部令京师图书馆暂时停办。

1915年6月教育部议决以安定门内方家胡同前清国子监南学旧址为京师图书馆筹备处，1917年1月26日京师图书馆在该处重新开馆。这里也并不是图书馆的理想之地，因为"近人著京师图书馆的批评，其第一条为地点不适中，无怪看书人少，更观各馆考察表，京师图书馆因交通不便，每日阅览仅二十人"。[②] 京师图书馆建筑的不适用甚至惊动了中华民国北洋政府大总统，1924年4月4日，时任北洋政府大总统的曹锟发布"大总统令"称："我国教育部旧设京师图书馆，地方偏远，规置未宏。本大总统莅任以来，即欲兴学敷文，蔚为风化，尤以图书馆为文明之府，学问之源，缔造经营势难以缓，兹特捐赀以为倡导，应即择定适中地址，克期经始，不日观成。"[③]

1925年，北洋政府议决将昔日的皇家禁地北海改为公园。北海地处四城之中，地方辽阔，官房甚多。1925年5月13日京师图书馆主任上教育部呈文："乘兹改创之时，允宜首先指定图书馆所在地，以示国家右文主旨。拟请提出阁议，择规模宏大足敷图书馆应用之官房，酌拨一所，将本馆旧籍悉数迁往，作为图书总馆。"[④]1929年初京师图书馆迁往中海居仁堂。

作为国家直接领导的京师图书馆选址竟有这么多周折，可见馆舍的改善并不容易。北京大学的前身京师大学堂选址在地安门内马神庙前和嘉公主旧府邸的经历，苦了读书的师生。京师大学堂藏书楼是由原和嘉公主的梳妆楼改建而成，"馆中仅有一门，出入拥挤喧闹，使读者无法读书。门窗开在上部，而且没有活窗，'空气混浊，闻者头晕'。阅览室中夏日酷热难当，而冬季又仅有一室设火炉，且'煤量不足，寒气难除'。室内的桌椅也是老式的，桌矮

---

① 北京图书馆业务研究委员会：《北京图书馆馆史资料汇编（1909—1949）》，33页，北京，书目文献出版社，1992年。

② 北京图书馆业务研究委员会：《北京图书馆馆史资料汇编（1909—1949）》，52页，北京，书目文献出版社，1992年。

③ 李致忠：《中国国家图书馆馆史资料长编（1909—2008）》，52页，北京，国家图书馆出版社，2009年。

④ 李致忠：《中国国家图书馆馆史资料长编（1909—2008）》，53页，北京，国家图书馆出版社，2009年。

椅高，读书写字很不舒服，移动起来砰响连声”。[①] 1918 年 10 月，图书馆迁到沙滩红楼第一层原学生宿舍，那里作图书馆仍不适宜。[②] 美国图书馆学家鲍士伟访华后指出：“今日中国图书馆界公认为研究不可缓者，实为图书馆建筑及中国文字排列之方法二事，此二问题如不早日解决，于将来图书馆事业之发展，实多窒碍也。”[③]

究竟什么样的馆舍才算适合？留美学者、清华学校图书馆主任戴志骞认为：①切不可设在偏僻交通不便之处；②虽不必有极华丽之屋宇，然终要整齐、清洁、干燥、空气流通、光线充足之所。他提出图书馆建筑要具备以下特点：①坚固；②美观；③便利；④避火险；⑤易扩张。在建筑图书馆之前，要研究以下问题：①当先筹内部诸室之配合，然后及于外观；②不能以建筑上之理由，而疏忽内部配合之便利；③光线务使充足，而书库之窗，当对于书架，而设其左右之空间；④阅览室及事务室必须宽敞；⑤阅览室当留意者，即以少数馆员能监视一切；⑥书库应与出纳书籍台接近；⑦锅炉、暖气管、气窗、电灯之装置，务求充分。[④] 今天看来这些都是司空见惯之事，但在初创时期，这些都是不知如何处置安排的问题。

清华学校作为留美预备学校，受西式教育观念影响，经费充足，新式馆舍率先开建，建筑体现了戴志骞提出的诸点。清华学校最早的校园由美国著名建筑师墨菲设计，仿美国弗吉尼亚大学校园规制，墨菲同时设计了大礼堂、图书馆、科学馆、体育馆四大建筑。图书馆馆舍是校内四大建筑之一，在校园中轴线上，是 20 世纪初美国校园常见的风格：清水红砖墙，重点部位用石材，青紫斑斓的石板瓦，有拱窗、牛腿等装饰。[⑤]

图书馆建筑工程由德国泰来洋行承办，于 1916 年 4 月开工，1919 年 3 月完成，建筑面积 2 114.44m^2，费银 25 万元。图书馆前为二层楼主建筑，平面呈“一”字形，后为书库三层，整体呈“T”字形，书库每层书架数十排，可藏书 15 万册。图书馆主建筑包括阅览室、研究室、办公室等，中、西文阅览室可同时

---

① 吴晞：《北京大学图书馆九十年记略》，29 页，北京，北京大学出版社，1992 年。

② 吴晞：《北京大学图书馆九十年记略》，48～49 页，北京，北京大学出版社，1992 年。

③ 《鲍士伟博士致本会及中华教育改进社报告书》，《中华图书馆协会会报》，1925 年第 1 卷第 2 期，5 页。

④ 戴志骞：《图书馆学术讲稿》，《教育丛刊》，1923 年第 3 卷第 6 期，1～67 页。

⑤ 关肇邺：《清华大学图书馆纪事》，《新建筑》，2001 年第 6 期，11 页。

图 4-1 清华学校图书馆一期墨菲设计图

容纳读者 240 人。主体建筑采用钢骨水泥，书库内使用钢铁书架、玻璃地板，大厅用大理石镶嵌，材料全部购自国外，均为避火险材料，且坚固耐用，百年建筑今仍屹立。馆内设有升降运书机，是当时国内最先进的设备。后来图书馆又进行多次扩建，体现了原建筑易扩张的特点。（具体见图 4-1、图 4-2。）

图 4-2 1919 年建成的清华学校图书馆一期

有了清华学校图书馆的建筑实践，戴志骞成了馆舍设计的专家。国立北京高等师范学校（今北京师范大学）的前身是 1902 年建立的京师大学堂师范馆，1912 年改为北京高等师范学校。该校建校伊始就建立了图书室，1917 年

12 月正式建立图书馆。1920 年 12 月国立北京高等师范学校代理校长邓萃英为谋学校图书馆的发展，从行政费里拨出三万余元，计划建设新图书馆馆舍，戴志骞应邓萃英之请，“允尽义务，代为设计，并以方略指示工程师”。邓萃英评价“建筑上之设施，得清华图书馆主任戴志骞先生襄赞之力为多”。“费少额金钱，获最大效率者，戴氏之力居多”。[①] 1922 年 10 月新馆舍落成(见图 4-3)，由德国、美国、丹麦三国 4 位建筑师、电器设计师设计与施工的新馆舍，矗立在国立北京高等师范学校校门内不远处，建筑面积 1 157m^2，二层楼房，设有 4 个书库，东、西各两库，共可容纳中西文图书 10 万册，一层设有办公室、目录室、新闻(报纸)室、杂志室和普通阅览室，二层是教职员研究室和特别阅览室，阅览座位 200 余席，是校园的标志性建筑。

图 4-3　1922 年建成的国立北京高师图书馆

资料来源：国立北平师范大学图书馆概况，1933

燕京大学校园同样由美国建筑师墨菲主持设计，与为清华学校设计美国风格的校园不同，他为有外国教会背景的燕京大学设计了一个极富中国特色的燕园。1926 年燕京大学图书馆新馆舍落成，新馆舍位于校园的中央，是为纪念伯利先生夫妇而建，占地 6480 余方尺，除窗门外全系钢骨水泥建筑，规模

① 邓萃英：《北京高师新图书馆开幕纪念词》，《教育丛刊》，1923 年第 3 卷第 6 集，1 页。

仿文渊阁而略参考西式，建筑费 10 万元。[①]（见图 4-4）

图 4-4　1926 年建成的燕京大学图书馆

资料来源：《燕京大学图书馆》，《中国大观图画年鉴》，1930 年年鉴，85 页。

会社图书馆也有起色，地质调查所图书馆建于 1916 年 7 月，当时馆址在北京丰盛胡同 3 号，有图书室三间，专门书刊 400 余册。1922 年 7 月 17 日，地质调查所在兵马司 9 号新建的图书馆（见图 4-5）举行隆重的开馆典礼，农商

图 4-5　1922 年建成的地质调查所图书馆

资料来源：《北京农商部地质调查所图书馆》，《科学》，1924 年第 9 卷第 4 期，1 页。

① 《燕京大学图书馆概况》，《厦门图书馆声》，1936 年第 4 卷第 1～3 期，22 页。

部厅长在致辞中说："京师普通图书馆之设，前十余年已有之，若专门学科之图书馆及专门学科之陈列馆，前无所闻。以贵所为创始之举。"[①]

这一时期图书馆建筑的特点：

(1) 注意造型，讲究美观。中国图书馆建筑追求与外国图书馆建筑形似，外部造型以西式楼房为主，而外国人更愿意选择中式建筑式样。

(2) 使用有度，讲求便利。当时建筑技术有限，藏书数量未多，一般为二层楼房。房屋功能分明，除普通阅览室、办公室外，一般根据功能不同，设有目录室、报纸室、杂志室等。

(3) 选择材料，坚固耐用。受外国影响较大的图书馆率先采用避火险材料，克服中国传统木结构建筑容易失火的弊端。即使外观为中式风格的燕京大学图书馆，其内部也全系钢骨水泥建筑。

2. 馆舍的扩充与发展

1928 年以后，国家进入相对稳定的时期，为文化机构赢得了宝贵的发展时机。

(1) 国立北平图书馆一枝独秀

国立北平图书馆动议建新馆始于北海图书馆的计划。1925 年在中华教育文化基金董事会举行的第一次年会上，提出建设新馆舍。

① 选址。1925 年中华教育文化基金董事会决定与教育部合作，"由双方合组一规模宏大、地址适中之新馆"，并"择定北海西南墙外御马圈空地约四十亩与养蜂夹道迤西之公府操场约三十亩，为建筑馆舍之地"。[②] 由于教育部未能履约，合作未成，中基会于 1926 年 3 月独立建立北京图书馆，1927 年 9 月成立建筑委员会，由周诒春、李四光、戴志骞、袁同礼、安那等为委员，建筑工程于 1929 年 3 月动工，1931 年 6 月新馆落成。此时北平北海图书馆已经与国立北平图书馆合并为新的国立北平图书馆。新建筑地址在西安门大街以北，东邻北海。与中国古代藏书楼或以往之国立京师图书馆所考虑的"选择僻静""远离喧嚣"选址思路形成鲜明对照，新馆地址较为接近闹市区，日常民众较多，便于民众前往，且新址邻近北海，风景宜人，读书与休闲融为一体，

---

① 《本厅厅长致农商部地质调查所图书馆开幕祝词》，《实业来复报》，1922 年第 1 卷第 28 期，3 页。

② 《本馆略史・建筑》，《北京图书馆月刊》，1928 年第 1 卷第 1 期，2 页。

这也是今日建设图书馆的理念。

② 建筑式样。在征集图书馆设计方案时,中基会委托北平长老会建筑师丁恩(S.M.Dean)绘制设计草图,并委托建筑师安那(G.W.Anner)征募设计图案,截至 1927 年 3 月,共收到设计图案 21 份,请美国建筑学会帮助评定。1927 年 8 月,该会评选莫律兰(V.Leth-Moller)设计的图案获得首选。北京图书馆以莫律兰为建筑工程师,安那为监理。图书馆主体工程由天津复新建筑公司承建,卫生电气工程为天津美丰机器厂承做,发电厂工程由协和医院黎斐德(E.E.Leavitt)工程师绘图,德人喇特玛哈(G.Rademacher)承做。书库及地下室钢铁书架由美丰公司制造,善本书库及舆图库钢铁书架由伦敦 Roneo 钢厂承造,书库 4 层,可藏书 60 万册。新馆占地约 70 余亩,整体外观是一座高耸的中国宫殿式建筑,内部则采用西式材料,中西合璧,与北京古城风貌浑然一体。

③ 经费。国立北平图书馆经费由中华教育文化基金董事会拨给,从 1929—1931 年,中基会持续拨付建筑费:1929 年为 388 581 元,1930 年为 593 957 元,1931 年为 131 337 元,合计 1 113 925 元,最终实际支出建筑费及设备费合计 137.4 万余元。具体支出情况见表 4-1。

表 4-1　国立北平图书馆新馆建筑费一览表[①]

建筑费用明细	银元(元)	建筑费用明细	银元(元)
房屋	501 047.62	电力间	229 992.81
场地	72 375.22	卫生设备	81 567.40
电气设备	18 999.01	五金玻璃	17 669.25
油漆绘画板壁	80 154.00	装修	250 967.62
设计监工费	121 279.06	总　计	1 374 051.99

国立北平图书馆新馆门侧有两座石狮子护卫,彰显图书馆的神圣与庄严;门前白石台阶仿照古典皇宫建筑,显示出华贵与优雅;馆前的花园伫立石雕华表,传递千年藏书机构的文化底蕴;国立北平图书馆是当时中国最大的图书馆,也是一座令人神往的读书场所。新馆建成后,带动了中国图书馆的

① 张书美:《民国时期国立北平图书馆的建筑革新》,《图书馆界》,2010 年第 6 期,23～25 页。

整体发展，正如北平市党部代表董唯在国立北平图书馆落成典礼上所说："中国图书馆事业尚在幼稚时期，北平图书馆能于此时落成，内含有重大意义。北平原为文化中心，今天有此大规模之图书馆成立，实为中国文化之进步。中国人民知识程度稍低，促进教育之责任，恐非学校所能单独负起，其不能入校读书或无力购书者，此后均可到图书馆阅览，对北平市民有充分之方便。"[①]（见图 4-6）

图 4-6　1931 年 6 月 25 日国立北平图书馆落成典礼

（2）大学图书馆力求扩充

大学对图书资料的需求较为迫切，因此一般都很重视图书馆的建设。1928 年国民政府批准清华学校改为国立清华大学，8 月 17 日南京国民政府任命罗家伦为国立清华大学校长，9 月 18 日宣誓就职。罗家伦在就职演讲中说："我到美丽的图书馆里，并不觉得不安，我只嫌他如此讲究的地方，何以阅书的位置如此之少，所以非积极扩充不可。"[②] 1930 年 3 月，清华大学图书馆扩建工程开工，由杨廷宝设计，协顺木厂承办。新馆正中四层，两侧翼阅览室二层，新书库三层与旧书库连通，整体呈"L"形。扩建后的图书馆费银 25 万余元，总建筑面积7 700m^2，可容 600 人阅览，新旧书库共可容书 30 余万册。新馆扩建工程材料采用高标准，力求与原馆一致，门厅用大理石镶嵌，材料购自国外。阅览室内墙壁安放固定的榆木书架，阅览桌上装有新式绿色台灯。

① 李文祷：《国立北平图书馆新筑落成开幕记》，《中华图书馆协会会报》，1931 年第 6 卷第 6 期，5 页。

② 罗家伦：《学术独立与新清华》，转引自清华大学校史研究室编：《清华大学史料选编》，203 页，北京，清华大学出版社，1991 年。

书库内的钢铁书架从英国罗历公司订购，地板用花石铺砌，1931 年 11 月完工。图书馆两期接建工程天衣无缝，被誉为接建史上的一个范例(见图 4-7)。

图 4-7　1931 年建成的国立清华大学图书馆二期

北京大学图书馆(见图 4-8)历经蔡元培校长、蒋梦麟校长及图书馆主任李大钊、马衡等近 20 年的努力，终于迎来了新馆的建设。建馆经费大部分来自北京大学和中华教育文化基金董事会的“合作特款”，也有来自校内教职工、

图 4-8　1935 年建成的国立北京大学图书馆新馆

历届毕业生及社会各界的捐款。蔡元培在任北京大学校长期间,曾借参加学术会议等机会,到爱丁堡、纽约、洛杉矶、檀香山等地筹款。新馆建筑于 1934 年 4 月开工,建筑工程由天津华信公司承办,土木工程由北平兴顺木厂承包,暖气、卫生、电气等工程由中华汽炉行承揽,钢铁书架由上海大东公司制造,工程费计 223 000 余元。1935 年 8 月落成,9 月开馆。新馆建筑面积 6 600m^2,建筑整体为“山”字形,坐北朝南,前为东西二层,中间及后部为四层,共设五间阅览室,可容纳 500 人阅览,书库共四层,分为东西两库,共可容书 30 余万册。

私立大学经费主要来自本校或捐赠,在稳定的社会氛围下,图书馆也有新建筑。第一次世界大战结束后,留法勤工俭学运动领导人李石曾、蔡元培等为推动法国退还多收的庚子赔款用于中国的教育事业,接受法国“庚子赔款”退款补助款,于 1920 年发起成立中法大学。学校初建时在北京西山碧云寺,1929 年购买蒙藏院旧址(东城区交道口东大街)扩充校舍,并在此建设图书馆新馆舍。中法大学图书馆新馆舍(见图 4-9)于 1930 年春开工,1931 年 4 月 14 日举行开馆典礼,馆长由校长李麟玉兼任。图书馆位于中法大学校园中央,设计和监修由汪申伯担任,整体呈“工”字形,二层楼房,东西 150 尺,南北 130 尺,楼下前部为会议厅,中部为大礼堂,后部为书库,楼上中部为阅览室、办公室,书库在两侧。书库为钢铁书架,分南北两个书库,每库各三层,可容图

图 4-9　1931 年建成的中法大学图书馆

资料来源:《中法大学图书馆概况》,中法大学编印,1933 年。

书 20 万册，阅览室座位 176 个。[①]

交通大学北平铁道管理学院图书馆与博物馆共用一座大楼，位于该院东北角，一楼为博物馆，二楼为图书馆，大阅览室 96 个座位，东为图书出纳室，西为杂志室、研究室，馆内饮水器、存衣处、暖气装备一应俱全，阅览室中房顶悬挂大泡电灯，每桌设有 2 个桌灯，三楼为书库，钢铁书架数十具，可容书 10 万册，1936 年 11 月初落成开馆（见图 4-10）。[②]

图 4-10　1936 年落成之交通大学北平铁道管理学院图书博物馆大楼

资料来源：《交通大学北平铁道管理学院图书馆侧面图》，《图书馆学季刊》，1937 年第 11 卷第 1 期，6 页。

（3）特色宗教图书馆

新建的还有宗教特色图书馆。成达师范学校是一所培养回族教师的学校，1925 年创设于济南，1928 年 5 月 3 日日军为阻止国民革命军北伐，蓄意进攻济南国民革命军驻地，在济南城内肆意焚掠屠杀中国民众，中国军民死伤 7 000 多人，制造了“五三惨案”。为避开战祸，1929 年成达师范学校移至北平东四牌楼清真寺内。1932 年该校创办人马松亭赴埃及接受了埃及国王福瓦德的赠书，1934 年开始计划建设图书馆。图书馆馆舍原计划建设中式飞檐建

① 陈雁：《民国时期北京中法大学图书馆建设研究》，《图书馆理论与实践》，2012 年第 12 期，107～108，121 页。

② 《北平交通大学铁道管理学院新建校舍》，《改进专刊》，1936 年第 18 期，72～76 页。

筑，但因花费太多，校中同仁认为外观华丽只是虚掷金钱，不如把钱花在购书上更有收效，于是决定建筑十四楹普通西式楼房。[①] 1936 年 4 月 28 日，埃及国王福瓦德一世逝世，成师因念其对中国伊斯兰教之关切及对成师努力沟通中西文化的期望，也出于中国对于伊斯兰教图书馆的需要，正式动工兴建新馆，当年 8 月竣工，9 月 22 日开馆，命名为福德图书馆。馆藏珍品有明代写本古兰经，以及该校创办人马松亭访问埃及时接受埃及国王的赠书；马松亭还从埃及带回了字模，能印阿拉伯字书籍，可以代替手写经卷。图书馆建成后，陶希圣、蔡元培等亲自为其募捐图书文献(福德图书馆外观及书库见图 4-11)。

图 4-11　1936 年建成的成达师范学校福德图书馆外观及书库

资料来源：陶希圣：《成达师范学校及其图书馆》，《北晨画刊》，1936 年第 10 卷第 2 期，1 页。

"七七"事变爆发后，成达师范学校迁往广西桂林，1941 年更名为国立成达师范学校，1944 年因桂林沦陷迁往重庆，1945 年复员回到北平，变成一所普通国立师范学校。1949 年与西北中学、燕山中学等校合并成立回民学院，迁入广安门内大街院址。1985 年更名为北京市回民学校。中华人民共和国成立后，位于东四牌楼清真寺南侧的福德图书馆划归北京市民政局管辖，福德图书馆馆舍于 1978 年拆除改建，藏书由东四牌楼清真寺等接管。

① 《福德图书馆之新计划》，《月华》，1934 年第 6 卷第 15 期，23 页。

(4) 中学图书馆建新馆舍

中学图书馆也在稳定中发展,不断有新馆舍落成。汇文中学是教会学校,建于1871年,1884年建立图书馆。20世纪30年代因学校学额不断增加,原有馆舍不敷使用,1935年春兴建新馆舍,当年11月落成。图书馆为新式建筑,同时可容纳300余名学生阅览(见图4-12)。[①]

图4-12 1935年北平汇文中学新建图书馆落成

资料来源:李尧生:《北平著名私中汇文中学募款兴修之图书馆现已落成》,《图画晨报》,1935年第177期,1页。

汇文中学图书馆坐北朝南,入口在北面中部,向外凸出,由两侧台阶进入馆内。馆舍面阔十一间,东西长28.5米,南北深11米,清水灰砖墙身,双坡硬山屋顶,正脊带正吻、走兽,山墙铃铛排出,檩垫枋彩画为近代彩画做法。该建筑于2002年扩建北京火车站时拆除。[②]

(5) 市立图书馆因陋就简

与其他类型图书馆纷纷建设新馆舍不同的是,市立图书馆馆舍可谓太过简陋,居无定所。

北平市立第一普通图书馆的前身京师图书馆分馆1913年6月开馆时,租

① 《北平汇文中学本年之新设施》,《中华基督教教育季刊》,1935年第11卷第3期,100页。

② 宫苏艺、吴力田:《又是一个建设和保护相冲突的案例——北京汇文学校建筑遗存和美以美教会别墅区面临拆除》,《中国地产市场》,2006年第4期,24～29页。

用琉璃厂西门外前青厂武阳会馆夹道十八间民房,1916 年 3 月 1 日迁至宣武门外西茶食胡同东头香炉营四条西口新筑洋房,1924 年 7 月迁至宣武门内大街京师通俗图书馆院内,1924 年 12 月迁至宣武门内头发胡同 22 号前清翰林院讲习馆旧址。

北平市立民众图书馆馆舍简陋。该馆南面与北平师范大学文学院毗连,中间只隔一道界墙,1932 年 4 月 2 日夜间,该墙忽然向馆内方向倒塌,压毁阅览室和书库的窗户,玻璃破碎,室内椅子被压毁,教育局仅拨 20 元进行了修理。①

中山公园图书馆一直借居中山公园社稷坛后大殿,虽地处公园,环境优美,但大殿终究不专为图书馆建造,内部使用不甚方便。(见图 4-13)

图 4-13　中山公园图书馆

资料来源:《中山公园图书馆》,《世界画报(北京)》,1928 年第 152 期,2 页。

“七七”事变前民众教育发展迅速,北平有四个民教馆,每个民教馆都设有阅览部,一般也称为民众教育馆图书馆,收藏图书,提供借阅。一般来说,民教馆的馆舍相对简单,也较少独立建筑。如北平市第一社会教育区民众教育馆(见图 4-14)借北平的鼓楼开办,其他民教馆一般也都因地制宜,因陋就简。

---

① 《市立民众图书馆修理阅览室及书库窗户需用临时费共洋二十元请准予拨给应用由》,《北平市市政公报》,1932 年第 147 期,17 页。

图 4-14 位于鼓楼的北平市立第一民教馆

资料来源：何一鸣：《介绍改组后的本市民众教育馆》，《时代教育（北平）》，1934 年第 3 期，62～72 页。

国立图书馆、大学图书馆，甚至中学图书馆都陆续盖起了新馆舍，拓展了发展空间。相比之下，市立图书馆、民众教育馆图书馆一般没有新式馆舍，多数由旧建筑改建，馆舍相对较小。而市立图书馆、民众教育馆图书馆，包括阅书报处接待的是最大量的普通民众，馆舍发展不平衡。

3. 采撷花蜜的乐园

新式图书馆建筑各具特色的外观令人神往，内部设计更是令人流连忘返，而最美的还是在图书馆里的读书人。阿根廷作家博尔赫斯曾经说过："我心里一直在暗暗设想，天堂应该是图书馆的模样。"在图书馆里，与知识为伴，与智者交流，这或许就是天堂应该有的模样。图书馆的外观不会轻易变化，但内部在不同时代会有不同的布局，读者的踪迹为我们再现了民国时期北京的图书馆内景及体验。

国立北平图书馆新馆舍于 1931 年在北海文津街落成。文化学者邓云乡生动地描绘了民国时期他在国立北平图书馆新馆舍的体验[①]：

国立北平图书馆的外观是十分华美的，它的内部更为精美。外部完全是中国宫殿式的，而内部则完全是西方式的，在三十年代初，它的内部设备，比之于大洋彼岸的美国国会图书馆毫不逊色。不说别的，单只它那中央大厅左右两侧下楼梯的卫生间，铺地六角小瓷砖，绿色的、外面看不到里面，里面看得见外面的窗玻璃，一色都是美国货，比北京饭店的还讲究。

大楼是两层玻璃门，有转门，进门之后，先是衣帽间，以供读者存衣帽、书包等。衣帽间十分讲究，都是进口柳安木的护墙板，一格格的挂衣帽的格子，铜号牌、铜衣钩灿灿照眼。存好衣帽，发给一个铜牌子，出馆时凭牌取衣帽。进二道门再发一个牌子，有如出入证，又如借书凭证，凭这个证到各个阅览室去借书、借杂志。借书时，把这个证押放在借书处，如果不还书，职员便不发还这个证，那你也就出不了馆的大门，因为出门时，要收回这个证。（国立北平图书馆阅览室见图 4-15）

图 4-15　国立北平图书馆阅览室一角

资料来源：《国立北平图书馆阅览室一角》，《良友》，1936 年第 118 期，19 页。

进门后，就是一个方形中央大厅、四根柱子，顶上是仿古天花板，一格格地都画着团鹤。柱子前摆着红木架子，大五彩江西瓷花盆，里面经常换鲜花，

① 邓云乡：《文化古城旧事》，179～182 页，石家庄，河北教育出版社，2004 年；邓云乡（1924—1999），山西灵丘人。红学家。1947 年毕业于北京大学中文系。出版《红楼风俗谭》等。

如冬天山茶，秋天桂花、菊花，春天迎春等，都是把瓦花盆放在大瓷盆中。图书馆有自己的花儿匠，后面院子有个花房。馆中经常掉换的鲜花，都是他培育的。

中央大厅的正面是上楼的大扶梯，左面最前面是一条暖廊，南面是大玻璃钢窗，冬日阳光充足，极为温暖。北面是大玻璃落地门，不开，是期刊阅览室，正门由中央大厅右面进去。如顺暖廊一直往东走，便到了梁任公纪念室，[①]（梁启超纪念室见图 4-16）这是馆的东面大厅，平日不开放，我从来没有进去过。正由于进不去，所以有好奇心，我不知扒到玻璃窗上，用手拢着光线，向里面张望过多少次。有一面墙上挂着一副吴大澂[②]的篆文对联，印象极为深刻。梁任公去世后 他的书籍捐到馆中，特为开辟的这个纪念室，现在则不知如何了。

图 4-16　国立北平图书馆梁启超纪念室

《国立北平图书馆》，《良友》，1937 年第 73 期，15～16 页。

大阅览室摆的都是苯重的柳安木大桌，面对面摆十张大圈椅，十分宽敞，即使读者是一位大胖子也不会坐不下。在桌子边上嵌有号码铜牌，找好座

---

① 梁启超（1873—1929），号任公，广东新会人。1929 年梁启超逝世，遗嘱将藏书以及金石墨拓与手稿、信札等 3 470 部，41 819 册全部捐赠给国立北平图书馆。国立北平图书馆设立“梁启超纪念室”存放赠品。

② 吴大澂（1835—1902），江苏吴县人。清代官员、学者、金石学家。善画山水、花卉，精于篆书。

位，去到借书处查号借书，单子填好，交给借书处，你不要管了，到这座位上等着。阅览室送书台的先生们，办公桌边有通书库的电传滚带，会把你要借的书由后面大书库送上来。你凭入门时拿到的牌子去取好了。那时大阅览室共四百四十多个座位，平日不过坐上十分之二三罢了。……

民国以前故宫博物院是皇家禁地，1925年以后故宫博物院图书馆对外开放，此后寻常百姓也能踏足昔日的皇宫大院，时人韵仙为《鼎脔》[①]杂志所写的文章，可以带领我们领略那时故宫博物院图书馆的壮丽与深邃[②]：

故宫图书馆规模宏大。丙寅春，余与外子[③]游览是馆，内容陈设精致，倘为美术家、考古家见之，大可供其研究焉。爰纪其略实诸《鼎脔》，以飨阅者。馆分两部，一为图书，一为史料。图书分置五处，文渊阁所藏《四库全书》为第一处，昭仁殿所藏《天禄琳琅》为第二处，摛藻堂所藏《四库全书荟要》为第三处，景阳宫内御书房为第四处（此处内东未开放），以上四处图书陈设自馆成立迄今未尝更动，藉存真相。其散置各宫殿之图书，均集陈于寿安宫，是为第五处。（故宫博物院图书馆文渊阁藏书楼见图4-17）

图4-17　故宫博物院图书馆文渊阁藏书楼外观

资料来源：《文渊阁摄影》，《内务公报》，插页，1914年第7期。

---

① 《鼎脔》美术周刊由浙东王季欢创办。王季欢，浙江长兴人，金石书画名家。该刊专门介绍碑碣砖瓦、书画绣织、鼎彝印玺、钱镜兵器等古玩收藏。1925—1927年停刊共出版61期，每周一期。

② 韵仙：《游览故宫博物院图书馆记》，《鼎脔》，1926年第42期，4页。

③ 外子，旧时妻对夫的称呼。

文渊阁仿明范氏“天一阁”制，外观如二层，其下层内又分一中层，上下各六楹，其西小楹为登楼处，盖取“天一生水，地六成之”之义。下层中三楹，两旁储《（古今）图书集成》十二架，左右二楹储经部二十架，中层储史部三十三架，其第十七架正对阁门。上层中储子部二十二架，两旁储集部二十八架。经、史架高七尺四寸，广四尺，深二尺。每格十二函，四格四十八函。子集架上增加半截，多二格，高十尺八寸，六格七十二函。全书百有三架，六千一百四十四函。

文渊阁折北往，进蹈和门是养性殿[①]，殿共三间，陈列宝座。康熙御用盔甲灿烂夺目，桌上陈列皇朝礼器图，颇可考见清代礼制。尚有有清一代评定金川[②]、台湾、安南、苗疆等纪功图。东屋陈设皇后玉册传及国玺，乾隆、道光等个人用宝及懋勤殿之希堂宝[③]，闻原存永寿宫中者。殿西间张挂康熙以下各帝之像，戎装体服，颇具神采，有油画一，或为郎世宁所绘。长桌上陈列历代帝王名臣贡使像，尤为珍贵。出至西小屋，陈列乾隆南巡图。图为徐杨所作，绘时几经易稿。计自启跸京师，至游苏杭，以迄回銮为止，均极工细，并可考见当时人文风俗。

养性殿后为乐寿堂。正屋长案数十相连，更为琳琅满目。重要者如道光、咸丰留中硃批、同治革恭王上谕。外藩奏折中称康熙为文殊菩萨皇帝。又有光绪脉索亲书病症。其中尤为难见，而足供史家之考证者，为刻本不录之雍正硃批谕旨及密谕多件。堂东屋陈列甲子清室密谋复辟文证，如康有为、金梁、江亢虎等秘密函折，宫中一年用费清折，具赏赐浪费较昔尤甚。又见溥仪赏溥杰书画单数十纸，将宫中唐宋书画、天禄琳琅、宋元版书籍早已搬运一空矣。此外，朱益藩、陈宝琛、袁励准等借去不还书画底册亦陈于此。炕上陈列溥仪与大陆中国实业、盐业等银行押款合同及押件单，宫中珍贵古玩、历朝历代金册已抵押。堂西屋陈列地图令人阅之不无今昔之感，后屋有溥仪与其夫人、如夫人之作品，最饶趣味又有日用赈膳单多种，可以见贵族公子日常生活之一班矣。予此游大快。

---

① 蹈和门是宁寿宫区西墙门之一。养性殿位于宁寿宫后的养性门内，为宁寿宫后寝主体建筑之一。

② 清代曾发动评定大小金川战役，金川位于今四川省。

③ 希堂即乾隆皇帝的书房三希堂。“三希”即“士希贤，贤希圣，圣希天”，三希堂收藏晋朝大书法家王羲之的《快雪时晴帖》、王献之的《中秋帖》和王珣的《伯远帖》。

故宫博物院图书馆成立时，馆址在故宫内的寿安宫，宫中各处散放的图书最后都集中到了寿安宫。时人亦有对寿安宫的描述[①]：

该馆成立之始，即以外西路之寿安宫为馆址。据宫史记载原为咸安宫旧址，乾隆辛未（西历 1751 年）孝圣宪皇后六旬庆寿所建，其后辛巳（西历 1761 年）七旬大庆复重加修葺，称觞于此。外院东西庑各五间。自该馆成立后，即以东庑为善本书库，西庑为阅书室。内院南殿为春禧殿，北殿为寿安宫，左右雁楼，回抱相属，今添置玻璃，改做书库。东楼上下排列经、史二部及志书，西楼上下排列子、集二部及丛书，北殿则辟为殿本书库。南殿西屋辟为满文书库，南殿东屋则专藏杨氏观海堂藏书。外东西后院之福宜斋、萱寿堂则辟为重复书库。其与寿安宫毗连之英华殿亦划归该馆。十九年夏（1930 年）修饰完竣，以南殿为善本书及佛经陈列室。（故宫博物院图书馆寿安宫殿本书库见图 4-18）

图 4-18 故宫博物院图书馆寿安宫殿本书库

资料来源：《国立北平故宫博物院图书馆概况》，《故宫博物院图书馆编》，1936

松坡图书馆由梁启超等人倡设，1923 年 11 月 4 日成立。第一馆设在北海快雪堂，第二馆设在石虎胡同七号。1929 年第二馆并入第一馆，此后馆址一直未变，直到中华人民共和国成立后松坡图书馆藏书并入北京图书馆。蹇

① 《记故宫图书馆藏书》，《中国新书月报》，1932 年第 2 卷第 2～3 期，48～49 页。

先艾(1906—1994)曾在松坡图书馆工作了6年,他的记述让我们感受更加真切[1]:

松坡图书馆的原址,是前清时代北海的快雪堂,慈禧太后冬天到这里来赏雪的地方。位置在北海北岸的一个斜坡上,被一簇蓊郁的槐林围绕着,右侧是黄瓦红柱的五龙亭,佛像满坐的小西天,左侧是五彩斑斓的九龙壁和建筑很雄伟的天王殿。我们在门口站着,便与一带长廊的漪澜堂遥遥相对,堂后树丛中高崎着一座白荅,它们的倒影在海心微微动荡。海上常常有过渡的画舫与瓜皮似的小艇往来。景山也在远处起伏着,有时驮着夕阳,更显出山景的美丽。图书馆是开着旁门的。从一条矮松夹道,铺着碎石的小径上去。经过了一个短短的走廊,便到了和大客厅差不多的阅览室。里面布置得很雅洁,明窗净几,几张榆木桌椅,两个大杂志架,两个目录厨,三四个报架,参差地排列着。壁上挂着穿着上将军服,面貌清瘦的松坡将军的遗像,梁任公先生亲笔写的松坡传略,祭松坡文,和松坡图书馆记,还有几幅松坡铁画银钩的遗墨,都是用很大的玻璃镜框装着。一走进这间屋子,便使人感到幽静,凛肃与伟大。庭院也是同样的静谧,亭亭伫立着几棵青松,有盆花,鱼缸,花畦陪伴着它们。偶尔有几声詹雀的低唱。第二进便是藏书室;第三进是蔡公祠,院中堆着一座石山,遍身的苔痕野草,据说这座石山中有两块是宋徽宗从太湖运到义南的花石岗,后来被金人当作胜利品又从开封搬到北平来的。穿过石山,才能到祠堂面前。两庑的石壁,便是有名的快雪堂法帖的石刻,[2]用栏杆保护着。祠堂里挂着松坡将军和云南起义死难的烈士们的遗像,神龛上供着他们的神主,另外还有两个玻璃橱,陈列着死者的遗物,如像军服,军刀,勋章,望远镜,围棋,碗筷之类。(松坡图书馆快雪堂正门见图4-19)

这个图书馆,因为坐落在公园里面,进门要买门票,所以读者便很寥落。但这也正是它的长处,它适宜于好幽静的学者到这里来从事研究,更宜于写作者避开尘嚣,躲到这里来埋头工作。我们每天的读者,也正是这一类的人。

---

① 蹇先艾:《忆松坡图书馆》,《创作月刊》,1942年第1卷第1期,38～39页。蹇先艾(1906—1994),遵义老城人。1931年毕业于北平大学法学院。1931—1937年担任松坡图书馆编纂。著有小说集《乡间的悲剧》、散文集《城下集》等。

② 乾隆喜爱王羲之的“快雪时晴帖”,在北海建屋名快雪堂,在快雪堂东西两侧回廊的墙壁上镶嵌着包括“快雪时晴帖”等48块书法石刻,称为快雪堂法帖。

图 4-19　松坡图书馆快雪堂馆址正门

资料来源：《松坡图书馆报告》，《松坡图书馆编》，1924

有时，在这里还可以找到些别的图书馆所缺乏的，偏僻的古书。

市立普通图书馆主要为市民服务，旨在提高市民的文化程度，培养市民的读书兴趣。关于市立图书馆的文字留下的不多，当时尚处年轻的邓云乡经常光顾市立图书馆。他对北平市立第一普通图书馆的描述如下[①]：

这所图书馆的建筑，是老式的大四合院房子，大门在南屋的东头，进大门对面是影壁，向左转过来，一排南房，是传达室、庶务课等等办公房屋，对着是大垂花门，垂花门两边，有存放单车的铁架子。垂花门的屏风门都拆掉了，站在门前可以把里面大院子一览无余。里院东屋是报纸阅览室，西屋是杂志阅览室，北屋五大间，有廊子，是大阅览室和借书处，书库在后院，北屋中间一间，后墙打通，连接书库，前面就是借书处的大柜台。论房屋建筑设备，和北海边上国立图书馆比较，简直是寒酸的不能提了。但是它的历史却很早，是在北海国立图书馆建馆之前，它就开馆接待读者了。它的前身是民国二年教育部办的“京师图书馆分馆”和“京师通俗图书馆”，后来合并成为“京师第一普通图书馆”。一九二八年之后，北京改称“北平特别市”，这个图书馆便划归北平市政府教育局接管。成为市立图书馆，以区别于北海边上的国立图书馆。（北平第一普通图书馆公众阅览室见图 4-20）

---

① 邓云乡：《文化古城旧事》，186 页，石家庄，河北教育出版社，2004 年。

图 4-20 北平第一普通图书馆公众阅览室

资料来源：《北平特别市市立第一普通图书馆周年纪念刊》，1930

说起来都是旧事，现在人很难想象这样的图书馆，而在我记忆中，那北屋宽大的走廊，下面玻璃，上面糊东昌纸的大窗户，冉冉的日影，静静的气氛，现在想着，那还是一个可爱的，有如陶渊明诗所说的"虚室绝尘想"的读书环境。

邓云乡记忆中的还有位于中山公园的中山图书馆[①]：

印象很深的还有中山公园图书馆，地址在社稷坛正殿后戟殿。这也是个看书的好地方，平时人极少。房屋高大，朝南，冬日阳光充足，夏日空气清爽，后面就是柏树林，遥望紫禁城，环境之佳，头发胡同图书馆[②]无法相比了。藏书有中文四万册，外文一千多册，还有大部书《图书集成》、《四部丛刊》、《万有文库》等，一般读者足够了。这里正名叫第二图书馆[③]。

1932 年，时任浙江省立图书馆辅导主任的李絜非奉馆长之命，也为了查考自家家谱，来到北平，参观了 8 所公共图书馆和大学图书馆，多有文字流传下来。李絜非寻访家谱的所在地正是在中山公园内，他是无意中发现此处为中山图书馆所在地，可见该馆知名度不高。而且他是无意中在"松柏交集的

① 邓云乡：《文化古城旧事》，187 页，石家庄，河北教育出版社，2004 年。

② 头发胡同图书馆即北平市立第一普通图书馆。1924 年 12 月，教育部拨充宣武门内头发胡同 22 号前清翰林院讲习馆旧址为该馆馆址，直至中华人民共和国成立。

③ 1928 年中山公园图书馆改为北平市立第二普通图书馆。

门下”发现了中山图书馆的牌子，可见该馆受重视程度亦不高。李絜非因无意中的发现，顺访了中山图书馆[①]：

在游中山公园的时候，无意中于松柏交集的门下，发现了“中山图书馆”的牌额。因为我在平很少游览通俗的图书馆，所以就报着满腔热情好奇的心进去了。

很长的甬道，甬道两旁全是些松楸和高粱，像进乡村古道的一般。东望故宫，黄碧照眼，俯视道中，牡丹摇曳。穿过社稷坛，便到了中山纪念堂。堂内设坛，悬总理遗像遗嘱数事，坛下有圆座，以为听讲者的座位，堂之后面，便是图书馆。图书馆设在社稷殿内，两夹壁内为藏书之所，中间置课桌，可容百余人。入门有收发签牌，入携出交，以为凭证。阅览室东有报架，有报十多种，西置书架，有杂志二十多种。两藏书处皆有小柜，以为出纳书籍的地方，亦得借出馆外。以最普通适用之图书为限，借者以保证金为担保。

该馆直隶于北平市政府，现馆长李彝，在市教育局服务，兼任馆长，其他职员 9 人。每月经常费 300 元，依七五折发给。有西文书 100 余种，中文书 11 000 余种，编目以数目为起讫，这方法未免太笨重而且太原始了。这些书籍，据说多得之北平图书馆之残余。每日阅书的人平均五六十人，星期可增至百余人。这所图书馆的历史距今已有 14 年(实为 1917 年建立)，惟可惜因循旧状，太少刷新的气象了。

大学图书馆历来都是最活跃的地方。北京大学图书馆带着浓厚的官方色彩，最初的校址来自于皇家遗产。从马神庙前和嘉公主的梳妆楼，到沙滩红楼第一层原学生宿舍辟出的阅览室，师生向往的大图书馆始终是美好的希望。经过几任校长、馆长的努力，1935 年在松公府终于有了北大新图书馆落成。作梓曾以实习生的身份在北大图书馆从事分类编目工作，他描述的北大图书馆兼具工作人员与读者的视角[②]：

北大图书馆位于松公府，是一座四层高大的灰色楼，门窗多用绿油漆，清新宜人。是前校长蒋梦麟先生于民国二十四年创修的，与文学院的红楼遥遥

---

① 李絜非：《北平各图书馆参观印象记》，《浙江省立图书馆月刊》，1932 年第 1 卷第 5～6 期，115～134 页。李絜非(1907－1983)，安徽明光人。历史学家。中央大学史学系毕业，曾任浙江省立图书馆辅导主任。1936 年 8 月入浙江大学工作，后为该校史地学系教授。1938 年 4 月，李絜非受当时浙大校长竺可桢派遣，参与了保护文澜阁《四库全书》内迁贵州的重要工作。著有《中国史学通论》等。

② 作梓：《介绍北大图书馆》，《国立山西大学校刊》，1946 年第 4 卷第 3 期，14 页。

相望，映碧交辉。登楼之顶，俯瞰街市，棋盘似的街道房屋纵横排列，西望景山，小巧的亭台，交错在山坡上绿油油的松柏丛林里，能隐约见到崇祯皇帝的殉国处。南望故宫金砖碧瓦，琳琅满目，每个人身临其境，顿觉心旷而神怡。所以她给了这荒凉的沙滩一个点缀。也给了寂静的松公府一点生气。

馆长为毛子水教授兼任。毛先生因为很忙，馆中经常由秘书余光中先生负责。余先生是专门研究图书管理的，所以对图书馆有丰富的学识与经验，图书由采录到典藏，整个的过程和手续，余先生都要亲自检点，做到有条不紊。

馆内分采录、编目（中文、西文）、阅览、事务等五股，阅览室有五，计中文阅览室、外文阅览室、期刊阅览室、参考阅览室、新闻阅览室。阅览室之外尚有研究室十数间，专供教授作专门研究之用。楼下有饮水处、存物处、存车处、厕所，一切都很方便。馆内人员男女约五六十人，因为规模较大，工作繁重，这些人还是有点忙不过。书目的卡片和书号，为了眉目清晰整齐划一，都是用打字机打的。女职员大半是任打字工作，一上第二层楼，你便会听到哒哒哒……一片清脆的打字声，因为女职员打的字既快又好，且和男职员同时上下办公，工作能力也很高，所以女职员是“花瓶”在北大图书馆是听不到的，同时也是你看不到的。

“书目”很整齐地排列在卡片箱中，中文书系按皮高品氏分类法，西文书是按杜威氏分类法，每本书都依“分类”“著者”“标题”分别制成卡片，借书者可按卡片很迅速的查处要借的书，填妥借书签，递与管理人，至迟三五分钟，所借的书即由专人送给你，还不算不迅速了。各阅览室共有大书桌六十余张，每桌四盏电灯，八把椅子，全馆可容五百人坐着读书。阅报室中常是拥挤的很，还不是因为屋小，实在阅览人太踊跃了。

一进馆门，便有两个直立着的木牌映入你的眼帘，一个上面写着“禁止吸烟”，一个写着“请肃静”。的确，不论馆内人员、学生，甚至外宾，没有一个在馆内吸烟的，当然免不了有些烟瘾较大的烟民有点支持不住，那么就请你到厕所去，所以厕所便成了临时的“Smoking Room”了。

阅览室中虽然常有人满之患，可是沉静的都出人意料，虽然五六百学生萃聚一堂，但闭上眼睛，却好似在无人之境。因为书报能引人入胜，而且彼此能遵守规定，顾全公众道德，所以没有一点杂乱的声音。（北京大学图书馆西文阅览室见图 4-21）

图 4-21　国立北京大学图书馆西文阅览室

资料来源：《国立北京大学图书馆概况》，《国立北京大学图书馆编》，1935

清华大学是利用美国退还部分庚子赔款建立的一所留美预备学校，学校初建时图书室规模很小，仅大房一间，小房两间。由美国建筑师墨菲设计的西式图书馆独立馆舍始建于1916年，又经1930年扩建，深受同学们的喜爱。著名历史学家张荫麟1929年毕业于清华大学，他描述的是诗意图书馆[①]：

我们的图书馆屹立在稀疏的柳影中间，左边带着清冽的流溪，后面枕着野草密盖的假山。阶旁草茵两幅，以矮松做篱，中间夹着一条入路。路口的左侧挺起一株青葱古柏，前面草地的正中，姹紫嫣红环绕一个喷水池，三串距跃的泉珠和摇曳的柳丝一块儿舞蹈。这不是《四时读书乐》[②]诗中的画么？看啊！什么"好鸟枝头亦朋友，落花水面皆文章"，历历尽在目前。在这样的诗境里展卷当窗，人生快乐的事，更何以复加呢？

当代著名学者杨绛先生于1933年考取清华大学外国语文研究所研究生，

---

① 张荫麟：《图书馆生活》，《清华周刊》，1925年第11期，218～221页。张荫麟（1905—1942），广东东莞人。著名学者、历史学家，1929年毕业于清华大学，1934年获美国斯坦福大学哲学博士学位，回国在清华大学任教。代表作有《中国史纲》。

② 《四时读书乐》是由春、夏、秋、冬四首歌咏读书情趣的劝学诗，由宋末翁森所作，曾被编入民国时期国文课本中，张荫麟引的两句诗出自"春"。翁森（1255—1326），浙江仙居人，南宋诗人。曾创办书院授学。

此前曾在清华大学借读，她眼中的图书馆典雅、时尚[①]：

1932年春季，我借读清华大学。我的中学旧友蒋恩钿不无卖弄地对我说："我带你去看看我们的图书馆！墙是大理石的！地是软木的！楼上书库的地是厚玻璃！透亮！望得见楼下的光！"她带我出了古月堂，曲曲弯弯走到图书馆。她说："看见了吗？这是意大利的大理石。"我点头赞赏。她拉开沉重的铜门，我跟她走入图书馆(国立清华大学图书馆阅览室见图4-22)。地，是木头铺的，没有漆，因为是软木吧？我真想摸摸软木有多软，可是怕人笑话；捺下心伺得机会，乘人不见，蹲下去摸摸地板，轻轻用指甲掐掐，原来是掐不动的木头，不是做瓶塞的软木。据说，用软木铺地，人来人往，没有脚步声。我跟她上楼，楼梯是什么样儿，我全忘了，只记得我上楼只敢轻轻走，因为走在玻璃上。后来一想，一排排的书架子该多沉呀，我光着脚走也无妨。我放心跟她转了几个来回。下楼临走，她说："还带你去看个厕所。"厕所是不登大雅的，可是清华图书馆的女厕所却不同一般。我们走进一间屋子，四壁是大理石，隔出两个小间的矮墙是整块的大理石，洗手池前壁上，横悬一面椭圆形的大镜子，镶着一圈精致而简单的边，

图4-22　国立清华大学图书馆阅览室

---

① 杨绛：《我爱清华图书馆》，转引自侯竹筠、韦庆媛：《不尽书缘——忆清华大学图书馆》，5页，北京：清华大学出版社，1999年。杨绛(1911—2016)，本名杨季康，江苏无锡人。作家、翻译家。1933—1935年在清华大学就读。出版小说《洗澡》等。

忘了什么颜色，什么质料，镜子里可照见全身。室内洁净明亮，无垢无尘无臭，高贵朴质，不显豪华，称得上一个雅字。

燕京大学是一所教会大学，1926年燕京大学校长司徒雷登选中了北京西郊风景秀丽的海淀作为新校址，建成了著名的燕园。同样由美国建筑师墨菲为燕京大学设计的却是中式建筑的图书馆，雕梁画栋，美不胜收。1932年李絜非的北平之行，燕京大学图书馆也在参观考察之列[1]：

海淀旧为畅春园范围，离平有十二里之遥。前清时颇为热闹，那拉太后每于废历[2]初夏至深秋止驿驻颐和园，所以香山买卖街、海淀两处颇为繁盛。闻行在日需经费颇巨，仅海淀一处，每日消费至二万元之谱，可见早已是一个繁富的郊市了。我在街上先行走一遭，觉得市政颇为不差。

燕大范围颇广，校舍迤逦数里。我自街上走进该校，其时只一点钟，馆中人员都未到，听说须到二时开始办公，我没有法子，只得在校内各处盘桓。燕大的建筑，全仿宫殿式，有所谓"贝楼""穆楼"，都是纪念有功学校的外(国)人的，花木扶疏，楼台掩映，真是读书胜地。这不仅是一所学校，实在是一座花园：水塔远矗，藤架低扶，几处水道，荷叶田田，几处畦圃，好花正红，可谓世外的乐园，而缀以人间的智慧，真个令人羡煞。

这中间，楼皆飞檐，窗皆雕花，古色古香，清新朴茂。有花、有水、有塔，有青春，有佳书，有良师，有益友。在中间的图书馆，自然更值得称为智慧的乐园了！

到了两点钟，一位图书馆秘书先到，我便和(他)招呼谈话。这位先生是本校毕业的，态度很随便，我随了他巡视各处一遍。楼上为藏书室、阅读杂志室，楼在四围，悬楼中连以桥楼，下为阅览室。左右板夹为室，以为各组办公室。阅览室两端伸长，每座八人，可容二百人至三百人，而电灯可自为开闭，都属洋式的。阅览室的四周，并置碎石仪器数事。雕栏书楹上面布满了青藤，好风徐来，令人流连不置！（图4-23是1939年毕业于燕京大学化学系的严东生院士在燕京大学图书馆里挑灯夜读）

燕大藏书近二十万册，各府县志书颇多，度置书籍皆用木架，闻系历年设

---

① 李絜非：《北平各图书馆参观印象记》，《浙江省立图书馆月刊》，1932年第1卷第5～6期，115～134页。

② 废历是指阴历纪年方法。1912年中华民国临时政府通令各省废除阴历，改用阳历。后国民党政府又再三下令废除之，故名。

图 4-23　1939 年毕业于燕京大学化学系的严东生院士读书期间在燕京大学图书馆里挑灯夜读

资料来源：袁传伟、朱玲玲：《博学厚德　完美人生》，23 页，上海辞书出版社，2007 年

备，一时无法改置铁架。最近一年度中，他们努力于内部之整理。据报告所称，如①新书之购置分类发用之迟缓问题。②分类制之不便与紊乱。③遗失书籍问题。④缺乏足用之读书室与研究。凡此四端，实际上近已多所推进。报纸是移“穆楼”的下层。杂志因多有遗失，近来已规定须经借阅手续，而不取开架式，然据说仍不免遗失呢。

该馆中文卡片目录之排列，依王云五第二次改定四角号码检字法。西文分类用杜威十进法，中日文图书分类有自创简表[①]，兹列下：(略)

馆长田洪都先生对人颇恳挚，惜相见匆匆，便告别离。馆中分总务部、中西文购订部、中西文编目部、出纳部、典藏部、杂志部[②]，职员凡四十左右。虽在暑假期内，除规定两周休息外，余皆照常工作。

该馆借书规则，对各级学生待遇不同。指定参考书籍另有卡片，假期亦可外借，惟每次以二本为限，每本又以二元为抵押款。

购书则由该校教员组织中日西文各审购委员会。薪俸之数约超过购书百分之十。至于常年经费每年度不同，依全校经常费而定。最近报载燕大在

① 指裘开明编制的《汉和图书分类法》。

② 此处原文记载不全，现依据 1933 年出版的《燕京大学图书馆概况》进行订正。

美募得基金五十万美金，如果属实，我想他们的图书馆也可大为扩充了。

燕大最近对中国古籍的"引得"，即索引工作颇勤，多所成就。质诸田洪都先生，告以自前年起曾有拨定专款作为试办费，现闻已继续办去，这当然为的他们已努力得着不少成绩的缘故。

燕大的地址和建筑皆至优美，该校兴于民国八年，前通州协和大学等校合组而成。民国十五年迁入现在的校舍，在教部立案。民国十八年该院有文、理、法三院，今校长为吴雷川氏，经费皆来自各基督教团。现在校址为清帝睿亲王府，亭台旧迹，历历犹存，有学生七百六十余人，以多富家子弟，所以每届毕业游学的至多。又以该校和哈佛多合作缘故，故出国亦至感便利。年来国立大学多事，有名的教授多受延聘，因之弦歌不辍，讲研日进。当我走出燕大校门的时候，自图书馆，以至于全校都给我一个很深的印象。

第二节　藏书的汇聚与发展特点

经过几十年的发展，作为"场所"的图书馆不仅度过了初创时期，而且进入了大发展时期，各类图书馆都谋求建立更大更好的馆舍，已有馆舍更是力求扩充，营造了良好的图书馆发展氛围。馆舍的扩大、书库的扩充都为藏书的增加提供了必要条件。

北京的图书馆依性质不同、功能不同，藏书方向也各不相同。国立图书馆宗旨是"保存国粹，造就通才"，主要为学者服务，为传统学术研究服务，古籍收藏最多，且质量上乘；市立图书馆多属通俗图书馆，主要为普通民众服务，藏书以通俗为主，儿童图书和浅显新出版的小说较多；大学图书馆多数以本校所设学科为中心，藏书多为综合性的，主要为学术研究服务；中小学校主要收藏适合青少年和儿童学习知识的图书；私立、会社图书馆一般以创办人的旨趣为依归，为专门性收藏的图书馆。

1. 清末民初图书馆是新型图书汇聚的起点

(1) 官府、太学、私家藏书汇聚图书馆，古籍收藏量大

中国古代藏书有官府藏书、书院藏书、私人藏书、寺院藏书。近代以来，各种藏书逐渐向图书馆汇聚。

京师大学堂藏书楼是最早聚书的大学图书馆。京师大学堂是 1898 年戊戌变法的产物,与传统官学有很深的渊源,其最早藏书来源于以下几部分:①强学会书藏。1895 年由梁启超等创立的强学会是戊戌变法运动的总机关,广集图书,供人阅览。然仅存在 4 个月即被查封,改为官书局,藏书并入官书局藏书院。②官书局。官书局成立于 1896 年,总理衙门每月拨官银一千两,有计划地进行购书,1898 年官书局及藏书院的图书并入京师大学堂藏书楼。可惜的是,这些珍贵的图书大多在 1900 年八国联军入侵北京时被毁。

戊戌变法运动失败后,京师大学堂停办,1902 年恢复办学,重新聚书。管学大臣张百熙上奏,提出调取各地官书局图书和选购私人及国外图书充实京师大学堂藏书楼。复校后的京师大学堂图书主要来源:①同文馆书阁。同文馆建于 1862 年,是中国官办最早的学校。建立之初,规定外国教习来此任教,需带“各国书籍”,外国教习带来的图书是同文馆最早的藏书。由于当时缺乏购书渠道,同文馆常以交换方式获得图书。1902 年同文馆并入京师大学堂,改为京师大学堂译学馆,藏书也一起合并。②征调图书。1902 年 10 月,第一批征调图书到京,以后又陆续收到江苏、广东、湖北、浙江等省官书局的图书,大部分是四部旧籍,还有各省地方文献。③借调图书。由于学堂急需图书,一时又难以备齐,从国子监[①]借调了部分图书。④接受捐赠。当时收到的有外务部赠书以及私人赠书,多为古籍,如巴陵方氏捐赠的碧琳琅馆藏书,非常珍贵。⑤购买。注意购买民间刻本和流散的图书,其中包括宋元刻本、明清抄本等珍贵图书。⑥收集西文书刊。请驻外公使、洋教习帮助购买,派人出洋,通过国外书商购买,收集外文图书。京师大学堂藏书楼经过各种渠道聚书,1902 年开放时,已有图书 78 000 余册。[②]

京师图书馆是另一聚书源地。1909 年京师图书馆筹备时即开始聚书,其主要来源为清学部旧藏,多系历代皇家密藏,同时也征调地方文献,采集民间藏书。其主要来源有:①内阁大库残帙。清内阁保存的历代典籍、文牍、档案等,民国以后移交京师图书馆,后几经周折,险些流入民间,经罗振玉、李盛铎、历史语言研究所等援力保护,得以保存,宋、元、明旧帙大部分由京师图书馆收藏。②国子监、南学典籍。国子监是清代最高学府,后南官房并入,称为

---

① 国子监是元、明、清三代国家设立的最高学府和教育行政管理机构,又称“太学”。

② 吴晞:《北京大学图书馆九十年记略》,16 页,北京,北京大学出版社,1992 年。

南学。京师大学堂初建时,曾借该处图书。1909 年京师图书馆创办时,国子监及南学藏书全部拨交该馆。③私家藏书。中国素有私家藏书传统,南陵徐乃昌积学斋和归安姚观元咫进斋的藏书在江南久负盛名,京师图书馆费银 2 万两,购进徐、姚二氏藏书,两项共计 1 652 种,120 900 余卷。另有常熟铁琴铜剑楼主人瞿启牛呈交京师图书馆精抄本、旧刊本 50 种。④敦煌石室遗书。1900 年发现敦煌石室遗书后,不断有外国人劫夺,民国成立后学部奏请由京师图书馆保存,全部遗书共 18 箱,8 651 卷,续送 22 卷,粘本 2 本,为京师图书馆所仅有。⑤《永乐大典》。该书是迄今为止最大的一部类书,后多散失。1911 年由教育部将原藏在翰林院的 60 册劫余《永乐大典》残帙移交京师图书馆,1929 年京师图书馆与北平北海图书馆合并时,馆藏《永乐大典》有 80 册,1949 年《永乐大典》原本有 110 册。⑥《四库全书》。该书是一部卷帙浩繁的丛书,共抄录七部。京师图书馆蒙允调拨热河文津阁一部到京,共 103 架,6 144 函,36 300 册,另有分架图书 4 函 4 册,殿本《四库全书提要》20 函,124 册。⑦舆图。有绢绫钞本图、纸本图,多为明清内府所藏旧本,新图较少。⑧金石拓片。多数是征集和采购而得,其中有唐开成石经拓本、近代金石拓本、明代以前拓本、清代帝王御书拓本、墨迹等。⑨普通图书。有康乾两朝赋役全书,历朝各省、府、厅、州、县志书,满、蒙文书、杂志、报纸等,另有西文图书 627 册,东方语图书 178 册,1929 年京师图书馆与北平北海图书馆合并前,藏书已近 20 万册。[①] 京师图书馆"旧书占大多数,而经史等又占旧书之大多数。新书则寥寥,今日所谓致用之书尤甚少"。[②]

故宫博物院图书馆以其得天独厚的优势,主要收贮清宫文献。清宫文献囊括了自宋迄清 6 个朝代、900 余年间的传世典籍,以明清两代皇室遗存为最多:①前朝遗存的藏书。清宫藏书继承了明代宫廷藏书,其溯源则为宋、金、元代宫廷藏书之精华。此外,还有明内府编刊书籍和诸藩王刊刻的图书。②清朝刊刻的新书。清朝刊刻了大量新书,乾隆时期更是编出了《四库全书》,以及《四库全书荟要》《四库全书总目》等衍生品。③清宫档案。清宫保存的军机处档案、旧刑部档案与文献、宗人府档案、满汉文玉牒;此外还有皇帝御笔和臣工奉敕精写的佛经、地方臣工进献的文献档案等。④杨守敬观海

---

① 李镇铭:《京师图书馆的基础藏书及其渊源》,《北京图书馆馆刊》,1995 年第 Z2 期,113～119 页。

② 庄俞:《参观北京图书馆记略》,《教育杂志》,1914 年第 6 卷第 4 期,18～20 页。

堂藏书 15 000 册。[①] 故宫博物院图书馆清理寿安宫、文渊阁、摛藻堂、昭仁殿等处存书，[②]截至 2011 年，共清理出图书、书版 60 余万册(件)。[③]

京师大学堂藏书楼、京师图书馆、故宫博物院图书馆 3 馆汇聚了皇家的故宫藏书、国子监太学、官书局藏书，私人藏书积学斋徐氏、咫进斋姚氏、观海堂杨氏等的藏书也不断聚到图书馆，还有珍稀的敦煌遗书。民国时期，原有藏书业态发生了改变，时代变革促使官府、书院、私家藏书进行了重新分配，成为近代图书馆聚书的起点，图书改换了门庭，私阁秘藏公之于世。随着皇家藏书下移，皇家文化也随之下移，寻常百姓也能看到原来只有皇家才能欣赏的文化珍品，改变了"往昔藏书大都萃于天府，庶人不得而观"的局面。[④] 在北京这个文化积淀极深的古城，即使通俗图书馆注重收藏浅近读物，也是以古籍为多，古籍宏富是北京藏书的特点。

(2) 不拘资料形式，兼容并收，特藏概念初现

清末民初私藏虽然很丰富，但随着时代与学术风气的变化，传统上讲求珍善古本的藏书倾向渐渐成为一种边缘化的"雅好"，更多的学者讲求的是以收藏实用资料为主。民国前后受外来文化影响，发展起来的还有新式私人藏书，它不同于旧式私家只注重收藏古籍的特点，而是采取现代兼容并收的特藏理念。旧式特藏一般是指稀见的古籍，现代特藏追求的是某一专题资料的齐全，而不一定只追求版本之精良，这是和古代特藏不同的一种特藏理念。

如北京的莫理循文库，1894—1917 年，在北京长达 23 年的时间里，莫理循不遗余力搜集各种与东方，特别是与中国有关的藏品。莫理循文库的藏品主要包括中国、朝鲜、日本、越南、柬埔寨、老挝、印度、新加坡、菲律宾等国的资料，以中国为核心，中国尤以云南、新疆、西藏、内蒙古及东三省为多；藏品的文种包括英国、法国、德国、俄罗斯、荷兰、意大利、西班牙、葡萄牙、丹麦、匈牙利、瑞典、波兰、芬兰等国文字及拉丁文和中文。中文既有线装古版书，也

---

① 刘甲良：《民国时期故宫博物院图书馆考述》，《河北科技图苑》，2015 年第 4 期，9～11，15 页。

② 刘甲良：《故宫博物院图书馆所藏清宫文献述略》，《知识管理论坛》，2014 年第 4 期，1～4 页。

③ 1933 年由于日军侵扰，故宫文物开始南迁，分五批共运走 1415 箱，后大部分被运至台湾。1958 年全国文献统一调拨，宋元珍本和明清旧籍中复本近 150 000 万册拨归北京图书馆等 16 家单位。2004 年启动故宫博物院图书馆图书调查，历时 7 年。经统计，现存善本图书总计 231 741 册(其中含复本及残本 57 711 册)，普通古籍 126 439 册，书版 244 153 块(其中含残损书版 31 897 块)。

④ 袁同礼：《国立北平图书馆之使命》，《中华图书馆协会会报》，1931 年第 6 卷第 6 期，3～4 页。

有簿册、散页的文献，据说文库中还有当年皇宫设宴的菜单。藏品的门类包括政治、法律、军事、历史、文学、宗教、地理、外交、医药、美术、矿物、动植物、地质、娱乐等。藏品的版本众多，仅《马可·波罗游记》就有 40 多个版本。一些专题资料非常丰富，如关于中国辞书收集了 500 多种，关于日俄战争的图书约 500 种，关于中国鸟类以及地理探险的图书几乎全部收齐。文库中还包括各种定期刊物，主要是涉及中国及远东问题的专门杂志，有“东方协会”“亚细亚协会”出版的学报，从创刊号开始，完整无缺。中国历年海关季报、年报、十年报连续收藏。文库中还有地图、画册、照片等，有描写时事的图画、中国鸦片战争期间的照片，十分珍贵。莫理循文库累计各类书籍 24 000 余册，刊物和报表 110 多种，各类地图、画册、照片等 1 000 多种。[①]

1917 年日本三菱财阀岩崎久弥买下了莫理循文库，并将莫理循文库的藏书运往日本。岩崎久弥以原有藏品为基础，将收藏范围扩大至全亚洲，1924 年正式成立东洋文库。如今的东洋文库已经成为研究东方学的重镇之一，使日本的东方学研究长期处于世界一流水平。莫理循文库给我们引进了一种全新的特藏概念，这种全方位收藏的特藏概念，使一些当时并不贵重，而历久弥新竟然价值连城的资料自成体系，成为学界弥足珍贵、不可多得的特藏资料。

(3) 收藏西文图书以大学和教会为多，体现藏书的现代性

作为京畿之地，藏书以中国古籍为重是自然的，但藏书的现代性也充分体现在北京的图书馆中，西文图书也不少。西文图书主要收藏在大学和教会图书馆。清华学校图书馆作为留美预备学校，1920 年中文书 35 815 册，西文书13 806 册，西文图书几乎占全部图书的 1/3，西文杂志 207 种，中文杂志 74 种，西文杂志比中文杂志多近 3 倍。燕京大学图书馆 1927 年中文藏书 15 300 册，西文藏书 12 024 册，西文书占 44%。一些学术团体图书馆，如地质调查所图书馆、中国社会政治学会图书馆等，西文图书都超过中文图书。地质调查所 1929 年有中文图书 3 819 册，西文图书 24 054 册。其他如北堂图书馆等教会图书馆也有大量西文图书。

早期建立的图书馆，多数没有像京师大学堂藏书楼、京师图书馆、故宫博物院图书馆那样能够获得官方藏书的条件，很多图书馆从几十册、几百册、几

---

① 郭存孝：《一座私人的亚洲图书馆——莫理循文库》，《民国春秋》，1998 年第 4 期，50～53 页。

千册图书起家。比如燕京大学图书馆，1919年建馆时“只有一间房屋，一个书架，几百本书（是在华北从事教育工作的D.Z.Sheffield遗赠），馆长是高厚德。经过历年聚书，1926年在海淀的新校园建成后，图书馆迁出城时已有中文图书15 300册，西文图书12 024册”。① 清华学校图书馆1912年建馆时，“仅大房一间，小房两间”②，藏书2 000册，到1937年“七七”事变前，已有34万册书刊资料。新式图书馆经过日积月累，最终汇成插架琳琅的知识海洋。

2. “七七”事变前图书馆聚书达到高潮

（1）国立图书馆

1928年张学良在东北宣布“改旗易帜”，接受南京国民政府的领导，南京国民政府在形式上实现了全国统一，结束了孙中山在《国民政府建国大纲》中设计的军政时期，进入训政时期。图书馆发展有了良好的社会环境，经过前期的积累，图书进一步向各类图书馆汇聚。

北京有深厚的文化积淀，正如时人所言：“北平为中国首都忽六百余年。自国民革命军北伐底定全国以后，政治中心虽告转移，而教育学术重镇之地位仍屹然未动。因其历史嬗递之久，文物蕴蓄之丰，藏书事业亦灿然称盛”。“姑以国立北平图书馆、国立故宫博物院图书馆，以及北京、北平、北师、清华、燕京五大学图书馆而论，其藏书量即达一百六十余万册之多（居全国公藏第一位）”。③ 正如时人看到的那样，在国立图书馆中，以国立北平图书馆和故宫博物院图书馆藏书最为丰富。

1929年8月，国立北平图书馆和北平北海图书馆合并，成立新的国立北平图书馆，由原北海图书馆副馆长袁同礼任国立北平图书馆副馆长。袁同礼为留美学者，深谙图书馆学专业，尽管北海图书馆于1926年才建馆，但在袁同礼任职的三年时间里，他不遗余力收集文献，丰富馆藏，至北平北海图书馆改组前，馆藏中、西、日文图书已有152 638册，另有杂志3 200册，报纸28种，地图71册，又256幅，金石拓片16包，有267幅，已与原国立北平图书馆相差

① 张玮瑛、王百强、钱辛波：《燕京大学史稿》，415页，北京，人民中国出版社，1999年。

② 戴志骞：《清华学校图书馆之过去、现在及将来》，《清华周刊》，1927年第27卷第11期，550～556页。

③ 莲只：《怀国立北平图书馆》，《今文月刊》，1943年第2卷第2～3期，122～125页。

无几。

国立北平图书馆与北平北海图书馆合并后，办馆宗旨仍然保留为“保存国粹”，其目标是：①国家庋藏重籍之图书馆；②供给科学（包括自然科学与人文科学）研究之图书馆。[①] 其收藏原则是：重点收藏中文古籍，在原有基础上尽量补充。其购书经费由中华教育文化基金董事会提供，较有保障。

国立北平图书馆收藏的文献主要有：①古籍文献。国立北平图书馆新馆开馆之后，著名版本学家赵万里亲赴上海、杭州等地采购旧书，购得天一阁藏珍本约 40 种，蒋汝藻密韵楼藏明人集部 614 种，多为罕见本。1929—1930 年又搜集到许多珍本秘籍，包括乾隆年间禁书、珍本戏曲小说、近代史料、宋元明善本、影抄本《永乐大典》、海源阁藏书 30 余种。②地方志书。从京师图书馆成立之初，即由内阁大库拨交方志 1 000 多部，又由国子监移藏 100 余部，1926 年以后又购进地方志 500 多部。1929 年 8 月以后，陆续购入或接受捐赠志书 1 000 多部。到 1933 年，国立北平图书馆入藏方志总计 3 800 种，5 200 余部。③舆图文献。京师图书馆开办之初，接收原清内阁大库舆图 100 余种，后又陆续购进，1931 年经国立北平图书馆派员整理，舆图总数已经增至 4 000 余种，1932 年又新购一批不同类别、分省区的地图。此外，还收藏一批样式雷图样，包括圆明园 53 份、长春园 19 份、万春园 27 份、坛庙 11 份、万寿典景 13 份、行宫 3 份、三海 11 份、内庭 13 份、陵工 94 份、王公府第 23 份、私宅 24 份，总数超过1 000 余张珍贵的建筑图样，使我们能够领略圆明园被毁前的壮观景象。④金石拓本。金石是一种重要的文献载体，历代铸刻的金石器物时代久远，存世不多，但是拓本却能将其原始风貌保存下来，为我们保留了无数珍贵的文物、文献、书法艺术资料。国立北平图书馆设立金石部，专门搜集实物及拓本，1929—1930 年在河南洛阳购入汉熹平石经后记一方，140 余字，对经学研究有重要参考价值。购得陈寿卿手辑金文 20 册，王廉生旧藏南北朝碑志 800 余种，聘请郭玉堂在洛阳收购新出土的金石墨本，一次性收到 600 种以上。⑤其他特藏。边防文献：国立北平图书馆编纂馆藏善本丛书，第一集就是有关边防的文献。西夏文佛经：1930 年冬购得西夏文佛经 13 种，100 册，耗资 9 500 元。烫样模型：烫样是为皇帝预览而制作的建筑模型，清代主要

① 国立北平图书馆：《国立北平图书馆馆务报告（1929 年 7 月至 1930 年 6 月）》，国立北平图书馆印制，1930 年版，5 页。

是为宫廷服务的样式雷烫样，1930 年 6 月国立北平图书馆花费 5 000 元，从雷氏后人手中购得圆明园、三海、近代陵工模型 27 箱，以及各项工程图样数百种，是非常珍贵的历史资料。[①] 1933 年赵万里编纂《国立北平图书馆甲库善本书目》，据统计当时国立北平图书馆甲库中文善本已达 3 796 种、78 199 卷，1935 年 12 月出版《国立北平图书馆善本书目乙编》，[②]又收录善本图书 2 796 种、30 486 卷，其中多数是京师图书馆的旧藏。[③]（国立北平图书馆书库见图 4-24）

图 4-24　国立北平图书馆书库

故宫博物院图书馆继续整理故宫藏书。1929 年冬将景山大高殿故宫博物院图书馆分馆的藏书移入故宫之内，分置各藏书库。其中有：杨守敬观海堂藏书 1 667 部，15 906 册；方略馆藏书 377 部，15 466 册；资政院藏书 747 部，4 835 册。据 1932 年统计，故宫博物院图书馆已经整理出图书335 063册。[④]

这一阶段整理的图书主要包括：①文渊阁《四库全书》。1930 年 10—11 月，按照四库全书总目分部检查，共 3 462 种，36 078 册。这套图书在抗战期间运至重庆，后运往台湾，现藏“台湾故宫博物院”。②摛藻堂《四库全书荟要》。1930 年秋整理共 463 种，11 178 册。抗战期间运至重庆，后运往台湾，

① 王兆辉、闫峰：《民国文献视野下国立北平图书馆的文献典藏初探》，《高校图书馆工作》，2016 年第 4 期，36～41 页。

② 袁同礼：《国立北平图书馆善本书目乙编序》，转引自《北京图书馆同人文选》编委会编：《北京图书馆同人文选》，41 页，北京，书目文献出版社，1987 年。

③ 李镇铭：《京师图书馆的基础藏书及其渊源》，《北京图书馆馆刊》，1995 年第 Z2 期，113～119 页。

④ 《记故宫图书馆藏书》，《中国新书月报》，1932 年第 2 卷第 2～3 期，48～49 页。

现藏“台湾故宫博物院”。③善本书库。包括宋元刊本、旧写本、名家写本、佛经等 939 部，1 857 册。④殿本书库。共整理出 806 部，25 060 册，还有殿版开化纸《古今图书集成》一部，5 019 册(缺 1 册)，殿版竹纸《古今图书集成》一部，5 017 册(缺 3 册)。⑤经部书库。整理出图书 990 部，7 510 册。另有汇刻图书 62 部，5 780 册。⑥史部书库。共整理出图书 1 316 部，28 261 册。⑦子部书库。共整理出图书 1 539 部，16 701 册。还整理出四部大字石印本《古今图书集成》共20 176 册。⑧集部书库。整理出图书 1 845 部，20 013 册。还有丛书 106 部，7 255 册。⑨满文书库。共整理出 362 部，12 843 册图书。其中有一部精写本《御制五体清文鉴》，共 36 册，海内罕见，极其珍贵。⑩方志书库。主要收藏原清史馆的方志图书，1930 年 2 月国民政府从故宫博物院清史馆提取方志 31 947 册，剩余各省方志 2 814 部，25 292 册收藏在方志书库。⑪复本书库。经部、史部、子部、集部图书均有复本，共整理出 5 319 部，100 830 册。⑫杂书库。各书库中整理出的杂书均集中在萱寿堂外院西屋，共有 1 175 部，6 193 册。

经过整理的故宫博物院图书馆的图书，均按经、史、子、集、丛进行分类编目，制作卡片目录。善本书目录由故宫博物院专门委员[①]张允亮[②]负责校正，殿本书目录由专门委员陶湘[③]增订体例，陆续编出四部目录、丛书目录、志书目录、杨氏观海堂藏书的书本目录。

作为对现代学术研究提供服务的图书馆，仅有古籍无法完成使命，于是“汉籍而外，更肆力于东西重要典籍之搜集，谋为中国之一科学树一基础”。[④]国立北平图书馆副馆长袁同礼重视海外文献的收藏，在北海图书馆建馆之初就注意收集海外文献，北海图书馆与国立北平图书馆合并时，外文文献达 6 万册之多。外文期刊反映最新研究成果，国立北平图书馆购买外文期刊，侧重于专业期刊，且保证连续订购，1930 年左右，国立北平图书馆已经订购专业期

---

① 1929 年起故宫博物院先后成立了以开展学术研究活动为主旨的 9 个专门委员会，聘请了一大批中国当时著名的文史及古物研究方面的专家学者，为推进故宫博物院的文物保护及学术研究做出了突出贡献。

② 张允亮(1889—1952)，字庾楼，河北丰润人。曾任职故宫博物院图书馆和国立北平图书馆，在校勘、藏书、刊印、出版等方面均有建树。曾任故宫博物院图书馆专门委员。

③ 陶湘(1871—1940)，字兰泉，江苏武进人。著名藏书家、刻书家。曾任故宫博物院专门委员。

④ 袁同礼：《国立北平图书馆之使命》，《中华图书馆协会会报》，1931 年第 6 卷第 6 期，3～4 页。

刊约150种，且自创刊号开始。到1936年6月底，国立北平图书馆中外文馆藏总量高达45万册。[①] 到“七七”事变前，国立北平图书馆藏书已近50万册。

（2）学校图书馆

北京的图书馆藏书量大，质量上乘，使学者心向往之。琳琅满目、浩如烟海的大学图书馆，更是吸引学者的学术重地。浙江省立图书馆辅导主任李絜非参观北京的图书馆以后感受极深，“讲到规模，则中国唯一的国立图书馆就在这故都而不在今之首都，大学或专门的图书馆又是北平为最多，其平均的藏书量也过于他处的大学。（如清华大学藏书一倍于中央大学[②]）所以中国图书馆事业，无疑的以北平为重心所在”。[③] 在北京的大学图书馆中，藏书较多的有北京大学、清华大学、燕京大学。中法大学因为有法国退还庚子赔款的支持，藏书也较多。

大学图书馆因各校传统不同，其馆藏特点也有所不同。一般大学图书馆的藏书讲求范围广泛，注重补充新旧图书和中外文图书，强调学科门类齐全。北京大学图书馆最早的图书来自于官方继承和调拨，以古籍线装书为主。随着学校的发展，为了满足大学教学、研究的需要，也注意收集各种新学、西学图书，尤其是国外的出版物，蔡元培任校长期间，将重点放在购买英文和新书上。[④] 李大钊任图书馆主任（馆长）期间，注重购买外文马列主义经典著作。北京大学图书馆的发展曾多年受制于空间狭小，1935年新馆落成后，藏书有计划地较快增长。1936年学校正式规定图书馆每年购书经费为50 400元，实际达到每月6 000～8 000元。根据杨家络编辑的《全国机关公团名录》（1937年4月出版）记载，北京大学图书馆藏书250 657册，其中中文169 897册，外文80 760册。

清华学校作为留美预备学校，图书没有来自旧式朝廷的支持，但其有美国退还庚子赔款作为保障，且学生以留美为主，图书增长很快，外文书数量较

---

① 北京图书馆业务研究委员会：《北京图书馆馆史史料汇编》，765页，北京，书目文献出版社，1992年。

② 据统计，“七七”事变前，清华大学图书馆有中外文图书300 107册，中央大学图书馆有中外文图书186 343册（来源：国立中央大学图书馆概况1937）。

③ 李絜非：《北平各图书馆参观印象记》，《浙江省立图书馆月刊》，1932年第1卷第5～6期，115～124页。

④ 李树权：《蔡元培李大钊与中国大学图书馆》，21页，长春，吉林大学出版社，1990年。

多。1928年清华学校改为国立清华大学，1929年学校呈请教育部批准《校务进行计划大纲》，规定清华大学的经费每年为120万元，图书仪器购置费至少占总预算的20%，其中图书费约13万元。1929年4月清华大学图书馆一次性购进浙江杭州丰华堂杨氏藏书，总计47 546册，古籍大幅增加，藏书结构改善。1936—1937学年，钱稻孙任图书馆主任，他在校刊上登载启事："各系教授先生，春节在迩，诸位先生或浏览海王村厂肆，如遇馆中未备而足资研究参考之廉价书籍，敬祈留意，即为馆中购买。"校内师生积极响应，虽没有版本要求，但实际购得大批好书，有报道称："清华大学图书馆，以旧历新年，厂甸书贾猬集，书摊中常有名贵旧籍发现，故拟大量收买，前曾布告，请该校各系教授代为留意，现闻其收集结果斐然，得稀版旧籍不少，物美价廉，师长同学，咸获非浅。"①到"七七"事变前，清华大学图书馆有中文图书226 043册、西文图书74 064册，共计图书300 107册。另外还有中文杂志7 644册、西文杂志25 117册，西文地图12 207张、中文地图229册、金石拓片4 424种、西文毕业论文203册。此外还有太平天国史料、中国历年海关报告以及其他出版物，图书资料总计349 931册。（国立清华大学图书馆书库见图4-25）

图4-25　国立清华大学图书馆书库

燕京大学图书馆的经费来源主要有四项：①学校普通经常费。学校分配

---

① 《清华大学图书馆搜集厂甸名贵书籍》，《学觚》，1937年第2卷第2期，8页。

给各系的购书经费和图书馆采购参考书、工具书、杂志等经费，每年经费数额视学校经费多寡而定。②哈佛燕京学社图书费。燕京学社北平办事处每年向燕京大学图书馆拨付购书费，少则三四千，多则一万美元，主要用于购置中、西文图书，特别是重要的中文典籍和有关中国问题的外文书。③法学院各学系图书费。④其他临时捐助的特别图书费。

哈佛燕京学社提供的经费资助直接促进了燕京大学图书的快速增长。哈佛燕京学社的成立源于美国铝业大王赫尔（Charles Martin Hall）的遗产基金，1928 年 1 月 4 日正式成立，本部设在哈佛大学，中国中心设在燕京大学，称燕京学社北平办事处。燕京学社北平办事处拨付的购书费是燕大图书馆每年购书经费中最主要的来源，每年“少则三四千，多则一万美元”，按照当时 1 美金兑换 14 元国币计算，相当于每年仅燕京学社北平办事处拨付给燕京大学图书馆的购书费就高达 4 万～14 万元国币。1929 年燕京大学拨给图书馆的经费为 10 406 元国币，而 1927—1928 年燕京大学图书馆获得来自哈佛燕京学社 60 000 元国币的购书经费，远远高于学校拨给图书馆的经费。由于购书经费充足，燕京大学图书馆藏书增长很快。作为教会大学，外文藏书多是其一大特色，此外还有西文东方学文库、善本古籍、古籍丛书、地方志、石刻拓片、缩微胶卷等特色资料。据统计，1937 年燕京大学图书馆藏书 305 439 册。[①]

中法大学的经费主要来源于：①中法基金利息；②法国庚子赔款退还部分；③学生学费；④临时捐款。图书馆的办公费、薪俸、购书费均由学校拨给，购书费规定每年最低为 2 万元。购书种类需经指定学者审查，如中文旧书须经刘半农先生鉴定后，认为有价值才能购买，1924 年由沈尹默、马隅卿为图书馆选购图书，经名流之手选购的图书，馆藏质量很高。1937 年，中法大学图书馆图书总计 154 952 册，其中中文 58 114 册，外文 96 838 册，另有杂志 3 066 册。[②]

中学图书馆藏书不断增加。育英中学图书馆是中学图书馆的标杆。育英中学始建于 1864 年，地址在东城灯市口，前身是美国基督教公理会创办的

① 张琦、王蕾：《哈佛燕京学社北平办事处与燕京大学图书馆的藏书建设》，《大学图书馆学报》，2013 年第 2 期，112～118 页。

② 陈雁：《民国时期北京中法大学图书馆建设研究》，《图书馆理论与实践》，2012 年第 12 期，107～108，121 页。

男蒙馆，1900 年学校在义和团运动中被毁。1902 年学校重建后更名为育英学校，1927 年更名为北平私立育英中学，1945 年复称育英学校，1952 年更名为北京市第二十五中学。1924 年该校正式建立图书馆，1929 年开始准备扩充馆舍，募款 2 000 余元，募得图书 4 000 余卷。1929 年育英中学图书馆共有图书 8 000 余卷，每年保持经常费1 200 元用于购书。"九一八"事变后，为了培养学生的技术能力，学校购进了大量实用科学、社会科学、数理科学及哲学艺术等图书，尤其是有很多关于飞机及无线电等技术图书，为抗战提前做好了准备。1933 年该校又将地理教室改为图书馆，大堂辟为阅览室，同时可容纳读者 380 余人，专任馆员 7 人。据 1936 年统计，学校图书馆共藏书 26 500 册，杂志 200 余种。由于馆藏丰富，借阅简便，每日"除在本馆临时借阅各类书籍、杂志不计外，借出书籍常有七八十册以至 180 余册"。该校还开设"图书馆管理法"选修课，讲授图书馆学专业知识。1934 年上海基督教教会调查全国 250 所教会中学，认为育英中学图书馆是全国教会中学图书馆中最好的一个，并委托该馆与燕京大学图书馆等合组委员会，编辑中学图书馆标准管理法。太平洋战争爆发前，该馆常年经费增至 5 000 元，图书馆又有扩充，分为两馆，一院为初中部图书馆，四院为高中部图书馆。1940 年袁同礼调查全国中学图书馆状况时，认为育英中学图书馆在行政、组织、设备等方面尽称完备，足称"全国中学图书馆之冠"。[①]（育英中学图书馆书库见图 4-26）

图 4-26 育英中学图书馆书库

资料来源：《华北基督教公理会育英中学校沿革志略》,《育英年刊》,1939。

---

① 《华北基督教公理会育英中学校沿革志略》,《育英年刊》,1940 年。

当代文化学者邓云乡曾提到北平的三个中学图书馆："当时中学图书馆中最出名的，公立的是师大附中图书馆，私立的是孔德中学图书馆、汇文中学图书馆。师大附中图书馆于民国元年成立时，就接收了清末五城学堂旧存之大批图书，其后这个学校，经费一直比较固定，离图书供应地琉璃厂又近，也懂得买书，所以新旧书不断增加，到文化古城时期[①]，作为中学图书馆，已斐然可观了。"[②]

邓云乡口中的北京师范大学附中，其前身是成立于1901年的五城学堂[③]，是中国最早的公立中学，1902年改为五城中学堂。1912年奉中华民国临时政府教育部令，更名为北京高等师范学校附属中学，地址在和平门外琉璃窑。1923年更名为国立北京师范大学附属中学，以后一直是北京师范大学的一部分，延续至今。1902年学校初建时，顺天府尹堂和五城察院筹拨2 800两银，为五城学堂购置图书。1912年改为北京高等师范学校附属中学后，接收了五城中学堂的旧有藏书，1920年1月正式成立图书馆。经多年积累，到"七七"事变前，国立北京师范大学附属中学图书馆有近40 000册图书。（国立北平师范大学附属中学图书馆见图4-27）

图 4-27　国立北平师范大学附中图书馆

资料来源：阮怀暐：《介绍北平师大附中》，《学校新闻》，1937年第55期，6页。

孔德学校建于1917年12月25日，由蔡元培、李石曾及北大教授沈尹默、

① 邓云乡在《文化古城旧事》一书中，将1928年6月至1937年7月定义为北京"文化古城"时期。

② 邓云乡：《文化古城旧事》，188页，石家庄，河北教育出版社，2004年。

③ 清时京城内分东、西、南、北、中五个区，五城指的是北京城。

马幼渔、马叔平等在北京东城方巾巷的华法教育会会址创办，1928 年国民政府拨东华门大街宗人府为孔德学校校址。1920 年以后，孔德学校办学经费来自法国退还的庚子赔款，由中法教育基金委员会直接拨款，经费较其他私立学校有保证。1924 年正式成立图书馆，由沈尹默、马廉等学者直接为图书馆选购图书。马廉(1893—1935)，字隅卿，浙江鄞县人，近现代著名的藏书家，小说戏曲研究家，1933—1935 年任孔德学校图书馆馆长。他为孔德学校图书馆购进了大批古籍戏曲小说，形成特色馆藏，鲁迅研究中国小说史曾到该校阅看词曲旧小说，馆藏曾达到 66 000 多册。1935 年 2 月 19 日马廉在北京大学讲台上晕倒，不幸英年早逝。马先生病故后，孔德学校图书馆一直封存。1952 年孔德学校改为北京市第二十七中学，图书馆藏书归入北京市图书馆(即现在的首都图书馆)。① (孔德学校图书馆中文书库见图 4-28)

图 4-28　孔德学校图书馆中文书库

资料来源：《北京孔德学校旬刊》，1925 年第 11 期，5 页。

汇文中学始建于 1871 年，1884 年建立图书馆。汇文中学的前身是美国基督教会美以美会附设的蒙学馆，地址在崇文门内船板胡同，1900 年校园在义和团运动中被焚毁，1902 年刘海澜校长主持重建校园。1918 年更名为汇文学校。1928 年更名为北平私立汇文学校；1945 年更名为北平私立汇文中学；1952 年更名为北京市第二十六中学，1989 年恢复为北京汇文中学。汇文学校图书馆是中国最早建立的学校图书馆之一。"七七"事变前，学校有藏书 22 000 多册。(汇文中学图书馆见图 4-29)

此外，北平市立第一中学藏书也较多。(北平市立第一中学图书馆见

① 钱秉雄：《我所见到的孔德学校》，《中华文史资料文库(17)》，147～153 页，北京：中国文史出版社，1996 年。

图 4-29　清末汇文中学学生在图书馆里读书

资料来源：一文读懂汇文中学百年历史.北京日报，2021-04-06

图 4-30，在校门和二门后面的正房即是图书馆）该校前身是八旗官学，始建于清顺治元年（1644），是清王朝专为八旗子弟设立的学校，地址在安定门内郎家胡同。1902 年更名为宗室觉罗八旗中学堂。1912 年更名为京师公立第一中学，结束了皇家学校的历史，成为一所普通中学。1927 年更名为北平市第一中学，1949 年 4 月 11 日由北京市人民政府接管，更名为北京市第一中学。该校图书馆到“七七”事变前有图书 45 000 册。

图 4-30　北平市立第一中学图书馆

资料来源：北京一中 [2020-12-25] http://www.bj1z.net/1zmh/lsyg65/gxcq/index.html

北京平民中学订有“平民图书馆规则”，其宗旨是“以搜藏图书供给本校教职员学生及校外学者研究学术”之用，规定“凡欲研究某种学问，其书籍为本馆所无者，可开示书目，由本馆代为设法”，如果有读者十人以上，觉得某种书籍为必备，则该馆尽力随时添置。[①] 该馆服务原则体现其学校的平民性宗旨，不仅本校师生可以借阅图书，校外读者如有需要也可借阅。

1934 年流亡北平的东北籍知名人士在北平创办国立东北中山中学，学校的设备在当时北平的中学里堪称一流，仅图书一项就购置了包括《万有文库》《四库备要》《古今图书集成》及其他中外科技、文学名著等，此外还包括大量的理化、生物、土木等教学仪器设备。市立第四中学从清末的顺天中学堂发展而来，经过 20 多年的努力，校内教学设施如图书、图表、仪器、模型、体育器械和操场等均比较齐全。辅仁附中依靠辅仁大学设备，有完备的化学、物理、生物实验室和藏书丰富的图书馆。

除中学外，小学也有图书馆，如育英中学 1931 年在小学部设立“儿童生活园”，相当于小学部的图书馆，内设中西儿童玩具，以及有趣味的书籍图画等，阅览室可同时容纳 80 人。1934 年“儿童生活园”共有图书 3 016 册、儿童杂志 23 种、中西玩具 80 多种，充分满足了小学生的学习阅读需要。[②]（育英小学图书馆见图 4-31）

图 4-31　育英小学图书馆

资料来源：《育英小学图书馆》，《北晨画刊》，1937 年第 11 卷第 13 期，3 页。

① 《平民图书馆规则》，《北京大学日刊》，1924 年第 1451 期，2～3 页。

② 毕晓莹：《民国时期北京育英学校述略》，《北京社会科学》，2012 年第 4 期，95～98 页。

(3)私立、会社图书馆

私立图书馆以团体或个人之力谋求发展。松坡图书馆开馆时,第一分馆位于北京北海公园内的快雪堂,馆藏图书以梁启超个人捐赠及杨守敬的24 000多册藏书为主,内容涉及社会科学、自然科学、应用科学、传记等多种;第二分馆位于石虎胡同七号,馆藏以"图书俱乐部"收集的尚志学会、亚洲学会2 000多册日文图书为主,另外还有法文、意大利文、俄文、西班牙文、梵文、世界语等其他外文图书约6 000多册。

北平私立木斋图书馆主要以卢木斋先生的家藏为主,1936年开馆时,馆藏旧书24万册,新书4 500册,杂志120余种,报纸20余种,设有普通阅览室和杂志日报阅览室,两室共有座位200个。图书馆开馆后,卢木斋先生曾大力补充新书,开馆两个月,即新购图书160种,订购中文杂志约200种,日文杂志20种,日报20余种。[①] 至1937年4月底,馆藏新书已增加到10 308种、52 717册,[②]"七七"事变前,北平私立木斋图书馆有新旧藏书共计近30万册。卢木斋早年以算学获得功名,对数学情有独钟,在他亲自创办的北平私立木斋图书馆藏品中有珍贵的数学特藏,据该馆文献记载"木斋先生长于算学,本馆拟予普通书籍之外,设置新旧数学书籍专部,以为专门学者之参考"。[③]

(4)通俗图书馆

通俗图书馆的藏书结构与上列图书馆藏书不同,主要收藏通俗读物,为普通民众服务。如何提供好书给民众?北京通俗教育研究会负责图书审核。该会于1915年成立,下设戏曲、小说、讲演三股,经该会审核的小说分为上、中、下三等。上等分有奖励和无奖励两种。合于下列各款之一者给予奖励:①宗旨纯正,有益于国家社会者;②思想优美,有益于世道人心者;③灌输科学知识,有益于文化发达者;④文词优美,宗旨平正者。下等分为禁止与暂不禁止两种。有下列各款之一者,应予禁止:①宗旨乖谬,妨碍公共秩序者;②词意淫邪,违反善良风俗者;③思想偏激,危害国家者。1916—1922年,北京通俗教育研究会小说股共审核小说1 228种,根据等级予以奖励和禁止。获得奖励的小说内容多为爱国、励志、教育、政治及常识类,有效地引导了健

---

① 《工作概况》,《北平私立木斋图书馆季刊》,1937年创刊号,第91页。

② 《本馆工作概况》,《北平私立木斋图书馆季刊》,1937年第2期,104页。

③ 《北平木斋图书馆开幕》,《中华图书馆协会会报》,1936年第12卷第2期,27页。

康阅读。[①]

京师图书馆分馆是最早的通俗图书馆。该馆最初的馆藏，是从京师图书馆总馆藏书中选出有复本的，以及适合普通读者阅读的 2 000 余种图书，又补订各种杂志及新出版书籍充实馆藏，制定了《分馆办事规则》和《阅览规则》等章程。1922 年京师图书馆分馆馆藏有新旧书籍共 26 800 余册，新闻杂志 3 900 余册。[②] 1925 年 12 月 7 日，教育部令京师图书馆分馆改为京师第一普通图书馆，原京师图书馆拨 1 万册普通科学书籍给京师图书馆分馆，加之原有 2 万多册图书，第一普通图书馆有 3 万多册图书。截至 1937 年，北平市立第一普通图书馆有中文图书 86 237 册；外文图书 2 347 册；[③]（北平市立第一普通图书馆书库见图 4-32）

图 4-32　1930 年北平市立第一普通图书馆书库

资料来源：《北平特别市市立第一普通图书馆周年纪念刊》，1930 年版，33～37 页。

中山图书馆"以收集中外图书、新闻纸、杂志等各种文化刊物供给一般市民之阅读，并普及社会教育，启迪民智为宗旨"，[④]1937 年馆藏达到 64 309 册。总体来看，通俗图书馆以小说、儿童读物等通俗图书为主。

① 万妮娜：《通俗教育研究会对民初社会教育的推进》，《兰台世界》，2017 年第 14 期，78～80 页。

② 孟化：《浅析京师图书馆分馆在京师图书馆（1911—1928）发展历程中的意义和作用》，《北京史学论丛》，2013 年，317～323 页。

③ 金沛霖：《首都图书馆馆史》，北京市文化局首都图书馆印制，1994 年版，9 页。

④ 北平市立第一普通图书馆：《北平市立第一普通图书馆概况》，1936 年版，19 页。

三所通俗图书馆藏书的来源及特点：京师图书馆分馆的藏书最初为京师图书馆的复本调拨，“故学部旧藏南学典籍”为数不少，该馆还接收了教育部图书室收藏的前清内阁大库部分宋元版本古籍；京师通俗图书馆大部分是通过购买的通俗读物、民俗文学、戏曲小说，也是线装古籍印本和抄本较多；中央公园图书阅览所提供普通阅览，但也以线装古籍为主。通俗图书馆的宗旨是为普通民众服务，但馆藏中还是有大量古籍，体现了北京古籍图书较多的特点。

民众教育馆图书馆一般规模较小，主要收藏适合民众阅读的图书杂志，购书原则是先购适合普通民众阅读的浅显、新出版的杂志，次购自然科学、社会科学等图书，再次购买参考书及古书。民教馆采购新书有一定的政治倾向性，如第一民教馆规定，图书馆采购的图书，应符合社会进化、表现时代精神、与民众教育主题相吻合及记述革命史实四项为标准，而违反革命潮流的，压抑民众思想的，与民教运动相抵触的及含有迷信色彩的图书都不予采购。各个民教馆成立之初，藏书基本在 2 000 册左右。第一民教馆基础较好，1933 年藏书 5 814 册，1934 年增至万余册，杂志 40 余种，报纸 20 余种。除民教馆外，北京还设有十多个阅书报处，藏书大概都在 2 000 册左右。

从总体情况来看，北京的图书馆藏书主要集中在国立图书馆、大学图书馆，这两类图书馆收藏目标明确，馆藏方向清晰，馆藏发展有明确的计划，最能体现图书馆辅助研究的功能。私立图书馆基本能按开办者的意图发展。相比来讲，通俗图书馆馆舍简陋、藏书量少，而他们承担服务的却是社会上最大量的人群，图书馆藏书分布不平衡。

3. 抗战时期图书损毁严重，部分图书散出

日寇占领北平后，实行奴化教育，肆无忌惮地摧毁文化机构，损毁图书，以此消磨中国人的斗志，使其甘心做日寇的“顺民”。

(1) 日伪损毁图书文献的手段

日伪损毁的图书主要有：第一，含有反日、爱国以及有关日本殖民地、满洲、日伪政权的图书杂志一律销毁；第二，含有共产党、国民党、共产主义、社会主义等内容的图书杂志一律销毁；第三，日本在占领区实行愚民政策，推行奴化教育，有关新教育、新思想、新材料的图书杂志也被销毁。

日伪损毁书刊不择手段，主要有以下途径：

① 焚毁。大量焚毁图书，是日寇惯用的毁掉文化的手法。清华大学图书馆战前有34万册书刊，“七七”事变后校本部被占为日军一五二伤兵医院，图书馆成为伤兵医院本部，除“七七”事变前运至武汉再转重庆北碚的3.5万册珍本外，图书全部陷入敌手，日军在图书馆后面专门设立“书类烧场”，专事烧书，共烧毁约5万册图书，书中记载的文化随之灰飞烟灭，永远不复存在。

② 下架。北平市立的图书馆受日伪政府直接领导，对于“违禁”的图书均做下架处理。北平第一普通图书馆将所谓“不适用阅览之书籍”，即与日本侵略不相符合的书籍“均经先后注销”[①]。“新民教育馆”、阅书报处均归日伪政府管辖，对读物的控制极其严格，所谓“违禁”的图书全部注销，[②]这部分“注销”的图书，有的被焚毁，有的被掠往伪“新民会”。1941年日伪当局对伪“北京大学”进行了一次“图书查禁”，共检出抗日类书籍880册，国民党类书籍915册，资本主义类书籍544册，社会主义类书籍964册，共产主义类书籍1 137册。日伪当局试图通过这一大规模禁书行动，控制青年学生的思想。

③ 私藏盗卖。北平第一普通图书馆作为直接在伪政府控制下的图书馆损失惨重，据记载“沦陷期间，该馆图书杂志及物品损失颇多，除因日伪检查关系焚毁者外，闻尚有上下合手盗卖情形”。[③] 伪“新民会”是重要的奴化机关，各图书馆查禁所谓“违禁”图书，多数掠往该会保存，该会图书管理人曲传政监守自盗，抗战胜利后，在他的私藏中，起获了中国社会政治学会图书馆、国立北平图书馆的藏书[④]以及清华大学图书馆中、西文图书277册。[⑤]

④ 封存。国立北平图书馆迫于日寇的压力，被迫将馆藏抗日、进步和其他妨碍日伪统治的书籍“逐一清理，另编号码”，专辟“特别资料研究室”，制定《国立北京图书馆特别资料研究室暂行规则》和《特别资料室阅览暂行规则》，限制使用。

---

① 李文祷、武田熙：《北平学术文化机关综览》，新民印书馆，1940年版，35页。

② 李文祷、武田熙：《北平学术文化机关综览》，新民印书馆，1940年版，42页。

③ 《北平第一普通图书馆损失情形》，《中华图书馆协会会报》，1945年第19卷第4～6期，8～9页。

④ 北京图书馆业务研究委员会：《北京图书馆馆史资料汇编（1909—1949）》，811页，北京，书目文献出版社，1992年。

⑤ 《解放战争时期的清华大学（1946—1948）》，转引自清华大学校史研究室：《清华大学史料选编》第四卷，160页，北京，清华大学出版社，1994年。

⑤ 运往日本。日军强行将大量图书掠往日本，如 1941 年 9 月东京帝国大学图书馆的中田邦造到北平索书，结果伪“新民会”以“寄赠”的形式交付给东京帝国大学大量图书，战后归还单行本 6 071 册、杂志以及报纸计 14 734册。

（2）各类图书的损毁

国立北平图书馆在日军占领期间，共遭遇三次日伪机关、部队以及宪兵对北平馆、南京办事处、香港办事处较大规模的劫掠：

① 抗战初期伪“新民会”对国立北平图书馆总馆文献的劫掠。1938 年 5 月 31 日伪“新民会”强行提去国立北平图书馆 30 箱所谓“禁书”，始终未归还，直至战争结束后，才从各处零散收回。“七七”事变前静生生物调查所借用国立北平图书馆之生物书籍 460 余种被日军劫掠。该所是近代中国建立最早、最有成就的生物学研究机构之一，为中国科学院动物研究所和植物研究所的前身，1928 年 2 月 28 日成立，主要创办人为中国著名动物学家秉志和植物学家胡先骕。太平洋战争爆发后，受中华教育文化基金董事会资助的静生生物调查所被视为美国产业，被日军北支派遣军 1855 部队一五一兵站医院霸占，逐出留守人员，利用所里收藏的标本、图书从事生物武器研制，该所借国立北平图书馆的生物图书全部被日军侵夺，一部分被移存到伪“北京大学”理学院。[①]

② 日本部队和特务机关对国立北平图书馆暂存在香港大学冯平山图书馆藏书的劫掠。太平洋战争爆发后，香港于 1941 年 12 月 25 日沦陷，第二天日本人到香港大学冯平山图书馆搜查，1942 年 2 月上旬，日军调查班班长宫本博少佐派人到香港大学冯平山图书馆，劫走国立北平图书馆及中华图书馆协会寄存该处的 300 余箱图书，被掠书箱上写“寄东京参谋本部御中”字样。另外 1941 年 12 月 5 日，国立北平图书馆准备将西文图书杂志 20 箱通过英国轮船运往上海，因战事紧张未能抵达，船只返回香港，图书杂志寄存香港西环永安货仓第 2 号仓 5 楼，1942 年被日寇掠走。

③ 日本宪兵对国立北平图书馆寄存中英文化协会英国美术印刷品图书的劫掠。国立北平图书馆曾收藏英国印刷珍本图书，1936 年在北平举办过展览，受到时人称赞。1937 年国立北平图书馆将这批图书运往南京，寄存在山

---

① 吴家睿：《静生生物调查所纪事》，《中国科技史杂志》，1989 年第 1 期，28～38 页。

西路中英文化协会(中英庚款董事会),1941 年太平洋战争爆发后被日军南京部队本部外事组员内田等劫走。

北平市立图书馆、阅书报处、民众教育馆图书馆因受伪"北京特别市公署"教育局直接管辖,图书馆按损失比例计算最为严重。比如北平市立第一普通图书馆原有的总理遗训、总裁言论、党义等图书均属违禁,遭到注销。"七七"事变前统计该馆有 8 万多册书刊,1940 年统计在馆书刊只有 4 万多册。

大学图书馆是战争的重灾区。北平各大学的厄运就是图书馆的厄运。抗战期间多数大学内迁,各大学迁走后,留在故都的大学图书馆遭到了严重的摧残,馆舍损毁,图书不存,令人痛心。抗战期间大学图书馆损失情况见表 4-2。

表 4-2　抗战期间大学图书馆损失情况[①]

名　　称	破坏与劫掠情况
北京大学图书馆	1937 年 8 月被日军占领,主楼地下室成为牢狱。日本宪兵掠卖俄文书 3 700 余册,杂志 136 种。伪"新民会"取走政治书籍 126 种,中文杂志 20 000 余册,伪教育部取走期刊合订本 248 册,日伪查收"违禁"图书 3 000 册。[②]
清华大学图书馆	1938 年被日军一五二伤兵医院占为本部,阅览室及书库变成病房及药库,图书被焚烧盗卖达 5 万册,剩余 20 万册图书分别被伪"北京大学"、北平近代科学图书馆等掠走。
北平师范大学图书馆	损失书刊 32 794 册(其中包括图书馆图书 4 113 册、学生图书 16 586 册、报纸 2 971 册,杂志 7 327 册,前女师封存的前东北大学图书 1 548 册,前女子文理学院图书 249 册)[③]
北平大学工学院图书馆	损失图书 1 996 册(中文 361 册,西文 1 189 册,日文 446 册)
中法大学图书馆	损失中外文图书 15 683 册,杂志 1 626 册,报纸 240 册[④]
朝阳学院图书馆	损失中、日、英、德、法文图书 1 220 册,中西文杂志 23 890 册
中国大学图书馆	损失总计 19 535 册(中外书籍 3 524 册,中外刊物 16 011 册)

① 宋恩荣、余子侠:《日本侵华教育全史》第二卷,165～166 页,北京,人民教育出版社,2005 年。

② 《北京大学图书馆损失情形》,《中华图书馆协会会报》,1945 年第 19 卷第 4～6 期,10 页。

③ 《北平各图书馆损失一览》,《中华图书馆协会会报》,1945 年第 20 卷第 4～6 期,12 页。

④ 《北平各图书馆损失一览》,《中华图书馆协会会报》,1945 年第 20 卷第 4～6 期,12 页。

续表

名　　称	破坏与劫掠情况
燕京大学图书馆	太平洋战争爆发后图书馆被日军占领，1942 年 6～7 月伪“华北综合调查研究所”接管，馆内设备搬劫一空，[①]劫走书刊 31 907 万册
民国大学图书馆	图书、杂志 59 836 册被敌掠去
辅仁大学图书馆	损失中文图书 226 册、西文图书 18 册

中小学图书馆也未能幸免。北平沦陷后，在日伪统治下，中小学不断减少，图书馆多数被迫关门，没有关门的图书馆图书均有损失。1938 年 5 月，伪“中华民国临时政府”教育部及伪“北京特别市公署”教育局要求所属各学校、图书馆对所谓“有碍邦交”的图书即行销毁，伪“北京特别市公署”教育局遵照日寇旨意对于“未及毁弃者，均须转送新民会收藏。本局当即照办。此外本局复派员会同警察、社会两局及日本宪兵队分赴各书店检查”。抗战期间中、小学图书馆损失情况具本见表 4-3、表 4-4。

表 4-3　抗战期间中学图书馆损失情况[②]

序号	学 校 名 称	图 书 损 失	时　　间
1	北平市立师范学校	4 737 册	1937 年 8 月
2	北平市立第一中学	1 825 册	1937—1941 年
3	北平市立第五中学	万有文库一部	1937 年
4	弘达中学	5 000	
5	大中中学	英文大字典一部	1937 年 8 月
6	大同中学	18 600	1937 年 10 月
7	育英中学	540	1937 年 7 月
8	汇文中学	2 006	1941—1945 年
9	崇实中学	241	1942 年
10	孔德中学	图书 10 000 册，杂志 25 000 册，报纸合订本 4 000 册	1937—1943 年
11	上义中学	地图 160 幅，书籍杂志 1 320 册	1938 年

① 《燕大图书馆损失情形》，《中华图书馆协会会报》，1945 年第 19 卷第 4～6 期，10 页。

② 许赤瑜：《北平沦陷时期中小学损失研究》，《北京党史》，2015 年第 4 期，24～27 页。

续表

序号	学校名称	图书损失	时间
12	辅仁大学附属中学	2 000 余册	1938 年 3 月
13	崇德中学	1 800 册	1941 年 12 月
14	笃志女子中学	200	
15	聋哑学校	3 187 册	1945 年
16	崇慈女子中学	地图 15 本，各类杂志 2 683 册	1937—1942 年
17	北平师大附中图书馆	损失中外图书 2 886 册，323 幅（中外文图书 1 220 册，杂志 1 533 册，报纸 133 册，挂图 323 幅）	1945 年

表 4-4　抗战期间小学图书馆损失情况①

序号	名称	图书、标本、地图	时间
1	北平市立光明殿小学	图书 184 册	1937 年 8 月
2	北平市立香山四王府小学	地图书籍 34 册	1937 年 8 月
3	北平市立红山头北小学	图书 111 册	1937 年 10 月
4	北平市立南河滩简易小学	图书 51 册	1937 年
5	香山慈幼院小学	图书 600 册	1945 年
6	英育小学	图书 153 册	1937 年 7 月
7	汇文第一小学	图书 2 500 册	1942 年
8	孔德小学	图书 2 000 册	1937—1943 年
9	上义中学附属小学	地图 47 幅，书籍 878 册	1938 年 5 月
10	立华小学	图书 750 册，植物标本 20 个，地理图 30 幅	1937 年 9 月

私立、会社图书馆均有损失，各馆虽勉强维持，想尽办法保护图书，但终因无法抵御侵略者的魔爪，而使各馆图书资料有所损失。具体情况如表 4-5 所示。

① 许赤瑜：《北平沦陷时期中小学损失研究》，《北京党史》，2015 年第 4 期，24～27 页。

表 4-5　抗战期间其他图书馆破坏情况[1]

名　　称	破坏与劫掠情况
故宫博物院图书馆太庙分馆	损失总计 511 件，11 022 册（书籍 242 种 340 册，杂志 369 种 10 682 册）
中国社会政治学会图书馆	“七七”事变后，馆址被日军占领，图书全部被伪“新民会”劫夺，并有该会图书管理人曲传政监守自盗一部分
松坡图书馆	俄国文学著作数种及蔡锷将军军中遗墨四部被掠。损失图书 3 300 册，地图一束、晨报全份[2]
北平市立图书馆	1938 年 8 月，日军一个中队驻扎该馆，所有反日内容书籍被焚烧。图书损失 1 400 余种，半数被毁，半数盗卖，期刊全部盗卖无存[3]
北平私立木斋图书馆	“七七”事变后闭馆，1948 年清点，抗战前曾有 30 万册藏书的图书馆，复员后仅剩 5 万册图书

相对于零星蚕食，整体破坏更为可怕，一些图书馆的图书散出馆外。在北平众多受损的图书馆中，最巨者为清华大学图书馆。1937 年清华大学南迁以后，日军入主清华园，多次非法取走图书，原有书籍胡乱搬移，别处书籍随意弃置地上，西部书库内凌乱不堪，无人整理。日军为使用方便，将东部书库图书移入西部书库，西部书库更是书满为患。1938 年日军全部占领清华园后，将清华大学南迁前留下的“保委会”赶出学校，图书馆无人看管打扫，窗破之处甚多，书库内尘土积封，蛛丝牵挂，无人问津。但西部书库到 1940 年尚未受到大的破坏，其中还有 20 多万册藏书。[4]

1940 年年底，满铁北支经济调查所及华北交通会社即开始倡议整理清华剩余图书，后因故搁置。1941 年 5 月，日本华北军司令部（多田部队本部）开始计议整理清华图书馆书库中所剩图书，指定由七处参与整理，即多田部队本部、兴亚院华北联络部、伪“华北政务委员会”、伪“新民会”、满铁北支经济调查所、北支那开发株式会社、华北交通株式会社。具体分工如下：①多田部队本部整理总记、辞典、卫生、建筑；②兴亚院华北联络部整理政治、外交、法制、移殖民、文化关系；③伪“华北政务委员会”整理灾害及联络部分；④伪

① 刘晓云：《近代北京社会教育发展研究》，260～261 页，北京，知识产权出版社，2013 年。

② 《松坡图书馆损失情形》，《中华图书馆协会会报》，1945 年第 20 卷第 1～3 期，12 页。

③ 《北平第一普通图书馆损失情形》，《中华图书馆协会会报》，1945 年第 19 卷第 4～6 期，9～10 页。

④ 梅贻琦：《抗战期中之清华》（续），《清华校友通讯》，1940 年第 6 卷第 5 期。

“新民会”整理“禁书”，包括关于抗日、共产主义、马克思、社会主义、国民党及国民政府宣传品等；⑤满铁北支经济调查所和北支那开发株式会社整理地志、一般经济及产业、财政、金融、社会问题；⑥华北交通株式会社整理交通、治水、运输等。1941年5月14日开始，各参与机关派出专人，分门别类进行整理。

此次名为整理图书，实则各机关所选书籍即可占为己有，所以在挑选时，都争先恐后，不遗余力。经过数周抢掠，最后各自选定所要书籍。书已选好，但因事情有所变故，遂罢前议。后又拟将清华图书全部寄存到北平近代科学图书馆，但该馆馆长到清华大学图书馆视察以后，认为数量过多，该馆无法存放。最后决定：关于军事图书，由军部取走；“禁书”约1万册，由伪“新民会”取走；各机关所选图书约4万册，由北平近代科学图书馆取走；剩余者20余万册图书全部拨交伪“北京大学”图书馆保存。

清华大学图书馆的图书被全部运走，书库中的设备也在劫难逃。原书库有三层钢铁书架，[①]日军计划将书架全部拆空，但书架上下连通，并与每层房架一起，支撑着整栋建筑，因怕一、二层不能承重，建筑倒塌，遂只拆掉第三层，第一、二层得以幸免。第三层共有钢架三十二列，每列十格，每格钢板七层，伪“北京大学”图书馆分得十八列，北平近代科学图书馆分得十列，伪“新民会”分得三列，日军一五二病院留一列。钢架之外，全部目录柜及书档六千余个，亦归伪“北京大学”图书馆所有。[②] 至此，清华大学图书馆经过20多年汇聚的34万册图书、杂志及其他资料，除1935年运往汉口再转重庆北碚的35 000册图书外，全部散出，偌大书库中一本存书不剩，闻者无不为之痛心。

北平私立木斋图书馆“七七”事变前有古籍、新书共计近30万册，战后仅剩5万册。姜德明先生曾记：“敌伪时期收购藏书家卢木斋的旧书，一笔就是六十万元”[③]，可见木斋图书馆的图书散出的不少。

受损较为严重的还有中国社会政治学会图书馆。太平洋战争爆发后，该馆馆舍被日军占驻，所有15 000册图书均被伪“新民会”劫走。日本军部及所

---

① 《国立清华大学图书馆概况》，《清华周刊》，1934年第41卷向导专号，50～61页。

② 《“七七”事变后平市图书馆状况调查》，《中华图书馆协会会报》，1940年第16卷第1～2期合刊，4～7页。

③ 姜德明：《姜德明书话》，363页，北京，北京出版社，1998年。

属各机关又从伪“新民会”取走不少原中国社会政治学会图书馆的藏书，后又经伪“新民会”图书管理员曲传政监守自盗，继续损失，原馆内登记簿、目录片全部遗失。①

4. 战后恢复迅速，图书重聚

（1）分配、收购图书

抗战期间，北平各馆图书损毁严重，复员时期最重要的工作之一就是恢复馆藏。“平津区教育复员辅导委员会”主持北平的图书接收工作，清查敌伪机关的图书。

清查日人存藏图书最大宗为日本图书保存会。日伪统治时期，日本人在北平经营多家书店，抗战胜利后，这些书店多已自动停业。1945 年 9 月，日本大使馆将一部分书店的图书集中起来，准备运往日本。“平津区教育复员辅导委员会”将这部分图书作为敌产，阻止其转移，日人只能作罢，遂将北平东安门大街东兴楼辟为藏书楼，将此项图书与日人的私人藏书合为一处，成立日本图书保存会。此批图书约 42 万册，后来由“平津区教育复员辅导委员会”接收，并拟有整理计划。此后北平警备司令部征用东兴楼作为稽查处，迭函催请迁移图书。图书迁移过程动用卡车 10 辆，每日运送两次，10 日运完，装卸工人每日至少需用 50 人，仅搬运费及工资即为 200 万元，可见其藏书量之巨。

日本东方文化事业总会藏书次巨，其中还发现了很多日人所谓“禁书”，均系多次“查禁”检查由各图书馆攫取。日本东方文化事业总会还存有日本大使馆送来保存的图书，其中属于原大、中学校图书馆的藏书皆有。

北平近代科学图书馆掠取了大量清华大学、燕京大学、中国社会政治学会等图书馆及英美侨民的藏书，各馆分别按照目录进行清查；北平近代科学图书馆还掠取了清华大学图书馆、中国社会政治学会图书馆的设备。抗战胜利后，日本领事馆还向北平近代科学图书馆移存了大量图书，由于战败慌乱，

① 《政治学会图书馆损失图书大部寻回》，《中华图书馆协会会报》，1946 年第 20 卷第 4～6 期，14 页。

移存时随意放置，书页散失无暇顾及，整理工作异常艰巨。[①] “平津区教育复员辅导委员会”清查敌伪机关存书和设备情况及北平近代科学图书馆掠夺的设备情况，见表4-6、表4-7。

表4-6 “平津区教育复员辅导委员会”清查敌伪机关存书和设备情况[②]

序号	单　位	册数	序号	单　位	册数
1	日本东方文化事业总会	194 853	6	兴亚院华北联络部调查所	14 871
2	北平近代科学图书馆	96 404	7	东亚文化协议会	2 785
3	伪“华北行政学院”	113 023	8	桥川时雄献部汉籍	19 686
4	伪“教育总署”	19 225	9	久下司献部图书	3 008
5	日本图书保存会	420 000	10	小谷晴亮献部图书	2 168
总计	886 023 册				

表4-7 北平近代科学图书馆掠取的设备

清华大学					中国社会政治学会		徐淑希
钢制书架	钢书架零件	铁书档	木条	卡片柜	铁书架	铁书架零件	参考笔记等
120 件	105 件	400 件	38 件	2 件	24 件	339 件	255 件
总计：1 283 件							

1947年2月，教育部成立“接收敌伪文物统一分配委员会”，1947年2月21日，教育部召开“接收敌伪文物统一分配委员会”第一次会议，由教育次长杭立武主持，参加者有张道藩、樊际昌、李济、徐鸿宝、英千里、闻钧天、蔡重江、顾汝勋、黄念劬（代表马衡和袁同礼），会议讨论将接收文物工作分为图书、文物、调查三组，推定各组召集人，图书组樊际昌，文物组张道藩，调查组徐鸿宝，建议所有“敌伪产业处理局”接收的敌伪掠取文物均应无条件交教育部接收，不必另办作价手续，以资便捷，以免损失。[③] 收复区的工作重点由接

① 《教育部平津区特派员办公处代电》，中国第二历史档案馆藏，档案号：全宗号5，案卷号1641，页号7。

② 《教育部平津区特派员办公处等单位关于收复平津地区教育机关报告》，转引自中国第二历史档案馆：《中华民国史档案资料汇编》第五辑 第三编 教育（一），87～109页，南京，江苏古籍出版社，2000年。

③ 《接收文物分配会》，《中华图书馆协会会报》，1947年第21卷第1～2期，12页。

收转移到发还上来。

"平津区教育复员辅导委员会"清查的图书数量极大,能够查到个人的归还原主人,无主的重点支持高校图书馆。抗战期间清华大学图书损失过半;此外,东北沦陷期间,东北的高校四处流浪,复员等于从头开始。因此,"平津区教育复员辅导委员会"决定将清查的图书主要分配给东北高校和清华大学,具体分配情况,依照教育部指示,"将兴亚院等五单位书籍除以《清实录》《明实录》两书分拨北平图书馆与历史语言研究所外,余书以百分之二十拨交清华大学,百分之八十分配于东北大学、长春大学、长白师范学院及山东大学,又日本保存会之复本书分配于东北、长春、长白三校院。有关铁道管理等类之复本,拨交铁道管理学院,其正本移交北平图书馆整理后,成立'日本文库'。"[①]1948 年 1 月清华大学图书馆接收教育部平津区图书处理委员会分配的中文图书 1 849 部,2 166 种,12 000 册。[②]

日伪统治时期,经伪教育总署及伪"新民会"借检查之名,查禁了大量所谓"违禁"图书,复员后这些书大部分被国民党北平市党部接收。这部分图书数量很大,涉及图书馆众多,公共图书馆有:国立北平图书馆、故宫博物院图书馆及太庙分馆、中国社会政治学会图书馆、北平市立第一普通图书馆、中山图书馆、松坡图书馆、民众图书馆、木斋图书馆、天津市立图书馆等;涉及的学校图书馆更多,其中有:北京大学、清华大学、北平师范大学、中法大学、东北大学、华北大学、北平大学、北洋大学、中国大学、交通大学、朝阳学院、民国学院、河北法政学院,以及一些中小学如志成中学、育英中学、育华中学、盛新中学、汇文中学、市立第一中学、河北高中、师大附中、贝满女子中学、两吉女子中学、温泉女子中学、成达中学、保定育德中学、成城学校、第一女子中学、市立师范学校、市立高级商业学校、天津市立师范学校、天津市立第廿五小学等。这些保存下来的图书,在北平市党部发还的过程中,又遭到国民党军队的破坏,有的被当作废纸焚烧,如清华大学的图书接收时已完全无法利用。[③]

北平作为文化古城,曾聚集历代图书文献精华。抗战胜利后,内战爆发,

---

① 北京图书馆业务研究委员会:《北京图书馆馆史资料汇编(1909—1949)》,906~907 页,北京,书目文献出版社,1992 年。

② 韦庆媛、邓景康:《清华大学图书馆百年图史》,191 页,北京,清华大学出版社,2013 年。

③ 《北平市党部存书一部发还各图书馆》,《中华图书馆协会会报》,1945 年第 20 卷第 4~6 期,13 页。

人心浮动，物价飞涨，市面混乱，北平的一些书肆将存书按重量计算，售与造纸厂化为纸浆，多年积累的文化毁于一旦。教育部为免古籍毁掉，制订紧急抢救方案，组织“收购图书委员会”，聘请北大校长胡适为主任委员，毛子水为秘书，规定办法六项：①凡成套具有价值之书刊，均在收购之列；②为防止重要书刊流入造纸厂，并顾及避免刺激书价上涨，购时评价宜较废纸价为高；③收购之书登记后，暂存北大；④购书专款由北大会计室负责开支；⑤购有成数即造册报部备核，由教育部分配；⑥分配对象为国立中等学校、国立专科以上学校及国立社会教育机关。为了实现上述目标，教育部拨款50余亿元，其中30亿元购买普通图书，每本平均4万元，购买线装书75万本以上，其余20亿元购买珍贵善本书，以免国宝流入国外。①

(2) 恢复、增加馆藏

国立北平图书馆抗战时期一直坚持开馆，馆员极尽保护之责，馆藏未遭到大的破坏，但也被日伪掠走部分图书，急需收回。1946年国立北平图书馆从中南海瀛台领回伪“新民会”攫取的图书972种，1 035册。但被伪“新民会”以“查禁”为名，提走的30箱图书及静生生物调查所借用的生物书籍460种一直查无下落，1949年11月在上海高教处接管教育部图书仪器时截获该项图书，仅剩383种图书，杂志9册。1942年2月日军调查班在香港大学冯平山图书馆掠走的国立北平图书馆及中华图书馆协会寄存的图书300余箱终未寻获。太平洋战争爆发后日军劫掠的国立北平图书馆收藏的英国印刷珍本图书，始终没有找到。“七七”事变前运出存美的100箱珍善本图书战后运往“台湾故宫博物院”。

1945年8月1日，南京国民政府行政院发布“收复地区政治设施纲要”草案，其中提到“礼聘耆宿收集地方文献，并整理保存之”，国立北平图书馆在袁同礼主持下积极响应，在资金极为紧张的情况下，着意收藏了海源阁、潘氏滂喜斋及个人藏书家傅增湘、伦明、潘明训、刘体智、刘承干等名家藏书，使大量珍贵藏品大都归入了公藏机构，仅海源阁一项，就有92种，1 207册入藏。

在追回旧有图书的同时，也接收和补充了新的图书，国立北平图书馆陆续从工务总署、山中商会、中日实业公司等日伪机关及王揖唐、董康、钱稻孙、

① 《教部拨发巨款收购北平旧书》，《中华图书馆协会会报》，1948年第21卷第3～4期，8页。

周作人等个人处接收图书资料 25 万册；1946 年从“平津区图书处理委员会”受拨《清实录》一套，并接收了全部日文书（复本除外），成立了日本文库；1948 年 5 月接管“日本纺织业天津事务所”遗留的图书。

战争增进了同盟国家的交往，国立北平图书馆战后购进了一批外文图书杂志，教育部自美国订购的一批图书也归入国立北平图书馆，该馆还开始购买俄文书，并收购学者胡厚宣在平津地区收购的甲骨，还征集国际会议资料。到 1949 年，国立北平图书馆自有藏书、接收图书（25 万册）及代人寄存图书（5 万册）达 140 余万册，成为图书馆界的“巨无霸”，1949 年国立北平图书馆藏书统计见表 4-8。

表 4-8　1949 年国立北平图书馆藏书统计

中文图书	西文图书	中文善本	敦煌写经	舆　　图
362 789 册 又 52 箱	163 126 册 又 3 274 种 又 38 箱	121 805 册	8 700 卷 照片 12 053 片	32 208 册
金石拓片	期刊	中日展示史料	特藏书	日文书
23 156 件	194 717 册 又 34 架 又 7 箱	48 853 册	10 196 册（包括满、蒙古、藏、维吾尔、西夏文）	56 565 册

北京大学图书馆在日伪统治时期作为伪“北京大学”的一部分实体运行，钱稻孙曾任图书馆馆长，图书馆损失不大，期间还增益一些图书，如 1939 年购进李盛铎木犀轩藏书 57 203 册，1940 年接受日本兴亚院寄赠日文图书 7 236 册，另有历年受赠及新购图书 10 000 余册，[①]图书较战前有所增加。抗战胜利后，1945 年接收伪“新民学院”图书数万册，1946 年购入马幼渔藏书 21 000 册，伪古学院（后为国学院）藏书 22 293 册也归入北大图书馆，1947 年沈阳博物院配赠《清实录》一部，1947 年郑伯谷赠书 980 册，寄存 2 000 多册，1947 年郭则沄遗书11 501 册捐赠北大，1948 年日本军部调查班藏书 12 263 册移交北大。到 1948 年，北京大学图书馆中文图书 520 104 册，日文图书 66 186 册，西文图书 128 104 册，总量达到 724 894 册。[②]

① 《北京大学图书馆损失情形》，《中华图书馆协会会报》，1945 年第 19 卷第 4～6 期，10 页。

② 吴晞：《北京大学图书馆九十年记略》，103 页，北京，北京大学出版社，1992 年。

相比之下,清华大学图书馆恢复艰难。“七七”事变前清华图书馆已拥有349 991册文献资料,战争期间自海外订购的图书15 991册全部遗失,大英百科全书仅剩三五本。复员期间,据负责恢复工作的馆员毕树棠统计,自北平20余家单位收回图书174 271册,损失175 720册(包括在重庆北碚被日军炸毁者)。复员后,在潘光旦馆长的主持下,1947年2月购进著名学者刘半农藏书14 000多册,1947年9月购进金天羽藏书15 246册,1948年10月接收卢木斋赠书41 461册。到1948年中华人民共和国成立前夕,清华大学图书馆已有中外文图书38万多册,中外文期刊3万多册,总量41万册。[①]

燕京大学图书馆仍保留原有特色,东方学文库、中文善本、古籍丛书、书目索引工具书、毕业论文都是其多年积累的专藏。馆藏结构发生了变化,中文图书比例大幅度上升,西文书社会科学类图书比例远远超过宗教类图书,两者所占的百分比分别为21.82%和13.57%。[②] 到1952年院系调整时,燕京大学图书馆馆藏已有58万册,金石拓片12 000余张,木刻书板2 000余块,在当时的大学图书馆中仅次于北京大学图书馆和中山大学图书馆,居全国第三位。[③]

战争对图书的破坏是巨大的,虽然一些图书馆图书数量有所恢复,但质量大不如前,正如清华大学校长梅贻琦所说,清华大学图书馆的图书“以册数言,损失约为一半,但收回者往往残缺,配补困难,则损失实在一半以上”。对于大部头成套书和期刊来讲,这种损失是永久性的、无法弥补的,清华大学图书馆战前成套的《大英百科全书》仅剩三五本,令人痛心。

经过努力,1948年北平市立图书馆馆藏图书也达到124 880册,与“七七”事变前的8万多册相比有大幅度增长,与战时的4万多册相比翻了3倍,图书进一步向图书馆汇聚。馆藏的迅速恢复,保证了学术图书馆的科学研究以及学校图书馆的教学和科研,也保证了通俗图书馆为民众服务的基础条件。

民国初期,北京的图书馆率先建设近代意义上的新图书馆馆舍,作为物理空间的存在形式,打破了以往藏书楼建筑的困境,为图书馆的发展拓展了空间。新馆舍的建设在“七七”事变以前达到高潮,国家图书馆、大学图书馆、

---

① 韦庆媛、邓景康:《清华大学图书馆百年图史》,182页,北京,清华大学出版社,2013年。

② 吴晞:《图书馆史话》,95页,北京,社会科学文献出版社,2015年。

③ 吴晞:《北京大学图书馆九十年记略》,120页,北京,北京大学出版社,1992年。

私立图书馆、中学图书馆纷纷建设可以避火险、更适合近现代使用的馆舍。物理空间从无到有,从新建到扩建,为图书馆的发展提供了作为阅读场所的条件。藏书逐渐从官府、书院、私家汇聚到公共图书馆,皇家藏书下移,随之而来的不仅是藏品的公开,还有皇家文化的扩散,北京大大小小的图书馆均以收藏中国古籍为善,古籍宏富成为北京的藏书特点。与传统相对应的是现代特藏,莫理循文库冲击古老的藏书观念,片言只字都是珍贵的资料来源,体现了北京多元的藏书文化。然而,日本的侵略使新馆舍建设戛然而止,从全面抗战爆发到中华人民共和国成立,基本没有新馆舍落成,图书馆的发展受到极大影响。图书馆的藏书从聚到散,又从散到聚,历经磨难,但最终汇集到各类图书馆,保存了文化,为文化传承留下了血脉。

第五章

民国时期北京的图书馆业务管理与流通服务

民国时期北京的图书馆类型多样，虽有国立、市立、学校、私立、会社图书馆之分，其功能不同，藏书结构亦有所不同，但其业务管理工作是一致的，在图书馆组织、分类编目、提供服务等图书馆基础业务工作方面，各馆多有交流。各类图书馆既有个性，又有共性，同处一个共同体内，在业务上相互促进，互为补充。

第一节　图书馆组织管理

1. 图书馆管理机构

民国时期，一般较大的图书馆和学校图书馆都设有图书馆董事会、图书馆委员会、图书委员会等机构，聘请有声望的人组成，参与管理图书馆的行政工作、经费管理、用度审查、图书馆经营、图书馆规程制定、主任馆员之选定等。

如国立北平图书馆，1929 年 8 月教育部依照与中华教育文化基金董事会议定的国立北平图书馆和北平北海图书馆《合组国立北平图书馆办法》9 条，及《国立北平图书馆委员会组织大纲》10 条，1929 年 8 月 30 日国立北平图书馆委员会正式成立，聘任蔡元培为馆长，袁同礼为副馆长，并聘请马寅初、任鸿隽、陈垣、刘半农、周诒春、孙洪芬、傅孟真 7 人为图书馆委员会委员，为国立北平图书馆最高领导机构。根据规定，国立北平图书馆馆长、副馆长之任免，需经国立北平图书馆委员会推荐，中华教育文化基金董事会同意，再由教育部聘任。在国立北平图书馆委员会下面还设有购书委员会和建筑委员会，购书委员会由任鸿隽、陈垣、陈寅恪、丁在君、傅孟真、胡步曾、叶企孙 7 人组成，建筑委员会由周诒春、任鸿隽、丁在君、戴志骞、刘半农、孙洪芬、袁同礼 7 人组成。北平私立木斋图书馆在该馆章程中规定:“董事会负经营本馆,监督用人行政权责,每月开会一次。”明确董事会对图书馆的运行有经营和监督之责。(北平私立木斋图书馆董事会成员合影见图 5-1)

图 5-1　北平私立木斋图书馆董事会成员合影(前排中为卢木斋先生)

资料来源:《北平私立木斋图书馆董事会合影》,《北平私立木斋图书馆季刊》,1937(创刊号)

大学图书馆一般设有图书馆委员会或图书委员会。如北大图书委员会是学校常设专门委员会之一,由有一定名望和资历的教授组成,图书馆主任是当然委员。图书委员会的职责是“协助校长谋图书馆之扩张与进步”,主持讨论确立图书馆制度、购书经费、增订书报、制定管理制度等,图书委员会既是咨询机构,又是决策机构,1924 年北京大学图书委员会有 7 名委员,委员长顾孟余,图书馆主任皮宗石为当然委员,其他还有朱希祖、马叙伦、单不厂、袁同礼、李石曾。[①] 图书委员会的设立,为图书馆工作提供了组织上的保障和起到监督的作用。[②]

燕京大学设立图书馆委员会,1936 年图书馆委员会由洪业任主席,田洪都(图书馆主任)任秘书,成员有窦维廉、陈其田、容庚、顾颉刚、博晨光、谢迪

① 《校长布告:十三至十四年度各委员会委员长及委员名单》,《北京大学日刊》,1924 年 10 月 25 日,1 版。

② 吴晞:《北京大学图书馆九十年记略》,43～44 页,北京,北京大学出版社,1992 年。

克、邓之诚等知名学者。[①]

图书馆委员会主席一般由学校著名学者担任，图书馆主任直接担任主席者较少，但如果图书馆主任影响很大，地位很高，也直接担任图书馆委员会主席，如1920年清华学校图书馆委员会主席戴志骞（图书馆主任），委员有赵元任、麻伦（美籍）、布路斯（美籍）、汪鸾翔。1935年图书馆委员会主席朱自清（图书馆主任），委员有冯友兰、陈岱孙、张子高、浦薛凤、吴景超、叶企孙、顾毓琇、蒋廷黻。

在大学，有的图书馆由学校直辖，负责人称为馆长，有的图书馆隶属于教务处，负责人称为主任，主任和馆长职责相同，只是称谓不同。馆长对于图书馆的发展极为重要，要有学识，有能力，能够把握购书方向，衡量文献的质量，管理行政事务，保证图书馆的顺利运行，同时要具有新思想，跟上新形势。

在图书馆委员会的指导下，在馆长的直接领导下，图书馆分工越来越细，一般设立分部门，各部门分工合作，各司其职。中国图书馆分部门设置始于清华学校图书馆，1919年8月，清华学校图书馆主任戴志骞留美回国，即改弦易张，对清华学校图书馆管理工作进行革新。戴志骞仿照美国图书馆组织，设主任一人，主要对外负责，并设参考部、购置部、编目部、出纳部、登录部、装订部，这是当时国内最先进的组织系统。清华学校图书馆在国内首创分设部门管理模式，设立了第一个参考部。

除设立常规部门外，一些图书馆还根据本馆特点，设置相应的业务部门。1929年国立北平图书馆设立八部十六组。该馆除设有与图书馆管理工作密切相关的采访部、期刊部、阅览部、总务部之外，还根据文献收藏特色，设有舆图部、金石部、善本部、编纂部，主要负责研究整理相关文献。此外，期刊部包括中文期刊组、西文期刊组，善本部包括考订组、写经组，采访部包括官书组、西文采访组、中文采访组，总务部包括庶务组、文书组、会计组，编纂部包括索引组、西文编目组、中文编目组，阅览部包括庋藏组、阅览组、参考组，舆图部和金石部没有单独设组。（国立北平图书馆组织机构设置见图5-2）

从图书馆设置部门情况来看，具有如下特点：①较大图书馆设置部门较细。1929年文华图书馆学专科学校校长沈祖荣曾谈道："人手充足的大图书

① 《北平私立燕京大学一览》，燕京大学编印，1936—1937年度，33页。

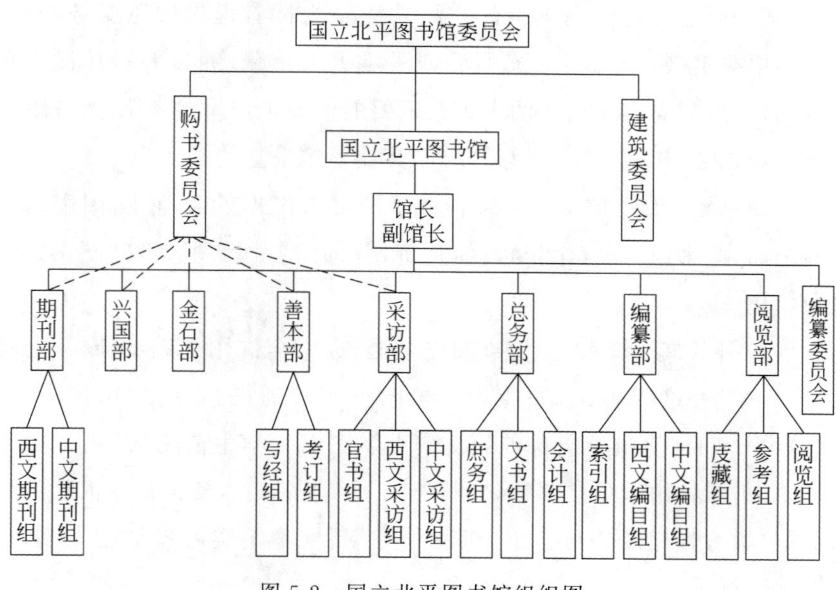

图 5-2　国立北平图书馆组织图

馆，将工作划分为若干部，人专一职，如北海图书馆、清华大学图书馆的分工，固属周密妥善；但在一般小图书馆，如文华公书林，[①]仅仅是规模不大的大学图书馆，人力财力极有限，分配工作的方式，万不能仿照他们的做法。”[②]②20世纪初期各类图书馆陆续实行分部门管理方式。除清华学校图书馆于1919年8月戴志骞仿照美国图书馆设立参考、购置、编目、出纳、登录、装订六部外，1920年5月，北京大学图书馆在李大钊的主持下进行了重大调整，开始设立登录、购书、编目、点书四课。[③] 京师图书馆于1926年10月对机构进行调整，设立总务、采访、编目三科。北海图书馆于1926年3月1日成立，在组织方面，设总务、采访、编目三科及参考部。[④] 中法大学图书馆新馆建成后，调整组织机构，设有馆长一名，主任、副主任各一名，馆内分为中文部、西文部及阅览部三个部门。③采访、编目等技术部门是各馆必设的部门。如北大图书馆、京师图书馆、北海图书馆都设置了这两个部门，清华大学图书馆也设置了购

① 1910年，由韦棣华主持建立，命名为文华公书林，附设于文华大学，向社会开放，学校师生可借阅图书，社会人士亦可利用，并设巡回文库。

② 沈祖荣：《在文华公书林过去十九年之经验》，转引自丁道凡：《中国图书馆界先驱沈祖荣先生文集》，62～75页，杭州，杭州大学出版社，1991年。

③ 吴晞：《北京大学图书馆九十年记略》，45页，北京，北京大学出版社，1992年。

④ 北平图书馆协会：《北平图书馆指南》，《北平图书馆协会会刊》，1929年第2期，9页。

置、编目部。原因是近代图书馆的主要功能是为读者提供阅览服务，每个图书馆都需要买书，每个图书馆买书后都需要揭示馆藏，编目能够让读者更方便查找到馆藏，分类和编目是图书馆最重要的业务工作。参考部除 1919 年清华图书馆和 1926 年北海图书馆设立外，其他各馆设立的都较晚。

各级图书馆组织系统的建立，有助于图书馆工作的规范化，图书馆委员会统领全局，图书馆主任（馆长）具体负责，各部门各司其职，推动图书馆工作实现专业化。

北京各图书馆组织系统完善，领先全国，成为全国图书馆的楷模，各地到北京参观学习者络绎不绝，如清华学校图书馆管理得当，内部组织周密、先进，1921 年 12 月，沈祖荣亲自带领文华大学图书科学生前来实习。[①] 由于同行争相前来，以致馆中应接不暇，1921 年 5 月，燕京大学校长拟派人到清华学校图书馆"学习管理及编目各事，以一年为期，惟本馆实习者现已人满，已转告其下学期再派人云"。[②]

中学图书馆组织隶属于学校行政系统。1929 年北平市政府要求市立各中学统一行政管理机构，校长下设教务、训育、事务三处，各设主任一人。三处之下设有相应部门，负责具体事务，在教务处下设有图书股，专门负责图书馆事宜。这项制度在公立学校试行后，逐渐推广到私立中学，各类中学教育行政管理制度渐趋统一，其组织机构如图 5-3 所示。

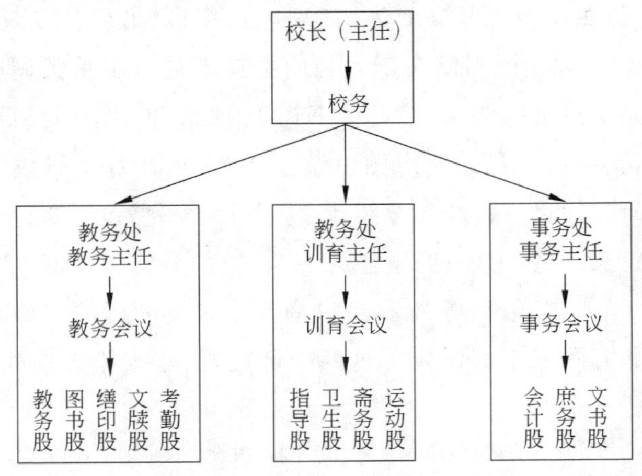

图 5-3　中学行政机构图

① 郑章飞、黎盛荣、王红：《中国图书馆学教育概论》，22 页，北京，国防科技大学出版社，2001 年。

② 《来宾实习》，《清华周刊》，1921 年第 220 期，22 页。

中学统一行政管理机构的设立，从行政上确定了图书馆在学校工作中的地位，从法规上要求中学设立图书馆。各个中学根据本校情况，还设立各种专门委员会，如北京师大附中设有图书委员会，私立辅仁附中设有图书仪器委员会。同时，学校也制定各种图书馆规章制度，保证图书馆的运行，如北平市立四中制定了《图书馆规则》。

北平市立图书馆系统也逐渐完善起来。北平市立第一普通图书馆规模最大，组织也最为健全。馆长下设馆务会议和图书馆学术研究会，馆内设两科八股，具体组织机构如图 5-4 所示。

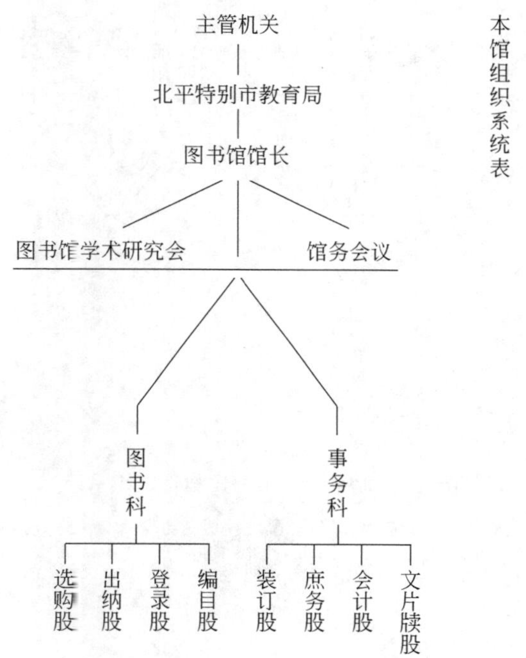

图 5-4　北平市立第一普通图书馆组织机构图

资料来源：《北平特别市市立第一普通图书馆规则》，《北平特别市市立第一普通图书馆周年纪念刊》，1930 年版，8 页。

民众教育馆是社会教育的中心机关，有独立的组织系统。国民政府于 1932 年 2 月颁布《民众教育馆暂行规程》，其中规定"省市及县市立民众教育馆得设下列各部"：阅览部、讲演部、健康部、生计部、游艺部、陈列部、教学部、出版部，同时还规定各地方可以按照《规程》全设各部，也可以选择先设一些部门，或酌量合并设置一些部门。根据这一精神，北平的民众教育馆按照具体情况进行组织规划，如北平市立第一民教馆，在馆长之下，设立各种委员会、四个部门、五个附属机构，其中阅览部和阅书报处是民众教育馆系统中的图书馆组织。北平市立第一民教馆组织系统如图 5-5 所示。

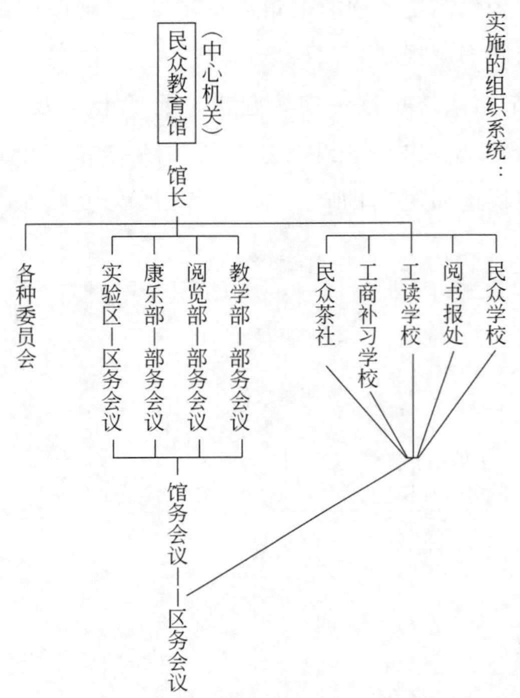

图 5-5　北平市立第一民教馆组织系统

资料来源：李静澄：《北平市民教划区的理论与实施》，《时代教育（北平）》，1934 年第 3 期，8～14 页。

2. 图书馆管理人员

管理人员是图书馆正常运行的保证，众多优秀的管理人员在各个岗位上辛勤工作，各尽其责，才能真正管好图书馆。民国时期，北京的图书馆管理工作很有进步，主要得益于北京有高质量的管理队伍。

从北京的整个图书馆管理队伍来看，其发展很不平衡。什么样的人有资格做馆长？在图书馆事业发展的早期，没有统一的标准，且馆长频繁更换，如京师图书馆在 1912—1927 年有 17 任馆长，且 1914 年 10 月—1917 年 1 月 26 日闭馆，平均每任馆长任期不到一年，除 6 任专职外，其余均为教育部次长兼任。[①] 京师图书馆馆长任职情况见表5-1。

表5-1 1912—1927年京师图书馆馆长列表[②]

时　　间	馆　　长
1912年5月23日	教育部任命江翰为馆长
1913年3月21日	社会教育司司长夏曾佑暂行管理
1915年8月	社会教育司夏曾佑专任馆长
1918年1月11日	教育部次长袁希涛兼理
1919年11月	教育部次长傅岳棻兼任馆长
1920年8月	教育部次长王章祜兼任
1921年7月	教育部次长马邻翼兼任
1922年1—4月	教育部次长陈垣兼任
1922年6—7月	教育部次长全绍清兼任
1922年10—12月	教育部次长马叙伦兼任
1922年10月20日	教育部聘张国淦任馆长
1924年4月12日	教育部聘傅岳棻任馆长
1924年11月18日	教育部次长马叙伦兼任，傅岳棻为名誉馆长
1925年3月	教育部次长吕复兼任
1925年8月	教育部代次长陈任中兼任
1925年12月2日	教育部聘梁启超、李四光分任正、副馆长
1927年8月	教育部聘郭崇熙、成多禄为正、副馆长

馆长更换频繁，是早期京师图书馆发展相当缓慢的一个因素。

1927年12月，大学院颁布《图书馆条例》[③]15条，首次对馆长资格做出了规定，要求馆长应具备的条件是：①国内外图书馆专科毕业者；②在图书馆服务三年以上而有成绩者；③对于图书馆事务有相当学识及经验者。

北京的图书馆馆长来源有多种渠道，有图书馆学专业学者、社会知识精英、社会贤达、外国学者。图书馆学专业学者有早期留学海外的学者，也有本土培养的图书馆学专业学者。

---

① 李致中：《鲁迅与京师图书馆》，《国家图书馆学刊》，2009年第1期，11～16页。

② 张书美：《民国初期京师图书馆的发展困境》，《图书馆界》，2012年第1期，72～74页。

③ 《图书馆条例》，《第四中山大学教育行政周刊》，1928年第28期，10～12页。

清华学校图书馆主任戴志骞、国立北平图书馆馆长袁同礼、国立北京高师图书馆主任冯陈祖怡，都是早期留学美国的图书馆学专业学者，戴志骞是中国的第一位图书馆学专业博士学位获得者。戴志骞（Tse-chien Tai，简写T.C.Tai，1888—1963）（见图 5-6），名超，字志骞，生于江苏青浦珠溪镇。1912年获上海圣约翰大学文科学士学位，1918 年获纽约州大学院图书馆学院图书馆学学士学位，1925 年获美国爱荷华州立大学哲学（图书馆学专业）博士学位。曾任温州瑞安中学英文、历史教员，1909 年秋—1914 年夏任圣约翰大学图书馆馆长。1914 年夏—1928 年 9 月任清华学校图书馆主任，1928—1930年任国立中央大学图书馆馆长、高等教育处处长、副校长，1931—1949 年任中国银行总秘书。

图 5-6　在清华学校图书馆任职期间的戴志骞

袁同礼（Yuan，Tung-li，1895—1965）（见图 5-7），字守和，河北徐水人。

图 5-7　在清华学校图书馆任职期间的袁同礼

1916年毕业于北京大学，1916—1920年任清华学校图书馆参考馆员。1924年获美国纽约州大学院图书馆学院图书馆学学士学位，1926—1949年，历任国立北平图书馆图书部主任、副馆长、馆长，曾长期担任中华图书馆协会理事长。

冯陈祖怡(Feng，T.Y.Chen，1895—1975)(见图5-8)是中国第一位女性留美图书馆学专业学者，字振铎，福建闽侯人，1912年北京高等师范学校毕业，1919年美国加利福尼亚图书馆学校毕业，1919年任南开大学图书馆主任，1920—1928年任北京高师图书馆主任，以后在中法大学图书馆、中国国际图书馆、北京工业学院图书馆等任职。

图5-8　冯陈祖怡女士

20世纪30年代以后，本土培养的图书馆学专业学者成为图书馆管理者的中坚力量，如文华大学图书科毕业生陈宗登长期担任北平中国社会政治学会图书馆主任，田洪都任燕京大学图书馆主任。陈宗登(1888—?)，字尺楼，江苏江都人，1922年1月毕业于文华大学图书科，是该科第一届毕业生。在毕业后的二十年里，一直担任北平中国社会政治学会图书馆主任。1950年以后先后担任外交部图书资料室和外交部国际问题研究所图书馆的主要负责人，是外交部图书馆事业的创始人。

田洪都(Tien Hung-tu，1900—?)(见图5-9)，字京镐，山东安丘人，1924年文华大学图书科毕业，1928—1941年任燕京大学图书馆主任，1948年任武昌文华图书馆学专科学校教授、训导主任。中华人民共和国成立后曾任职中南图书馆(1954年改为湖北省图书馆)。

图 5-9　田洪都

社会精英参与图书馆事业，也成为优秀的图书馆管理者。为京师图书馆分馆建设操劳的鲁迅，国立北平图书馆馆长蔡元培，松坡图书馆馆长梁启超，清华大学图书馆主任朱自清、潘光旦，北京大学图书馆主任李大钊、马衡、马廉、毛子水等都是著名学者；社会贤达如卢木斋以一己之力创办和管理图书馆。外国学者谢礼士担任辅仁大学图书馆馆长，戴罗瑜丽担任协和医学院图书馆主任。

女性管理者走上了历史舞台。冯陈祖怡是第一位图书馆学海外留学女学者，曾任北京高师图书馆主任；罗静轩是北平第一普通图书馆主任。此外还有戴罗瑜丽任协和医学院图书馆主任，是卓有成效的外国学者；梁思庄长期任职燕京大学图书馆，后任北京大学图书馆副馆长。（北平优秀的女性图书馆管理者见图 5-10、图 5-11）

冯陈祖怡

戴罗瑜丽

梁思庄

罗静轩

图 5-10　北平的女性图书馆学者[①]

① 戴罗瑜丽照片由曹海霞提供。

图 5-11　出席第三次中华图书馆协会年会的北平图书馆会员
（自左至右：王宜晖、梁思庄、曾宪文、莫余敏清）
资料来源：《北洋画报》，1936(1429)

戴罗瑜丽(Julie Rummelhoff，1896—?)，挪威人，1919 年毕业于纽约州大学院图书馆学院，获图书馆学学士学位，1922 年来到中国与戴志骞结婚，1922—1928 年任职清华学校图书馆，1928—1936 年任协和医学院图书馆主任。

梁思庄(Liang，Florence Ssu Chuang，1908—1986)，广东新会人。1931 年获哥伦比亚大学图书馆服务学院图书馆学学士学位。回国后先在国立北平图书馆工作，1933—1952 年，除短暂到广州外，一直任职燕京大学图书馆，1952 年以后任北京大学图书馆副馆长。

女性图书馆管理者巾帼不让须眉，工作积极努力，在各图书馆担任馆长等重要职务，积极参加图书馆学界的活动，为图书馆的发展做出重要贡献。

非图书馆专业学者担任馆长，也取得了较好的成绩。除了耳熟能详的学者外，“七七”事变前在北平市立图书馆的馆长中，罗静轩[①]、李文裿的贡献最大。罗静轩(1896—1979)，女，别号淑举，湖北省黄安县(今红安县)人。早年毕业于北京女子高等师范学校。1928 年 11 月 23 日任北平特别市市立第一普通图书馆馆长，并兼任女子师范大学教授。早在 1928 年 6 月北伐军进入北

① 《北平特别市第一普通图书馆纪念刊》，北平特别市第一普通图书馆印制，1930 年。

京，1928 年 7 月原京师第一普通图书馆关闭。随着北京改为北平，该馆也改为北平特别市市立第一普通图书馆，由罗静轩任馆长。

罗静轩任北平特别市市立第一普通图书馆馆长时，该馆已经关闭一段时间。她到任后极力整顿馆务，索回被中国医药专门学校、北平平民职业学校占用的馆舍，编制儿童图书馆目录。罗静轩离开北平特别市市立第一普通图书馆后曾任安徽大学教授兼图书馆主任，曾加入中国民主社会党，是该党中央委员兼妇女部部长。1946 年 11 月当选制宪国民大会中国民主社会党代表。1947 年 3 月 1 日任国民政府立法院第四届立法委员。1962 年 1 月任上海市文史研究馆馆员。

另一位馆长李文裿(1902—?)，字翰章，北京大兴人。1935 年 7 月任北平市立第一普通图书馆主任。他组织儿童读书会、开辟图书馆广播，编制升学指导书，主持巡回文库，据报道："北平市立第一普通图书馆自经李文裿接任以来，对于内部力加整顿，始具规模，馆务因之日益发达。"①"七七"事变后他留在北平，继续主持图书馆的工作。曾编辑出版《清光绪朝外交史料之编纂经过》(1929 年，北海图书馆)、《北平学术机关指南》(1933 年，北平图书馆协会)、《北平学术机关综览》(1940 年)等，在《中华图书馆协会会报》《图书馆学季刊》上发表多篇论文。(北平市立第一普通图书馆馆员合影见图 5-12，前排中为馆长李文裿)

图 5-12　1938 年北平市立第一普通图书馆馆员合影(前排左 4 为馆长李文裿)

资料来源：《北平市立第一普通图书馆馆员合影》，北平市立第一普通图书馆概况，1938

① 《北平市立第一普通图书馆》，《世界画报(北京)》，1936 年第 567 期，1 页。

在大学院颁布《图书馆条例》后，尽管有了选聘馆长的标准，市级图书馆馆长更迭仍很频繁。相关情况见表5-2、表5-3。

表5-2 北平市立第一普通图书馆主任及任期

任　期	姓　名	任　期	姓　名
1928.11.23	罗静轩(女)	1933.12.6①	吕孝信(女)
1931.10	李士渠	1935.7	李文裿

表5-3 中山图书馆主任及任期

任　期	姓　名	任　期	姓　名
1928.11—1929.7	王樾	1930.10.29—1933.7.7	李彝
1929.7.5—1930.10	郭耀宗	1933.7.7	金保康

馆长更换频繁，其中有个人原因，也有管理部门的原因。1931年10月，北平特别市市立第一普通图书馆馆长罗静轩突接市政府委派新馆长的指令，她被迫去职。罗静轩虽已接去职指令，而市政府在罗静轩任职期间积欠该馆的经费欠款却迟迟不还，无法办理交接，无奈之下，罗静轩恳切呈文市政府："静轩奉令交代，除将钤记、卷宗、图书、器具等项分别交清外，所有会计、账簿因十八年(1929)三四两月份积欠经费，未蒙清发，以致未能早日移交。"

此事源于1929年4月份以前该馆经费由市政府临时收入项下筹拨，1929年3—4月因市政府临时收支不敷而未拨，为保持图书馆正常运转，罗静轩四处筹借1 900元，用于维持图书馆正常运行，这笔积欠市政府一直未还。而此时，北平市政府发布"第二七二号指令"，要求罗静轩马上办理移交手续，罗静轩恳切陈词："查本馆经费本为市政府所核定之，预算系属正当开支，故当时敢于借垫，乃拖欠两年有余，静轩所受之困苦当可想见。然当在职之时，犹可向商民员役债权人等借词搪塞，今已去职，实无法推延。至平市库款支绌固亦实情，不过当此开征营业税，月增八万元收入，专供市教育经费使用之际，似此区区欠费不致为难。在市府方面，固可仍以俟收入稍裕，再行筹拨，批令

① 《委任吕孝信为本府社会局第一普通图书馆馆长》,《北平市市政公报》,1933年第226期,17～18页。

遵照，惟静轩已属去职之人，所有欠货价之商民，欠薪工之员役，贷款之债权人，因血本及血汗之代价种种关系，自不甘受此损失，故静轩难以批令之意转达，终未得其谅解，晨夕围索，应付无词。”

实际上，此时罗静轩已应安徽大学之聘，担任该校教授及图书馆主任，但因北平市政府欠款不还而迟迟不能离平，很是无奈：“静轩原拟早日办清手续，他适谋生，今竟不克越北平一步。种种困难，事实笔难尽述，素仰局长任事负责，决不能使公务人员已经去职，仍受重累，用特再将上项困苦情形缕析陈明，伏乞转呈市长，体察下情，迅予饬发，既可分偿薪债，即可清结移交等情到局。除指令先将会计、账簿完全移交新任，以重公务外，既据续呈催款，并请转呈钧府，理合据情呈请鉴核示遵。”[①]在此种困境之下，图书馆难以有较好的发展。

馆长对图书馆发展的作用自不待言，但若没有馆员的贯彻执行，馆长的意志也很难实现。民国时期，对公共图书馆的馆员也有具体的要求，1929年中央大学区制定《中央大学区公共图书馆馆员聘任及待遇暂行规程》，分为指导员和事务员两种，指导员需具备下列资格之一：①大学或专门学校毕业，对于图书具有研究兴趣者；②中等学校毕业，对于图书具有解难析疑之知能者；③国学具有根底，对于阅览人善于诱导者。对事务员的要求是：①具备前项资格者；②曾任图书馆职务一年以上，而于图书馆学有相当之研究者；③勤奋耐劳，对于社会教育富有兴趣者。[②] 北京的馆员有留学海外者，有本土培养者，也有非专业毕业的馆员，他们勤奋敬业，成为馆长的得力助手。

女性馆员逐渐增多，从1931年北平市市立第一普通图书馆的职员构成来看，全馆共有17位馆员，其中有8位女性，占47%，且馆长（前排左3）罗静轩就为女性（见图5-13）。

---

① 《呈为市立第一普通图书馆卸任馆长罗静轩请补发任内积欠》，《北平市市政公报》，1931年第125期，1～2页。

② 《中央大学区公共图书馆馆员聘任及待遇暂行规程》，《国立中央大学教育行政周刊》，1929年第84期，16～17页。

图 5-13　1931 年北平市市立第一普通图书馆全体职员(前排左 3 为馆长罗静轩女士)

资料来源：《北平市立普通图书馆馆刊》，1931

第二节　图书分类编目

1. 分类法的理论探索

中国历史源远流长，中华典籍浩如烟海。20 世纪初期，随着出版速度的加快，图书越来越多，旧的图书管理方法已经无法满足需求，如何更方便快捷地在大量的图书中找到所需要的资料，以期更好地利用图书？图书分类成为亟待解决的问题。

中国古代图书分类集大成者为经、史、子、集四部分类法，此方法发端于秦汉，形成于隋唐，完善于明清。随着近代科技的发展，学科门类增多，四部分类法的弊端逐渐显现出来：其结构简单，不能反映近代科学的进展；排列无序，不能有序揭示近代图书快速增长的规律。

20 世纪初，美国杜威十进分类法传入中国，该法将全部文献分为 10 个大类，用数字代表类别：000 总论；100 哲学；200 宗教；300 社会科学；400 语言；500 自然科学；600 应用科学；700 美术；800 文学；900 历史地理。其方法的优点是：较好地反映新兴学科的发展；采用数字排列，简单易辨。因此，此方法一经传入，很快占据中国各个大小图书馆。然而由于中西学术发展的路径不同，古今著作的体裁各异，这种“舶来法”终究与中国典籍的实况有所差距，在杜威十进分类法被广泛采用的过程中，出现了不少具体操作上的困难。比如原属中国四部分类法中的“经部”之书极其复杂，在杜威十进分类法中无法找到确切的位置。为了解决这些实际问题，于是出现了融合中西分类法的趋势，中国学者以十进分类法为基础，研究、修订、增补杜威十进分类法，以求适合中国图书的分类编目，先后出现了“遵杜”“仿杜”“改杜”等各种新式图书分类法。

查修编制的《杜威书目十类法补编》。北京最早致力于分类法改革的是清华学校图书馆的查修。1922年，清华学校图书馆主任戴志骞聘请中国当时唯一的培养图书馆学专门人才的学校——文华大学图书科首届毕业生查修到馆工作。查修到馆后，遵照杜威十进分类法，略作增补，“将中国经籍，置于杜威法最前之空位(用作乡土集等)”。[①] 以求能够容纳“经籍”类图书，解决中国古代四部分类法中“经”类在杜威十进分类法中没有位置的问题。这种“遵杜法”的特点是：“于杜氏类次，无所改变，而将四库的类目打散，或补入杜法的空位，或寄插于杜法之中，增加科目来容纳，或于杜法类号的前面增加若干符号来安插。”[②]查修之法受到图书馆学界的欢迎，“自此法问世后，一般图书馆之已用杜威法者，以及正欲分类者，颇多采用此法，其于中国图书馆界，颇受影响”。[③] 1924年查修编辑《杜威书目十类法补编》，由清华学校图书馆印制，[④]清华学校图书馆中西文图书全部采用查修编制的《杜威书目十类法补编》进行分类。

施廷镛编制的八大类分类法。对于清华大学图书馆来说，利用查修编制的《杜威书目十类法补编》进行分类，在图书馆初创时期较好地推动了分类方法的科学化。但在书籍较少时该法还可应付，书籍增多以后，很多类目无法找到合适的号码。1929年清华大学图书馆大量购进杭州丰华堂杨氏藏书后，这一问题更加凸显。1930年图书馆主任洪有丰支持施廷镛对分类法进行彻底改革，施廷镛参酌中外各家意见，编制新的分类法草案，并送请校内外各学

① 金敏甫：《中国图书馆学术史》，《图书馆周刊》，1928年第2期，1～14页。

② 昌彼得、潘美月：《中国目录学》，236页，北京，文史哲出版社，1986年。

③ 金敏甫：《中国图书馆学术史》，《图书馆周刊》，1928年第2期，1～14页。

④ 《杜威书目十类法补编》，北京清华学校图书馆，1924年。

科专家修改，最后确定新的分类法称八大类分类法。其特点是：①图书分为八大类八千小类，其大类有：甲、总类；乙、哲学宗教；丙、自然科学；丁、应用科学；戊、社会科学；已、历史地理；庚、语言文学；辛、艺术。每一大类项下分9个小类，分别由数字符号100～900表示；②著者号码采用数字符号，有中文、日文著者号码表，另附有8个活用表：各类总论区分表、各家著述注释改正区分表、中国时代区分表、中国区域区分表、西洋时代区分表、世界区域区分表、日本地方区分表和日本时代区分表。八大类分类法是中外图书分类法的进一步融合，它将杜威十进分类法的哲学与宗教合并，语言与文学合并，将丛书和经部进一步合并为总类，至此原四部分类法中仅有史部与地理自成一部，其余经、子、集三部全部融于其他部类中，而新兴学科基本沿用杜威十进分类法，与国际通行分类法接轨。八大类分类法使用甲、乙、丙、丁、戊、已、庚、辛中文字符和100～900数字符号表示法，突破了传统四部分类法无符号、不醒目的缺陷，也与杜威十进分类法的仅有数字标识法不同，在数字之中添加了汉字，更适合中国书籍使用，容易识别和查找。新分类法按照中国文献的特点，对书籍从内容上也进一步整合归类，促进中西文化的融合。至今，清华大学图书馆22万册古籍仍然采用八大类分类法。1946年施廷镛赴国立中央大学图书馆(今南京大学图书馆)工作，他采用八大类分类法对该馆古籍进行分类，至今南京大学图书馆仍有40万册古籍采用此方法分类。

国立北平图书馆采用的《美国国会图书馆分类法》。杜威十进分类法传入中国后，多数图书馆对西文图书采用该法分类，然而这种方法也并非“一边倒”，北平北海图书馆在袁同礼的带领下进行了不同的探索。北平北海图书馆成立时，国内对分类法已经有一些研究，留美的袁同礼从一开始就主持研究使用新的分类法，他与国内大多数图书馆以杜威十进分类法为参照不同，在比对了杜威十进分类法和美国国会图书馆分类法之后，他认为杜威十进分类法虽然使用方便，但相对于侧重科学研究的图书馆来说，并不完全适用。而美国国会图书馆分类法更适合研究型图书馆，尤其适合大图书馆使用，可以看出袁同礼从一开始就计划将北平北海图书馆建成一个大图书馆，因此，国立北平图书馆西文分类采用美国国会图书馆分类法。该方法分三十二大类，每一大类即用该类之首字，再用该类下小分类之首字，其下则以数字表之。[①] 该方法的不足是，间或有的有书目而无书，但大致符合科学分类体系。美国国会图书馆有成套的书目卡片，卡片上有书名、作者、版本、页数、分类号码等，使用极为方便，因此国立北平图书馆书目卡片均从美国国会图书馆订购，凡美国国会图书馆未印之书目卡片，由国立北平图书馆自编。[②]

皮高品编制的《中国十进分类法》。1926 年皮高品从文华大学图书科毕业后，就一直思考改革中国图书馆分类法，1928 年他在任燕京大学图书馆编目主任时，业余时间一直思考解决线装书的分类问题，在燕大时期基本完成了新分类法的框架设想。[③] 1930 年皮高品改任国立青岛大学图书馆主任，1932 年应武昌文华图书馆学专科学校校长沈祖荣之聘回到母校任教，进一步完善了新分类法的构想，[④]1934 年正式出版《中国十进分类法》。[⑤] 皮高品分类法的特点：①采用中西合璧的类目体系；②重视使用多重列类法；③广泛采用复分、仿分技术；④大量运用“见”“互见”与“参见”方法；⑤具有较完善的类目注释系统；⑥采用数字“0”作为扩充类目与转换分类标准的标记。皮高品分类法是当时增补杜威十进分类法的代表性分类法，被武昌文华图书馆学专科学校用作图书分类教材，并被北京大学图书馆、武汉大学图书馆等采用。刘国钧曾评价 1840—1949 年中国的分类法，认为“比较有影响的，有杜定友、刘国钧、皮高品三家，直到中华人民共和国成立后还有图书馆沿用它们”。[⑥]

刘国钧编制的《中国图书分类法》。1929 年刘国钧受袁同礼之请，到国立北平图书馆任编纂部主任，编制《中国图书分类法》和《中文图书编目条例》，并主持《图书馆学季刊》的工作。[⑦] 刘国钧认为：“图书分类原为研究学术而做，故宜以学科内容为准，但因书籍实质上之特点不能处处合于论理，故不得不稍加变通，而参以体裁的分别。”[⑧]《中国图书分类法》从体系结构到整体类

① 孟化：《北京（北平北海）图书馆评述》，《文津学志》，2014 年辑刊，170～178 页。

② 国立北平图书馆：《国立北平图书馆馆务报告（1929 年 7 月至 1930 年 6 月）》，国立北平图书馆，1930 年，22～26 页。

③ 蒋元卿：《中国图书分类法沿革》，中华书局，1937 年版。

④ 《当代中国图书馆人物介绍》，《江西图书馆学刊》，1988 年第 2 期。

⑤ 《图书馆学家皮高品先生》，http://blog.sina.com.cn/s/blog_5d9578af0100x8w3.html。

⑥ 刘国钧：《中国图书分类法的发展》，图书馆学通讯，1981 年第 2 期。

⑦ 焦树安：《将毕生精力贡献给中国图书馆事业的袁同礼》，《国家图书馆学刊》，2001 年。

⑧ 《刘国钧图书馆学论文选集》，54～55 页，北京，书目文献出版社，1983 年。

目的安排都体现了以学科内容为主和以体裁为辅的思想。刘国钧的《中国图书分类法》法包括四部分，“一曰系统表；二曰理论基础；三曰索引；四曰分类条例。”[①]其特点是：①采用数字标识，以号码代替类目，“每类不必十分，而同等序之数字不必用以表同等序之类目”“同位类超过10个，采用双号制表示”；②采用仿分、复分、类目注释等编制技术。刘国钧编制了总论复分表、中国时代表、西洋时代表、日本时代表、中国省区表、中国县市详表、分国表、机关出版品排列表等8个通用附表，即8个复分表；③采用多重列类以及参见、互见的方法。《中国图书分类法》自1929年草创以来，1936年增订出版，由金陵大学图书馆印行；1957年北京图书馆继续修订；1958年台湾成功大学图书馆馆员熊逸民为《中国图书分类法》增补了索引，1962年又推出“修订再版本”；1964年6月台湾大学赖永祥以台湾大学图书馆藏书为基础，进行重新修订，并注明为“新订初版”；2001年赖永祥授权台湾“国家图书馆”使用此法，并“维持分类法之修订、解释与推动”，该馆用6年时间，投入近200人次，2007年完成《中国图书分类法》最新版本。[②]

何日章、袁涌进编制的《中国图书十进分类法》。1934年何日章、袁涌进合编《中国图书十进分类法》出版。该法为仿杜法，是仿杜威“十分十进”形式，遵循中国旧书特点，变更某些部类名称与次序而成。《中国图书十进分类法》是以北平师范大学图书馆馆藏分类为基础而编制的，彼时中国已经度过了接受外来分类法的幼年期，国内已有多部分类法问世，《中国图书十进分类法》与其他分类法相比，其特色表现在：①采用杜威十进分类法十大部类为基础，同时兼顾刘歆七略、四部分类法，彼此配合，在十大部类下，各部子目再分为十大小类，每一小类再分为十个次项，每一次项再分为目、分目、厘目、毫目。②分类表中有13种助记表，分别为：小类表、中国时代表、干支岁阳岁阴表、日本时代表、日本地方区分表、西洋时代表、美国各州表、国别表、中国区域表、中国区域详表、纪念节表、国际原子量表、著者号码表。③在十进数字之间，留出空白，以待新进图书有不竭的类目。《中国图书十进分类法》使用成效显著，国内几十家图书馆选用。1948年何日章移居台湾，任台湾省立图

① 李严：《论〈中国图书分类法〉的历史价值》，《图书馆建设》，1985年第3期，3～7页。

② 黄建年：《革故鼎新 继主开来——〈中国图书分类法〉在台湾的承传与创新》，《中国图书馆学报》，2009年第3期，74～78页。

书馆研究员、台湾“政治大学”图书馆馆长，1956 年《中国图书十进分类法》修订再版，补充了一些部类项目，增加了著者号码。1964 年再次修订，将大部分部、类、项、目译成英文，2001 年台湾“国立政治大学”图书馆修订出版《中国图书十进分类法》第四版。[①]

裘开明编制的《汉和图书分类法》。1922 年裘开明毕业于文华大学图书科，1924 年赴美留学，1933 年获哈佛大学博士学位。他与北京联系的纽带是燕京大学。1927 年裘开明担任哈佛大学汉和文库主管，1929 年担任刚刚成立的哈佛燕京学社汉和图书馆馆长，直到 1965 年卸任。早在担任哈佛大学汉和文库主管时，裘开明就开始考虑中文书的分类编目问题。1927 年制定了《汉和图书分类法》第一版大纲和略例，此后对该分类法不断修订，1943 年得到美国人文科学理事会远东学术委员会的赞助，《汉和图书分类法》正式出版。汉和图书分类法将图书分为 9 大类，具体大类为：0100—0999 中国经学类；1000—1999 哲学宗教类；2000—3999 历史科学类；4000—4999 社会科学类；5000—5999 语言文学类；6000—6999 美术游艺类；7000—7999 自然科学类；8000—8999 农业工艺类；9100—9999 总录书志类。《汉和图书分类法》采用阿拉伯数字作为标记符号，“中国经学类”被置于首位，以 0 字开头，以表重视。《汉和图书分类法》明显与中国本土诞生的几种分类法不同，查修编制的《杜威书目十类法补编》是将中国传统经学类图书置于杜威十进分类法的空位，将中文经学书完全融入西方图书分类法之中，而《汉和图书分类法》则将经学类图书单独列成为一类，表明他们在吸收西方分类法时的不同思想，《汉和图书分类法》更多地保留了中国传统四部分类法的痕迹。《汉和图书分类法》诞生后，在海外影响很大。据 1972 年台湾大学图书馆学系主任赖永祥先生调查，全球除非洲外，其余各洲共有 25 所图书馆使用或曾经使用过裘开明的《汉和图书分类法》，为中外文化交流做出了贡献。可惜后来《汉和图书分类法》没有连续修订出版。[②]

民国时期，几种在全国有较大影响的分类法诞生在北京及在北京的图书馆使用，北京成为中国图书馆分类法变革的摇篮。

---

① 王霞：《何日章〈中国图书十进分类法〉及学术思想形成》，《史学月刊》，2007 年第 7 期，135～136 页。

② 周余姣：《裘开明〈汉和图书分类法〉研究》，《国家图书馆学刊》，2016 年第 3 期，95～101 页。

2. 分类法的实践应用

新式图书馆分类法的编制体现了图书馆学人的智慧，而新式图书馆分类法真正在图书馆中实践应用，还是经历了一个曲折的变化过程。

民国初年的图书分类还是沿用旧法。如京师图书馆仍然采用四部分类法，1916年，馆长夏曾佑"以《四库全书总目》为准，凡《四库全书总目》已收之书，分别部属排列先后，凡旧籍为《四库全书总目》所未收者，详察该书内容，参考各家书目，分别编次，凡所有与缪目不同之处，均分疏于各条目下，以便考覆"。[①] 1917年京师图书馆按照四部分类法将经、史、子、集各部图书目录全部编竣。

随着新书的增多，旧方法已不适用，于是一些图书馆采用"新旧并行制"，将书籍分为新旧二大部，旧籍采用四部分类法，有的略作变通及修改；而新书一般采用新的分类法，经过遵、改、补之后的杜威十进分类法与四部分类法并行。

北京大学图书馆初建时古籍较多，中、日文图书分为经、史、子、集、丛五类；为了适应教学研究需要，图书馆陆续增添了各种新学、西学图书，尤其是直接从国外订购出版物，也有了西文图书，1918年西文"以杜威十进法为基础，而按本馆所藏书籍之情况，略有变通"。[②] 中文图书仍按经史子集分类，并添加了地理、丛书、类书、科学几类。[③] 中法大学图书馆西文书采用杜威十进分类法，而略加变动，中文旧籍兼用四部分类法与杜威十进分类法。

民国初年设立的中央公园图书阅览所，尽管图书较少，但古籍较多，同样按照"新旧并行制"对图书进行分类："本所旧书，分为经、史、子、集四部，新书分为总汇、精神科学、历史科学、社会科学、自然科学、应用科学、艺术七部。"[④] 京师通俗图书馆则将中外图书糅合在一起，"分经学、历史、传记、地理、教育、法律、军事、实业、算术、经济、理科、宗教、医药、小说、杂志、文牍、讲演、词曲、

---

① 李希泌、张椒华：《中国古代藏书与近代图书馆史料(春秋至五四前后)》，217页，北京，中华书局，1982年。

② 吴晞：《北京大学图书馆九十年记略》，55页，北京，北京大学出版社，1992年。

③ 吴晞：《北京大学图书馆九十年记略》，19页，北京，北京大学出版社，1992年。

④ 李希泌、张椒华：《中国古代藏书与近代图书馆史料(春秋至五四前后)》，280页，北京，中华书局，1982年。

新旧剧、图画、体育、报告、杂书等类”。这也反映了时人对于中外图书不能进行统一分类的困惑。[①]

随着图书馆学人的探索，认识渐趋一致，必须采用近代西方学术分科体系及分类方法，打破传统的四部分类体系，才能较好地融合东西方知识。20世纪二三十年代，“遵杜”“仿杜”“改杜”分类法开始代替四部分类法在图书馆中应用。

1922年以后，清华学校图书馆中外文图书均采用查修《杜威书目十类法补编》的原则进行分类。1930年中文图书改用施廷镛编制的八大类分类法，馆中未编之中、日文新书均照新方法分类，并将原使用旧方法分类的图书一律改照新法重编；西文图书仍采用查修《杜威书目十类法补编》进行分类。直到1963年馆藏除古籍外，全部采用《中国图书馆图书分类法草案》（简称“大型法”），1973年全面采用《中国图书馆图书分类法》（简称中图法），馆藏古籍仍然沿用八大类分类法。

1935年北京大学图书馆改用皮高品编制的《中国图书十进分类法》，书次号用著者号，采用王云五四角号码表编制，中日文新书全部采用该方法，原有中日文图书全部用新方法进行重编，“无论新藏旧储，齐依新法，不避艰巨，从头清理”，[②]此后四十年，该馆一直使用此方法，直到1975年改用《中国图书馆分类法》。而西文则一直采用改进和完善的杜威十进分类法。

燕京大学图书馆在哈佛燕京学社成立后，为谋哈佛与燕京两校中文图书分类一致，于1930年以后中文图书统一改用《汉和图书分类法》进行分类。西方图书则采用杜威十进分类法进行分类。

民国时期，随着西方图书分类法的引进，中国图书分类突破了传统“四部”分类框架，转向以学科内容为主进行分类，体现了中国传统知识系统向西方近代知识系统的转变。在西方分类法与中国四部分类法融合的过程中，既将四部分类体系下经、史、子、集归并到西方分类法的学科门类之中，也将“四部”知识系统整合到西方近代知识系统之中。

---

① 左玉河：《典籍分类与近代中国知识系统之演化》，《华东师范大学学报》（哲学社会科学版）2004年第6期，48～59，117～118页。

② 《国立北京大学图书馆概况》，国立北京大学图书馆编印，1936年。

3. 图书目录的编制

分类是为了更好地归类文献，揭示文献的内在联系；编目是依据分类方法，更直观地排列文献，便于使用。民国时期图书馆流行的有书本目录、卡片目录。

中国古代就有编制图书目录的传统，目录学萌芽于先秦，形成于汉代，历史悠久，源远流长。中国历代学者广泛应用目录学进行古籍校勘、整理，注重考订经史，辨别伪书，选择善本，辑佚文献，渐成专门学问，梁启超划定"中国的图书馆学"内容时，亦把目录学划入其中。自目录学开端后，各代均有官修目录，民国以后，很多图书馆延续这一学术传统，编辑本馆馆藏的书本目录。

京师图书馆已知最早的书目是《广化寺图书馆检书草目》，是第一部反映该馆馆藏的书目，未正式出版。1911 年京师图书馆监督缪荃孙主持编纂了《清学部图书馆善本书目》，后又编《清学部图书馆方志目》。1915 年 11 月 29 日在《教育部饬京师图书馆所藏书籍盖印编号妥为办理文》中明确要求京师图书馆："命重新编辑，付印目录，分别部类，编列号数，刊印标签，逐册粘贴，依序陈列，以便收发检查；对现有书目，命逐册查对，并送教育部厘定付印，以资考覆。"[①]1916 年京师图书馆馆长夏曾佑主持编纂《京师图书馆善本简明书目》(四册)。除正式出版的书目外，京师图书馆还有书本目录十余册，按经、史、子、集、丛五类分类。

原京师图书馆与北平北海图书馆合组新的国立北平图书馆之后，定位"为行政机关，而非研究机关"，主要功能是供给研究者便利，继承整理图书的校勘、目录、索引、考订等。1929 年国立北平图书馆的重点工作有：①各种索引之编制；②孤本书籍之翻印；③宋史之校勘；④李慈铭遗书之整理；⑤专门目录之编制；⑥北平各图书馆西文书总目的编制等。[②] 1933 年赵万里主持编纂《国立北平图书馆善本书目(甲编)》(四卷四册)，1937 年赵录绰主持编纂《国立北平图书馆善本书目乙编续目》(四卷一册)。

---

① 《教育部饬京师图书馆所藏书籍盖印编号妥为办理文》，转引自郭锡龙：《图书馆暨有关书刊管理法规汇览》，66 页，北京：中国政法大学出版社，1995 年。

② 国立北平图书馆：《国立北平图书馆馆务报告(1929 年 7 月至 1930 年 6 月)》，国立北平图书馆印制，1930 年版，22～26 页。

其他一些图书馆也有出版书本目录,如清华大学图书馆1927年出版了查修编《清华学校图书馆中文书籍目录》[①],戴罗瑜丽编《清华学校图书馆(英文)书籍目录》,[②]1936年出版施廷镛编《国立清华大学图书馆丛书子目书名索引》,北平市立第一普通图书馆出版了《北平市立第一普通图书馆图书总目》等。

除正式出版的书目外,各馆还编纂了大量非正式出版的书目,揭示本馆资源。如北京大学图书馆编制了多种书本式目录,1936年编制了《国立北京大学图书馆丛书目录》《国立北京大学图书馆期刊目录》等。清华大学图书馆从1933年开始印制系列中西文书本式目录,一直持续到"七七"事变以前。

除各馆出版本馆书目外,还出现了联合目录,其最大的好处是可以促进馆际间的交流与文献资源互借,使庋藏在各馆中的书刊物尽其用。在1929年1月召开的中华图书馆协会第一次年会上,中央大学国学图书馆提案编制全国地志联合目录。在1933年8月召开的中华图书馆协会第二次年会上,河北省立第一图书馆华凤卜提案"请全国各图书馆于卡片目录外,应酌量情形增编书本目录,以便编制联合目录",在两次中华图书馆协会年会上,都有学者关于编制图书联合目录的提案,可见学者对此问题非常重视。

北平图书馆协会联合北平各图书馆编纂联合书目。1929年北平图书馆协会成立期刊联合目录委员会,委员有蒋复璁、谭志贤、章新民、徐家麟、张一航,以北平图书馆协会会刊专号的形式,刊登了北平图书馆协会期刊联合目录委员会编《北平各图书馆所藏期刊联合目录》,[③]北平图书馆协会还成立了丛书联合目录委员会,委员有汪长炳、沈缙绅、毕树棠、何澄一、李正翰,会刊专号刊登了北平图书馆协会丛书联合目录委员会编《北平各图书馆所藏丛书联合目录》。[④] 1936年,由邓衍林编辑,北平图书馆协会和中华图书馆协会联合出版了《北平各图书馆所藏中国算学书联合目录》。

国立北平图书馆也主持编纂联合目录。1927年北平北海图书馆与北京博物学会联合出版 *Reference List of Books on Botany in the Peking*

① 《清华学校图书馆中文书籍目录》,清华学校图书馆印制,1927年。

② 《清华学校图书馆(英文)书籍目录》,清华学校图书馆印制,1927年。

③ 《北平图书馆协会会刊》,北平图书馆协会编印,1929年,第3号。

④ 《北平图书馆协会会刊》,北平图书馆协会编印,1930年,第4号。

Libraries(《北平各图书馆所藏植物学联合目录》),收录北京八个公共、会社图书馆和四所大学图书馆珍藏的928种西文植物学图书;1928年由国立北平图书馆编纂*Union List of Books on China in Peiping Libraries*(《北平各图书馆所藏关于中国问题书籍联合目录》)四册,收录北平29个图书馆的西文书刊目录,前三册是图书目录,第四册是期刊目录。1933年由国立北平图书馆与清华大学图书馆联合出版*Union Catalogue of Books in European Languages in Peiping Libraries · supplement*(《北平各图书馆西文期刊联合目录补编》),收录期刊5 000余种。1933年6月由李德启编,于道泉校,国立北平图书馆和故宫博物院图书馆联合印行的《满文书籍联合目录》出版。[①] 期刊杂志种类多,数量大,编制联合目录需要馆员通力合作,国立北平图书馆辟有杂志股管理处管理期刊杂志。(国立北平图书馆杂志股管理处见图5-14)

图5-14　国立北平图书馆杂志股管理处

资料来源:《国立北平图书馆杂志股管理处》,《良友》,1936年第118期。

除书本目录外,卡片目录是当时新兴的一种揭示资源信息的载体,逐渐在各馆得以应用。清华学校图书馆于1918年开始使用卡片目录,1918年3月5日,李大钊率北大图书馆工作人员到清华学校图书馆参观,曾盛赞清华学校图书馆"目录全用card"。1919年戴志骞改革图书馆业务工作,图书登录采

① 苏健:《民国时期国家图书馆编纂的几部联合目录研究》,《新世纪图书馆》,2017年第6期,第91～95页。

用美国“纽渥克大学”(Newark University)①制度,西文目录片采用“字典目录”,中文目录片按永字八法排列。1918年北京大学也开始编制卡片目录,1920年编出书名、著者、分类三种简片目录。1922年由在美国学习的袁同礼联络,美国国会图书馆赠送北大图书馆一整套目录卡片近百万张,使中国对美国国会图书馆的资源有了了解。② 国立北平图书馆在原京师图书馆与北平北海图书馆合组新的国立北平图书馆之后,开始添置分类目录、著者目录、书名目录、排架目录四套卡片目录。中法大学图书馆也采用卡片式目录,分著者、书名、分类三种。1935年北京大学图书馆开始尝试改书写卡片为印刷卡片,使书名、著者、分类各项目录整齐划一。国立北平师范大学图书馆编目采用卡片制,每本图书有著者、书名、分类三种卡片,还制作了参照片、互见片与分析片,方便读者查阅相关文献。(国立北平师范大学图书馆编目室工作情况见图5-15)

图5-15 国立北平师范大学图书馆编目室

资料来源:《国立北平师范大学图书馆编目室》,国立北平师范大学图书馆概况,1933

民众教育馆图书馆虽然图书较少,对于编目方法,卡片式目录也最为普遍,第三区民教馆除卡片目录外,还有书本目录。民众教育馆图书馆的报纸

① 原译“纽渥克大学”,即今美国新泽西州立罗格斯大学纽瓦克分校。

② 吴晞:《北京大学图书馆九十年记略》,55~56页,北京,北京大学出版社,1992年。

期刊最初不分类,1932年第一民教馆采用新规,将报纸按时间先后进行排列,改变了原来乱放的情况 其他民教馆也沿用此法。私立木斋图书馆有三种卡片目录,因图书以卢木斋家藏为主,故原卢木斋先生编纂的书目也用作阅读参考。①

由国家或地区中心馆印制发行目录卡片,是20世纪国际图书馆界合作的一种重要形式。各馆将中心馆的卡片作为样例,再根据各馆的实际情况进行增删,既可节省编目人力和经费,又可促进业务规范化。国立北平图书馆主动承担起中心馆职责,1929年该馆因编目人员紧张,特聘刘国钧来平主持,编制了《中国图书分类法》和《中文图书编目条例》。1935年国立北平图书馆以刘国钧《中国图书分类法》和《中文图书编目条例》为著录标准,开始向全国发行馆藏书刊目录卡片。目录片很受欢迎,到"七七"事变前,国内有42家单位整组订购,有10余家单位零购或交换,国外有8家单位整组订购,有7家单位交换。② 刘国钧编制的《中国图书分类法》也随国立北平图书馆印刷卡片的传播而被广泛采用。

第三节　图书馆流通服务

民国时期北京的国立、市立、学校、私立、会社图书馆服务对象不同,国立、市立图书馆属于公共性质,为普通民众服务,学校、会社图书馆主要为本校师生或本团体服务,私立图书馆根据创办人的意愿确定服务范围,一般对公众开放。不同类型的图书馆,其服务对象和工作侧重有所不同。

1. 公共服务从收费到不收费

(1) 公共服务的出现

1910年12月,清学部上呈奏请拟定《京师及各省图书馆通行章程》共20条,第二年年初正式实施。第1条规定图书馆"以广征博采,供人浏览为宗旨"。第8条规定"保存"之类的图书"别藏一室,由馆每月择定时期,另备券据,以便学人展视。如有发明学术堪资考订者,由图书馆影写、刊印、抄录,编

① 《本馆工作概况》,《北平私立木斋图书馆季刊》,1937年第2期,104页。

② 李致忠:《中国国家图书馆馆史1909—2009》,84页,北京,北京图书馆出版社,2009年。

入观览之类，供人随意浏览”。第 9 条规定“观览之类”的图书“任人领取翻阅”。

这些章则都明确了一点，京师图书馆不同于以往的藏书楼，它具有公共开放的特征，出现了公共服务的萌芽。但这种开放是有限的，具体体现在：①对读者身份的限制——只对社会特殊人群开放，包括硕学专家、学生士子；②读者只能到馆进行阅览，而不能将书借出馆外；③收费阅览。

1912 年 7 月 10 日，京师图书馆馆长江翰呈教育总长蔡元培《京师图书馆暂定阅览章程》，[①]延续《京师及各省图书馆通行章程》，规定每周开放五天，周一、二、三、五、六开放，无论“士、农、工、商、军、女学界，皆得入览”，明确“女学界”可以入览，男女平等，这是图书馆管理的一大进步；章程重申图书馆的书籍分为两类：一类为保存之类，另一类为观览之类。观览之类虽可阅读，但书籍较少，仅 1 万多册，其余多数是保存之类。

对于保存之书，要别藏一室，如需阅览，需要购书券。购书券有特别赠送的优待券和进门购买的入览券，入览券又分为特别和普通两种，特别券铜币四枚，可阅图书五十册；普通券铜币二枚，可阅图书十册。获得免费优待券的，一是“学校职员、教员、学生有编辑参考之急需，由各校长函请”，免取券资，但每个学校只能获得五券，入门时验券，换领书证，用完交证时，领回原券，下次再用；另一获得优待券的条件是捐赠图书，换证缴券的方式与学校优待券相同；馆内图书不得借出，但公署享有特权，持公署印文可以借出；为了保护图书，规定阅览时，只能使用铅笔抄写记录，不能使用各种墨汁，不得在图书上圈点评论，图书损坏要照价赔偿，不得在室内饮茶、吸烟、吐痰，患有癫痫、疥疮或醉酒的人不得进入馆内。

1917 年修改《京师图书馆暂定阅览章程》，关于阅览券部分，分为六种：甲、普通阅览券（一张收铜元二枚，十张收铜元十二枚）；乙、新闻杂志阅览券（一张收铜元一枚）；丙、学生阅览普通书券（一张收铜元一枚）；丁、学生阅览新闻杂志券（不收费）；戊、善本书阅览券（一张收铜元十枚，十张收铜元六十枚）；己、四库全书阅览券（一张收铜元五枚，十张收铜元二十四枚）。

在京师图书馆早期发展过程中，更多的是延续了封建藏书楼的观念和管

① 李希泌、张椒华：《中国古代藏书与近代图书馆史料（春秋至五四前后）》，199 页，北京，中华书局，1982 年。

理方式。由于入馆收取阅览费，有诸多限制，加之图书以古籍为主，尽管馆内藏书量大，但读者很少，据统计“1915 年全年开馆 292 日，入馆人数 3 443 人，平均每日 12 人弱”。[①] 而且多数是学者型的长者。[②]

京师图书馆分馆尽管属于通俗图书馆，所藏也有很多通俗类图书是为民众开放的观览之类，但其承袭京师图书馆规则，来馆读者需购入门券，每张售价二枚铜币，馆内所藏图书目录放在玻璃镜框内，挂在四面墙上不便查阅。阅书与阅报刊分置，规定“凡阅新闻杂志者，先至售券处，以当十铜元一枚，购券一纸，持至新闻杂志阅览室，换取领阅证书”。如阅书后还阅期刊，要再购券，但价钱可以减半，“既阅新闻杂志之阅览人，复欲贷阅图书另购，免征阅览图书之半费券，持至图书阅览室，至领书处，换填领书证，交请检发”。[③]

不仅旧观念会导致收费，经济困难也要收费。松坡图书馆为私立图书馆，靠捐赠的经费很不稳定，为了解决经费不足的问题，松坡图书馆采取了三种酌收“阅览券费”的办法：①临时阅览券，入门购买门票铜板 2 枚；②半年券，每张售银 6 角；③全年长期券，每张售银 1 元。图书馆即使收取券费，也很难补足经费缺额，1929 年梁启超去世后，松坡图书馆经费十分短缺，为了节省开支，松坡图书馆第一馆和第二馆合并，合为快雪堂一处。[④]

1915 年颁布的《图书馆规程》，在第 9 条中规定：“图书馆得酌收阅览费。”得到官方支持的收费制度顺理成章地被人们接受，直到 1927 年国民政府颁布新的《图书馆条例》，没再提收费之事。国立图书馆首先回应，1929 年国立北平图书馆制订《国立北平图书馆普通阅览室规则》，第 3 条规定：“本馆书报阅览概不收费。”[⑤]明确了不收费的条款。

(2) 公共服务的进步

北平北海图书馆于 1927 年 1 月 16 日开馆，开始提供阅览服务，在服务措施方面与京师图书馆截然不同，其特点是：①免费阅览。免费对读者开放，体

---

① 《略述京师图书馆及图书分馆之沿革和现状》，转引自李希泌、张椒华：《中国古代藏书与近代图书馆史料(春秋至五四前后)》213～216 页，北京，中华书局，1982 年。

② 甘博：《北京的社会调查》(上)，154 页，北京，中国书店出版社，2010 年。

③ 《京师图书分馆新闻杂志阅览规则》，《浙江公立图书馆年报》，1922 年第 7 期，11～13 页。

④ 郭英：《梁启超与松坡图书馆》，《河南图书馆学刊》，2006 年第 2 期，123～124，139 页。

⑤ 北京图书馆业务研究委员会：《北京图书馆馆史资料汇编(1909—1949)》，1043 页，北京，书目文献出版社，1992 年。

现了该馆图书部主任袁同礼作为留美学者的开放之处。然而，该馆地处北海公园内，阅览者必须购公园门票才能到馆，这也挡住了一批贫穷的读者。于是为方便读者，图书馆一面与公园董事会商洽获得一部分公园的赠券，一面出资购买门票送给读者，读者读毕出馆时可领公园入门券，下次再来可免公园门票。②开馆时间。正常开馆时间为 9:00—17:00，中午不休息，食堂备有午餐，收价极廉，可以提供读者用餐，方便路远的读者。除例假外，星期日照常阅览，暑假为吸引学生来馆，也照常开馆。③准许专门学者借书。对于从事专门研究的学者，经馆长特许，不仅准其借出本馆图书，还可以帮助读者到其他馆借书，期限两周。图书馆还提供咨询服务，出纳处设有专人，对于不明了之事都可咨询。④为了方便读者利用资料，该馆还特从美国购进照书机，提供代为影印旧杂志或孤本图书的服务。⑤为了最大限度利用资源，图书馆想办法主动走出去推广服务，1927 年 11 月，图书馆编成中英文阅书指南，赠送给北京的教育机关。这些措施在当时的环境下是开创性的，极大地吸引了读者，1927 年开馆时，“阅览人每日平均不及 20 人。1928 年 4 月每日平均增至 60 人。星期日能达到 130～140 人”。[①]

原京师图书馆与北平北海图书馆合并后，成立新的国立北平图书馆，在流通服务方面有所进步。新馆建成后，阅览室大气时尚，优美的内外环境吸引读者前来利用图书馆。(国立北平图书馆杂志阅览室见图 5-16)国立北平图

图 5-16　国立北平图书馆杂志阅览室

① 孟化:《北京(北平北海)图书馆评述》,《文津学志》,2014 年辑刊,170～178 页。

书馆的服务进步表现在：①阅览服务。1933年重订《国立北平图书馆阅览暂行规则》，规定夏秋两季开放时间为上午8:00至晚9:00，冬春两季为上午9:00至晚10:00，开放时间延长。②外借服务。1931年制定《国立北平图书馆借书暂行规则》，规定各图书馆及学校、机关可以到该馆借书，但仍需有人担保。对于善本图书，如学者或学术机关确有需要，可酌情外借。外借服务措施有一定收效，1932年国立北平图书馆拥有借书证读者872人，1934年增加到19 611人。③馆际互借。1934年借出2 575册，借入516册；1935年借出2 729册，借入324册，1936年借出3 324册，借入449册，从数量上看，借入借出波动不大，收效不明显。

1936年，国立北平图书馆为使书籍发挥更大效力，将数千种复本图书用于和私立北平木斋图书馆及北平市立第一普通图书馆之间巡回阅览，并制定巡回图书阅览办法：①将各种书籍之复本分批运至各图书馆巡回阅览；②每批50～100册；③阅览日期每批为一个月；④第一批书籍先运至木斋图书馆，满期后由该馆转递至北平市立第一普通图书馆；⑤满期后木斋图书馆再转运第二批。这样巡回阅览，可使木斋图书馆及北平市立第一普通图书馆都能得到充足的图书。这也是国立北平图书馆在公共服务方面一个非常大的进步。①

清末以来的京师图书馆一直定位为学术图书馆，为学术研究服务，采取收费政策，使一般贫民止步不前。国立北平图书馆虽是继承京师图书馆，但取开放态度，“注重应用，亟愿以此已有之基础供大多数人之利用”，为了指导公众利用，该馆还设立参考组，“专备阅览公众之咨询，或代编辑书目，或为搜集材料”，其目的是“减少其翻检之时间，而谋其便利，而直接间接又负指导之责”。国立北平图书馆在流通阅览态度方面有了巨大转变，率先以国家图书馆的姿态凸显公共图书馆的服务特色。

2. 民众教育活动从到馆服务到送书上门

与学术型图书馆不同，从通俗图书馆发展而来的市立图书馆，定位对普通民众服务，不收取阅览费，且鼓励民众多多利用图书馆，更好地诠释了公

① 《北平图书馆与木斋图书馆联合举办巡回阅览》，《图书展望》，1936年第2卷第2期，115页。

共、开放、共享的服务理念。

(1) 北平市立第一普通图书馆的服务措施

北平市立第一普通图书馆是市属最大的图书馆,李文祷任馆长以后,实行的一系列鼓励民众利用图书馆的措施,收到了良好的效果。

①开展指导儿童阅读活动。儿童是未来的希望,民国时期儿童受教育程度很低,北平市立第一普通图书馆于 1917 年设立儿童阅览室,积极为儿童服务。1936 年儿童节,图书馆成立了儿童读书会,颁发儿童阅览证,举办儿童读书活动。读书会根据会员程度分为甲、乙、丙三组,每月月底举办一次专题讲座,每月举行读书竞赛活动,测验本月的读书情况和效果,通过竞赛考核勤懒,以此作为赏罚的依据。测验的标准为:①一周之内到馆阅览 4 次以上者给四等奖;②二周之内到馆阅览 8 次以上者给三等奖;③一个月内到馆阅览 16 次以上者给二等奖;④一个月内到馆阅览 16 次以上,考核时能够理解图书内容者给予一等奖;⑤一日来馆阅览 2 次以上,一周内 4 天达到 2 次以上者给予特等奖。同时要求馆员在指导儿童阅读时要用新式教学法,根据当时的环境、儿童年龄大小、程度分别予以指导,指导时语言要清晰,态度要和蔼,引导儿童树立克服困难的勇气,引发来馆的恒心。儿童读书会会员逐年增加,截至 1937 年 3 月底,北京有 29 所小学有儿童会员,总计 600 多人,女生会员占 1/3,表明女生教育受到重视。图书馆还编印了儿童读书会专刊,初时为半月刊,后改为周刊。儿童读书会的具体活动安排见表 5-4。

表 5-4 北平市立第一普通图书馆儿童读书会活动安排(1937 年 4—6 月)

组　别	时　间	活　动
甲组	4 月 17 日	会员谈话
甲组	4 月 27 日	测验
乙组	4 月 28 日	测验
丙组	4 月 29 日	测验
甲组会员谈话	4 月 30 日	讲题:对于儿童读书会之新希望
乙组	5 月 15 日	会员谈话
甲组	5 月 27 日	测验
乙组	5 月 28 日	测验

续表

组　　别	时　　间	活　　动
丙组	5月29日	测验
乙组会员谈话	5月30日	讲题：读书要趣味化
丙组	6月19日	会员谈话
甲组	6月27日	测验
乙组	6月28日	测验
丙组	6月29日	测验
丙组会员谈话	6月30日	讲题："做"和"想"

北平市立第一普通图书馆自开展儿童读书会活动以来，儿童阅览人数倍增，1936年9月20日，该馆举行了儿童座谈会，并举行了阅读展览，参加者有儿童会员家长、社会局督学及北平各社教区民众教育馆阅览股管理人员。① 由于儿童到馆阅览非常踊跃，加之各阅书报处也经常向该馆借阅儿童读物，需求量增大，馆长李文裿向国立北平图书馆商洽，将该馆近年收到的儿童读物移送北平市立第一普通图书馆寄存，以供阅览，共收到图书约1 000多册，丰富了该馆儿童图书的数量和种类。②

② 举行全市巡回图书借阅展览。1929年北平市颁布《北平特别市教育巡回图书保管简章》，将巡回图书分为七类，包括党义、教育、文学及史地、自然科学、医学卫生、法制经济、图画杂志。1936—1937年由北平市立第一普通图书馆主持，以全市城郊内外共计21处阅览处所为节点，进行巡回借书，1936年7月至1937年6月，共借出图书1 573种，1 903册。北平市立第一普通图书馆还专门制作了新式巡回图书箱22个，平时展开可作陈列架，合起可作运书箱，新颖便利，方便图书运送及陈列。巡回图书范围远达城外，最远到达西北海淀。据统计，1936年全年参与巡回阅览的人数为28 285人，阅书30 730册，平均每人阅书一本以上。这种巡回借书的形式开创了阅读推广新局面，时人评论："国内各城市中，大规模照该馆此种办法者，尚为创举。"（具体巡回路线见图5-17）

① 《北平市立第一图书馆举行儿童座谈会》，《学觚》，1936年第1卷第9期，10页。

② 《北平市立第一图书馆添增儿童读物》，《学觚》，1936年第1卷第6期，12页。

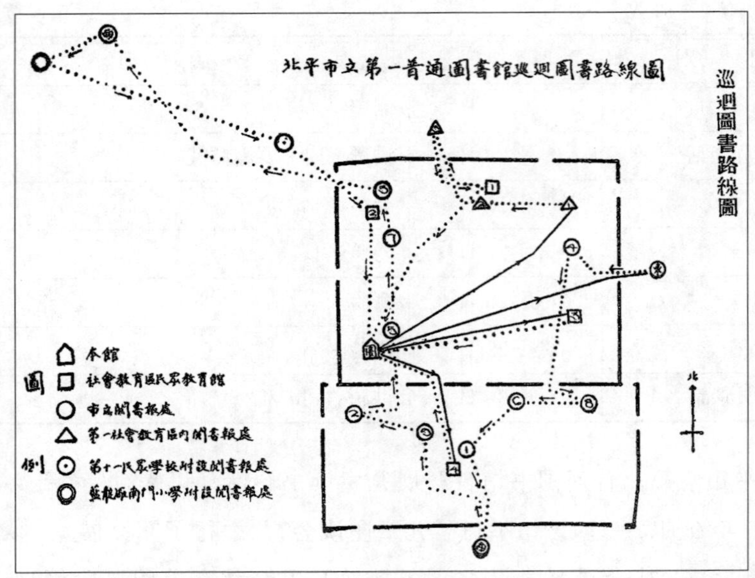

图 5-17　北平市立第一普通图书馆巡回图书路线图

资料来源：《北平市立第一普通图书馆二十五年度工作报告附图》,《北平社教》,1937年(创刊号),90页。

1936—1937 年巡回处所见表 5-5。

表 5-5　1936—1937 年巡回处所一览表

名　称	地　址
第一阅书报处	前门外天桥鸟市
第二阅书报处	广安门内大街
第三阅书报处	新街口西大街
第四阅书报处	东四北大街
第五阅书报处	宣内大街路西
第六阅书报处	前外兴隆街路北
第七阅书报处	西四北大街路西
第八阅书报处	崇外南羊市口路西
第九阅书报处	和外虎坊路路西
东郊阅书报处	朝外大街路北
南郊阅书报处	永外关厢路西

续表

名　　称	地　　址
西郊阅书报处	西郊海淀
第十一民众学校附设阅书报处	西直门外娘娘庙
蓝靛厂南门小学附设阅书报处	西直门外火器营
第一社会教育区民众教育馆阅览部	鼓楼
第一社会教育区民众教育馆第一阅书报处	东四北十条口外
第一社会教育区民众教育馆第二阅书报处	安定门内大街
第一社会教育区民众教育馆第三阅书报处	德胜门外大街
第二社会教育区民众教育馆阅览部	西四北南魏儿胡同
第三社会教育区民众教育馆阅览部	东四南史家胡同
第四社会教育区民众教育馆阅览部	香厂永安路

③ 举办升学指导服务。北平各类学校林立，历年中小学毕业生人数很多，对于升学投考指导有很强的需求。为了帮助毕业生了解上一级学校以及报考的情况，每年 7—8 月，图书馆开展升学指导活动，尤其是对中学生了解各大学的情况提供方便，具体措施是：在馆内陈列各种升学资料；将国内各大日报杂志登载的各种考试题编成目录，以便参考；编制各科入门书目，以便查阅；广播有关升学指导的节目，主题先期在图书馆公布；在图书馆设立问事处，解答一切关于升学投考的问题，函询亦可。这些举措受到学生们欢迎，1936 年 7—8 月，阅读参考书者 1 203 人，阅读招生简章者 2 114 人，阅读学校概况者 1 512 人，咨询事件者 931 人。1936—1937 年升学指导措施见表 5-6。

表 5-6　1936—1937 年升学指导措施①

序号	内　　容	备　　注
1	全国学校总调查	陈列国内公私立大学、专科学校及著名中学一览、招考简章、入学指南
2	概况章则之征集	详细目录刊登于《世界日报·图书馆周刊》
3	考试参考书及试题索引	陈列备览

① 《市立第一图书馆举行升学指导》，《民众教育通讯》，1936 年第 6 卷第 6 期，82～83 页。

续表

序号	内　容	备　注
4	编辑各科阅读书目	刊登于《世界日报·图书馆周刊》,另印单行本
5	设咨询处解答一切问题	回答关于升学、投考的问题,函询亦可
6	广播节目	共有七讲广播节目涉及升学指导:理化各科用书述要、数学各科用书述要、各学校概况述略、考试准备、参考书、升学应有之准备、史地及科学书述要
7	各项招生次数、日期	陈列备览

④ 利用广播电台,播送读书指导节目。北平市立第一普通图书馆利用北平、育英两个广播电台,每周定期播送一次读书指导节目,讲题包括哲学、自然科学、应用科学、社会科学、史地、语文、美术等,包罗万象。内容非常丰富,从儿童到成人,从学生到市民,都有适合他们的讲题。每次播音之前,图书馆先把讲题制作特制的播音题目牌在各阅书报处、民教馆公布,引起人们的注意。图书馆员自编自演的话剧"到图书馆里去",由图书馆同人扮演剧中角色,馆员参与其中,生动描绘图书馆的环境、资源和读书给人带来的进步,用市民喜闻乐见的形式让图书馆深入人心。1936—1937 年播音讲题如表 5-7、表 5-8 所示。

表 5-7　北平电台播音节目(1936.7—1937.6)[①]

年份	日　期	题　目	年份	日　期	题　目
1936	7 月 4 日	举办升学指导之意义及其方法	1937	1 月 1 日	到图书馆里去(话剧)
	7 月 11 日	理化各科用书述要		1 月 2 日	中学生课外阅读问题及其参考书
	7 月 18 日	史地及科学书述要		1 月 5 日	银行学用书举要
	7 月 25 日	数学各科用书述要		1 月 16 日	寒假里怎样地自修(对小朋友讲话)
	8 月 1 日	儿童年中有关儿童问题之各种论文汇述		1 月 23 日	话剧书籍介绍
	8 月 8 日	考试准备参考书		1 月 30 日	妇女问题参考书

① 《北平市立第一普通图书馆二十五年度工作报告附图》,《北平社教》,1937 年(创刊号),91～99 页。

续表

年份	日　　期	题　　目	年份	日　　期	题　　目
1936	8月15日	图书馆便用法(二)	1937	2月6日	有关粮食问题诸书介绍
	8月22日	新文学书籍举要		2月13日	烹饪与裁缝之研究及应读之书
	8月29日	摄影书籍介绍		2月20日	名人故事(一)(儿童读书会会员对话)
	9月5日	参加中学论文竞赛应有之准备及参考书		2月27日	标点符号书籍举要
	9月12日	中医参考书		3月6日	修辞学书籍选述
	9月19日	再谈参加中学论文竞赛应有之准备		3月13日	边疆问题必读书
	9月26日	书画名著选述		3月20日	育儿书籍汇述
	10月17日	研究书牍之参考书		3月27日	图书馆使用法(四)
	10月10日	国际论文与选读法		4月3日	食粮与燃料之研究及其用书
	10月24日	看图识字(对小朋友讲话)		4月17日	种痘功用及其参考书
	10月31日	各科常识书籍		4月3日	儿童节之意义及参考资料
	11月7日	古音乐书籍举要		4月4日	庆贺儿童节(话剧)
	11月14日	怎样去作读书笔记(对小朋友讲话)		4月24日	儿童读书会会务述要
	11月21日	研究土地问题书籍与土地登记		5月1日	通俗书籍评述
	11月28日	儿童卫生读物举要(对小朋友和小朋友家长讲话)		5月8日	园艺学书籍介绍
	12月5日	字典之选择法		5月15日	名人故事(二)(儿童读书会会员对话)
	12月12日	研究工艺必备之书		5月22日	卫生书籍举要
	12月19日	平时应当怎样地自修(对小朋友讲话)		5月29日	广告学书籍举要
	12月26日	图书馆使用法(三)		6月5日	非常时期教育参考书选述
				6月16日	图书馆使用法(五)(对话)
				6月10日	(端)午节之考证及其参考书(二)
				6月19日	幼稚教育书籍汇述

表 5-8 育英电台播音节目(1936.8—1937.6)[①]

年份	日期	题目	年份	日期	题目
1936	8月3日	各学校概况述略(一)	1937	1月1日	到图书馆里去(话剧)
	8月11日	各学校概况述略(二)		1月5日	国语书籍选述
	8月18日	图书馆使用法(二)(对话)		1月12日	妇女保健法及其用书举要
	8月25日	医学常识书籍介绍		1月19日	图书馆的功用
	9月1日	古今名人传记书籍汇述		1月26日	版本学之研究及其用书
	9月8日	儿童读物评述		2月2日	货币与汇兑专籍
	9月15日	金石书籍举要		2月9日	养生书籍与健康指导
	9月22日	图书馆使用法(三)(对话)		2月16日	怎样去作日记(对小朋友讲话)
	9月29日	中秋节的传说及其参考书		2月23日	土木工程用书举要
	10月3日	儿童读书会之旨趣及儿童阅读程序(对小朋友讲话)		3月2日	家事参考书汇述
	10月6日	国术书籍举要		3月9日	国防书籍介绍
	10月13日	图书馆学书籍汇述		3月16日	名人故事(一)(儿童读书会会员对话)
	10月20日	儿童读书会之旨趣及阅读程序(对话)		3月23日	卫生书籍举要
	10月27日	儿童读物介绍(儿童对话)		3月30日	图书馆使用法(四)(对话)
	11月3日	重要书籍选述		4月6日	儿童读书会会务述要
	11月10日	“学”和“问”相互之关系(对小朋友讲话)		4月13日	近代史籍述评
	11月17日	编织物书籍介绍		4月27日	日报副刊读法
	11月24日	讲经的旨趣及方法		5月4日	工艺化学应用书籍
	12月1日	学写书信的方法及参考书(对小朋友讲话)		5月25日	中国古算书举要
	12月8日	文字之研究及其用书		6月2日	名人故事(二)(儿童读书会会员对话)
	12月22日	近代小说评述		6月8日	民众教育及其参考书
	12月29日	音乐书籍举要		6月15日	图书馆使用法(五)(对话)

① 《北平市立第一普通图书馆二十五年度工作报告附图》,《北平社教》,1937年(创刊号),91～99页。

续表

年份	日　期	题　目	年份	日　期	题　目
1936			1937	6 月 22 日	格言书籍述略
				6 月 29 日	升学应有之准备

⑤ 编制书目,方便利用图书。为了方便市民利用图书文献,北平市立第一普通图书馆发挥资料整理的优势:为方便学生学习,编辑各科入门书目;为了贴近时事,编辑各种时论书目索引;为了帮助各中学图书馆选购图书,编辑《非常时期教育参考书选目》;1936 年爆发"西安事变",人们非常关注事件进展,为集中"西安事变"的阅读材料,图书馆编辑《陕西事件论文索引》;为指导读者读报,编成《平津日报俯瞰目录》,以便各界人士检索。这些索引目录有的刊登在《世界日报·图书馆周刊》上,有的计划出版单行本。时有评论"市立第一普通图书馆最近各项事业,殊为猛进,且能适合现代需要,一切计划亦均新颖,颇得风气之先"。[①]

⑥ 开办问字处、问事处。问字处、问事处是特定时期的产物,是图书馆创新服务的举措。彼时识字人数少,不要说读书,读信件、读账本都有困难。识字才能读书,才能适应现代生活,提高觉悟,做新民,因此图书馆设立问字处,解答认字问题。又有市民对于不知道或不懂的问题,也要来图书馆问一问,比如,各类学校毕业生也会到图书馆问一问馆员关于升学投考的问题,仅 1936 年 7—8 月,咨询者就达到 931 人,可见图书馆的服务细致入微,深受欢迎。

(2) 民众教育活动蓬勃开展

民众教育馆作为民众教育的中心机关,为启发民众而设,民众教育馆图书馆的服务更加贴近民众。民教馆建立初期,图书实行闭架借阅。随着管理者民众教育观念的深入,简化了借书手续,实行开架借阅,读者只需填写借书单即可借书。为了帮助因借阅程序不熟悉而影响使用的读者,第一区民教馆还开展读者指导工作,要求馆员随时指导读者借书方法,讲解分类法、图书排列方法、目录编排方法、如何填写借书单等。

① 《北平市立第一普通图书馆消息四则(四)最近重要事业》,《中华图书馆协会会报》,1937 年第 12 卷第 6 期,26 页。

第一区民教馆成立最早，1933 年以前基本每天读者 50 人左右，1934 年简化借阅手续，免票阅览书报，人数激增至每日 160 人。第二区民教馆日平均阅览人数为 60 人，第三区民教馆日均阅览 160 人。从职业、身份来看，读者大多数是有知识的市民，军警、儿童也较多；从阅读种类来看，借阅报纸数量较多；从性别来看，男性比女性为多；从年龄来看，成人比儿童多。

为扩大受众范围，民教馆仿照北平市立第一普通图书馆的做法，对民众进行播音。他们不仅利用北京的电台，还利用河北广播电台播送话剧(见图 5-18)。

图 5-18　北平民教馆工作人员在河北广播电台播送话剧

资料来源：《北平民教馆同人在河北广播电台播送话剧留影》，《广播周报》，1935 年第 30 期，4 页。

巡回文库是较为活跃的扩大民众阅读范围的有效方式，主要目的是为居住在偏僻地方的民众及由于时间所限无暇到图书馆的普通民众提供借阅图书的方便。各民教馆与北平市立第一普通图书馆合作，依托该馆藏书开展巡回文库活动。第一区民众教育馆巡回文库主要有三种方式：第一，由该馆图书室编选书籍送至由该馆主办的青龙桥乡村实验区；第二，由该馆与北平市立第一普通图书馆共同编配图书合办巡回阅览；第三，该馆接收北平市立第一普通图书馆巡回书籍引导民众到馆阅览。第二区、第三区、第四区民教馆也积极与北平市立第一普通图书馆合作，将巡回文库当做为民众服务的基础设施进行建设。1936 年第一民教馆馆长张肇基曾说："距本馆较近之民众，得每日到馆借阅图书。但距离较远者，多有不便。亟应办理巡回文库，以图补救。且能增进读(书)效率，实为刻不容缓之举。"1936 年 4 月第一区民众教育馆接收北平市立第一普通图书馆巡回图书阅览共计 198 人/次，统计表见

表 5-9。

表 5-9 1936 年 4 月第一区民众教育馆接收第一普通图书馆巡回图书阅览统计表

项目	总类	哲理科学	教育科学	社会科学	艺术	自然科学	应用科学	语文学	文学	史地学	总计
人数	1	13	15	18	23	15	28	23	37	25	198
册数	1	13	15	18	23	15	28	23	37	25	198

资料来源：赵倩：《现代化语境下的民众教育与社会改造：1928—1937 年北平地区民众教育馆研究》，101 页，北京，中国人民大学出版社，2015 年。

比巡回文库更为灵活的是流动图书车（见图 5-19）。1933 年第一区民教馆改组后，开始设立流动书车，将北平划分为 5 区，每区设立一个流动书车，每车配备一名管理员，所备图书以关于民众、儿童读物及有益身心之浅近小说为主，每日巡回时间 10:00—16:00，流动书车主要到庙会、商场等民众集中之处，每 60 天在 5 个区巡回 1 周。

图 5-19 民众教育馆之图书流动车

资料来源：朱英：《对于民众图书馆图书分类法之刍议》，《时代教育》，1934 年第 3 期，15～23 页。

除民教馆通过各种方式为民众送去图书外，阅书报处也很活跃。北平的阅书报处均由市政府主办，为公立性质，与清末阅报处不同，公立阅书报处经费比较稳定，阅书报处数量也基本稳定。阅书报处藏品虽不及图书馆的图书为多为全，但其小而灵活，也受到民众欢迎。1933 年 1—6 月北平阅书报处阅览人数统计见表 5-10。

表 5-10　1933 年 1—6 月北平阅书报处阅览人数统计

阅书报处	1月	2月	3月	4月	5月	6月	月均人数
第一阅书报处	4 335	4 482	5 897	5 897	5 967	5 493	5 345
第二阅书报处	7 408	8 807	10 539	9 933	11 220	9 062	9 495
第四阅书报处	6 259	5 971	8 324	9 161	8 264	5 398	7 300
第五阅书报处	4 597	5 406	6 841	6 173	5 967	5 112	5 683
第六阅书报处	4 943	5 040	180	5 748	5 947	5 760	4 603
第八阅书报处	6 379	6 152	8 813	9 167	7 831	8 165	7 751
第九阅书报处	2 389	2 542	2 900	2 722	2 955	2 882	2 732
第十阅书报处	3 732	3 715	4 053	4 528	4 790	4 377	4 199
东郊阅书报处	3 725	3 934	5 054	4 318	5 094	4 566	4 449
南郊阅书报处	2 175	1 886	2 183	2 183	2 198	2 415	2 173
西郊阅书报处	3 596	3 645	4 220	3 906	4 047	3 857	3 879
北郊阅书报处	5 336	4 619	5 226	4 902	4 742	4 387	4 869
第五十一小学附设阅书报处	589	345	612	513	623	805	581
第十一民众学校附设阅书报处	699	709	381	269	396	446	483

资料来源：《北平市市立各馆处所社二十二年一月—六月阅览书报人数统计表》，《时代教育》，1933 年第 1 卷第 6 期，135～146 页。

阅书报处的阅览人数与设置地点成正相关，第二、第四、第八阅书报处地处繁华地带，月均阅览人数最多，两个附设阅书报处因其地址偏远，人数相对较少。

为扩大工作范围，阅书报处也设置巡回文库，各阅书报处借助北平市立第一普通图书馆的图书开展巡回活动，图书在各处最多停留一个月，全市阅书报处八个月巡回一周，完成一轮巡回后，更换图书，进行下一轮。（阅书报处分布情况如图 5-20 所示。）

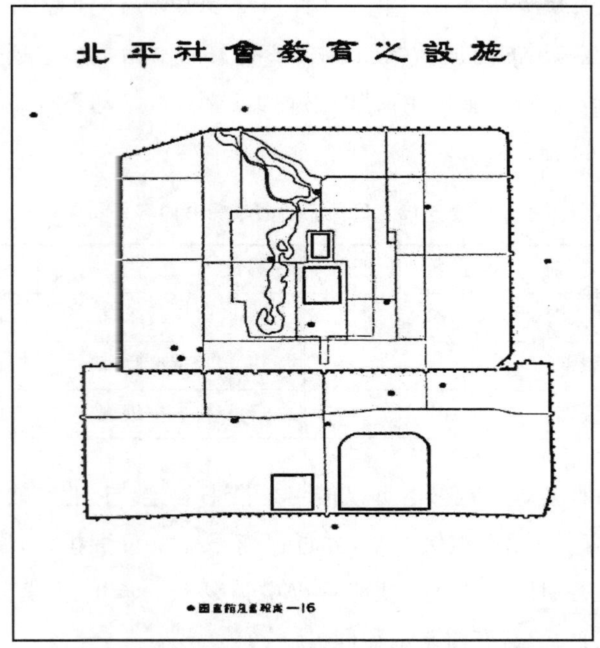

图 5-20 “·”为图书馆及阅书报处，城外为四郊设置的阅书报处

日伪占领北平的前期，图书馆、阅书报处仍然提供服务，设立“巡回图书事务所”，开动流动图书车。为了粉饰太平，1938 年 12 月 5 日日伪控制下的流动图书车启动，日伪机关将全市划分为东、西、南、北四区，设定巡回路线，每天在各街市巡回。具体流动路线见表 5-11。

表 5-11 流动图书车路线

序号	区域	路　线
1	东城	(1)东单牌楼；(2)东四牌楼；(3)北新桥
2	西城	(1)西单牌楼；(2)西四牌楼；(3)新街口
3	南城	(1)天桥；(2)前门
4	北城	(1)鼓楼；(2)交道口

流动图书车共有 5 辆，4 辆为东、西、南、北城流动使用，1 辆为总事务所使用，在事务所内设立借书部，负责直接向外借书。

日伪时期设置流动图书车的目的与战前民众教育不同，主要是进行奴化宣传。巡回图书事务所共有图书 622 种，1 792 册，一部分是伪“新民会”的出版品，一部分是购买的与所谓“新民主义”有关的书籍，从藏书种类及数量也能看出奴化倾向，所谓“新民主义”的书种类虽少，数量却不少。[①] 日伪流动书车的图书内容见表 5-12。

表 5-12　日伪流动书车图书内容

序号	类　　别	种数	册数	序号	类　　别	种数	册数
1	“新民主义”部	46	328	4	应用技术部	103	145
2	学术思想部	61	133	5	儿童读物部	186	244
3	文艺小说部	91	267	6	杂志报纸部	135	675

日伪主持的流动图书车也可以借书。借书规定：凡北京市民，有一定住址，借书时缴纳 0.5 元作为保证金，并觅得商号盖章负责担保，图书归还后退还保证金。借书期限三个月，过期可以申请延长。同时继续设立儿童读书会，其规则与“七七”事变前基本相同。

太平洋战争爆发后，原来建立的流动图书车和独立设置的儿童部等重点工作均于 1942 年关闭。北平市立第一普通图书馆设置的“购置图书委员会”“刊物编辑委员会”“图书馆学术研究会”等组织，也全部停办和解散了。[②]

(3) 学校图书馆主要对本校师生开放

学校图书馆一般定位是为本校师生服务，为本校教学科研提供支撑，服务面相对固定，采取的服务措施主要是辅助科研和教学。

① 重视读者培训。学校图书馆读者来源比较整齐，文化程度较高，图书馆的任务主要是让读者学会利用图书馆的方法，更好地利用图书馆的资源，各校都开展了读者培训工作。清华学校图书馆主任戴志骞曾多次为学生举办了解图书馆、利用图书馆的讲座，还受邀为南开大学学生演讲图书馆利用法。1924 年袁同礼在北京大学教育系开设“图书馆学”“图书利用法”“目录学”三门课程。[③] 燕京大学为新生提供培训，1934 年在校刊上刊登启事，“本馆庋藏图书原以供本校师生参考之用，惟有明了借书手续及目录使用法，各种

① 芸芸：《记首都巡回图书车》，《教育学报（北京）》，1939 年第 4 期，6～15 页。

② 金沛霖：《首都图书馆馆史》，北京市文化局首都图书馆印制，1994 年版，10 页。

③ 《注册部布告》，《北京大学日刊》，1924 年第 1576 期，1 页。

书籍之类别，方可取携便利，兹恐新来同学尚有不明了之处，定于下星期一起在馆内第二阅览室特开演讲，并可详细答问，凡教职员及旧同学有愿参加讨论者均极欢迎”。[①] 燕京大学图书馆 1934 年秋季学期讲座讲题及时间安排见表 5-13。

表 5-13　1934 年燕京大学秋季学期图书馆讲座讲题及时间安排

讲　　题	日　期	星　期	时　　间
借书手续及目录使用法	9 月 24 日	星期一	下午 4:00—5:00
西文参考书种类	9 月 25 日	星期二	下午 4:00—5:00
中国工具书之介绍及其与各学习之关系	9 月 26 日	星期三	下午 4:00—5:00
杂志书目总目及引得书籍之介绍	9 月 27 日	星期四	下午 4:00—5:00
关于字典词章及书信对联等应酬书籍之介绍	9 月 28 日	星期五	下午 4:00—5:00
关于地名及人名及时间问题之工具书	10 月 1 日	星期一	下午 4:00—5:00
中国重要类书之介绍	10 月 2 日	星期二	下午 4:00—5:00

培训学习加深了读者对图书馆的了解，读者踊跃到图书馆学习。(燕京大学图书馆内观见图 5-21)

图 5-21　北平燕京大学图书馆内观

资料来源：《北平燕京大学图书馆内观》，《中国大观图画年鉴》，1930 年，68 页。

① 《布告》，《燕京大学图书馆报》，1934 年第 69 期，16 页。

燕京大学图书馆的培训讲座时间均为一小时，这与现今高等学校图书馆普遍开设的一小时讲座高度一致。进入 21 世纪，北京大学图书馆率先开设一小时讲座，每周一次，每周选择不同的专题，主要讲解图书馆目录、各种数据库、工具书、常用应用软件等内容及使用方法，共分四大类 24 个专题循环举办。[①] 其他大学也陆续开展了类似的讲座。与民国时期的燕京大学相比，由于时代的发展和技术的进步，培训的内容和频次有了较大变化，但培训的基本方法是一致的，表现出历史继承性。

② 开通馆际互借。北京图书馆界的馆际互借观念产生很早，早在 1918 年北京图书馆协会成立时，其宗旨就是“图谋北京各图书馆之协助互益”。高校图书馆师生研究需要资料量大，本馆没有可以到外馆去借，方便师生使用资料。如《燕京大学图书馆规则》中关于《互借条例》规定：“凡关教员个人授课参考，或学生论文研究急需之书，确为本馆所无，而确知某馆藏有可以借出者，得请求本馆备函代借，所有往返一切用费均由请求借书人担负，但每人同时借书概以两本为限（中文书以一函为一本）。学生请求代借者，须向出纳处领取馆际借书条，填注签名，并请指定借该书之教员签名，交出纳处直接借取。”[②]清华大学图书馆也开展馆际互借，1931 年洪有丰任清华大学图书馆主任，实行借书到期提醒、馆际代借制度，“总计一年代借之书，不下三百六十余种。”[③]北大图书馆与北平图书馆及各大学图书馆订有互借图书办法，1935—1936 年借出近 200 册，借入近 300 册。[④]

③ 实行开架阅览。李大钊任北京大学图书馆主任时，十分赞赏西方的开架借阅方式，他说：“旧图书馆系文库式，取书的手续非常麻烦……现在欧美各国为节省无谓的手续和虚费的时间，并且给阅览的人一种选择的便利，所以主张开架式。”[⑤]他在北大图书馆实行开架借阅。清华大学图书馆也采取开架式，著名作家杨绛在清华读书时，享受到了开架的便利，可以自由出入书

---

① 郝红梅：北京大学图书馆用户教育工作中的“一小时讲座”系列活动，《内蒙古图书馆工作》，2003 年第 4 期，75～77，68 页。

② 《北平私立燕京大学一览》，燕京大学编印，1936—1937 年，51～58 页。

③ 《本星期纪念周纪事》，《国立清华大学校刊》，1931 年 3 月 25 日。

④ 《北大图书馆一年来之进步》，《中华图书馆协会会报》，1937 年第 12 卷第 3 期，21～22 页。

⑤ 李大钊：《在北京高等师范学校图书馆二周年纪念会上的演说辞》，转引自中国图书馆学会：《百年文萃：空谷余音》，22～23 页，北京，中国城市出版社，2005 年。

库。她将清华的开架和燕京的编目做了比较,燕京大学图书馆有两套编目,一套作品编目,另一套作者编目,在燕京大学图书馆“查编目往往会有意外收获,可是不准我们入书库。我曾把读书比作‘串门儿’,借书看,只是要求到某某家去‘串门儿’,而站在图书馆书库的书架前任意翻阅,就好比家家户户都可任意出入,这是惟有身经者才知道的乐趣。”[①]清华大学图书馆书库不仅可以查阅书刊,还设有阅览桌椅,可以在书库读书学习。(图 5-22 是 1933 年杨绛先生在清华大学图书馆书库里读书)虽然后来由于失书太多及其他困难,各校相继关闭了书库,但今天的图书馆已经基本实现了开架,说明当年的探索是很有意义的。

图 5-22　1933 年杨绛先生在国立清华大学图书馆书库里读书

大学图书馆一般阅读量大,借阅次数多。北京大学图书馆 1935 年新馆建成,借此时机,重新制定了读者借阅规则,对借书证发放、阅览、外借、续借等都做了具体规定,来馆人数明显增多,1935 年 11 月—1936 年 6 月,借阅中西文图书 13 478 册,月均 1 925 册。清理旧欠 13 861 册,每日到馆阅览近 400 人次。[②]

① 韦庆媛、侯竹筠:《不尽书缘——忆清华大学图书馆》,6 页,北京,清华大学出版社,2001 年。
② 《北大图书馆一年来之进步》,《中华图书馆协会会报》,1937 年第 12 卷第 3 期,21～22 页。

中小学图书馆不仅是阅读室，还是活动室，如香山慈幼院1936年7月7日举行回家节[①]，儿童们到图书馆读书，（见图5-23）。

图5-23 1937年香山慈幼院儿童在图书馆读书

资料来源：魏守忠：《七月七日北平香山慈幼院举行回家节》，《北洋画报》，1936年第29卷第1424期，1页。

（4）私立会社图书馆向社会开放

莫理循文库实行免费开放，文库资料提供给学者无偿使用，中国学者可以自由入内阅览，欧美学者来华从事东方学研究，也必访莫理循文库。当时文库经由伦敦杂志、英国皇家亚洲学会等大力推介，名声大振，远播世界各国，为读书而拜访莫理循的人络绎不绝，以至于王府井大街又叫"莫理循大街"。[②] 为了方便读者使用资料，莫理循亲自编纂了《莫理循博士的亚洲图书馆藏书目录》，共两大卷，1353页。[③] 文库出让给日本人时，莫理循提出三个条件：①藏书永远保存在一处；②使用"莫理循文库"的名义；③将文库并入同一主题的大文库也无妨，但任何情形下，总须给学者阅览方便。开放使用是莫理循建设文库的第一要务。

1929年地质调查所向各大学发放公函，向大学生开放，主动请学生前往利用。公函称"敝所图书馆收藏关于地质、地理、矿物、岩石、古生物及中国经

① 香山慈幼院是收养孤贫儿童的学校，为了让毕业生感受到家庭的温暖，该院决定自1935年起，每年7月7日举行"回家节"，欢迎校友回家（回校），"七七"事变后中断。

② 可南、力天：《莫理循与王府井大街》，《文史天地》2002年第4期，33～34页。

③ 李彭元：《莫理循文库评述》，《晋图学刊》，2005年第2期，74～76页。

济等书志、图册，均系就研究之需要，为系统之搜集，历年以来为数渐多，北平各大学学生时有为研究参考来馆借阅者，兹为供给此项需要，同时又不妨碍所内研究工作，及慎重图书保管起见，特定规则九条，送请贵校查照转告，如有专门学生按照规则来馆阅书借书者，均当随时欢迎，以广图书之利用，而期研究之便利”。（北京地质调查所图书馆书库及出版品情况见图 5-24）

图 5-24　北京地质调查所图书馆书库及出版品

资料来源：《地质调查所图书馆书库》，《科学大众》，1948 年第 5 卷第 1 期，11 页。

地质调查所图书馆对北平大学生开放借阅的 9 条规则如下：①北平各大学学生至本所图书馆内阅览图书者，在每日上午九时至十二时、下午二至五时（星期及放假日除外）均可到所阅览，不需介绍，但应在馆中阅览室内阅看，不得携出馆外，并应遵守馆内阅览章程及管理员之指示。②各大学学生如必须将书借出馆外阅看者，须有教授介绍至本馆领取借书证凭证借阅，如介绍教授为本馆所未识者，由该大学学系主任公函证明。③发给借书证时每张收保证费五元，不欲借书时将借书证交销，保证费原数退还。④每次借书时均须将借书证送交本馆管理员查阅记录，每次借出以一本为限，二星期以内须交还，在二星期内本馆如有需要告知收回时，仍应随时交回。⑤本馆认为不能出借之图书仍不得借出。⑥借书者如有毁损或遗失情事，应负完全赔偿责任，遇有毁损遗失或过期不能交回者，本馆得扣留保证费，如有不足仍向原借者或介绍人索取。⑦借书证不得转借他人，转借者无效。⑧本馆所藏皆系专门书籍，以供研究参考之用。各大学介绍学生务以程度较深、实能研究者为标准。⑨本规则本所得随时修正。[①]

地质调查所图书馆对北平大学生开放的9条规则清晰明了，阅览可直接入内，不需介绍。借书手续简便，仅需教授介绍即可外借，方便图书资料的广为利用。今日各类图书馆阅览规则很多继承了民国时期的规则。

北平私立木斋图书馆创办者卢木斋先生，自幼家贫，立志自费创办图书馆，向社会开放，让买不起书的人有书读。卢木斋先生的公共服务精神令人敬佩，据报道："平市私立木斋图书馆，自开馆以来，阅览者极为踊跃，每日阅览人数恒在200人上下，……是已可证明社会之需要。"[②]北平私立木斋图书馆每日的阅览人数超过公共图书馆。[③]（北平私立木斋图书馆阅览室见图5-25）。创办北平私立木斋图书馆后，卢木斋把读者分成几大类：①学生；②教师或学者；③客居或暂失业者；④一般有职业者；⑤无业者或者年事已高的退休人员，无职业之累，把图书馆当成其颐养的乐园。[④] 他针对不同人群需求购买新书，选择书籍以读者需要为标准，听取读者意见，"书籍购买之标准，

图5-25 北平私立木斋图书馆阅览室

① 《地质调查所图书馆对于大学学生阅书借书规则》，《北大日刊》，1929年第2278卷，3页。

② 《木斋图书馆与北平图书馆合作》，《中华图书馆协会会报》，1936年第12卷第3期，20页。

③ 《阅览部概况》，《北平私立木斋图书馆季刊》，1937年第2期，105～106页。

④ 《发刊词》，《北平私立木斋图书馆季刊》，1936年第1期，1页。

以书籍本身之价值与是否为阅者所需要而定，故对于书籍购买一项，除由本馆同人再三审慎选择外，更设有读者意见箱，凡重要新书而犹未经本馆购买者，读者可就其需要，向本馆介绍，凡本馆能力之所及者，无不尽量采纳”。[①]尽管如此，因读者较多，需求量大，“一时大批购求实非易事，因与国立北平图书馆商订北平图书馆复本流通办法，每月可流通五六十种，将来本馆大批购买外，更拟与本市各公私图书馆商定互借办法”。

民国时期，图书馆各项业务工作比之藏书楼时代有质的飞跃，开始建立图书馆组织系统，确定图书馆组织机构体系，设置分部门，使图书馆分工更加详细，体现工业化时代的特点。分类编目是图书馆的重要技术工作，随着西方图书分类法的引进，中国图书分类突破了传统“四部”分类框架，转向以学科内容为主进行分类，体现了中国传统知识系统向西方近代知识系统转变的特点。新式图书馆与旧式藏书楼最大的不同就是服务观念和方式的不同，民国时期，公共服务从收费到不收费，民众教育活动从到馆服务到送书上门，学校图书馆主要对本校师生开放，私立会社图书馆向社会开放，表现为新式服务观念和方式的建立。业务管理体系的建立与发展，保证了民国时期图书馆的进步，也为后续业务工作的开展打下了良好的基础。

① 《工作概况》，《北平私立木斋图书馆季刊》，1936 年第 1 期，91 页。

第六章

民国时期北京的图书馆专业教育与学术活动

20 世纪初期，中国出现了一场以反对旧式藏书楼，建立以“公共”“公平”“共享”的图书馆为核心的新式图书馆启蒙运动，新图书馆运动与新文化运动遥相响应，北京以其全国文化中心的地位，成为新图书馆运动的中心。北京最早开始图书馆学专业教育活动，创办了北京高师图书馆学讲习会、图书馆学培训班，建立北京大学图书馆学系，为图书馆事业培养专业人才。同时开展图书馆学专业学术活动，成立了北京图书馆协会。北京在建立全国图书馆专业组织过程中发挥了重要作用，中华教育改进社图书馆教育委员会由北京学者领衔，中华图书馆协会总事务所设在北京，北京的图书馆专业组织通过举办常会、学术年会等开展学术活动，传播学术信息，有力地推动了中国图书馆事业的发展。

第一节　北京图书馆学专业教育的出现与发展

新式图书馆事业兴起之时，图书馆专业人才极缺，北京率先开展图书馆学专业教育活动，通过讲习会、讲习班、学历教育为早期图书馆事业培养专业人才。

1. 开办图书馆学讲习会

(1) 缘起

1918 年 12 月北京图书馆界同仁成立了“北京图书馆协会”，尽管立案未成，但仍坚持活动。1919 年清华学校图书馆主任戴志骞留学回国，接任北京图书馆协会会长，书记是北京高师附中图书馆主任程伯卢。当时国内图书馆事业渐兴，但专业人才缺乏，使图书馆管理工作与美国的图书馆差距很大，戴志骞有感于此，加之在美经历，深慕美国图书馆员的专业程度，便与程伯卢等同仁商讨办法，资料记载："今年(1920年)上春北京图书馆联合会，鉴于社会上这种情形，就有意要在暑假的时候设立一个图书馆讲习会。"①

最初的计划是在清华学校创办图书馆教育传习所，但因为清华地处北京西郊，交通不便，只得作罢。1919年12月北京高师图书馆举行成立二周年纪念会，李大钊讲到了这个情况："他(指戴志骞——作者注)想明年暑假办一个图书馆教育传习所，但是他在城外，也有许多的不便利。"②

1920年春，图书馆学讲习会的工作开始筹备。"经过很有几次的磋商，才定意要用北京图书馆联合会的名义来设立这个讲习会。""款项一层，就预备在北京大学、北京高等师范以及清华学校三个大学：每个大学里捐一百元来办这个事业。"恰逢此时，赴美调查美国教育的北京高师校长陈筱庄回国，得知戴志骞准备创办图书馆学讲习会的消息，与他深慕美国图书馆之发达，希望培养中国专业图书馆员的想法不谋而合，当即决定讲习会所需经费由他来解决，预备向教育部挪借300元，讲习会"可用北京高等师范名义"。③

(2) 经过

1920年7月登报发布《北京高师设立图书馆讲习会简章》：

时间：利用假期，8月2—23日，每日上午8:00—11:00上课，下午安排参观；

地点：在琉璃厂南新华街北京高师校内。

内容包括：图书馆教育，图书馆组织法及管理法(含学校、公共、儿童图书馆)，图书馆编目及分类法(含学校、公共、儿童图书馆)，课外实习，临时讲演，幻灯讲演，实地参观及调查。

参加人员：从事图书馆教育者、中等学校以上毕业生或有志于图书馆教育者。

---

① 查修：《北京图书界见闻记录》，文华温故集，1920年第15卷第4期，32～37页。

② 李大钊：《在北京高等师范学校图书馆二周年纪念会上的演说辞》，转引自中国图书馆学会：《百年文萃：空谷余音》，22～23页，北京，中国城市出版社，2005年。

③ 查修：《北京图书界见闻记录》，文华温故集，1920年第15卷第4期，32～37页。

收费：5 角，限额 100 人。

五位讲员：沈祖荣，武昌文华大学图书馆馆长；戴超，清华学校图书馆馆长（彼时称主任，戴超即戴志骞，作者注）；李大钊，北京大学图书馆主任；李贻燕，前北京高等师范学校图书馆主任；程时煃（即程伯庐），北京高等师范学校图书馆主任，五位讲员有四位来自北京。京师学务局发布第 67 号训令，令京师公私立中小学校派人赴会。①

此时正值直皖战争，交通堵塞，且北京高师校长换成了邓萃英，经费未到位，但讲习会组织者戴志骞克服困难，讲习会照常进行，共有来自江西、甘肃、山东、河南、广东、四川、天津、北京等省、市共 78 人。实际授课者 6 人：戴志骞、沈祖荣、李大钊、李贻燕、程伯庐、邓萃英（北京高师校长）。北京高师图书馆讲习会开课教师及课程见表 6-1。

表 6-1　北京高师图书馆讲习会开课教师及课程

教　师	单位及职务	课　程
戴志骞	清华学校图书馆主任	图书馆管理法、图书馆组织法、图书分类、图书编目
沈祖荣	武昌文华大学图书馆馆长	我们何以要提倡图书馆呢？
李贻燕	前北京高等师范学校图书馆主任	图书馆史
邓萃英	北京高等师范学校校长	图书馆在学校教育中的地位
程伯庐	北京高等师范学校图书馆主任	图书馆教育发展计划案
李大钊	北京大学图书馆主任	图书馆在社会教育中的价值

资料来源：翟桂荣：《1920 年北京高等师范学校图书馆学讲习会的历史意义及影响》，《大学图书馆学报》，2014 年第 4 期，121～126 页。

戴志骞主讲图书馆的管理法、组织法、分类、编目，是讲习会的主课，其他教师主要讲授图书馆教育课程。讲习会期间安排了参观活动，课程结束后又安排了三天时间参观调查北京的图书馆，参观了京师图书馆、通俗图书馆、清华学校图书馆、北京大学图书馆、协和医学院图书馆和北京高师图书馆共六处。

戴志骞主讲的专业课程，后辑成《图书馆学术讲稿》，②刘国钧曾评价该讲

① 《令京师公私立中小学校》，《京师学务局教育行政月刊》，1920 年第 1 卷第 10 期，2～4 页。

② 戴志骞：《图书馆学术讲稿》，《教育丛刊》，1923 年第 3 卷第 6 期，1～67 页。

稿“于出纳、分类、编目三事尤详，论分类，则历举布朗氏、杜威氏、克特氏、美国国会图书馆、日本东京帝国图书馆及清华学校图书馆之法，而比较其长短。论编目，则历举各种格式，并绘图以明之。格式之详备，为此文所论六书之冠”。“戴氏所论大半，皆根据美国之办法，自是以还，美国式之图书馆概念，遂逐渐靡布全国，与民国初年步伍日本之趋势对立”。[①]

（3）意义

第一，标志中国短期图书馆学专业培训的开始。北京高师图书馆讲习会不仅是北京，还是中国第一次短期图书馆学培训，开创了中国图书馆学业余教育之先河，成为图书馆在职人员培训的里程碑。

第二，改变了中国图书馆学发展的走向。清末政府主导的对外学习对象是近在东洋的日本。本次讲习会以后，中国图书馆学界由学习日本转向学习美国。北京高师图书馆讲习会是转变的标志性事件，奠定了中国以美为师的图书馆学发展趋势。

2. 举办短期图书馆学讲习班

抗战胜利后，图书馆事业百废待兴，人才极缺，为了尽快培养人才，在北京市立图书馆馆长朱励安的主持下，开办为期 3 个月的图书馆学讲习班，计划首期举办三班：第一班参加者主要是社教机构工作人员；第二班参加者为中等学校图书馆管理人员；第三班参加者为国民学校图书馆管理人员。[②] 1948 年 3 月至 6 月，第一期讲习班开班，共 47 位学员，其中 10 位来自北平市立图书馆，6 位来自市立图书馆分馆，10 位来自国立北平图书馆，6 位来自第一、第二民众教育馆，此外还有来自协和医学院图书馆、北平师范学院图书馆、北平铁道管理学院图书馆、北平广播电台、无线电职业学校、崇仁小学等处的学员。班长蔡葆真（北平市教育局局长英千里的夫人），副班长李学濂。北平图书馆学培训班教师及课程见表 6-2。

---

① 刘国钧：《现时中文图书馆学书籍评》，《图书馆学季刊》，1926 年第 1 卷第 2 期，346～349 页。注：六书是指：(1)《图书馆指南》，顾实著，1918 年上海医学书局出版。(2)《图书馆学术讲座》，戴志骞讲，1923 年教育丛刊第三卷第六集图书馆学术研究号。(3)《图书馆学》，杨昭悊著，二册，1923 年商务印书馆出版。(4)《图书馆简说》，蔡莹著，1924 年中华书局出版。(5)《阅书室概论》，高尔松、高尔柏合编，1925 年新文化书社出版。(6)《世界图书分类法》，杜定有著，1925 年上海图书馆协会出版。

② 《北平市立图书馆学讲习班同学录》，未刊稿，1948 年 6 月：序文。

表 6-2　北平图书馆学培训班教师及课程

姓　名	单　位	主讲课程
章新民	美国新闻处北平图书馆主任	西文分类、西文编目
张月如	北平中华观光社业务主任	阅览典藏
胡正支	北平师范学院图书馆主任	目录排检法
李仲和	国立北平图书馆西文采访股长	西文采访
朱励安	北平市立图书馆馆长	特殊材料管理法
耿济安	国立北京大学图书馆西文编目主任	中文分类、中文编目
赵福来	农林部北平农事试验场图书馆馆长	图书馆行政
邢树屏	农林部北平农事试验场图书馆主任	图书购求法
李钟履	国立北平图书馆西文编目组组长	图书参考工作

讲习班为北平的图书馆事业培养了人才，其中有后来的文化部图书馆事业管理局副局长鲍振西、北平市立儿童图书馆馆长蔡葆真等。由于时局变化，讲习班只举办了一期。

3. 创办图书馆学系

早在 1919 年戴志骞就有创办图书馆学系的梦想。1919 年李大钊讲到“从前清华学校拟设图书馆专科，后来因经济不够，所以不办”。[①]

1925 年清华学校开始招收大学部学生，设置系别主要依据的标准是：①已有之设备。②现今学生人数。③本校之特别情形。④中国之需要。[②] 当时正值美国国会同意将第二次退还庚子赔款中的 600 万美元用于支持中国文化教育事业，由中华教育文化基金董事会负责，建造北京图书馆，并资助国内 6 所图书馆和文华图专。图书馆的迅速发展需要大批专门人才，创办图书馆学系正是国家的需要。1925 年 12 月戴志骞拟定了清华学校图书馆组(即图书馆学系)课程，学程为二年，共计 36 学分。图书馆组课程计划见表 6-3。

① 李大钊：《在北京高等师范学校图书馆二周年纪念会上的演说辞》，转引自中国图书馆学会：《百年文萃：空谷余音》，22～23 页，北京，中国城市出版社，2005 年。

② 评议会：《关于学系之设立议决案》，《清华周刊》，1926 年第 378 期，29～30 页。

表 6-3　清华学校图书馆组课程章案

专门科第一年		专门科第二年	
科　目	学分	科　目	学分
图书管理概论	2	分类编目学(中文)	3
目录学(中文)	2	中英文参考书之用法	3
分类学(西文)	3	目录学(西文)	2
编目学(西文)	3	分类编目法比较	2
本组功课选习：甲、图书馆史；乙、书籍之选择	2	本组功课选习：甲、公共图书馆管理法；乙、学校图书馆管理法；丙、金石版本学	4
别组功课选习	6	他组功课选习	4
共计	18	共计	18

资料来源：《图书馆组课程章案》,《清华周刊》,1925 年第 365 期,25～26 页。

然而,在 1926 年 5 月学校最终公布设立的 17 个学系中,并没有图书馆组,只是将戴志骞所拟课程中的目录学列入中国文学系的选修课之中。1928 年 9 月,戴志骞因清华学校的学潮而无奈辞职,设立图书馆组(学系)之议停顿。

1930 年 6 月 2 日,教育部部长蒋梦麟发布训令:“查图书馆事业实为教育建设当务之急,现在各地均已陆续筹设,此项专门人才亦感缺乏”,令国立清华大学“于文学院或教育学院内酌量添设图书馆学课程或图书馆学系,并仰于考选留学生时,酌派图书馆学名额,俾得培植此项专门人才,以资应用”。① 1931 年 4 月 3 日,教育部任命吴南轩为国立清华大学校长,他的办学主张包括“为应社会迫切需要起见,得设各种专修科,如图书馆学专修科及艺术专修科之类”。② 但不久吴南轩被驱赶,计划又没有实现。后清华大学在中文系课程中,除目录学之外,又增加了金石学、校勘学,分别由赵万里、杨树达、刘文典讲授。1947 年学校将图书馆学列为中文系选修课程,但创办图书馆学系的计划却始终没有实现。

真正实现在北京建立图书馆学系的梦想由北京大学完成。1947 年国立

① 《教育部训令(第 627 号)》,清华大学档案,档案号:1-2:1-099。

② 《清华问题之纠纷》,《教育杂志》,1931 年第 8 期,255～256 页。

北京大学呈请教育部批准创办图书馆学专修科，隶属于文学院，王重民为系主任，主要招收该校大学毕业生，规定北大文学院中国语文学系、史学系、哲学系、教育学系及他系学生均可加修图书馆学课程，学习满 32 学分，平均成绩在 75 分以上者，可获得图书馆学毕业证书。至 1949 年该系仅有一届毕业生。[①] 第一届学习图书馆学的学生 7 人，除 1 人不详外，其余全部为北大文学院 1946 年毕业生，[②]具体见表 6-4。

表 6-4　1947 年北京大学图书馆学系学生情况

姓　名	本科毕业论文题目	本科毕业论文导师	本科毕业系科	本科毕业时间
孟广儒	红楼梦研究	俞平伯	中国语文学系	1946
车宏宇	颜李学派学术思想	冯文炳	中国语文学系	1946
邓锐龄	捻匪之研究	邓嗣禹	史学系	1946
张彤书	“九一八”事变	邓嗣禹	史学系	1946
王玉生	孟子学说研究	容肇祖	哲学系	1946
沈锡藩	王守仁哲学	容肇祖	哲学系	1946
张维贵	—	—	—	—

上述 7 人中，只有孟广儒后来在北京师范学院图书馆工作，曾任采编部主任，其他均未从事图书馆工作。1948 年北京大学文学院图书馆学专修科脱离文学院独立设置图书馆学专修科，聘请留美归国人士和资深专家孙云畴、邓衍林、关懿娴等担任教学工作。[③] 1949 年 7 月根据华北高等教育委员会指令，北京大学图书馆学专修科对外招收高中毕业生，学制 2 年，这即是今日北京大学信息管理系的前身。

第二节　北京图书馆专业组织的建立与活动

专业学术组织是其组织成员为了一个共同的学术目标，更好地研究某种

① 张树华：《北京大学图书馆学系发展史》，《图书馆杂志》，1983 年第 1 期，55～58 页。

② 王学珍、张万仓：《北京高等教育文献资料选编 1861—1948》，934～936 页，北京，首都师范大学出版社，2004 年。

③ 李世娟：《王重民与北京大学图书馆学系的建立》，《图书情报工作》，2003 年第 5 期，13～19，33 页。

专业而自发形成的组织。北京图书馆界在全国率先建立了图书馆专业组织。

1. 北京图书馆协会的建立①

(1) 缘起

1916年8月,刚从北京大学毕业的袁同礼应聘到清华学校图书馆工作。1917年8月清华学校图书馆主任戴志骞赴美留学,袁同礼于1917年8月—1919年8月代理主任职务。② 1918年12月21日,袁同礼与北大图书馆主任李大钊等一起组织成立了中国第一个地方性图书馆学专业组织——北京图书馆协会,北京21家图书馆派代表参加了成立大会,推举清华学校图书馆主任袁同礼为会长,汇文学校高罗题为副会长,北大图书馆主任李大钊为中文书记,协和医学校图书馆吉非伦为英文书记。协会订立章程,其宗旨是"图谋北京各图书馆之协助互益",主要活动内容为"互借图书"和"互换其出版物"等。1919年8月北京图书馆协会改选职员,刚刚回国的戴志骞被选为新一任会长,北京高师图书馆主任程时煃任书记。后因教育部立案未准,加以经费困难,不久北京图书馆协会停止活动。③

虽然北京图书馆协会停止活动,但北京的图书馆学者一直在为建立专业组织而努力。1921年冬由教育界人士在北京发起成立"中华教育改进社",由于戴志骞在学术界的影响,被吸收为第一批会员,负责组织"图书馆教育组"的工作。1923年中华教育改进社第二届年会在清华学校举行,戴志骞任会务主任,他的提案"组织各地方图书馆协会"在"图书馆教育组"获得通过。

根据"组织各地方图书馆协会"的提案,1924年3月30日,戴志骞率先在北京发起成立"北京图书馆协会",这是在中华教育改进社支持下建立的第一个地方性图书馆协会,戴志骞当选为会长,冯陈祖怡为副会长,查修为书记。联络处设在戴志骞所在的清华学校图书馆。(北京图书馆协会会员合影见图6-1)。

北京图书馆协会宗旨在于图谋北京各图书馆间之协助互益,在成立大会上制定的《北京图书馆协会简章》规定,该会会员分为甲种会员和乙种会员,

---

① 1928年国民政府改"北京"为"北平",文中在提到图书馆协会时,一般按照当时的语境行文。1928年以前称"北京图书馆协会",1928年以后称"北平图书馆协会"。

② 《图书馆纪事》,《清华周刊》,1917年第112期,21页。

③ 金敏甫:《中国现代图书馆事业概况》,《图书馆周刊》,1928年第3期,19～26页。

图 6-1 北京图书馆协会会员合影，前排右 2 为清华学校图书馆主任吴汉章，右 3 为北京高师图书馆主任冯陈祖怡

资料来源：《北京图书馆协会会员合影》，《北京图书馆协会会刊》，1924 年第 1 期。

甲种会员为图书馆，开会时每个图书馆派代表一人参加；乙种会员为个人，包括图书馆工作者，或对图书馆有兴趣者，代表个人参加。除寒暑假外，每月开常会一次，地点和日期由职员会议共同商定。

北京图书馆协会第一次常会于 1924 年 4 月 20 日下午二时在清华学校图书馆召开，到会甲种会员 16 人，乙种会员 26 人。参加第一次常会的甲种会员（图书馆）及代表如表 6-5 所示。

表 6-5 参加第一次常会的甲种会员（图书馆）及代表

序号	名　称	代 表 人	序号	名　称	代 表 人
1	中国大学图书馆	王惟英	7	京师图书馆分馆	杨杰
2	清华学校图书馆	戴志骞	8	汇文学校图书馆	张金城
3	中法大学图书馆	甘圻道	9	燕京大学图书馆	许达聪
4	汇文神学院图书馆	杨苑林	10	北京大学图书馆	皮宗石
5	北京师范大学图书馆	许卓	11	中华教育改进社教育图书馆	高仁山
6	京师图书馆	徐鸿宝（谭新嘉代）	12	松坡图书馆	何澄一

续表

序号	名　称	代 表 人	序号	名　称	代 表 人
13	北京女子师范大学图书馆	陆秀	15	教育部图书室	杨晋源
14	京师通俗图书馆	朱颐锐（彭翊代）	16	北京美术专门学校图书馆	钱稻孙

资料来源：《第一次常会记录》，《北京图书馆协会会刊》，1924 年第 1 期，13～15 页。

（2）活动

① 建立完善的组织机构

图书馆协会成立后，除选举会长、副会长、书记外，还正式设立了执行委员会、监察委员会，针对 20 世纪 30 年代新馆建设的高潮，还设置了图书馆建设委员会。此外，为了加强北京各馆的合作，还成立了丛书联合目录委员会、期刊联合目录委员会，负责主持编纂北京各馆联合目录。1928 年 6 月北京改为北平，北京图书馆协会也随之改为北平图书馆协会。1929 年北平图书馆协会机构设置和委员如表 6-6 所示。

表 6-6　1929 年北平图书馆协会机构设置及委员

名　称	委　员
执行委员会	袁同礼（主席）、蒋复璁（书记）、罗静轩（会计）、洪有丰、田洪都、钱稻孙、严文郁
监察委员会	徐家麟、王樾、孔敏中、汪长炳、章新民
图书馆设计委员会	洪有丰、袁同礼、田洪都、徐家麟、严文郁
丛书联合目录委员会	蒋复璁、谭志贤、章新民、徐家麟、张一航
期刊联合目录委员会	汪长炳、沈缙绅、毕树棠、何澄一、李正翰

北京图书馆协会委员任期一年，每年举行换届选举，保证领导机构保持高度创新动力。1930 年机构、委员变更情况如表 6-7 所示。

表 6-7　1930 年北平图书馆协会设立机构及委员

名　称	委　员
执行委员会	洪有丰（主席）、蒋复璁（书记）、罗静轩（会计）、刘国钧、钱稻孙、汪长炳
监察委员会	严文郁、李文祷、陈尺楼、胡樹楷、张一航
丛书联合目录委员会	蒋复璁、谭志贤、章新民、徐家麟、张一航

② 举行会议，进行学术交流

为了促进学术研究，该会成立之始，就设立了图书馆学术研究委员会，戴志骞任主席，负责筹备学术讲演，指导图书馆工作，解答会员提出的问题。协会定期举行会员会议，虽间隔时间长短不一，抗战时期停止活动，但集会活动一直持续到民国结束。

在北京图书馆协会第一次常会上，会员提议每次会议须有学术演讲。第二次集会戴志骞率先发表演讲，以后援为此例，每次开会都安排学术演讲，先后在会上演讲的有戴志骞、胡适、袁同礼、查修、李小缘、刘国钧、洪有丰等，内容涉及欧美图书馆介绍及分类法、目录片等主题。1924 年共举行三次常会，会议情况如表 6-8 所示。

表 6-8 1924 年北京图书馆协会举行常会情况①

时　间	地　点	出席人数	报　告	学术演讲
1924.4.20	清华学校图书馆	甲种会员 16 乙种会员 26	会长报告会务	
1924.5.18	国立北京大学第二院	甲种会员 16 乙种会员 23	督促各地尽快建立图书馆协会	戴志骞：图书分类法几条原则的商榷
1924.6.22	北京师范大学图书馆	甲种会员 12 乙种会员 24	冯陈祖怡：报告账目问题 查修：报告各地图书馆协会建立情况	冯陈祖怡：中文目录编制问题

1924—1925 年会长戴志骞赴美留学，图书馆协会的活动一度停顿。1928 年 10 月戴志骞离开清华图书馆任南京中央大学图书馆馆长，洪有丰任清华大学图书馆主任，1928 年 12 月以后协会的活动渐渐恢复。1928—1930 年北平图书馆协会集会情况见表 6-9。

① 《第一至第三次常会记录》，《北京图书馆协会会刊》，1924 年第 1 期，10～28 页。

表 6-9　1928—1930 年北平图书馆协会集会情况①

时　　间	地　　点	出席人数	报　　告	学术演讲
1928.12.23	燕京大学图书馆	甲种会员 18 乙种会员 31	中华图书馆协会第一次年会筹备情形	洪范五：对于图书馆问题最近之趋势②
1929.1.13	清华同学会	甲种会员 18 乙种会员 32	通过中华图书馆协会年会提案 10 件、编制《北平图书馆指南》、成立编制丛书联合目录委员会等	
1929.2.24	国立北平图书馆(居仁堂)	甲种会员 15 乙种会员 45	中华图书馆协会第一次年会情形，会刊及联合目录之进行	戴志骞：对于北平图书馆协会之希望 李小缘：图书馆与民众教育 聂光甫：赴南京年会参观旅行之感想
1929.3.31	中国社会政治学会图书馆	甲种会员 19 乙种会员 31	会务之进行 陈宗登：政治学会图书馆之沿革及现状	莱斯米(G. Reismuller 博士，郑寿麟口译)：德国研究中华文化之概况
1929.5.5	孔德学校图书馆	甲种会员 7 乙种会员 12③	马廉：孔德学校图书馆概况	马廉：旧本《三国演义》之版本的调查
1929.6.23	故宫博物院图书馆	甲种会员 28 乙种会员 60	袁同礼：故宫博物院图书馆成立之经过 蒋复璁：丛书联合目录编纂之进行 汪长炳：期刊联合目录编纂之进行	
1929.10.5	国立清华大学工字厅	甲种会员 21 乙种会员 41	袁同礼：会务之进行 洪范五：清华大学图书馆概况	刘国钧：中西分类法比较之研究
1929.10.26	国立北平图书馆第一馆	70 人	袁同礼：欢迎毕力汉(Johnson Brigham)茶会致辞	毕力汉演讲，刘国钧口译

① 《北平图书馆协会十八年度集会纪要》,《北京图书馆协会会刊》,1929 年第 3 期,1～4 页。

② 洪有丰(1892—1963),字范五,安徽绩溪人。1928—1931 年、1934—1935 年两度担任清华大学图书馆主任。1928—1931 年任北平图书馆协会执行委员。

③ 注：因当天下雨,出席的人数较少。

续表

时　间	地　点	出席人数	报　告	学术演讲
1930.1.5①	西长安街忠信堂	甲种会员 19 乙种会员 48	会务进展,期刊联合目录出版,丛书联合目录请人整理付印	陈独醒：流通图书馆之宣传
1930.3.24	北平市立第一普通图书馆	甲种会员 19 乙种会员 12	罗静轩：北平市立第一普通图书馆成立及进行概况	刘国钧：民众图书馆在社会上之功用
1930.6.7	故宫博物院图书馆	甲种会员 24 乙种会员 47	会务进展	胡适：图书采访诸问题
1930.12.21	辅仁大学图书馆	甲种会员 17 乙种会员 32	会务进展,徐致远：辅大图书馆成立始末	谢礼士：德国图书馆发达史

1937 年 3 月 7 日下午,在北平师范大学第一附属小学图书馆举行了春季会员大会(国立北京师范大学第一附属小学图书馆见图 6-2)。到会者 40 余人,北大图书馆主任严文郁为主席,师大附小图书馆主任王柏年致辞,严文郁报告会务,由刚从美国回来的裘开明发表演讲,题目是“最近美国图书馆之新趋向”。裘开明从四个方面介绍美国图书馆的进展：①馆员方面,要求大学毕业,接受图书馆学专业教育,聘请专门学者担任研究馆员。②收藏方面,常用书留在图书馆,在郊外建大书库,存放不常用图书。将善本书等摄成胶片,以免

图 6-2　国立北平师范大学第一附属小学图书馆

① 《北平图书馆协会十九年度集会纪要》,《北平图书馆协会会刊》,1933 年第 5 期,第 1～3 页。

损坏。③分类方面，实行一元制，将主、分馆分类法统一。④编目方面，打破字典式目录，将书名、著者目录列于一起，分类、标题目录列于一起，并编制全国联合目录。美国的经验对中国图书馆的发展很有启发，可惜这是全面抗战爆发前的最后一次会议，日寇的侵略打乱了北京图书馆的发展轨迹，很多工作计划没有实现。[①]

③ 组织国际交流活动

民国时期，陆续有外国图书馆学界同行来华，北京图书馆协会积极组织接待，请外国同行发表演讲，介绍外国图书馆的情况，互通有无。北京图书馆协会接待美国图书馆学家鲍士伟博士是一次重要的交流活动(鲍士伟博士见图 6-3)。

图 6-3　美国图书馆学家鲍士伟

亚瑟·厄摩尔·鲍士伟(Arthur E. Bostwic，1860—1942)出生于康涅狄格州利奇菲尔德(Litchfield)，1883 年获耶鲁学院哲学博士学位。1895 年开始进入图书馆行业，成为纽约免费流通图书馆(Free Circulating Library)馆员，1901 年任该馆馆长，1907—1908 年当选为美国图书馆协会(American Library Association)主席。1909 年任圣路易斯公共图书馆(St. Louis Public Library)馆长，此后一直在该馆任职长达 30 年(1909—1938)，为该馆的发展

① 《北平图书馆协会开春季大会》，《中华图书馆协会会报》，1937 年第 12 卷第 5 期，20～21 页。

做出了重要贡献，1951 年，鲍士伟入选进入美国图书馆协会“图书馆名人堂”。

鲍士伟博士此次来华，是受中华教育改进社图书馆教育委员会的邀请，由美国图书馆协会派赴来华调查中国图书馆事业，中国图书馆学界希望通过鲍士伟的调查，推动获得美国第二次退还庚子赔款的支持。

1923 年当美国友人韦棣华得知美国将继续退还多收的庚子赔款时，积极提议将退款的三分之一用于扩充中国的图书馆事业，并促成美国图书馆协会派人前来中国调查图书馆现状。

韦棣华（Mary Elizabath Wood，1861—1931）（见图 6-4）生于美国纽约州巴达维亚城（Batavia，N.Y）附近的埃尔巴的小镇，曾进入普拉特学院与西蒙斯学院进修图书馆学。1889 年任理奇蒙德纪念图书馆（The Richmond Memorial Library）首任馆长。1898 年来到中国武昌，1910 年创建具有公共图书馆性质的文华公书林，1920 年创建中国第一个图书馆学专业教育机构文华大学图书科，被誉为“中国现代图书馆运动之皇后”。

图 6-4　美国友人韦棣华女士

在韦棣华的积极推动下，由美国图书馆协会派鲍士伟来华调查中国图书馆事业发展情况，鲍士伟于 1925 年 4 月 25 日到达中国上海。鲍士伟于 1925 年 5 月 25 日至 6 月 4 日在北京停留 10 天，是他在中国访问的 2 个月期间停留时间最长的城市。作为组织方，北京图书馆协会及中华教育改进社图书馆教育委员会担任全部接待工作。具体行程安排如表 6-10 所示。

表 6-10 鲍士伟在北京访问行程安排①

时　间	行　程
5 月 25 日	由北京图书馆协会派人导引，游三殿、天坛
5 月 26 日	赴北大并设招待宴，下午参观北大，晚在北大第二院公开讲演，用幻灯演照现代图书馆之组织
5 月 27 日	参观协和医科大学，正午梁启超在北海设宴款待，并参观松坡图书馆及京师图书馆，晚间赴各学术团体之欢迎会
5 月 28 日	在师大公开讲演，正午颜惠庆在团城设宴，下午参观松坡第二图书馆、中华教育改进社及地质调查所，晚间在中国社会政治学会讲演
5 月 29 日	参观清华及燕京大学新校址，并游万寿山
5 月 30 日	参观历史博物馆及图书展览会，午间熊希龄在香山设宴款待，并参观慈幼院
5 月 31 日	往游清宫
6 月 2 日	参与中华图书馆协会成立式，并代表美国图书馆协会致祝词，晚间北京图书馆协会宴请鲍博士及各省代表
6 月 3 日	游南口
6 月 4 日	赴天津，再转济南、奉天讲演，由日本绕道返国

鲍士伟来京由韦棣华陪同，所到之处，发表演讲，宣传美国公共图书馆理念和方法。5 月 26 日访问北京大学（北大同人宴请鲍士伟并合影留念见图 6-5），

图 6-5　1925 年 5 月 26 日，鲍士伟访问北京大学，北大同人宴请鲍士伟，韦棣华陪同（前排中鲍士伟，左 2 韦棣华）

资料来源：《北大同人公宴鲍士伟》，《图画时报》，1925 年第 254 期，2 页。

① 《鲍士伟博士由京抵晋》，《新闻报》，1925 年 5 月 28 日，15 版。

5月29日参观清华学校图书馆。清华学校图书馆主任戴志骞留美未归，由代理主任吴汉章接待，鲍士伟"对于本馆设备及管理方面，均有所指示"。①

1926年美国图书馆界知名人士、美国国会图书馆代表、植物学家施永高博士(Walter Tennyson Swingle，1871—1952)因出席泛太平洋学术会议之便，来华游历，在北京停留4日，11月28日北京图书馆协会借欧美同学会会所举行聚餐，欢迎施永高博士，并请他发表讲演，到者甚多，盛极一时。②

1929年10月26日，美国爱荷华州立图书馆馆长约翰逊·布里格姆(Johnson Brigham)(又译毕力汉)来访，北平图书馆协会在国立北平图书馆第一馆(原京师图书馆)举行欢迎茶会，由袁同礼致欢迎辞，毕力汉发表演说，由刘国钧现场口译，出席会议70人。③

1929年德国图书馆协会代表莱斯米(G.Reismuller)博士在南京参加中华图书馆协会第一届代表大会之后来到北平，3月31日在北平图书馆协会常会上发表题为"德国研究中华文化之概况"的演讲，郑寿麟担任口译，出席者50人。

1935年5月菲律宾大学教授、美国人奥思博恩和夫人来华游历，顺访图书馆。奥思博恩夫人是菲律宾图书馆协会董事，5月25日北平图书馆协会在清华同学会会所开欢迎茶会，袁同礼致辞，奥思博恩夫人演讲"图书馆在菲律宾之地位"，严文郁翻译。奥思博恩夫人盛赞中国图书馆的管理在菲律宾之上，她曾亲自到国立北平图书馆借书，对服务很满意。对于联合目录之编制，认为尤为难能可贵，表现了北平图书馆界同人合作之精神。参加欢迎奥思博恩和夫人茶会的有：吕孝信、颜泽祯、谢淑英、朱彤珍、何日章、袁同礼、严文郁、李文裿、吴鸿志、迟受义、谢遂宸、李协勋、李汉民、万斯年、贺秉钧、杨成勋、王访渔、胡正支、方乐山、邓衍林、岳梓木、陈云华、李延增、田洪都、于震寰等30多人。④

④ 编纂北平图书馆联合目录

北平图书馆协会联合北平各图书馆编纂书目。1929年1月13日，在北

---

① 《鲍士伟博士来馆参观》，《清华周刊》，1925年增刊，第83页。

② 《北京图书馆协会欢宴施永高博士》，《中华图书馆协会会报》，1926年第2卷第3期，10页。

③ 《欢迎毕力汉氏(Johnson Brigham)茶会》，《北京图书馆协会会刊》，1929年第3期，4页。

④ 宇：《奥思博恩欢迎会记》，《世界日报副刊·图书馆周刊》，1935年5月29日，12版。

平图书馆协会常会上，除讨论参加中华图书馆协会年会事宜外，还讨论编制北平图书馆指南，以及编纂期刊目录等问题。会议讨论认为“北平各图书馆所藏期刊甚多，然书本式的目录很少，社会一般读者，不能窥其全貌，甚觉可惜”。经会员提议，成立了期刊联合目录委员会。委员会成员进行多次讨论，确定编纂方法和条例，经过三个月的努力，1929 年 10 月编纂完成《北平各图书馆所藏期刊联合目录》，刊登在北平图书馆协会会刊上。联合目录共收录 24 个图书馆的 1 100 多种期刊，“目录的刊行，可以为图书馆本身，与用图书馆的人，兼收其利。在图书馆方面，可以知道某种刊物已经由某馆订购，自己不必再买。在读者方面，可以知道北平有何种定期刊物，这种刊物，在某馆可以找得着，是完全，或是残缺。”目录的编制，方便了图书馆管理工作和读者的使用。①

除编纂期刊联合目录外，北平图书馆协会还组织编纂《北平各图书馆所藏丛书联合目录》。北平的图书馆藏书富甲全国，各馆所藏丛书也很丰富，集全国之大成。1929 年北平图书馆协会开会时，讨论将北平各馆所藏丛书印成一目，即可以了解北平各馆所藏丛书种数、册数等情况，又可以按图索骥，方便实用，并成立丛书联合目录委员会。但丛书目录的编制远比期刊目录复杂，首先要定出收录标准，“过宽则漫无边际，过狭则有碍习惯，不便于用”。经过多次讨论，最后确定：“凡一书内含有两种以上，不论汇刻与个人之著述，皆定为丛书。”关于出版时间，认为成套书“须同时出版”可称其为“丛书”，也有不同时间出版，但实际上人们已经习惯其是丛书的，也认为是“不可分割”的丛书。对于近代由印书局出版的“丛书”，虽然冠以“丛书”之名，但其价格、体裁、出版时间均不一致，更像单行本，不列入丛书范围。按照这一标准，丛书联合目录委员会制成表格，送交各馆填写。因各馆填写著录格式不一，编纂同人又散在各馆，加之委员有的离平他就，编纂非常困难。但北京图书馆同人克服困难，分工负责，清华大学图书馆负责编订汇刻之部，北京大学图书馆编纂自著之部，国立北平图书馆编纂郡邑及分类之部，校录排列主要由国立北平图书馆第二馆徐崇岡负责，1930 年 10 月终于编就，刊登在《北平图书馆协会会刊》上。②

---

① 《北平各图书馆所藏期刊联合目录》，《北平图书馆协会会刊》，1929 年第 3 期。

② 《北平各图书馆所藏丛书联合目录》，《北平图书馆协会会刊》，1930 年第 4 期。

⑤ 组织图书馆调查

北京图书馆协会成立后，立即对北京的甲种会员（图书馆）、乙种会员（个人）的情况进行了全面调查。第一次调查于1924年5月完成，甲种会员调查项目包括名称、馆长、地址、电话、组织大纲、藏书卷数、每月阅书人数、书籍能否借出、图书目录如何编制、图书装订已否改良、阅书证券是否取资、每年经费若干、困难问题撮要等，乙种会员（个人）调查项目包括姓名、别号、服务机关、暂时通信地址、永久通信地址、电话号码等，调查结果甲种会员（图书馆）21所，乙种会员（个人）43人。

关于书籍能否借出，除中华教育改进社教育图书馆刚刚筹建，规则未定外，统计的图书馆中，中央公园图书阅览所、北京大学、北京协和医学院、北京师范学校、北京汇文学校、地质调查所、北京师范大学附属中学、北京师范大学、清华学校、国立北京女子师范大学、国立北京美术专门学校、汇文神学院、燕京大学13所图书馆规定图书可以借出馆外；另有中国大学、北京医科大学、京师图书馆、京师图书馆分馆、松坡图书馆、教育部图书室、国立北京法政大学7所图书馆规定图书不能借出馆外。能够借出馆外的，一般限定为本校师生，但也有北京协和医学院图书馆规定，校外读者"有本校教职员介绍"，图书也可借出。

关于收费问题，学校图书馆因主要为本校师生服务，一般不收费，只有三所公共图书馆和一所私立图书馆收费。中央公园图书阅览所规定"本所普通阅览券，收铜元二枚，优待券则限于军警及学界之著制服或戴徽章者适用之"。京师图书馆"阅览券分六种，收费自铜元一枚至十五枚不等，学生优待券不收费"。京师图书馆分馆"普通阅览券收铜元二枚，学生阅览券收铜元一枚，另有长期赠阅览券两种"。松坡图书馆"本馆阅览券，一年期收银元一元，半年期收银元六角，一次收铜元二枚"。

1929年北平图书馆协会进行第二次调查，此次不只局限于会员，而是进行全市图书馆调查，调查项目也更为详细，包括名称、地址、电话、开馆时间、沿革及成立年月、组织、职员、馆舍、藏书统计、特藏、分类、编目、所采检字方法、装订、阅览及借书、经费，同时进行北平图书馆协会会员调查，项目包括姓名、别字、年岁、籍贯、服务机关、通讯处、电话，调查结果全市共有公私立、学校图书馆46所，北平图书馆协会会员115人。

本次调查，除统计各馆的普通馆藏外，还对各馆特藏进行了统计。历经各种变故，如今各馆特藏有的丢失，有的被毁，表 6-11 使我们领略到当时各馆的特藏情况。①

表 6-11　北平各馆特藏情况

名　　称	特　　藏
国立北平图书馆	文津阁四库全书 36 300 册，敦煌写经 8 651 卷，宋、金、元、明、清善本及日本、朝鲜刊本、写本、稿本22 771 册
北平北海图书馆	李慈铭遗书，王国维遗书，满蒙藏文书籍，国立北平图书馆未备志书，外国政府出版物，西文自然科学书籍
故宫博物院图书馆	文渊阁四库全书，摛藻堂四库全书荟要
故宫博物院图书分馆	杨氏观海堂藏书，方略馆钞本书
地质调查所图书馆	地质、矿产、古生物学、岩石学、矿物学、地理学及与地质有关各科学之书籍
教育局附设民众图书馆	宋版书数部
松坡图书馆	杨守敬遗书，宋刊大藏经残卷
北京大学图书馆	善本书约 25 000 余册，已故教员周慕西、日本公使馆、日本版谷男爵赠书
北平大学第二师范学院图书馆	宋版六经一部
北平大学第一工学院图书课	图书集成一部
清华大学图书馆	写本图书集成一部，关于东方文化的西文书
燕京大学图书馆	珍本及不多见之中日文书 200 余种，关于远东之孤刻珍本、西文书籍
协和医科大学图书馆	医书
北平公立第一中学图书馆	英文百科全书，英文世界史，图书集成
北平孔德学校图书馆	车王府曲本及其他旧刊小说戏曲书籍
香山教育图书馆	续藏经 750 册
崇实学校图书馆	木版十三经，抄写清朝奏折
汇文学校图书馆	装订英文报 226 册，美国公文报告 624 册，海关报告 120 册，革命战影 15 册

① 北平图书馆协会：《北平图书馆指南》，《北平图书馆协会会刊》，1929 年第 2 期，9～42 页。

续表

名　　称	特　　藏
汇文神学院图书馆	不同文字之基督教圣经及古羊皮卷 1 件
中华全国铁路协会图书室	全唐文，四库全书考证

2. 北平图书馆协会活动的停止和恢复

1937 年 3 月，北平图书馆协会在北平师范大学附属小学召开春季会员大会，半年以后，"七七"事变爆发，协会的工作无形中停顿。抗战胜利后，1945 年 12 月 2 日，在国立北平图书馆召开复员后的第一次会员大会，到会者 100 余人，参会人数比"七七"事变前最后一次会议多了一倍半，代表 50 多所图书馆，主席为松坡图书馆馆长叶景华，司仪兼记录为国立北平图书馆西文编目组组长李钟履。这也是中华人民共和国成立前北平图书馆协会的最后一次会议。

中华图书馆协会理事长袁同礼首先报告后方图书馆的情况：后方各馆虽困难重重，仍坚持工作，采访等均未停止。他还报告了近十年欧美图书馆事业发展迅速，各馆经费不断增加，乡村图书馆尤为普遍，人人都有利用图书馆的机会。由此他提出北平面积广大，人口众多，宜多设图书馆，供人民阅览。

李钟履报告了应办之事和未来计划：①会员登记，抗战期间会员变化很大，计划 1947 年 12 月底前完成新会员登记工作。②会所借用南池子中国社会政治学会图书馆。③调查各馆损失。④恢复图书馆间互借办法。⑤通告书业公会转告各书商，凡出售各图书馆书籍者，应拒绝收买，如能随时报告本会，当予以相当报酬。⑥函请市政府扩充市立图书馆，并在本市多设分馆，以供阅览。⑦函教育局请嘱本市中小学增设图书馆，以弘扬教育。[①] 会后，上述建议逐步得到落实。

会议讨论"函请市政府扩充市立图书馆，并在本市多设分馆，以供阅览"。会后，协会建议北平市政府，利用接收的较大房舍建立一所较大的市立图书馆，并在各城区增设分馆若干处，提出建立分级图书馆的设想。[②] 1946 年 1

① 《北平图书馆协会召集会员大会》，《中华图书馆协会会报》，1945 年第 19 卷第 4～5 期，9 页。

② 《社会局、教育局关于北平图书馆协会建议普遍设立公共图书馆核情形给市政府的合签呈》，北京市档案馆藏，卷宗号：J002-003-00925。

月，北平市市长熊斌主持制定的“北平市政府复员计划”中采纳了该建议，市政府准备筹办市立图书馆1所，并设立5个分馆。①

会议提出“通告书业公会转告各书商，凡出售各图书馆书籍者，应拒绝收买，如能随时报告本会，当予以相当报酬”。协会函请市政府协助，并拟定收回图书办法：①凡持有各图书馆盖有章记及留有暗记或遗有章记痕迹之图书，统限于1946年1月底以前统计完成。②将上项图书之著作人姓名、书名、版次、出版年月、册数、希望售价开具详单，连同原书一并送缴，听候办理。③前项图书经审查后估定价值，通知各图书馆备款购回，其无力购回或不拟购回者则加盖查讫字样，仍行发还，听其自由售卖或保藏。② 为了保住北平的古籍图书，教育部也曾拨专款收购，抢救了一批图书。

会议代表认为：北平公私立中小学校，一些已经设立了图书馆，但未设立者也不在少数，议决“函教育局请嘱本市中小学增设图书馆，以弘扬教育”。教育局批复：“各校凡已成立学校图书馆者，应即加以扩充，其未成立者，应速拟具计划呈局。”③

3. 北平图书馆协会的作用

第一，北平图书馆协会作为中国最早建立的地方图书馆协会，起到了行业示范作用。协会所提各项建议，得到市政当局的重视，议案均被市政当局采纳，表现了行业组织的权威性，北平图书馆协会所提建议促使北平市政府重视图书馆事业的发展。

第二，北平图书馆协会联络北平各图书馆，建立完善的组织机构，定期召开会议，举办学术演讲，编纂联合目录，调查北平各图书馆和会员的情况，加强了图书馆及会员之间的联络和沟通，起到凝聚力量的作用，发挥了群体优势。

第三，协会及时通报全国的消息，组织参加全国的学术会议及活动，在中华图书馆协会开会前，组织提案工作，在北平图书馆协会常会上，通报韦棣华

---

① 熊斌：《北京市政府复员计划》，未刊稿，1946年1月。

② 《北平图书馆协会拟定图书收回办法及市政府训令》，北京市档案馆藏，卷宗号：J001-003-00240。

③ 《北平图书馆协会关于本市各公私立中小学校应扩充图书馆的笺函及市教育局给市公私立各中小学校的指令》，北京市档案馆藏，卷宗号：J004-002-01407。

提出的美国退还第二次庚子赔款用于图书馆事业的建议，使会员时时感到与全国同行的同心相向，在同一学术共同体内为共同的事业而努力。

第四，北京图书馆协会办有《北京图书馆协会会刊》(1928 年以后改为《北平图书馆协会会刊》)，起到了联络同志，研究学术的作用，也带动了专业刊物的发展。北京的很多图书馆都出版了自己的刊物，如《燕京大学图书馆报》《清华周刊·图书馆增刊》《北大图书部月刊》等。

第三节　全国图书馆专业组织的建立与活动

建立全国性的图书馆专业组织，是中国图书馆学家的强烈愿望。戴志骞第一次赴美留学时，曾参加了“美国图书馆管理员会”、纽约“全省图书管理员会”的活动，深感“会员之团结精神，互相砌磨，研究图书管理之法，实令人崇拜”。回国后，他一直计划建立全国图书馆专业组织，是中国图书馆专业组织的主要发起者和推动者。

1. 中华教育改进社图书馆教育委员会的建立及活动

(1) 缘起

1918 年，在纽约州大学院图书馆学院就读的戴志骞加入了美国图书馆协会，1918—1931 年戴志骞始终是该会会员。1919 年戴志骞加入美国战地图书馆服务系统，先后任爱布顿军营图书馆参考部主任、副馆长、代理馆长。1919 年，戴志骞分别在《公共图书馆》(*Public Libraries*)2 月号上发表了“中国图书馆的现状”(Present Library Conditions in China)，在《图书馆学刊》(*The Library Journal*)6 月号上发表了“中国图书馆概述”(A Brief Sketch of Chinese Libraries)两篇文章，介绍中国图书馆发展的历史及现状，引起了美国图书馆学界的重视。

1920 年，美国图书馆协会负责报告东方图书馆发展情况的韦德女士从华盛顿回到中国南京，那一年她无法向美国图书馆协会提交“东方图书馆”的报告，于是美国图书馆协会邀请戴志骞代表中国图书馆撰写发展报告，戴志骞撰写了“中国的图书馆运动”一文，刊登在 1920—1921 年的《美国图书馆协会公报》上。

在报告中，戴志骞介绍了中国图书馆运动的发展情况，重点介绍了中国图书馆实行免费开放前后的变化，并提出未来工作的五点计划：①组织中国的图书馆管理学会，出版图书馆主题的期刊和小册子，并通过图书馆管理学会开展宣传推广图书馆的工作，尤其是规范图书馆管理工作。②鼓励每个城市建立地方图书馆协会。③推动高等教育机构建立图书馆学院。④鼓励每个地区建立小型图书馆和阅览室。⑤设法推动中国学生学习美国图书馆管理方法，培训图书馆员提供高效的公共图书馆服务。其中提到的“组织中国的图书馆管理学会”，是最早建立图书馆专业组织的计划。

1921 年冬由教育界人士发起，成立了在民国时期很有影响的“中华教育改进社”，下设“图书馆教育组”等 32 个专门委员会。戴志骞因在国际、国内的影响而受邀主持“图书馆教育组”的工作，这也正好与戴志骞“组织中国的图书馆管理学会”的计划相契合，为建设全国性的图书馆专业组织提供了条件。

（2）活动

中华教育改进社下设 32 个专门委员会，“图书馆教育委员会”作为教育分支机构，成为中华教育改进社的专门委员会之一，在中华教育改进社召开的历次年会上，以“图书馆教育组”的形式开展工作。中华教育改进社在存续期间，共召开四届年会。1922 年 7 月中华教育改进社在济南召开第一届年会，“图书馆教育组”出席者有戴志骞、沈祖荣、杜定友、孙心磐、戴志骞夫人(Julie Rummlehoff)、[①]朱家治、洪有丰等，这是早期中国图书馆界先锋人物的第一次聚首，以后每年开会一次。（参加中华教育改进社第一届年会图书馆教育组代表合影见图 6-6）

从 1922—1924 年，戴志骞连续三届任“图书馆教育组”主席，直至 1925 年第四届年会期间，戴志骞赴美攻读博士学位，主席由袁同礼担任。第一届年

① 戴罗瑜丽生于 1896 年，挪威人，原名 Julie Rummlehoff(朱莉 · 儒门霍夫)，婚后一般称为 Mrs.T.C.Tai(戴志骞夫人)，早年毕业于挪威克烈斯丁逊大学校，曾任克烈斯丁逊图书馆助理员、克列斯希亚那图书馆馆员。1917 年赴美留学，就读纽约州大学院图书馆学院，与戴志骞同班学习，留学期间曾到纽约公共图书馆实习，任编目员，1919 年夏与戴志骞一起获得纽约州大学院图书馆学院图书馆学学士学位。1922 年 4 月 26 日，与时任清华学校图书馆主任的戴志骞在上海完婚。同年 9 月戴罗瑜丽被聘为清华学校图书馆名誉职员，主要负责英文编目工作。1927 年编辑出版《清华学校图书馆(英文)书籍目录》。1928—1936 年任协和医学院图书馆主任。

图 6-6　中华教育改进社第一届年会图书馆教育组代表[右起：戴志骞、沈祖荣、杜定友、戴罗瑜丽(戴志骞夫人)、朱家治、孙心磐、洪有丰]

会后，成立了“图书馆教育委员会”，作为“图书馆教育组”的执行机构，公举戴志骞为主任，洪有丰为副主任，程时煃为书记。① 1923 年 8 月，中华教育改进社在清华学校召开第二届年会。(参加中华教育改进社第二届年会图书馆教育组部分代表合影见图 6-7)

图 6-7　中华教育改进社第二届年会图书馆教育组代表(第一排左起：戴罗瑜丽、冯陈祖怡、陆秀、?、韦棣华)

① 章洪熙：《社务报告》，《新教育》，1922 年第 5 卷第 5 期，1083～1084 页。

1922—1925年中华教育改进社图书馆教育组年会情况见表6-12。

表6-12 1922—1925年中华教育改进社图书馆教育组年会情况

名称	时　间	地　点	参加人数	提案情况
第一届年会①	1922.7.3—7	济南山东省议会	正式代表5人,主席戴志骞,书记朱家治	提案13项
第二届年会②	1923.8.19—24	北京清华学校	正式代表23人,主席戴志骞,书记程时煃	提案14项,通过5项,保留7项,移交1项
第三届年会③	1924.7.4—8	南京东南大学	1、3次会议主席戴志骞,2、4次会议主席洪有丰,书记朱家治	提案9项,通过议案5项,保留1项,退还国际教育组2案,退还教育行政组1案。2篇论文
第四届年会④	1925.8.17—23	太原山西大学	主席袁同礼,书记朱家治	提案4项,通过2项

在1922—1925年举行的四届年会中,"图书馆教育组"全国共有参会代表35人,其中北京代表11人,占全部参会代表的31%,具体见表6-13。⑤

表6-13 1922—1925年中华教育改进社参会代表情况

序号	姓　名	参加的届次	服务机构与职务	教育背景
1	戴超(志骞)	一、二、三	清华学校图书馆主任	纽约州大学院图书馆学院(1919)
2	戴超夫人(戴罗瑜丽)	一、二	清华学校图书馆英文编目	纽约州大学院图书馆学院(1919)
3	程时煃(伯庐)	一、三	北京高师图书馆主任	哥伦比亚大学师范学院(1925)
4	刘廷藩	二(第三届为非正式代表)	清华学校图书馆英文编目	金陵大学文学士,文华图专(1923)
5	冯陈祖怡	二、三	北京高等师范学校图书馆主任	加利福尼亚图书馆学校(1919)

① 《中华教育改进社第一次年会报告》,《新教育》,1922年第5卷第3期,16～17页。

② 《中华教育改进社第二届年会报告序》,《新教育》,1923年第7卷第2～3期,335～336页。

③ 陶行知:《中华教育改进社第三次社务报告》,转引自陶行知:《陶行知全集》,第12卷,134～135页,成都,四川教育出版社,2005年。

④ 《年会各组事务报告》,《新教育》,1925年第11卷第2期,338页。

⑤ 李刚、叶继元:《中国现代图书馆专业化的一个重要源头——中华教育改进社图书馆教育组的历史考察》,《中国图书馆学报》,2011年第3期,79～91页。

续表

序号	姓　　名	参加的届次	服务机构与职务	教育背景
6	陆秀(佛农)	二(第三届为非正式代表)	北京女子高师图书馆	北京女子高等师范学校保育科(1923),文华图专(1929)
7	许达聪	二、三	北京燕京大学图书馆代主任	文华图专(1922)
8	陈宗登	二、三	北京南池子中国社会政治学会图书馆主任	文华图专(1922)
9	查修(士修)	二、三	清华学校图书馆中文编目	文华图专(1922)
10	谭新嘉	三	京师图书馆	前清举人
11	袁同礼	三、四	北京大学图书馆主任	纽约州大学院图书馆学院(1923)

从参加中华教育改进社“图书馆教育组”的北京学者学术背景来看,既有新派留美学者戴志骞、戴罗瑜丽、袁同礼、冯陈祖怡等,也有前清举人谭新嘉;从地缘来看,来自清华的有5人,正如台湾学者苏云峰所言,清华学校图书馆是中国大学图书馆现代化的先驱,它不仅提供了一个实体的现代大学图书馆,而且贡献了像戴志骞、袁同礼、查修、戴罗瑜丽这样的图书馆学家。①

在1922—1925年中华教育改进社“图书馆教育组”举行的四届年会中,全国共提交关于图书馆的提案42项,其中北京代表提案12项,主要集中在前三届,占全部图书馆提案的29%,具体见表6-14。

表6-14　1922—1925年中华教育改进社“图书馆教育组”提案情况

届　　次	提案名称	提　案　人	通过情况
第一届年会	中国师范学校及高等师范学校应增设图书馆管理科	戴志骞	通过
	通俗图书馆应设儿童图书部	戴志骞	
	组织图书馆管理学会	戴志骞	
	各学校应有图书馆演讲	戴志骞	

① 苏云峰:《清华学校图书馆:中国大学图书馆现代的先驱(1916—1928)》,转引自王振鹄教授七秩荣庆祝寿论文集编辑小组:《当代图书馆事业论集》,81页,台北,台湾正中书局,1994年。

续表

届　　次	提案名称	提　案　人	通过情况
第二届年会	图书馆事业办法及应用名词等应有规定之标准案	查修	保留
	书籍装订改良案	查修	保留
	策划图书馆经费案	查修	
	图书馆善本书籍应行酌量开放以供参考案	洪有丰、冯陈祖怡、韦棣华	通过
	组织各地图书馆协会案	戴志骞	通过
	交换重本图书	戴志骞	保留
	呈请中华教育改进社转请各省教育厅增设图书馆学额培植师资案	冯陈祖怡、陆秀	保留
第三届年会	中文书籍编目问题	查修	

北京代表的12项提案，大到图书馆教育、儿童图书馆、成立图书馆学术组织、图书馆经费等宏观问题，小到图书馆名词、书籍装订改良、书籍编目、交换重本等微观问题，北京的学者对图书馆问题的认识不断深入。

(3) 积极促成鲍士伟访华

当韦棣华得知美国第二次退还庚子赔款的消息后，非常希望能够为还很薄弱的中国图书馆事业争取到庚款支持。然而单靠个人的力量影响有限，于是她以中华教育改进社"图书馆教育委员会"为依托，开始为中国图书馆事业奔走，韦棣华也正式进入中国图书馆学人的视线。中华教育改进社"图书馆教育委员会"虽非官方机构，但因中华教育改进社组织者陶行知等人在社会上影响很大，该社在社会上有很高的知名度，因此，中华教育改进社"图书馆教育委员会"在一定程度上体现了官方的功能。

1923年在清华学校召开的中华教育改进社第二届年会上，韦棣华代表文华大学图书科全体师生提交了提案："呈请中华教育改进社转请政府及美国政府以其将要退还之庚子赔款三分之一作为扩充中国图书馆案"，获得会议一致通过。

1923年韦棣华带着争取庚款支持的使命回到美国，先后拜会了美国国会的82位参议员和420位众议员，陈述以退款支持中国图书馆事业的主张，得到美国政府的支持，最终同意以退款支持中国的教育与文化事业，其中包括图书馆事业。为了合理使用退款，1924 年 9 月 18 日成立由中方 9 人，美方 5 人组成的中华教育文化基金董事会进行筹划，董事会对于庚款的用途非常审慎，要求用款各方根据专家的建议制订具体使用计划，因此韦棣华函商中华教育改进社，提议请美国专家来华考察。

中华教育改进社“图书馆教育委员会”函请美国图书馆协会推选合适的专家来华考察中国的图书馆事业，恰在美国攻读博士学位的中华教育改进社“图书馆教育委员会”主任戴志骞与韦棣华积极联络，美国图书馆协会高度重视。经过认真研究，决定派圣路易斯公共图书馆馆长鲍士伟来华。鲍士伟来华的招待费由中华教育改进社承担，其他旅费、薪水等由韦棣华在美组织的委员会承担，该委员会有八名委员：委员长：Mrs. F. Cunningham；委员有：Senator G. W. Pepper；W. C. Bruce；Bishop C. H. Brent；Wm. Lawrence；E. H. Anderson；R.R.Bowker；A.C.Coolldge.[①]鲍士伟在华的行程，全部由中华教育改进社“图书馆教育委员会”安排。1925 年 4 月 25 日，鲍士伟到达中国上海，中华教育改进社“图书馆教育委员会”制定详细行程表，分送各地图书馆，请为招待欢迎。发函如下：“敬启者，图书馆协会代表鲍士伟博士，已于 26 日抵沪（实为 25 日——作者注），在华参观行程，业经面洽商定，兹列表于后，即希查照，惟演讲参观等项，望妥筹备为盼。”鲍士伟的具体行程如表 6-15 所示。

表 6-15　鲍士伟访华行程详表（最后订定）[②]

地　名	到	离
上海	4 月 26 日下午 3:00	4 月 30 日上午 7:45
杭州	4 月 30 日下午 3:37	5 月 4 日上午 7:40
上海	5 月 4 日上午 12:00	5 月 5 日上午 7:00
苏州	5 月 5 日上午 9:00	5 月 6 日上午 9:00
南京	5 月 6 日下午 2:21	5 月 9 日上午 6:00
汉口	5 月 11 日下午	5 月 11 日下午 3:00
长沙	5 月 12 日下午	5 月 17 日下午
汉口		5 月 17 日下午 11:19

① 杜定友：《欢迎鲍士伟博士和我们希望他的几件事》，《新闻报》，1925 年 4 月 27 日。

② 《鲍士伟博士之演讲及行程》，《新闻报》，1925 年 4 月 29 日，15 版。

续表

地　名	到	离
郑州	5 月 18 日下午 6:25	5 月 19 日上午 11 点
开封	5 月 19 日下午 1:19	5 月 20 日下午 4:00
郑州	5 月 20 日下午 6:55	5 月 21 日上午 8:09
石家庄	5 月 21 日下午 9:35	5 月 22 日上午 8:13
太原	5 月 22 日下午 3:52	5 月 24 日上午 8:05
石家庄	5 月 24 日下午 3:35	5 月 24 日下午 9:35
北京	5 月 25 日上午 6:10	6 月 4 日上午 9:10
天津	6 月 4 日下午 12:30	6 月 7 日上午
济南	6 月 7 日下午 7:10	6 月 9 日下午 7:50
泰安	6 月 9 日下午 10:17	6 月 11 日上午 3:18
天津	6 月 11 日下午 3:48	6 月 11 日下午 11:15
奉天	6 月 12 日下午 7:27	6 月 15 日上午 9:10
圣城	6 月 16 日下午 6:40	6 月 18 日下午 6:40
富山	6 月 19 日上午 6:40	6 月 19 日渡船
下关	6 月 19 日下午 5:40	6 月 19 日下午 6:00
横滨	6 月 21 日	6 月 22 日杰克逊总统船赴美

如此详细的时间表，表明中华教育改进社“图书馆教育委员会”对鲍士伟访华的重视。鲍士伟访华，是中国图书馆史上的一件大事，他所到之处宣传公共图书馆思想，极大地推动了中国图书馆事业的发展，中华教育改进社“图书馆教育委员会”对此作出了贡献。

在中华教育改进社第一届年会上，戴志骞提案“组织图书馆管理学会”未获讨论，说明当时的图书馆学界对于成立图书馆学术组织还存在疑虑，但初步确立了成立专业组织的预想。会后成立的“图书馆教育委员会”，进一步强化了图书馆学术组织的观念。中华教育改进社第二届年会，戴志骞又提出“组织各地图书馆协会案”，从基层做起，希望以此普及专业组织的观念，带动全国的发展。中华教育改进社“图书馆教育组”的实践活动，为全国图书馆专业组织的建立积累了经验。

2. 中华图书馆协会的建立及活动

(1) 筹备

1924年3月30日,北京图书馆协会率先在北京成立。为了督促各地尽快成立图书馆协会,5月18日,在戴志骞主持下,在北京图书馆协会第二次常会上议决,“由书记致函各地图书馆管理员,请速组织各地图书馆协会”。会后北京图书馆协会书记查修分别致函中华教育改进社“图书馆教育委员会”各地图书馆联络员,督促尽快建立地方图书馆协会。在北京图书馆协会的带动下,1924年4—6月,浙江、开封、天津、南京、上海等地图书馆协会相继成立,组建全国性图书馆组织的条件已经成熟。

在各地图书馆协会成立的浪潮中,社会上广泛加深了对图书馆协会的认识。1925年初北京行动起来,开始筹备成立全国图书馆协会。发起人共有56位和5个单位:蔡元培、梁启超、黄炎培、张伯苓、熊希龄、颜惠庆、汪兆铭、袁希涛、丁文江、傅增湘、胡适、马叙伦、蒋梦麟、江庸、林长民、杨荫榆、范源濂、易培基、周诒春、吴敬恒、于右任、曹云祥、严鹤龄、李石曾、蔡廷干、邹鲁、王正廷、陶行知、张嘉森、陈宝泉、陈垣、余日章、汤尔和、张继、傅铜、董泽、张鸿烈、石瑛、高鲁、张歔卿、马君武、顾孟余、胡石青、沈兼士、张彭春、翁文灏、沈祖荣、杨铨、邓萃英、查良钊、胡诒谷、陈裕光、洪业、韦棣华、卢锡荣、胡庆生,以及南京图书馆协会、江苏图书馆协会、上海图书馆协会、天津图书馆协会与北京图书馆协会,其中有学者官员,也有普通馆员,有留学欧美的专业人士,也有本土培养的知识精英。1925年4月12日发起人在北京中央公园来今雨轩召开筹备会,成立由邓萃英、熊希龄、范源濂、查良钊、陈宝泉、洪业、沈祖荣等社会知识精英人士和图书馆界学者15人共同组成的筹备委员会。

(2) 经过

1925年4月25日美国图书馆协会代表鲍士伟到达上海,南方各省代表纷至上海欢迎鲍士伟。在迎接鲍士伟到来的同时,在上海举行中华图书馆协会成立大会,推举蔡元培、梁启超、熊希龄、颜惠庆、范源濂、王正廷、胡适、丁文江、袁同礼、洪有丰、袁希涛、钟复庆、沈祖荣、陶行知、何日章15人为董事。推举梁启超为董事部部长,执行部部长戴志骞,副部长杜定友、何日章。因戴志骞仍在美国学习,没有回国之前,执行部部长职务由袁同礼代理。选举查修等干事 33 人，分别来自北京、上海、天津三个城市及山东、山西、河南、陕西、江苏、浙江、江西、安徽、湖北、湖南、四川、云南、贵州、广东、奉天、吉林、福建等省，具有广泛的代表性。

1925 年 6 月 2 日，在北京南河沿欧美同学会礼堂举行了中华图书馆协会成立大会，各省图书馆界代表及在京教育界代表出席了大会。梁启超发表“中华图书馆协会成立会演说辞”，韦棣华发表“中美国际友谊之联络”的演讲。中华图书馆协会成立后，总事务所设在石虎胡同七号松坡图书馆分馆，下设图书馆教育委员会、分类委员会、编目委员会、索引委员会、出版委员会。1927 年 3 月 1 日中华图书馆协会总事务所迁入北京北海图书馆庆霄楼。（参加中华图书馆协会成立仪式的代表合影见图 6-8）

图 6-8　中华图书馆协会成立大会代表合影（前排右 3 韦棣华，右 4 袁同礼，右 5 梁启超，右 6 鲍士伟，右 7 沈祖荣）

“七七”事变后，中华图书馆协会总事务所随理事长袁同礼迁往后方。抗战胜利后，1947 年 5 月 24 日，留在南京的中华图书馆协会理、监事召开联席会议，决定中华图书馆协会总事务所由北平迁往南京。1949 年 1 月北平和平解放，1949 年 4 月南京解放，中华图书馆协会无形中解散。中华图书馆协会是民国时期规模最大的全国性图书馆学界专业组织。1925—1937 年，中华图书馆协会总事务所一直设在北京，为该会的发展做出了贡献。[①]

(3) 活动

① 调查活动

中华图书馆协会成立后，首先要摸清家底，弄清楚全国究竟有多少图书馆？“七七”事变前共进行了5次调查。

1925年中华图书馆协会成立后，请各省教育厅配合，调查图书馆的数量。1925年10月发表了第一次调查结果，全国有502所图书馆，其中北京42所。[②]

1927年南京国民政府成立，各省行政刷新，新图书馆创立增多。1928年10月中华图书馆协会进行了第二次调查，全国有641所图书馆，其中北京55所。[③]

1929年12月进行第三次调查，全国有1 428所图书馆，国、省、市、县、私立图书馆925所，学校附设图书馆387所，机关会社附设图书馆74所，专门图书馆(主要是儿童图书馆)41所，其中北京61所，比北京图书馆协会1929年调查的46所多15所。[④]

1931年12月中华图书馆协会进行第四次调查，全国单设及较大图书馆共1 527所，计国、省、市、县、私立图书馆970所，学校附设图书馆413所，机关会社附设图书馆89所，专门图书馆(主要包括小学及儿童图书馆)54所，其中北京70所。[⑤]

1934年12月进行第五次调查，全国公共图书馆(包括国、省、县、市、私立和儿童图书馆)933所，学校图书馆(包括大、中、小学图书馆)497所，专门图书馆(包括专门学校、政府机关、文化团体图书馆)377所，特种图书馆(指外国人用者)9所，共1 816所，加之民众教育馆附设的图书馆1 002所，规模太小之阅书报处没有列入，全国共2 818所，其中北京77所。[⑥]

历年调查显示，全国的图书馆数量不断增加，新图书馆不断建立，北京的图书馆从1925年调查的42所到1934年的77所，几近翻倍。实际上历次调查虽有中华图书馆协会与各省教育厅配合，但仍存在调查渠道不畅、信息滞

① 《留京理监事联席会议》，《中华图书馆协会会报》，1948年第21卷第3～4期，5页。

② 《全国图书馆调查表》，《中华图书馆协会会报》，1925年第1卷第3期，7～19页。

③ 《全国图书馆调查表》，《中华图书馆协会会报》，1928年第4卷第2期，7～20页。

④ 《全国图书馆调查表》，《中华图书馆协会会报》，1930年第5卷第5期，5～34页。

⑤ 《全国图书馆调查表》，《中华图书馆协会会报》，1931年第7卷第3期，3～44页。

⑥ 中华图书馆协会编：《全国图书馆及民众教育馆调查表》，1935年，1～2页。

后等问题,需要不断补充遗漏。加之调查标准不一,数量会有差异,据前统计,到"七七"事变前,北京已有各类图书馆 132 所。

除调查图书馆数量外,中华图书馆协会还组织了多种调查活动。书店和图书馆藏书种类、方向有密切关系,为了让各图书馆了解各地书店的情况,1926 年 3 月起,中华图书馆协会组织书店调查,陆续在协会会报上登载国内有关书店的信息,如北京、山西、杭州等地书店一览。

期刊是图书的重要补充,各馆都收藏一定数量的期刊,为了有针对性地选择收藏,1934 年 2 月到 1935 年 12 月,由国立北平图书馆中文期刊编辑组主持,在中华图书馆协会会报上连载"中文期刊生卒调查表",提供期刊的创刊及停刊信息。

1929 年中华图书馆协会第一次学术年会之后,成立了善本调查委员会,主要调查宋、元善本的情况。在善本调查委员会的主持下,陆续完成对江苏省立国学图书馆、国立北平图书馆、浙江省立图书馆、山东省文化委员会图书馆、江苏省立图书馆现存善本图书的调查,还调查私人藏书家刘承干的嘉业堂、松江韩氏、南海康氏的藏书等,并调查散佚海外的《永乐大典》等情况。对板片的现存情况也进行了调查,1932 年中华图书馆协会成立板片调查委员会。

② 举办学术年会。中华图书馆协会的宗旨是"研究图书馆学术,发展图书馆事业,并谋图书馆之协助",从 1925 年建立,到 1949 年自动解散,在中华图书馆协会存在的 24 年里,共召开六次学术年会,具体如表 6-16 所示。[①]

表 6-16 中华图书馆协会年会一览

名称	时间	地点	合办情况	参加人员	议案、论文
第一届年会	1929.1.28—2.1	南京金陵大学	独立举行	个人会员 109 人,机关会员 70 人	通过议案 88 件,收到论文 24 篇
第二届年会	1933.8.28—9.1	北京清华大学	独立举行	个人会员 75 人,机关会员 46 人	通过议案 30 件,收到论文 6 篇
第三届年会	1936.7.20—7.24	青岛山东大学	与中国博物馆协会一起举行	个人会员 131 人,机关会员 25 人	通过议案 58 件,收到论文 4 篇[②]

① 梁桂英:《中华图书馆协会年会述略》,《图书馆理论与实践》,2013 年第 9 期,80～84 页。

② 康鉴英:《出席中华图书馆协会第三届年会报告》,《工读半月刊》,1936 年第 1 卷第 10 期,307 页。

续表

名　称	时　　间	地　　点	合办情况	参加人员	议案、论文
第四届年会	1938.11.27—11.30	重庆川东联立师范学校	参加中国教育学术团体第一届联合年会	会员 63 人	通过议案 13 件,论文 4 篇
第五届年会	1942.2.8—2.9	重庆国立中央图书馆	参加中国教育学术团体第二届联合年会	会员 34 人	通过议案 2 件
第六届年会	1944.5.5—5.6	重庆国立中央图书馆	参加中国教育学术团体第三届联合年会	会员 69 人①	通过议案 8 件

在南京举行的中华图书馆协会第一届年会,北京有个人代表 6 人出席,分别是袁同礼(北海图书馆)、于震寰(中华图书馆协会总事务所)、王檝(北平市革命图书馆)、蒋复璁(北海图书馆)、严文郁(北海图书馆)、李绥垣(北京大学图书馆);机关代表 3 人:张邦华(国立北平图书馆)、袁同礼(北海图书馆)、雷时若(松坡图书馆),大会共讨论通过 88 件 210 项议案,与北京学者提案有关的 27 项,如表 6-17 所示。

表 6-17　中华图书馆协会第一届年会北京提案情况②

序号	北京代表提交第一届中华图书馆协会通过的议案	提案人(或机构)
1	请国民政府分赠政府各机关之公报及一切政府出版品于各大图书馆并指定中央图书馆编造政府出版品目录案	北平图书馆协会等
2	请国民政府整理前北平政府各机关旧存出版品分赠各图书馆案	北平图书馆协会
3	调查及登记全国公私板片编制目录案	刘纯、袁同礼
4	请各省市政府调查及登记所属区域内所藏之书板经板及档案遇必要时得设法移送图书馆保存案	袁同礼
5	请各大图书馆搜集金石拓片遇必要时设立金石部以资保存案	袁同礼
6	请协会通告全国各大图书馆搜集有清一代官书及满蒙回藏文字书籍案	叶恭绰、袁同礼

① 周余姣:《影响深远的一次盛会——纪念中华图书馆协会第三次年会 80 周年》,《河南科技学院学报》,2016 年第 11 期,45～52 页。

② 中华图书馆协会执行委员会:《中华图书馆协会第一次年会报告》,1～254 页,中华图书馆协会事务所编印,1929 年。

续表

序号	北京代表提交第一届中华图书馆协会通过的议案	提案人(或机构)
7	请国民政府明令全国各海关禁止古书出口案	北平图书馆协会
8	请各图书馆编辑周年报告案	于震寰
9	请国立中央研究院咨交通部对于国外寄赠国内学术团体之出版品由该院代为转寄者一律免纳邮费并请该院援各国先例代国内学术团体寄运出版品于国外案	北平图书馆协会
10	请建议国民政府减轻图书馆寄书邮费案	于震寰
11	请协会通告全国各图书馆注重自然科学书籍案	袁同礼
12	出版物须分洋装平装两种装订发行案	于震寰
13	请中华图书馆协会规定杂志形式大小劝出版机关一律采用以便储藏案	北平图书馆协会
14	请中华图书馆协会劝各报馆宽留夹缝以便装订案	北平图书馆协会
15	请厉行出版法案	北平图书馆协会
16	请中华图书馆协会转请教育部通令各省大学区及教育厅聘请图书馆专家指导各该省图书馆一切进行事宜案	洪有丰
17	呈请教育部通令全国各教育行政机关厉行设立公共图书馆案	田洪都
18	请本协会规定最需要之参考书目征求与会各员合力编制期限告成案	冯陈祖怡
19	请协会设法编辑出版中华图书馆学术丛书案	孔敏中
20	请中华图书馆协会转请教育部通令全国大学及师范院校添设图书馆学案	北平图书馆协会
21	请协会组织建筑设计委员会案	孔敏中
22	请中华图书馆协会设法经售图书馆文具用品案	沈丹妮、洪有丰
23	请国民政府财政部对于各图书馆呈请图书馆用品应予免税应予免费执照案	北平图书馆协会
24	中文书籍编目及分类案	田洪都
25	设立检字委员会研究完善之汉字排检法案	李小缘、孔敏中、杜定友
26	请协会组织中学索引委员会研究图书馆通用的中学索引法	孔敏中
27	请国民政府斟酌各地情形征收图书馆附捐分拨公立、市立及县立图书馆案(保留案)	北平图书馆协会

在北京清华大学举行的中华图书馆协会第二届年会，占北京地利，出席

大会的代表以北京人数为最多，个人代表 52 人，机关代表 13 人。北京的机构中，又以国立北平图书馆为最多，共出席 24 人：袁同礼、李文祷、宋琳、于震寰、茅乃文、谢国桢、王访渔、王宜晖、岳良木、曾宪文、邓衍林、陈任中、张树鹄、徐家璧、陈贯吾、曾宪三、杨维新、胡英、宋友英、金守淦、李钟履、李芳馥、向达、张任仆；其次为清华大学图书馆，出席 10 人：王文山、唐贯方、江彦雍、毕树棠、陆震平、李继先、刘中藩、施廷镛、郑善夫、金大本；燕京大学图书馆位列第三，出席 9 人：洪业、陈鸿舜、薛瀛伯、曲鸿、傅振之、田洪都、邢云林、沙鸥、艾秀山；另有协和医学院图书馆出席 2 人：章新民、赵廷范；其余图书馆均有 1 人出席，中国社会政治学会图书馆：陈宗登；北平民社图书馆：李炳卫；北平师范大学图书馆：何日章；中法大学图书馆：冯陈祖怡；香山教育图书馆：熊希龄；北京大学图书馆：吴鸿志及学者王亮（希隐）。

第二届年会通过议案 30 件 53 项，与北京学者有关的提案 11 项，如表 6-18 所示。

表 6-18　中华图书馆协会第二届年会北京提案情况①

序号	北京代表提交第二届中华图书馆协会通过的议案	提　案　人
1	为推广民众教育拟请组织民众图书馆研究组	冯陈祖怡、施廷镛、何日章、李文祷
2	建议中央通令各省于各宗祠内附设民众图书馆案	王希隐
3	各省市图书馆不应划入民众教育馆案	李文祷、于震寰
4	呈请教育部于图书馆规程中规定省立图书馆应负辅导该省各图书馆之责任案	邓衍林
5	国内各馆馆员得互相交换以资观摩案	胡英、宋友英、邓衍林、徐家璧、袁涌进、王淑宽、顾华、马万里
6	图书馆于可能范围应尽量征购方志舆图案	王庸、茅乃文
7	图书馆应扩大宣传方法藉谋事业之发展案	曾宪三、胡英、张树鹄、顾华、宋友英、邓衍林、袁涌进、王淑宽、徐家璧、曾宪文、马万里
8	请协会建议行政院及教育部指拨的款于北平设立图书馆学专科学校案	何日章等

① 中华图书馆协会执行委员会：《中华图书馆协会第二次年会报告》，1～114 页，中华图书馆协会事务所编印，1933 年。

续表

序号	北京代表提交第二届中华图书馆协会通过的议案	提　案　人
9	由本会函请图书馆学校应注重语言案	胡英、宋友英、曾宪文、顾华、袁涌进
10	审定杜威十进分类法关于中国历史地理语言文学金石字画等项之分类细目案	陈尺楼
11	请政府开放新疆青海之邮件寄费使与内地各省一律平等案(参考案)	李炳卫

这些提案，涉及图书馆的管理、教育、经费、分类编目等方方面面的工作，北京的代表参加图书馆学术活动非常踊跃。

③ 出版学术期刊。《中华图书馆协会会报》(以下简称《会报》)由中华图书馆协会创办，1925—1948 年出版发行，是民国期间存续时间最长的图书馆刊物。《会报》有五个常设栏目：启事、学术研究论文、目录、新书介绍和图书馆界。还有一些不定期的栏目。其特点是：

第一，辅助图书馆学术研究。《会报》共刊载了 258 篇中英文研究性论文和译文，约占文献总量的 6%，如喻友信“图书馆员应有之真精神”、于震寰译“图书馆员立身准则”等均有一定的学术价值。

第二，沟通图书馆学界信息。《会报》刊载了大量中外图书馆界的消息和报道，使会员及时了解国内外图书馆学界动态，如庚款的用途、倡导各地方建立图书馆协会等，传递各地建立图书馆的消息，开展战后复兴事业，了解外国图书馆学进展等。

第三，会员交流互通。《会报》设有“会员消息”栏目，会员新书出版、工作变动都能及时反映在消息里，有助于会员之间的了解，强化了学术共同体的群体意识。

中华图书馆协会的另一学术刊物《图书馆学季刊》(以下简称《季刊》)，1926 年 3 月—1937 年 6 月共出版 11 卷 42 期，载文 1 285 篇。开设过 20 个栏目，包括：时论撮要、论著、通论、记载、序跋、序跋汇录、专著、调查、调查及报告、讨论、书目、目录、杂俎、索引、文艺、附刊、附载、插图、补白、通讯。其特点是：

第一，学术性强。与《会报》相比，《季刊》更注重学术性，刊登的学术文章较多,主题分为两大类:图书馆学和目录学。文章注意介绍国外先进图书馆学思想,传播现代图书馆理念,促进中外分类法的融合。

第二,聚集图书馆学术群体。《季刊》由留美学者刘国钧主编,作者中聚集了一大批著名图书馆学家和文献目录学家,第一批留学海外的图书馆学者戴志骞、袁同礼、李小缘、洪有丰等都有论文发表,后来成长起来的本土培养的学者严文郁、王重民、钱亚新、吕绍虞等也都是其重要作者。

④ 组织北京的学者参加国际图书馆大会。中华图书馆协会成立之初,就注意与国际图书馆学界的联络,1927 年派美国友人韦棣华代表中国参加在英国伦敦召开的国际图书馆协会联合会(简称"国际图联",Internation Federation of Library Association and Institutions,IFLA)发起会议,成为发起国之一。1929 年国际图书馆协会联合会在罗马举办第二届国际图书馆大会,中华图书馆协会派沈祖荣参加大会。中国本土提交了 4 篇论文(见表 6-19),其中两篇来自北京清华学校图书馆。

表 6-19　中国提交国际图联大会论文[①]

中文题名	英文题名	作　者	所属单位
中国现代图书馆之发展	Development of Modern Libraries in China	戴志骞	清华学校图书馆
中国图书制度之变迁	Evolution of the Chinese Book	顾子刚	清华学校图书馆
中国之图书馆员教育	Training of Librarianship in China	胡庆生	文华图书馆学专科学校
中国文字索引法	Indexing Systems in China	沈祖荣	文华图书馆学专科学校

1935 年国际图书馆协会联合会在西班牙首都马德里举行第八届国际图书馆大会,北平协和医学院图书馆编目主任章新民撰写的英文论文《中国图书馆宣示馆中藏品之方法》是中国图书馆界提交的唯一一篇论文,曾请参会代表在大会民众图书馆组宣读。中国没有直接从国内派人参加此次大会,而是由中华图书馆协会执行委员会请在美国学习的汪长炳(原国立北平图书馆

① 沈祖荣:《参加国际图书馆第一次大会及欧洲图书馆概况调查报告》,《中华图书馆协会会报》,1929 年第 4 卷第 3 期,3 页。

参考组组长)为代表出席大会。曾在北京工作过的中华图书馆协会执行委员冯陈祖怡适逢因公至日内瓦,也就近参加了大会。

1935年恰逢中华图书馆协会成立十周年,协会特约图书馆界专家二十多人撰写纪念论文,兼作国际图书馆协会联合会的年会论文。此次征文共收到裘开明、吴光清、沈祖荣、查修、严文郁、蒋复璁、柳诒徵、戴罗瑜丽、杜定友撰写的八篇英文论文。1936年第九届国际图书馆大会在波兰华沙举行,中华图书馆协会将八篇英文论文编成《中国的图书馆》(*Libraries in China*)一书寄至大会。此次大会国内未派代表参加,而委托日内瓦中国国际图书馆馆长胡天石博士就近参加,但胡天石因事前往德国,故转托中国驻波兰使馆工作人员虞和德代为参加,并在会上散发《中国的图书馆》一书,宣传中国图书馆事业的发展。

⑤ 组织对外交流活动。1934年4月底,欢迎美国国会图书馆远东部主任恒慕义博士(Dr. Arthur W. Hummel)。恒慕义曾在中国学习13年,对中国文化产生了浓厚兴趣,归国后创办了美国国会图书馆东方部。此次来中国,专为调查中国图书馆等文化事业,同时为美国国会图书馆搜购中国图书,中华图书馆协会联合国立北平图书馆、国立北平故宫博物院及中华教育文化基金董事会等单位于1934年5月5日中午,在故宫东华门内传心殿设宴欢迎恒慕义博士。欢迎宴会出席人数众多,作陪的有北京大学蒋梦麟校长、北平师范大学李云亭校长、清华大学梅贻琦校长、中法大学李圣章校长、北平研究院李润章副院长、中央研究院社会研究所陶孟和所长、古物陈列所钱桐所长;还有社会人士马叔平、任叔永、孙洪芬、毛子水、张子高、刘半农、周诒春、胡适、金叔初、徐森玉、王子舫、刘子植、李馨吾、岳荫嘉、汪叔海、何澄一、张庾楼、沈兼士、郭绛侯、虞自畏、庄严;以及图书馆界人士严文郁、何日章、陈尺楼、田洪都、顾子刚、李文裿、曾宪三、于震寰等;外国人有福开森(J.C.Ferguson)、顾林(R.S.Greene)、谢礼士(E.Scherlitz)、司徒雷登(J.L.Stuart)、戴罗瑜丽(Mrs.T.C.Tai,戴志骞夫人)、魏夫人(Mrs.M.Wlliams),任叔永代表主办方致辞,恒慕义发表演说。[1]

---

① 《欢宴恒慕义博士》,《中华图书馆协会会报》,1934年第9卷第6期,10页。

“七七”事变前，中华图书馆协会组织的活动丰富多彩，参加图书馆组织活动的作用：①增进彼此了解。彼时的交流不如今日发达，由于地域阻隔，不同地区的人们交流很少，通过参加专业团体活动，可以增进会员之间的了解和友谊。②加强国际合作。20世纪二三十年代，中国图书馆事业还处于幼年时代，需要与国外图书馆界交流学习，互相取长补短，共同进步。③加强业务往来。通过协会组织的活动，加强了各馆资料交换、馆际互借、编制联合目录等业务活动。

（4）中华图书馆协会的转移与恢复

“七七”事变后中华图书馆协会总事务所随理事长袁同礼迁往后方，与教育学会联合组织开展活动。抗战胜利后，虽有社会动荡、交通不便、经费匮乏、内战爆发等不利因素，但在袁同礼的主持下，中华图书馆协会仍积极协助图书馆界的复员搬迁和恢复重建，致力于调查全国图书馆情形和各馆在战争中的损失，协助国民政府进行对日战争索赔，进行会员总登记，参与各地图书馆协会的筹建或恢复工作，如协助恢复兰州、广东、重庆图书馆协会，特别是恢复和加强了与世界文化组织、国际图联以及英国、美国图书馆协会的联系。

① 加强与国际图书馆组织的合作。鉴于战争期间体现出的国际文化合作的必要性，国际上于1946年11月4日正式成立联合国教育科学文化组织，简称联合国教科文组织。根据该组织规定，各会员国设立各国国内委员会，与该组织保持联络。中国由教育部牵头，设立了联合国教育科学文化组织中国委员会筹备委员会，中华图书馆协会推举理事蒋复璁作为图书馆界代表，1947年4月8日由教育部正式聘任。[①] 1947年10月15日联合国教科文组织中国委员会筹备委员会举行首次执委会，推选各专门委员会委员，国立北平图书馆馆长袁同礼被推举为“图书馆及博物院”委员会委员，同时任委员的还有李济之、蒋复璁、陈桢、凌纯声。[②]

国际图书馆协会联合会第十三届会议于1947年5月20—22日在挪威奥斯陆举行，中华图书馆协会委托中国驻挪威使馆秘书雷孝敏代表出席，并带

① 《参加联合国教育科学文化组织中国委员会筹备委员会》，《中华图书馆协会会报》，1947年第21卷第1～2期，8页。

② 《联教组织中国委员会推定各组专门委员》，《中华图书馆协会会报》，1947年第21卷第1～2期，9页。

去了书面报告《复员后之中国图书馆概况》，会议议决七项决议，会后该会总干事赛文司马将决议函告中华图书馆协会。[①]

② 接待外国图书馆学专家学者来访。1947年10月17日，美国宾夕法尼亚州斯渥兹慕大学（Swarthmore University）图书馆馆长、图书馆专家沙本生博士（Charles Bunsen Shaw，1894—1962）来访。沙本生此行是代表中国教会大学在美联合托事部到中国调查各地教会大学图书馆的现状，他先后访问了南京、北平、武汉、成都、广州、福州等地。沙本生于1947年10月25日到达北平，在北平停留10日，其中5日在燕京大学，与该校教授交换意见。沙本生是美国克拉凯大学文学博士，纽约州大学院图书馆学院毕业，此次访华对中国图书馆事业多有建议，尤其关注中国图书馆员的训练问题，并促成美国联合托事部资助胡绍声、喻友信、金云铭三人赴美学习图书馆学。[②]

1948年1月10—28日美国图书馆协会远东委员会主席、爱荷华州立大学图书馆馆长白朗（Dr. Charles Brown）和美国国会图书馆副馆长克莱普（Verner ClaPP）应麦克阿瑟将军之邀，至东京草拟《日本国会图书馆计划书》，顺访中国，1948年1月15日访问北平，参观了北大图书馆、协和医学院图书馆、国立北平图书馆，中华图书馆协会理事长袁同礼、北大校长胡适分别设宴款待。[③] 白朗博士回国后，草拟《中美文化关系中关于图书馆事业的计划草案》，提出中美图书馆事业的关系是双边的，合作的要点有：美国图书馆需要中国的书籍、杂志与档案，尤其是农业、工业、自然、社会科学的刊物，请中华图书馆协会协助采购、储存、运输。中国方面则需要抗战期间美国出版的大量书刊，请美国多家机构代为搜集、订购，或制成胶片送往中国。草案还建议美国图书馆协会及其他机构给予战后去美国学习图书馆学的中国学生奖学金或在经济上予以支持，继续安排两国交换馆员，同时计划在中国建一所规模较大的美国图书馆。后因政局变化，计划未能实现。[④]

---

① 《参加国际图书馆委员会十三次会》，《中华图书馆协会会报》，1948年第21卷第3～4期，3页。

② 《茶会欢迎美国图书馆专家沙本生博士》，《中华图书馆协会会报》，1948年第21卷第3～4期，4页。

③ 《白朗克莱普二氏来华 本会在京平各地招待》，《中华图书馆协会会报》，1948年第21卷第3～4期，4页。

④ 严文郁：《中国图书馆发展史：自清末至抗战胜利》，239页，台湾新竹枫城出版社，1983年。

③ 恢复国内图书馆学界的学术活动。抗战时期，中华图书馆协会会员分散在全国各地，且因战火连绵，召集不易，没有单独举行年会，而是和教育学会等联合组织年会。抗战胜利后，仍参加教育团体的活动。

1947 年 3 月 21 日中国教育学术团体联合会举行会议，中华图书馆协会派王文山、陈东原、于震寰代表出席。1947 年 10 月 26—27 日，中国教育学术团体联合会第五届年会在南京举行，中华图书馆协会派蒋复璁、刘国钧、柳诒徵、李小缘、陈东原、顾斗南、于震寰、陈训慈、汪长炳、洪有丰、王文山等为代表出席会议。图书馆代表参加“社会教育与电化教育组”的讨论，提出“建议政府增加地方图书馆经费案”，并获得通过。[①]

1947 年 3 月 29—31 日，中国社会教育社第五届年会在苏州国立社会教育学院举行，邀请中华图书馆协会派人参加，中华图书馆协会派常务干事于震寰代表前往，并致颂词。

④ 为国家图书馆事业发展建言献计。为了调节全国图书馆发展不平衡的状况，中华图书馆协会作为行业组织，集中群体力量，积极促成在西北、西南建立国立图书馆。西北图书馆始建于 1943 年，当时国民政府参政会通过提案，“为了提高该地区民众的文化水准，保存西北文献，提供图书阅览，并开展图书教育”，拟请政府在西北组织大规模图书馆，1943 年 2 月教育部批准通过了该提案。1944 年 7 月 7 日，西北图书馆正式开馆，刘国钧任馆长。由于抗战最后关头国民政府财力匮乏，教育部于 1945 年 4 月下令暂停西北图书馆，1945 年 6 月关闭。[②] 抗战胜利后，中华图书馆协会向教育部建议：“抗战业已胜利，今后复员建国，尤当注意教育文化之普遍发扬，而西北交通不便，文化素衰，亟待复兴，故特呈请教育部恢复西北图书馆，以奠西北文化事业之基础。”同时还建议：“我国国立图书馆，现仅北平与中央两所，本会以图书馆之建立对于专门学术研究与一般社会教育均有莫大帮助，而惟有国立图书馆始可具较大规模，收较大成效，故又呈请教育部于西北、东北、西南、东南及原设之国立图书馆，则请教部于其经费与事业方面尽量予以充实与提高，俾得

---

① 《参加中国教育学术团体联合会第五届年会》，《中华图书馆协会会报》，1948 年第 21 卷第 3～4 期，5 页。

② 杨玉麟：《民国时期“国立西北图书馆”史料订补》，《图书与情报》，1996 年第 4 期，76～77 页。

收更大成效。”[①]教育部采纳了中华图书馆协会的建议，于 1946 年 9 月恢复西北图书馆，改为国立，馆长仍由刘国钧先生担任，1947 年 2 月改为国立兰州图书馆。同月，西北的另一所国立图书馆——国立西安图书馆开始筹办，1947 年 5 月西南重庆的国立罗斯福图书馆阅览室开放。1947 年 6 月，教育部从南京、上海等地向国立兰州图书馆调拨各类图书近 10 万册，大大丰富了该馆的馆藏。中华图书馆协会从整个国家图书馆事业的高度考虑发展大计，学者群体的干预影响了国家的决策，使全国图书馆区域分布向改善失衡的方向发展。

在 1925—1949 年中华图书馆协会存续期间，“七七”事变前，其机关总事务所都设在北京，理事长袁同礼为国立北平图书馆馆长，协会以“研究图书馆学术，发展图书馆事业，并谋图书馆之协助”为目标，集全国图书馆学者集体智慧，推动中国图书馆事业的发展。协会的历史贡献主要有：

第一，领导学术方向。图书分类、图书编目和汉字排检等问题是中国图书馆发展过程中迫切需要解决的问题，梁启超在“中华图书馆协会成立会演说辞”中，提出建设“中国的图书馆学”，也提到要从分类、编目、编纂书目三个方面开展图书馆学研究。中华图书馆协会成立了相应的专门委员会，民国时期基本上完成了对上述问题的研讨，解决了中西分类法融合的问题，以及随之而来的编目、排检问题。《中华图书馆协会会报》《图书馆学季刊》成为发表研究成果的重要阵地。

第二，培养专门人才。中华图书馆协会年会多次提案讨论培养图书馆学专门人才的问题，成立了“图书馆学教育委员会”，进行专门研究。协会还与国立东南大学合办图书馆学暑期学校，与文华图书馆学专科学校合作培养图书馆学免费生，在文华图专的免费生中，也有很多优秀毕业生，出现了毛坤、钱亚新、李钟履、周连宽、于震寰、吴光清、蓝乾章等一大批后来蜚声海内外的图书馆学者。

第三，凝聚全国图书馆力量。在中华图书馆协会的呼吁和号召下，全国图书馆数量越来越多，由 1925 年调查的 502 所图书馆发展到 1934 年调查的

---

① 《本会呈请教部恢复西北图书馆并增设国立图书馆》，《中华图书馆协会会报》，1945 年第 19 卷第 4～6 期，13 页。

2 818 所。而据 1936 年上海《申报年鉴》社联合浙江省立图书馆调查，有单设图书馆及民教馆、学校、机关附设图书馆数量更多，达 5 196 所。协会通过会报刊登各地消息，通过会议汇聚各地馆员进行交流，共同讨论图书馆的发展问题，起到凝聚全国力量的作用。

第四，完善学科建制。一门学科的建制有三个主要的标志，即建立专业大学并开设相关课程或系列讲座、成立专门的研究机构或学术团体、出版学术刊物。[①] 中华图书馆协会是民国时期图书馆学界最具代表性的学术团体，出版《中华图书馆协会会报》《图书馆学季刊》，三项必备条件中占了两项，加之文华大学图书科的建立，1925 年已经完成了中国图书馆学的学科建制。中华图书馆协会的建立，是中国近代图书馆学学科体制正式创建的标志。

① 许刘英：《近代中国教育社会学学者群体及其特征》，《江苏师范大学学报》（哲学社会科学版），2016 年第 42 卷第 3 期，117～123 页。

第七章

民国时期北京的图书馆学者群体构成及特点

20 世纪初的新图书馆运动，给图书馆事业注入了生机与活力。北京的知识群体以整体的自觉迎接新观念的变革，他们在促成实现新式图书馆面向社会"公开""公平"开放的现代性的同时，也继承了古代以藏书为主要对象的传统文献整理研究，实现了传统知识与现代服务的有机结合。民国时期，北京的图书馆在图书馆学专业教育、图书馆管理、图书分类编目方法的革新及文献学研究等方面都走在全国的前列，这与北京的学者群体人数多、地位高、来源广泛密切相关。

第一节　北京的图书馆员总体分布

北京图书馆协会和中华图书馆协会成立后，曾多次组织对北京和全国图书馆及馆员的调查活动。以 1929 年北平图书馆协会对全市图书馆的调查统计为例，当时统计的全市共 46 所各类图书馆，馆员 267 人，分别服务于国立图书馆、市立图书馆、私立图书馆、学校图书馆、会社机构图书馆。馆员分布情况如表 7-1 所示。

表 7-1　1929 年北京的图书馆馆员分布表①

序号	图书馆名称	馆员人数	序号	图书馆名称	馆员人数
1	国立北海图书馆	37	3	国立北平大学北大学院图书馆②	17
2	国立北平图书馆	23	4	私立燕京大学图书馆	17

① 北平图书馆协会：《北平图书馆指南》，《北平图书馆协会会刊》，1929 年第 2 期，9～42 页。

② 原北京大学图书馆

续表

序号	图书馆名称	馆员人数	序号	图书馆名称	馆员人数
5	国立清华大学图书馆	13	26	私立辅仁大学图书馆	3
6	故宫博物院图书馆	13	27	私立中法大学图书馆	3
7	国立北平大学第一师范学院图书馆①	11	28	慈航图书馆	3
8	北平特别市革命图书馆②	10	29	国立北平大学农学院图书馆	3
9	香山教育图书馆	10	30	私立华北协和华文学校图书馆	3
10	松坡图书馆	8	31	私立崇实学校图书馆	3
11	北平特别市第一普通图书馆	7	32	私立汇文学校图书馆	3
12	私立北平铁路大学图书馆	6	33	私立民国大学图书馆	2
13	私立协和医学院图书馆	5	34	私立孔德学校图书馆	2
14	中华全国铁路协会图书馆	5	35	私立成达中学图书馆	2
15	东方文化总委员会图书筹备处	5	36	中国社会政治学会图书馆	2
16	国立交通大学北平交通管理学院图书馆	4	37	北平特别市公立师范学校图书馆	2
17	国立北平大学法学院图书馆③	4	38	私立郁文大学图书馆	2
18	地质调查所图书馆	4	39	私立汇文神学校图书馆	2
19	私立中国大学图书馆	4	40	国立北平大学第一工学院图书馆⑦	2
20	私立平民中学图书馆	4	41	国立北平大学附属中学图书馆	2
21	国立北平大学第二师范学院图书馆④	3	42	北平公立第一中学图书馆	2
22	国立北平大学医学院图书馆⑤	3	43	私立育英中学图书馆	1
23	国立北平大学艺术学院图书馆⑥	3	44	国立北平大学俄文法政学院图书馆	1
24	私立平民大学图书馆	3	45	私立大中公学图书馆	1
25	私立朝阳大学图书馆	3	46	北平教育局附设民众图书馆	1

① 原北京师范大学图书馆
② 原中央公园图书阅览所
③ 原北京法政大学图书馆
④ 原北京女子师范大学图书馆
⑤ 原北京医科大学校图书馆
⑥ 原北京艺术专门学校图书馆
⑦ 原北京工业大学图书馆

在 46 所图书馆中，馆员人数在 10 人以上的有 9 所，两所国立图书馆人数最多，北大、清华、燕大、北师大 4 所大学图书馆人数也较多，故宫博物院和北平市立图书馆作为政府拨款的图书馆人数也较多，私立香山慈幼院教育图书馆办理有方，馆员亦有 10 人，实属不易。其他图书馆人数均在 10 人以下。

全面抗战爆发前，社会环境相对较为稳定，为图书馆的发展创造了良好的条件，北平的图书馆进入了一个快速发展的阶段，然而沦陷期间很多图书馆遭到严重破坏，抗战胜利后，一些图书馆停办，一些图书馆合并。1948 年农林部北平农事试验场图书馆馆长赵福来调查北平市图书馆的情况，全市有 55 所图书馆，馆员 442 人。馆员分布情况如表 7-2 所示。

表 7-2　1948 年北平的图书馆馆员分布表[①]

序号	图书馆名称	馆员人数	序号	图书馆名称	馆员人数
1	国立北平图书馆	118	13	国立北京大学医学院图书馆	7
2	燕京大学图书馆	35	14	北平市立儿童图书馆	6
3	北平市立图书馆	28	15	国立北平故宫博物院图书馆太庙分馆	6
4	国立清华大学图书馆	27	16	中法大学图书馆	5
5	国立北平师范学院图书馆[②]	23	17	中国大学图书馆	5
6	国立北京大学图书馆	18	18	北平私立育英中学图书馆	5
7	北平市立第一民众教育馆附设图书馆	17	19	农林部中央农业实验所北平农事试验场图书馆	5
8	北平市立第二民众教育馆附设图书馆	13	20	经济部中央地质调查所北平分所图书馆	4
9	国立北平故宫博物院图书馆	12	21	北平私立协和医学院图书馆	4
10	松坡图书馆	10	22	国立北京大学工学院图书馆	4
11	北平市立图书馆分馆	8	23	国立北京大学农学院图书馆	4
12	私立辅仁大学图书馆	8	24	国立北京大学第四院阅览室	4

① 赵福来：《北平市图书馆一览》，北平市图书馆协会，1948 年未刊稿，1～17 页。

② 原国立北平师范大学图书馆。抗战期间，国立北平师范大学迁往陕西、甘肃，1946 年迁回北平，称国立北平师范学院。1948 年 12 月 11 日复称国立北平师范大学。图书馆亦称国立北平师范大学图书馆。

续表

序号	图书馆名称	馆员人数	序号	图书馆名称	馆员人数
25	朝阳学院图书馆	4	41	北平市立第三女子中学图书馆	2
26	国立北平铁道管理学院图书馆	4	42	北平市立第三中学图书馆	2
27	国立北平师范学院附属中学校图书馆	4	43	北平市立师范学校图书馆	2
28	巴黎大学北平汉学研究所	3	44	北平市立第四中学图书馆	2
29	中国佛教学院图书馆	3	45	北平居士林图书馆	2
30	北平华文学校图书馆	3	46	中国社会政治学会图书馆	2
31	国立北平艺术专科学校图书馆	3	47	国立北平师范学院附属女子中学校图书馆	2
32	汇文中学图书馆	3	48	北平私立贝满中学图书馆	2
33	英国文化委员会图书馆	2	49	法文图书馆	1
34	河北高等法院图书馆	2	50	卫生部中央卫生实验院北平分院图书馆	1
35	经济部矿冶研究所图书室	2	51	经济部北平工业试验所图书馆	1
36	中国大辞典编纂处图书室	2	52	北平平民中学校图书馆	1
37	中德学会图书馆	2	53	北平私立华北中学校图书馆	1
38	北平美国图书馆	2	54	国立北平师范学院附属第一小学儿童图书馆	1(教员兼)
39	私立华北文法学院图书馆	2	55	国立北平师范学院附属第二小学儿童图书馆	1(教员兼)
40	北平市立第一中学图书馆	2			

1948年图书馆数比1929年增加不到10所，馆员人数却增加了一倍，说明各馆规模有所扩大。馆员分布格局变化不大，国立图书馆人数最多，燕大、清华、北大、北师大保持人数较多，市立图书馆、故宫博物院图书馆也保持人数较多。由于战时破坏严重，抗战胜利后一些图书馆恢复艰难，如香山教育图书馆到1948年还未恢复。

1937年香山慈幼院创办人熊希龄在香港病逝，抗战胜利后，熊夫人毛彦文"回平一看，昔日设备完善，规模宏大的本院已变成一无所有，举凡院产、设备在沦陷期间已被人变卖一空，余下的是颓垣破屋，衣不蔽体的穷孩子，和食不足饱的一小部分坚贞工作人员。看了这种惨景，几乎放声大哭。但物质遗产虽已毁灭，精神遗产仍很丰富，我就凭这一点有了勇气，决定重建本院。经两年努力，院舍已修理十分之四，楚楚可观，儿童的教养已够水准，工作人员质的方面亦加以充实，本院仍不失国内儿童福利机关之较完善者。”[①]香山慈幼院被日寇破坏如此之严重，恢复艰难可想而知。1948 年，当农林部北平农事试验场图书馆馆长赵福来调查北平市图书馆的情况时，香山教育图书馆尚未恢复。因此，在赵福来的调查结果中，香山教育图书馆未在统计之列。

第二节　北京的图书馆学者群体与学术组织

学者属于社会学概念，有广义、狭义之分。广义的学者，是指具有一定学识水平，能在相关领域表达思想、提出见解，引领社会文化潮流的人；狭义的学者，是指追求学问之人，即专门从事某种学术研究的人。学者有时亦称专家，指能在自己所在领域做出相应成就的人。本研究所指的图书馆学者是广义概念，即有学识水平，能够发表独到思想和见解的人。

1924 年北京率先成立区域性的北京图书馆协会，1925 年全国性的中华图书馆协会落脚在北京，以两个协会会员为依托，构成了民国时期北京的图书馆学者群体的基础，图书馆学者集合在两个协会之中，凝聚在统一的学术共同体内，共同探讨图书馆学术发展，促进学术进步，带领北京的图书馆书写发展史上的新篇章。

1. 北京图书馆协会中的会员学者

北京的图书馆学者最早开展学术活动。1918 年成立的北京图书馆协会是中国第一个图书馆学术组织，由于立案未准，未能坚持下来。1924 年成立了第一个真正意义上的区域性图书馆协会——北京图书馆协会。

北京的学者踊跃加入北京图书馆协会，据 1929 年北平图书馆协会统计，全市 46 所图书馆有馆员 267 人，其中北平图书馆协会会员 115 人。在

① 毛彦文：《沉痛的回忆》，《华北日报》，1948-1-3。

46所图书馆中，有31所图书馆有馆员加入北平图书馆协会，占图书馆总数的67%；在115名会员中，有112人来自北平各类型图书馆，占馆员总数的42%，另有京报及建设通讯社编辑、琉璃厂藻玉堂书店经理、北平地方法院书记官等3位社会热心人士参加。北平图书馆协会会员分布情况见表7-3。

表7-3　1929年北平图书馆协会会员人数分布表[①]

序号	图书馆名称	会员人数	序号	图书馆名称	会员人数
1	国立北海图书馆	34	18	国立北平大学医学院图书馆	1
2	国立清华大学图书馆	13	19	私立平民大学图书馆	1
3	私立燕京大学图书馆	9	20	私立民国大学图书馆	1
4	国立北平大学北大学院图书馆	5	21	私立华北协和华文学校图书馆	1
5	国立北平大学第一师范学院图书馆	5	22	私立平民中学图书馆	1
6	北平特别市革命图书馆	4	23	私立孔德学校图书馆	1
7	国立北平图书馆	4	24	中国社会政治学会图书馆	1
8	北平特别市第一普通图书馆	4	25	国立北平故宫博物院图书馆	1
9	私立汇文神学院图书馆	3	26	国立北平大学俄文法政学院图书馆	1
10	国立北平大学第一工学院图书馆	3	27	国立交通大学北平交通管理学院图书馆	1
11	国立北平大学第二师范学院图书馆	2	28	私立中国大学图书馆	1
12	香山教育图书馆	2	29	国立北平大学附属中学图书馆	1
13	市立北平师范学校图书馆	2	30	私立崇实中学图书馆	1
14	私立育英中学图书馆	2	31	地质调查所图书馆	1
15	私立北平铁路大学图书馆	2	32	琉璃厂藻玉堂书店经理	1
16	私立协和医学院图书馆	2	33	京报及建设通讯社编辑	1
17	私立汇文学校图书馆	2	34	北平地方法院书记官	1

① 北平图书馆协会：《北平图书馆协会个人会员录》，《北平图书馆协会会刊》，1929年第2期，第43～48页。

北海图书馆会员最多，全馆有馆员 37 人，其中 34 人加入了北平图书馆协会。清华、燕京、北大、北师大图书馆人数也较多，馆员人数较多的国立北平图书馆入会人数却很少。

全面抗战期间，北平图书馆协会停止活动，抗战胜利复员后恢复活动。1947 年 12 月 2 日，在国立北平图书馆召开了复员后的第一次北平图书馆协会会员大会，会上提出重新进行会员登记，1947 年 12 月底完成。1948 年公布新的北平图书馆协会会员录，共有 258 位会员。当时，北平全市有 55 所图书馆，馆员 442 人，会员占馆员总数的 58%，比例较 1929 年提高，会员分布如表 7-4 所示。

表 7-4 1948 年北平图书馆协会会员人数分布表[①]

序号	图书馆名称	会员人数	序号	图书馆名称	会员人数
1	北京大学图书馆	49	15	北平协和医学院图书馆	4
2	国立北平图书馆	38	16	经济部中央地质调查所北平分所图书馆	4
3	国立北平师范学院图书馆	27	17	北京大学工学院图书馆	3
4	清华大学图书馆	22	18	中国佛教学院图书馆	3
5	辅仁大学图书馆	14	19	北京大学农学院图书馆	3
6	燕京大学图书馆	14	20	松坡图书馆	3
7	故宫博物院图书馆	8	21	北平居士林图书馆	3
8	中国大学图书馆	7	22	中法汉学研究所图书馆	2
9	北京大学医学院图书馆	7	23	北平美国图书馆	2
10	北平农事试验场图书馆	6	24	中国社会政治学会图书馆	2
11	故宫博物院图书馆太庙分馆	5	25	北平师范学院附中图书馆	2
12	北平市第一民众教育馆图书馆	4	26	贝满中学图书馆	2
13	国立北平艺术专科学校图书馆	4	27	中华观光社	2
14	汇文中学图书馆	4	28	北平师范学院女子附属中学图书馆	1

① 北平图书馆协会:《北平图书馆协会会员录》,1948 年,未刊稿。

续表

序号	图书馆名称	会员人数	序号	图书馆名称	会员人数
29	北平市立图书馆	1	35	北平市立师范学校图书馆	1
30	卫生部中央卫生实验院北平分院图书馆	1	36	北平市立三中图书馆	1
31	中德学会图书馆	1	37	北大秘书处	1
32	中法大学图书馆	1	38	平津铁路局福利委员会储配组	1
33	北平市立儿童图书馆	1	39	世界日报社	1
34	北平铁道管理学院图书馆	1	40	仁立实业公司	1

北京大学图书馆会员人数最多，源于北大图书馆在北平沦陷期间被伪“北京大学”图书馆占用，图书未受大的损失，战后接收图书继续增多，图书比战前增加了一倍多，馆员人数大增，会员人数相应增加。国立北平图书馆和北平师范学院图书馆人数也较多。在北平沦陷期间清华大学被日军破坏严重，抗战胜利复员后，寻找、回收遗失的图书大费周折，馆舍修复艰难，馆员人数增加，参加学术组织的人数也较多。辅仁大学、燕京大学两所私立大学恢复和发展较好，会员人数较多。

2. 中华图书馆协会中的北京会员学者

中华图书馆协会会员分为四种：第一种是机关会员，以图书馆为单位；第二种是个人会员，一般是图书馆馆员和热心图书馆事业的学者；第三种是赞助会员，凡捐助该会经费 500 元以上者可以成为赞助会员，后期改称永久会员；第四种是名誉会员，是在学术或事业上（不限图书馆）有特别成绩的学者。据 1935 年 6 月中华图书馆协会统计，全国共有会员 534 人，其中北京会员 111 人，占会员总数的 20%。在北京的会员中，有 99 位来自北京的各类型图书馆，如表 7-5 所示。

表 7-5 1935 年中华图书馆协会北京会员分布表①

序号	图书馆名称	会员人数	序号	图书馆名称	会员人数
1	国立北平图书馆	48	11	国立北平艺术专科学校图书馆	1
2	私立燕京大学图书馆	15	12	私立辅仁大学图书馆	1
3	国立清华大学图书馆	10	13	私立东北大学图书馆	1
4	国立北京大学图书馆	7	14	私立育英中学图书馆	1
5	中华图书馆协会事务所图书馆	2	15	故宫博物院图书馆	1
6	北平人文科学研究所(日本)图书馆	2	16	北平社会科学研究所图书馆	1
7	地质调查所图书馆	2	17	中国社会政治学会图书馆	1
8	私立协和医学院图书馆	2	18	北平市立第一普通图书馆	1
9	国立北平师范大学图书馆	1	19	私立中山中学图书馆	1
10	国立北平大学农学院图书馆	1			

中华图书馆协会其余的 12 位北京会员是来自于北京社会各界的知名人士和热心人士,如表 7-6 所示。

表 7-6 社会知名人士和热心人士及曾任职务②

序号	会员姓名	曾任职务或单位名称	序号	会员姓名	曾任职务或单位名称
1	胡汝麟	北洋政府教育次长	7	黄文弼	中国科学院考古研究所研究员
2	李石曾	故宫博物院院长	8	王亮	北洋政府外交部
3	马裕藻	北京大学教授	9	王雨	琉璃厂藻玉堂书店经理
4	周诒春	清华大学校长	10	陈文郁	北京工务局(金石学家)
5	熊希龄	北京香山慈幼院院长	11	陈光垚	北平研究院国学部
6	钱稻孙	清华大学教授	12	李炳卫	北平民社社长

1947 年,中华图书馆协会重新进行会员登记,其中个人会员 709 人,国内

① 中华图书馆协会:《中华图书馆协会会员录:个人会员》,《中华图书馆协会会报》,1935 年第 11 卷第 2 期,20～22 页。

② 中华图书馆协会:《中华图书馆协会会员录:个人会员》,《中华图书馆协会会报》,1935 年第 11 卷第 2 期,20～22 页。

682人,国外27人,北京的会员有62位,仅占全国会员的8%,北京的图书馆学者流失严重。会员分布情况见表7-7。

表7-7　1947年北平图书馆协会会员人数分布表①

序号	图书馆名称	会员人数	序号	图书馆名称	会员人数
1	国立北平图书馆	23	9	北京藻玉堂书店	1
2	国立清华大学图书馆	8	10	辅仁大学图书馆	1
3	国立北京大学图书馆	6	11	中国社会政治学会图书馆	1
4	燕京大学图书馆	5	12	中农所北平农事试验场图书馆	1
5	北平市立图书馆	3	13	外交部	1
6	故宫博物院图书馆	2	14	中央美术学院	1
7	美国新闻处图书馆	1	15	北平民社	1
8	中法汉学研究所图书馆	1	16	未知	6

北京会员仍然集中在国立北平图书馆、国立清华大学图书馆、国立北京大学图书馆、燕京大学图书馆,与战前调查基本一致。名誉会员有陈垣、傅增湘、胡适三位。还有一些社会知名人士,如朱光潜、洪业、张申府、叶崇智等,在抗战期间或战后加入中华图书馆协会,他们的加入提高了图书馆专业组织的影响力。

第三节　北京各类型图书馆学者群体的构成

1. 社会知识精英学者群体

北京作为首善之区,聚集了中国最广泛的知识精英群体。中华图书馆协会作为民国时期规模最大的图书馆学界专业组织,吸引很多社会学者加入,成为协会的名誉会员、会员,一些社会学者还亲任图书馆馆长。

(1) 中华图书馆协会名誉会员中的北京学者

中华图书馆协会名誉会员是协会为了推进图书馆学术发展,推荐的在政

① 中华图书馆协会:《中华图书馆协会个人会员名录》,《中华图书馆协会会报》,1948年第21卷第3～4期,插页。

治、学术研究方面有特殊贡献者。中华图书馆协会董事会第一次开会时，袁同礼、胡适共同推荐22位中国籍名誉会员和11位外籍名誉会员，后由于一些名誉会员病逝，进行了补充，外籍补充了2位德国会员，中国籍补充了施肇基、胡适、叶楚伧、蔡元培、蒋梦麟、戴传贤6位，中国籍名誉会员共28位，其中与北京深有渊源者有19位，占名誉会员总数的68%。具体见表7-8。

表7-8　中华图书馆协会名誉会员中的北京学者列表

序号	姓　名	生卒年	籍　贯	在北京的工作情况①
1	施肇基	1877—1958	苏州吴江	中华民国交通总长
2	胡适	1891—1962	安徽绩溪	北京大学校长
3	徐世昌	1855—1939	天津	中华民国政府大总统
4	张元济	1867—1959	浙江海盐	创办北京通艺学堂
5	叶恭绰	1881—1968	广东番禺	北洋政府交通总长
6	卢木斋	1856—1948	湖北沔阳	创办北平私立木斋图书馆
7	蒋梦麟	1886—1964	浙江余姚	北京大学校长
8	王国维	1877—1927	浙江海宁	清华国学院导师
9	张相文	1866—1933	宿迁泗阳	北京大学教授
10	王树枏	1852—1936	直隶新城	北京清史馆总纂
11	董康	1867—1947	江苏武进	北洋政府司法总长
12	蔡元培	1868—1940	浙江绍兴	北京大学校长，国立北平图书馆馆长
13	陈垣	1880—1971	广东新会	故宫博物院图书馆馆长，辅仁大学校长
15	陶湘	1871—1939	江苏武进	故宫博物院专门委员
16	刘承干	1881—1963	浙江吴兴	北京清史馆名誉纂修
17	李盛铎	1859—1937	江西德化	中华民国参政院参议
18	柯劭忞	1850—1933	山东胶县	北京清史馆《清史稿》总纂
19	傅增湘	1872—1949	四川江安	故宫博物院图书馆馆长

① 关于学者在北京的工作情况，有的学者可能在多个单位工作过，也有可能在不同时间段任同一职务，由于本书空间有限，主要选取有代表性的职务和工作时间，可能记录不全。后续学者与北京的渊源情况相同。

(2) 中华图书馆协会普通会员中的北京学者

中华图书馆协会普通会员中也有很多社会学者,他们有的完全凭个人兴趣加入协会,有的因担任重要职务或进行学术研究的需要而加入协会,其中与北京深有渊源者如表 7-9 所示。

表 7-9 中华图书馆协会普通会员中的北京学者列表

序号	姓 名	生卒年	籍 贯	在北京的工作情况
1	朱士嘉	1905—1989	江苏无锡	燕京大学图书馆
2	李石曾	1881—1973	河北高阳	故宫博物院理事长
3	周诒春	1883—1958	安徽休宁	清华学校校长
4	胡汝麟	1881—1942	河南通许	创办北平平民大学
5	马裕藻	1878—1945	浙江鄞县	北京大学教授
6	翁文灏	1889—1971	浙江鄞县	创办北京地质调查所
7	熊希龄	1870—1937	湖南凤凰	创办香山慈幼院,中华民国总理
8	丁文江	1887—1936	江苏泰兴	创办北京地质调查所
9	赵元任	1892—1982	江苏武进	清华国学院导师
10	陶行知	1891—1946	安徽歙县	创办中华教育改进社
11	叶崇智	1904—1981	江西九江	清华大学教授
12	陈钟凡	1888—1982	江苏盐城	北京女子高师国文部主任
13	王正廷	1882—1961	浙江奉化	中国大学校长,国民政府外交部长
14	易培基	1880—1937	湖南善化	故宫博物院院长
15	胡小石	1888—1962	江苏南京	北京女子高等师范学校教授
16	袁希涛	1866—1930	江苏宝山	中华民国教育部普通教育司司长
17	范源濂	1875—1927	湖南湘阴	中华民国教育次长
18	马君武	1881—1940	广西桂林	国立北京工业大学校长
19	高仁山	1894—1928	江苏江阴	北京大学教授,北平艺文中学校长
20	曹云祥	1881—1937	浙江嘉兴	清华学校校长
21	傅芸子	1902—1948	北京	燕京华文学校图书馆副馆长,《北京画报》主编
22	颜惠庆	1877—1950	上海	北洋政府外交总长

续表

序号	姓　名	生卒年	籍　贯	在北京的工作情况
23	顾孟余	1888—1972	河北宛平	北京大学教授
24	马叙伦	1885—1970	浙江杭县	北京大学教授
25	郑天挺	1899—1981	北京	北京大学教授
26	张申府	1893—1986	河北献县	北京大学、清华大学教授
27	林语堂	1895—1976	福建龙溪	北京大学教授

（3）担任北京各类图书馆馆长的社会学者

还有一些社会学者，虽未加入图书馆学界学术组织，但担任各类图书馆的馆长，主持图书馆工作，他们多数以教授身份兼任图书馆馆长，有的是以行政职务兼任，如李麟玉以中法大学校长职务兼任该校图书馆馆长。具体情况如表 7-10 所示。

表 7-10　北京学者担任馆长列表

序号	姓　名	生卒年	籍　贯	在北京的图书馆任馆长情况
1	章士钊	1881—1973	湖南长沙	北京大学图书馆主任（1917—1918 年）
2	李大钊	1889—1927	河北乐亭	北京大学图书馆主任（1918—1922 年）
8	马衡	1881—1955	浙江鄞县	北京大学图书馆主任（1929—1931 年）
3	毛子水	1893—1988	浙江江山	北京大学图书馆馆长（1931—1935 年，1946—1948 年）
4	梁启超	1873—1929	广东新会	松坡图书馆馆长（1923—1929 年）
5	缪荃孙	1844—1919	江苏江阴	京师图书馆正监督（1909 年）
7	马廉	1893—1935①	浙江鄞县	孔德学校图书馆主任（1933—1935 年）
9	朱自清	1898—1948	江苏东海	清华大学图书馆主任（1935—1936 年）
10	钱稻孙	1887—1966	浙江吴兴	清华大学图书馆主任（1936—1937 年）
11	潘光旦	1899—1967	江苏宝山	清华大学图书馆主任（1938—1946 年）
12	李麟玉	1889—1975	天津	中法大学图书馆馆长（1929 年）

① 郭晶：《鄞州马氏家族研究》，143 页，杭州，浙江大学出版社，2012 年。

2. 留学海外的图书馆学专业学者群体

在中国留学大潮的带动下，20 世纪 10 年代开始出现图书馆学专业学者留学海外。在北京，1911 年用美国退还部分庚子赔款创办的清华学校是留美预备学校，也是留美的大本营。1917 年 8 月，清华学校图书馆主任戴志骞半自费、半受清华资助，赴美国纽约州大学院图书馆学院学习，1919 年获图书馆学学士学位，1925 年第二次赴美留学，获爱荷华大学哲学（图书馆学专业）博士学位，成为中国第一个获得博士学位的图书馆学专业学者。此后清华学校又于 1926 年派吴汉章、1927 年派查修赴美留学，吴汉章赴美后未学习图书馆学专业，查修于 1929 年获伊利诺伊大学图书馆学学士学位，1933 年获哲学博士学位。

另一派遣留学生的重要机构是国立北平图书馆。1920 年 8 月，经蔡元培先生介绍，袁同礼获得哥伦比亚大学奖学金及清华、北大的共同资助，赴美国纽约州大学院图书馆学院学习，1924 年获图书馆学学士学位，1926 年成为北平北海图书馆及后身国立北平图书馆的负责人。1930 年在袁同礼的主持下，国立北平图书馆与美国哥伦比亚大学达成协议，每二年由国立北平图书馆派一人前去哥伦比亚大学图书馆学院学习，并兼管该校图书馆的中文图书，到期后换人。国立北平图书馆先后派往哥伦比亚大学的有严文郁、汪长炳、岳良木、李芳馥、曾宪三等，国立北平图书馆还派出交换馆员王重民、向达赴欧美访学。

冯陈祖怡是中国第一位女性图书馆学专业学者，由教育学者江亢虎带领赴美留学，1919 年加利福尼亚图书馆学校毕业。以后继有女性学者梁思庄、曾宪文、刘修业等留学学习图书馆学。

民国时期中国共有赴海外学习图书馆学专业的留学生 100 人，其中在北京工作过的 29 人，占 29％，[①]他们或在留学前在北京的图书馆工作，或留学后回国进入北京的图书馆工作，具体留学及在北京的工作情况见表 7-11。

---

① 韦庆媛：《民国时期图书馆学留学生群体的构成及分析》，《大学图书馆学报》，2018 年第 3 期，102～118 页。

表 7-11 1917—1949 年在北京的图书馆工作过的图书馆学留学生学者[①]

序号	姓　　名	生卒年	籍贯	留学学校及获得学位	在北京的图书馆工作情况
1	戴志骞(Tai,Tse-Chien)	1888—1963	江苏青浦	1918 年纽约州大学院图书馆学院学士；1925 年爱荷华州立大学哲学(图书馆学专业)博士	1914.9—1928.10,清华学校图书馆主任
2	袁同礼(Yuan,Tung-Li)	1895—1965	河北徐水	1924 年纽约州大学院图书馆学院学士	1916—1920 年清华大学图书馆,1926—1949 年国立北平图书馆主任、副馆长、馆长
3	冯陈祖怡(Feng,T. Y. Chen)(女)	1895—1975	福建闽侯	1919 年加利福尼亚图书馆学校毕业	1920.12—1928.9,北京高师图书馆主任,1928.10—1934.2,中法大学图书馆副馆长
4	赵庭范(Chao,T.F.)	1901—?	湖北江陵	1936 年选学哥伦比亚大学图书馆服务学院课程	1920 年入北京协和医学院图书馆,历任编目员、副主任、主任
5	查修(Cha,Lincoln Hsiu)	1901—1981	安徽黟县	1929 年伊利诺伊大学图书馆学学士	1922—1927 年清华学校图书馆中文编目
6	田洪都(Tien,Hung-Tu)	1909—?	山东	1931 年哥伦比亚大学图书馆服务学院肄业	1928—1941 年燕京大学图书馆主任
7	刘廷藩	1899—1950	浙江永嘉	1933 年华盛顿大学学习	1923—1933 年清华学校图书馆西文编目
8	曾宪三(Tseng,Mark Hsien-San) Florence Tan Moeson	1901—1949	湖北武昌	1936—1937 年奉国立北平图书馆之派,任哥伦比亚大学交换馆员。1937 年,哥伦比亚大学图书馆服务学院硕士	1925.8—1928.11,清华学校图书馆西文编目,1928—1936 年国立北平图书馆
9	陆华深(Lu,H.S.)	1903—?	广东中山	1937—1940 年国立中央图书馆派赴德国莱比锡图书馆实习	1931—1932 年国立北平师范大学图书馆主任
10	杨昭悊(Yang,Tsao-Tsu)	1891—1939	湖北谷城	1922—1923 年就读洛杉矶公共图书馆学校；1925 年就读伊利诺伊大学图书馆学院	1925—1928 年北京法政大学图书馆馆长

① 本表来源于论文“民国时期图书馆学留学生群体的构成及分析”,关于“留学学校及获得学位”一项,有的学者在美留学期间不只学习一个专业或获得多个学位,此处只记学习图书馆学或获得图书馆学学位。

续表

序号	姓　　名	生卒年	籍贯	留学学校及获得学位	在北京的图书馆工作情况
11	严文郁（Yen，Wen-Yu）	1904—2005	湖北汉川	1932年哥伦比亚大学图书馆服务学院硕士；1931—1932年国立北平图书馆派赴哥伦比亚大学交换馆员；1932—1933年德国普鲁士国立图书馆交换馆员	1925—1926年北京大学图书馆西文编目，1926—1930年国立北平图书馆西文编目组长
12	于震寰（Yue，Zunvain）	1907—?	山东蓬莱	1939—1946年国立中央图书馆派赴美国大学图书馆实习	1925年起在中华图书馆协会总事务所工作
13	徐家麟（Hsu，James Chia-Ling）	1904—1975	湖北沙市	1940年哥伦比亚大学图书馆服务学院硕士	1926.8—1927.9，中华教育改进社图书馆主任，1927.9—1928.10，清华学校图书馆中文编目，1928—1929年燕京大学图书馆
14	蒋复璁（Chiang，Fu-Tsung）	1898—1990	浙江海宁	1932年德国柏林大学图书馆学研究所学习	1926年任北平北海图书馆编纂、中文图书编目
15	汪长炳（Wong，Sanfore Chang Ping）	1904—1988	湖北汉川	1932年国立北平图书馆派赴哥伦比亚大学交换馆员，1934年哥伦比亚大学图书馆服务学院硕士	1926—1932年任国立北平图书馆参考部主任
16	李芳馥（Li，Augustine Fong-Fu）	1902—1997	湖北黄陂	1934年国立北平图书馆派赴美考察，1936年哥伦比亚大学图书馆服务学院硕士	1927—1934年国立北平图书馆秘书、文书组长、采访组长
17	洪有丰（Hung，Yu-Feng）	1893—1963	安徽绩溪	1921年纽约州大学院图书馆学院学士	1928—1931年，1934—1935年任清华大学图书馆主任
18	刘国钧（Liu，Kwoh-Chuin）	1899—1980	江苏南京	1924年威斯康星大学图书馆学院毕业	1929.9—1930.9，任北平图书馆编纂部主任
19	王重民（Wang，Chung-Min）	1903—1975	河北高阳	1934年国立北平图书馆派赴巴黎国立图书馆交换馆员；1935—1938年在德、英、梵蒂冈访书；1939年赴美国国会图书馆	1929—1947年国立北平图书馆编纂委员兼索引组组长

续表

序号	姓　　名	生卒年	籍贯	留学学校及获得学位	在北京的图书馆工作情况
20	陈鸿舜(Chen, Hung-shun)	1905—1986	江苏泰州	1943年哥伦比亚大学图书馆服务学院学士	1929年进入燕京大学图书馆,历任秘书、馆长
21	向达	1900—1966	湖南湘西	1935年国立北平图书馆派赴英国牛津大学图书馆、伦敦不列颠博物馆、德国普鲁士科学院图书馆、法国国家图书馆交换馆员	1930年任国立北平图书馆编纂委员
22	房兆楹(Fang, Chaoying)	1908—1985	山东泰安	1933年11月入哥伦比亚大学图书馆服务学院学习	1930年任职燕京大学图书馆
23	孙楷第	1898—1986	河北沧县	奉派赴日本调查小说戏曲各书籍	1930—1941年,国立北平图书馆
24	曾宪文(女)(Tseng, Katherine)	1906—?	湖北武昌	1939年密歇根大学(图书馆学)学士	1931—1937.10,任职国立北平图书馆
25	王文山(Wong, Wen-San)	1901—1994	湖北汉川	1928年哥伦比亚大学图书馆服务学院硕士	1932.6—1933.10,清华大学图书馆主任
26	岳良木(Yoh, Peter Liang-Mu)	1905—1994	湖北汉川	1934—1935年国立北平图书馆派赴哥伦比亚大学交换馆员。1936年哥伦比亚大学图书馆服务学院硕士	1927—1934年任职国立北平图书馆西文采访组组长
27	王恩保(Wang, Joseph En-Pao)	1910—?	北平	1943年雪城大学(图书馆学)学士	1932年辅仁大学图书馆编目
28	刘修业(女)(Liu, Sussan, Mrs Siu-Yeh Liu Weng)	1910—1993	福建福州	1939年伦敦大学(图书馆学)学士	1933年春入国立北平图书馆索引组
29	吴光清(Wu,Kuang-Tsing)	1905—2000	江西九江	1931年哥伦比亚大学图书馆服务学院学士;1932年密歇根大学图书馆学硕士;1944年芝加哥大学哲学(图书馆学专业)博士	1935—1938年任国立北平图书馆编纂、编目部主任

续表

序号	姓　　名	生卒年	籍贯	留学学校及获得学位	在北京的图书馆工作情况
30	梁思庄(女)(Liang, Florence Ssu Chuang)	1908—1986	广东新会	1931 年哥伦比亚大学图书馆服务学院学士	1936—1952 年任燕京大学图书馆西文编目组长、主任、副馆长
31	钱存训(Tsien, tsuen-Hsuin)	1910—2015	江苏泰县	1947 年北平图书馆派赴芝加哥大学交换馆员。1952 年芝加哥大学(图书馆学)硕士,1957 年芝加哥大学哲学博士	1937 年任职国立北平图书馆
32	徐家璧(Hsu, Chia-Pi)	1907.2	湖北沙市	1949 年哥伦比亚大学图书馆服务学院(图书馆学)硕士	文华毕业后入北京图书馆,任编目部主任兼文献部主任

民国时期在北京的图书馆工作过的学者,国立北平图书馆 15 人,清华大学图书馆 8 人,燕京大学图书馆 5 人,其余北京大学、北京高师、中法大学、协和医学院、北京法政大学、辅仁大学、中华图书馆协会总事务所的图书馆各 1 人,其中有人曾在多个图书馆工作过。留学学者思想开放,视野更宽。留学学者多的图书馆更容易形成带动效应,促进各馆工作的进步。

3. 本土培养的图书馆学专业学者群体

民国时期,随着中国高等教育的发展,国内也陆续创办了图书馆学专科学校或在大学设立图书馆学系,其中有南京金陵大学图书馆学系(包括建系前开设图书馆学课程时期),武昌文华图书馆学专科学校(包括文华大学、华中大学图书科时期),上海国民大学图书馆学系,四川国立社会教育学院图博系(包括苏州时期),北京大学图书馆学专修科。

除大学培养图书馆学专业学者外,中国本土还有中专程度的职业学校,如成都女子职业学校高级图书管理科,1940 年创办,学制 3 年,至 1949 年年底毕业 5 个班级,共计 77 人。其他还有大学开设的图书馆学选修课程,如国立北京大学、江苏省立教育学院等,以及图书馆学函授教育,如上海图书馆学函授学校等,此外还有各种暑期学校、短期图书馆学讲习班、讲习会,如北京高师图书馆学讲习会、东南大学图书馆学讲习会、北平市立图书馆学讲习班等。这些灵活的培养方式一般为期半个月到一个月不等,也是培养专业人才的重要途径。“在近代，通过这一形式培训图书馆职业人员的团体和机构，至少在 39 个以上，举办的图书馆讲习班至少有近 50 次，可确定受这一途径培训的人员在 1890 人以上”。①

据统计，1913—1949 年中国本土培养的图书馆学专业优秀学者共有 128 人，②其中在北京工作过的有 33 人，占 26%，具体见表 7-12。

表 7-12　1913—1949 年在北京各图书馆工作过的本土培养优秀图书馆学专业学者

序号	姓　　名	生　卒　年	籍　　贯	毕业年代及学校	在北京的图书馆工作情况
1	查修	1901—1981	安徽黟县	1922 年文华	1922—1927 年清华学校图书馆中文编目
2	陈宗登	1898—1996	江苏江都	1922 年文华	1922 年任中国社会政治学会图书馆主任
3	王文山	1901—1994	湖北汉川	1923 年文华	1932.6—1933.10，清华大学图书馆主任③
4	章新民	1904—1978	江西九江	1924 年文华	1927.9—1929 年清华学校图书馆中文编目
5	田洪都	1899—?	山东安邱	1924 年文华	1928—1941 年燕京大学图书馆主任
6	严文郁	1904—2005	湖北汉川	1925 年文华	1925—1926 年北京大学图书馆西文编目，1926—1930 年国立北平图书馆西文编目组长
7	皮高品	1900—1998	湖北嘉鱼	1925 年文华	1928—1930 年燕京大学图书馆编目部主任
8	徐家麟	1904—1975	湖北沙市	1926 年文华	1926.8—1927.9，中华教育改进社图书馆主任，1927.9—1928.10，清华学校图书馆中文编目，1928—1929 年燕京大学图书馆
9	陆华深	1903—?	广东中山	1926 年文华	1931—1932 年国立北平师范大学图书馆主任

① 吴稌年：《北京高等师范学校暑期图书馆学讲习会 95 周年纪念》，《山东图书馆学刊》，2016 年第 2 期，1～6 页。

② 韦庆媛：《民国时期本土培养图书馆学者群体的构成与分析》，《图书情报知识》，2018 年第 1 期，44～57 页。

③ 韦庆媛、邓景康：《清华大学图书馆百年图史》，94 页，北京，清华大学出版社，2013 年。

续表

序号	姓　　名	生　卒　年	籍　　贯	毕业年代及学校	在北京的图书馆工作情况
10	汪长炳	1904—1988	湖北汉川	1926年文华	1926—1932年国立北平图书馆参考部主任
11	李芳馥	1902—1997	湖北黄陂	1927年文华	1927.6—1934.6，国立北平图书馆秘书、文书组组长、西文采访组长
12	岳良木	1905—1994	湖北汉川	1927年文华	1927—1934年国立北平图书馆西文采访组长
13	陆秀（女）	1896—1982	江苏无锡	1928年文华	1921年，北京高师图书馆事务员
14	徐家璧	1907—?	湖北沙市	1930年文华	文华毕业后入北京图书馆，任编目部主任兼文献部主任
15	李继先	1907—1993	浙江绍兴	1930年文华	1930.9—1937.7，清华大学图书馆编目员
16	曾宪文（女）	1906—?	湖北武昌	1930年文华	1931—1937.10，任职国立北平图书馆
17	房兆楹	1908—1985	山东泰安	1930年文华	1930年任职燕京大学图书馆
18	耿靖民	1909—1994	河南上蔡	1930年文华	1946年任职北京大学图书馆
19	邓衍林	1908—1980	江西吉安	1931年文华	1931—1937年国立北平图书馆参考组馆员
20	李钟履	1906—1983	山东阳谷	1931年文华	1928年任职北京图书馆
21	赵福来		北京	1933年文华	曾任国立北平师范学院图书馆主任，中央农业实验所平场图书馆馆长
22	于震寰	1907—?	山东蓬莱	1933年文华	1925年任职中华图书馆协会总事务所
23	丁濬		河北束鹿	1934年文华	任职国立北平图书馆
24	黄元福	1909—1980	湖北武昌	1935年文华	曾任燕京大学参考部主任
25	姜文锦	1905—?	江苏铜山	1938年文华	1945年11月任北平市立图书馆馆长
26	陈宪章	1917—?	山东潍坊	1946年文华	任职北京师范大学图书馆
27	沈学植	1899—1966	安徽休宁	1924年金陵	1928.9—1933年清华大学图书馆

续表

序号	姓　　名	生　卒　年	籍　　贯	毕业年代及学校	在北京的图书馆工作情况
28	吴光清	1905-2000	江西九江	1927 年金陵	1935—1938 年任国立北平图书馆编纂兼编目部主任
29	袁涌进	1898—?	江苏金坛	1931 年金陵	任职国立北平图书馆
30	钱存训	1910—2015	江苏泰县	1932 年金陵	1937 年任职国立北平图书馆
31	王柏年	1911—?	江苏无锡	1934 年金陵	曾任北平师范大学附属第一小学儿童图书馆主任
32	何日章	1893—1979	河南商城	1922 年东南大学暑期学校图书馆科	1933.1—1937.9，任国立北平师范大学图书馆馆长
33	鲍振西	1929—2008	浙江鄞县	1948 年北平市立图书馆学讲习班	1946 年任国立北平图书馆助理员

上述在北京的图书馆工作过的学者，国立北平图书馆 14 人，人数最多，次多者仍为清华大学图书馆 6 人，燕京大学图书馆 5 人，北京师范大学图书馆 4 人，北京大学图书馆 2 人，其余中国社会政治学会、中华教育改进社、中央农业实验所、中华图书馆协会总事务所、北平市立图书馆、北平师范大学第一附小图书馆各 1 人，其中有人曾在多个图书馆工作过。接受过图书馆学专业教育的学者专业能力强，爱岗敬业，在促进各馆工作方面发挥较大作用。

4. 在北京的图书馆工作的外国学者群体

19 世纪中期，世界图书馆运动风起云涌，1876 年美国建立图书馆协会，1877 年英国建立图书馆协会，1896 年奥地利建立图书馆协会，1900 年德国建立图书馆协会。然而由于中国和西方各国语言、习惯、地域等众多因素的不同，国人几乎没有途径了解西方图书馆的巨大变化，也没有机会直接接触西方图书馆学的观念和方法。晚清民国时期来华的传教士成为沟通文化的桥梁，作为传播“上帝的福音”的载体，教会、教堂一般都设有图书馆，其管理者多为外国传教士，图书馆藏书以宗教内容为主，民间并不普及，真正把西方图书馆观念带给中国的是教会学校图书馆。

外国教会在中国创办的各类学校，1918 年已达 13 000 所，[①]绝大多数为中小学校。教会大学建立较晚，多数是在 20 世纪初各个教会建立的学堂、书院的基础上发展来的。北京的教会大学主要有基督教会所属的燕京大学、天主教会所属的辅仁大学。教会大学图书馆藏书丰富，馆员素质较高，早期有外国馆员和管理者在馆服务。

其他与外国关系密切的学校，也有外国学者在图书馆工作。如作为留美预备学校的清华学校、由洛克菲勒基金会创办的北京协和医学院、由基督教新教差会及在华机构联合设立的燕京华文学校等也有机会聘用外国馆员。20 世纪 30 年代国立北平图书馆接纳了德、法交换馆员。据不完全统计，民国时期在北京工作的外国馆员如表 7-13 所示。

表 7-13　民国时期在北京的图书馆工作的外国馆员

序号	姓　　名	国籍	服务单位及职务	服务时间	备　　注
1	王美桂（Margaret Louise Waller）（女）	美国	燕京大学图书馆副馆长兼西文编目部主任	1933—1937 年	文科学士
2	高厚德（Howard Spilman Galt）	美国	燕京大学图书馆馆长	1919 年	教育家，毕业于芝加哥大学、哈特弗特神学院，哈佛大学教育学博士
3	谢礼士（Ernest Schierlitz，1902—1940）	德国	辅仁大学图书馆主任及西文图书课课长	1930—1938 年	汉学家，德国明兴大学梵文及人种学博士，德国前国立明兴图书馆课长，西洋文学教授
4	葛尔慈（Joseph V. Goertz，1904—1980）	德国	辅仁大学图书馆主任	1945—1950 年	汉学家，莱比锡大学哲学博士，辅仁大学哲学心理学系主任，1944 年兼任教务长
5	狄玛夫人（发兰姆）（Mrs. C. G. Dittmer）（女）	美国	清华学校图书馆英文编目员	1919—1922 年	威斯康星大学图书馆学院毕业

① 王丽红、周广：《略论西方传教士在传播中西方文化的作用》，《白城师范学院学报》，2010 年第 4 期，28～30 页。

续表

序号	姓　　名	国籍	服务单位及职务	服务时间	备　　注
6	戴罗瑜丽(Julie Rummlehoff)(女)	挪威	清华学校图书馆英文编目主任、协和医学院图书馆主任	1922—1928年；1928—1936年	纽约州大学院图书馆学院学士，曾任挪威国立农专学校图书馆馆长
7	吉尔菲兰(Miss E. M. Gilfillan)(女)	美国	北京协和医学院图书馆主任	1918.7—1920.6	因结婚返国
8	库克(Miss M. A.Cook)(女)	美国	北京协和医学院图书馆主任	1920.7—1921.4	因结婚返国
9	布鲁姆霍尔(Miss L. Broomhall)(女)	美国	北京协和医学院管理旧图书馆、代理图书馆主任	1921.4—9；1921.9—1923.6	休假回国未归
10	威格莫尔(Miss E. Wigmore)(女)	美国	北京协和医学院图书馆主任	1921.4—9	因病回国
11	坎贝尔(Miss Marguerite E. Campbell)(女)	美国	北京协和医学院图书馆主任	1923.7—1927.5	
12	马尔智(Benjamin March)(1899—1934)	美国	燕京华文学校馆长	1923—1927年	汉学家，讲授“中国文献目录”和“中国绘画简史”，1925年加入中华图书馆协会
13	孙念礼(Nancy Lee Swann)(女)	美国	燕京华文学校图书馆管理员	1925年	汉学家，德克萨斯大学艺术硕士，兼图书馆职。1928—1948年任葛思德图书馆助理、馆长
14	满意德(Miss E. C. Boynton)(女)	美国	燕京华文学校图书馆主任	1930年	
15	韦慕庭(Clarence M.Wilbur)(1907—1997)	美国	燕京华文学校图书馆管理员	1932年	汉学家，哥伦比亚大学硕士，兼图书馆职
16	德范克(John De Francis)(1911—2009)	美国	燕京华文学校图书馆管理员	1933年	汉学家，夏威夷大学教授，在图书馆兼职

续表

序号	姓　名	国籍	服务单位及职务	服务时间	备　注
17	舒尔泰(Frederic D. Schultheis)	美国	燕京华文学校图书馆馆长	1938—1940年	学者
18	西门·华德(Dr. Walter Simon)(1893—1981)	德国	国立北平图书馆交换馆员	1932—1933年	德国汉学家,柏林大学博士,1920年得图书馆学位,德国普鲁士邦立图书馆
19	杜乃扬(又译圭娜尔,Roberte Dolléans)(女)	法国	国立北平图书馆交换馆员	1934—1937年	法国国立图书馆,法国汉学家,图书馆专家

外国学者任职图书馆,与中国图书馆学界多有交流,如谢礼士任辅仁大学图书馆馆长期间,积极参加北京图书馆协会的活动,1930年在辅仁大学举行北平图书馆协会常会,谢礼士发表了“德国图书馆发达史”的演讲。

5. 传统文献学者群体

早在先秦时期,随着早期“典”“册”的出现,中国就有了对文献典籍进行整理、分类、研究和利用的活动,此后历代有所继承,不断丰富和发展古文献学的内容和方法。千百年来,众多文献学者辛勤耕耘,专注于目录学、版本学、校勘学以及辨伪、注释等工作。在20世纪新图书馆运动兴起之时,他们仍然秉承对图书的热爱,不忘初心,继承传统文献学研究路径,推动文献学研究的发展。王余光教授曾总结20世纪重要文献学家的成就,推荐40位重要文献学家,[①]一类是传统的藏书家或图书馆专家;另一类是以教学、研究为主的文献学家,这些文献学家的成果基本上成于民国时期,其中与北京有渊源的文献学家如表7-14所示。

表7-14　民国时期在北京工作过的重要文献学家

序号	姓　名	生卒年	籍　贯	在北京的工作情况
1	李盛铎	1859—1934	江西德化	中华民国参政院参议
2	张元济	1866—1959	浙江海盐	清末总理各国事务衙门章京

① 王余光:《略论20世纪中国文献学家》,《图书情报工作》,2006年第2期,5～6页。

续表

序号	姓　名	生卒年	籍　贯	在北京的工作情况
3	董康	1867—1947	江苏武进	北洋政府司法总长
4	傅增湘	1872—1950	四川江安	故宫博物院图书馆馆长
5	梁启超	1873—1929	广东新会	松坡图书馆馆长、京师图书馆馆长
6	伦明	1875—1944	广东东莞	中华民国参议院秘书、北京大学教授
7	张国淦	1876—1959	湖北蒲圻	京师图书馆馆长
8	王国维	1877—1927	浙江海宁	清华国学院导师
9	朱希祖	1879—1944	浙江海盐	北京大学教授
10	胡朴安	1879—1947	安徽泾县	北京政府交通部秘书
11	柳诒徵	1880—1956	江苏镇江	清华大学教授
12	陈垣	1880—1971	广东新会	故宫博物院图书馆馆长
13	余嘉锡	1884—1955	湖南常德	辅仁大学教授
14	汪辟疆	1887—1966	江西彭泽	北平女子大学教授
15	孙殿起	1894—1958	河北冀县	北京琉璃厂书店
16	王献唐	1897—1960	山东日照	北京京汉铁路局文书科①
17	郑振铎	1898—1958	浙江永嘉	清华大学教授
18	孙楷第	1898—1986	河北沧县	国立北平图书馆编纂
19	向达	1900—1966	湖南溆浦	国立北平图书馆编纂委员会委员
20	谢国祯	1901—1982	河南安阳	国立北平图书馆
21	王重民	1903—1975	河北高阳	国立北平图书馆
22	顾廷龙	1904—1998	江苏苏州	燕京大学图书馆
23	郭伯恭	1905—1952	河南镇平	北平研究院
24	赵万里	1905—1980	浙江海宁	国立北平图书馆
25	杨家骆	1912—1991	江苏南京	中国辞典馆北平分馆
26	冀淑英	1920—2001	北京	北京大学图书馆

文献学者分布在国家机关、高等院校，他们利用训诂、版本、目录、校勘、

① 纪念王献唐先生诞辰120周年特辑[EB/OL][2018-08-07].http://club.qingdaonews.com/showAnnounce_57_3839624_1_0.htm。

辨伪、辑佚、笺注、编纂等手段和形式，继承传统，研究古籍。这些手段和形式有着强大的生命力，至今仍然支撑着古籍整理和古文献学的研究。

第四节　北京的图书馆学者群体特点

民国时期，北京崛起的社会知识精英学者、图书馆学专业学者、外国涉华学者、传统文献学者各类群体，构成了图书馆学研究群体，他们为"新图书馆运动"呼吁呐喊，在组织和实践方面卓有成效，在图书馆学专业教育的开展、图书馆学专业协会的创建、图书馆专业书刊的出版等方面积极探索，促成图书馆学科体制的形成。正是因为有北京这一研究群体的存在，极大地推动了中国的图书馆学专业教育、图书馆学专业协会和图书馆学专业书刊的蓬勃发展。

1. 图书馆学者广泛参加专业学术组织的活动

近代中国自被西方列强打开国门后，传统的政治、经济、文化、学术等各方面都受到了前所未有的冲击。先进的知识分子面临民族危机，开始了学习引进西方观念的思想历程。在这一历程中，中国传统的学术与文化都发生了深刻的变化，新的历史观、道德观、学术方法取代了旧的历史观、道德观和学术方法。作为文化积淀深厚的北京，宗教图书馆的影响，晚清官吏创办的共读楼，维新派创立的强学会书藏，新政时期学会、学堂创办的新式藏书楼，清末民初创办的阅书报处等，打破了封建藏书楼的观念，开放性、启蒙性的图书馆雏形以一个崭新的形象伫立在书林之中，使北京形成了不同于其他地方的文化基础。在"新图书馆运动"蓬勃来袭的大潮之中，北京的图书馆学者对新兴学术表现出浓厚的兴趣，他们渴望参与到新图书馆及图书馆学的建设和研究之中。在 1929 年北平图书馆协会的调查统计中，所有类型的图书馆都有馆员参加图书馆专业组织的活动，北京的各类型图书馆馆员有近半数加入了图书馆专业组织。在 1935 年中华图书馆协会的统计数据中，北京的会员占全国会员总数的 20%，体现了北京的图书馆学者广泛参与图书馆专业组织的积极性，使北京的图书馆在创新研究方面独树一帜。沦陷期间，北京的图书馆是重灾区，在 1947 年中华图书馆协会会员统计中，北京的会员仅占全国会员的

8%,流失严重。然而,在1948年北京图书馆协会的统计中,会员占馆员人数的58%,比1929年的42%有所提高,在复员后短短的2年时间里,能够恢复到如此程度,足以说明北京的会员参加图书馆专业组织活动的积极性仍然很高。

2. 接受新式高等教育的学者成为图书馆学术活动的主导力量

清末民初是中国社会由传统封闭向被迫开放的重要转型时期,科举制的废除为高等教育的发展扫清了制度障碍,对传统教育的摒弃与集成,对西方教育的接纳与移植,给封闭的中国带来了新鲜空气。辛亥革命后,中国的图书馆学者走出国门,学习西方的先进管理理念和方法,与此同时,中国本土也创立了图书馆学专科教育,建立了本土培养图书馆学专业人才的教育机制,接受新式高等教育的图书馆学者成为中国新图书馆运动的领导者和实践者。北京集中了众多海外留学生和本土培养的图书馆学专业学者,在1929年北平图书馆协会的统计资料中,会员人数排名前三位的分别是国立北海图书馆、国立清华大学图书馆、私立燕京大学图书馆,在1935年中华图书馆协会的会员人数中,北京的图书馆学者分布亦同。北海图书馆的领导者袁同礼毕业于美国纽约州大学院图书馆学院,作为中国近代第一批留美回国的职业图书馆学家,其研究图书馆学术的热情使之凝聚了很强的号召力,1929年该馆有馆员37人,加入北平图书馆协会的会员达34人,该馆92%的人参加了图书馆学术组织。而同期的北平图书馆有23位馆员,加入北平图书馆协会的仅有4人,其图书馆主任徐鸿宝亦为图书馆学者,但其偏重于传统文献的版本、藏书等研究,在号召馆员参加研究新式图书馆学术活动方面不如接受新式教育的学者有力。会员学者人数仅次于北海图书馆的是清华大学图书馆和燕京大学图书馆,清华大学图书馆主任戴志骞及后任洪有丰都是留美图书馆学家,戴志骞为美国纽约州大学院图书馆学院图书馆学学士、爱荷华大学哲学博士,洪有丰为美国纽约州大学院图书馆学院图书馆学学士。燕京大学图书馆馆长田洪都毕业于武昌文华图书馆学专科学校,并赴美国哥伦比亚大学图书馆服务学院留学,他们都是接受新式图书馆学专业教育的学者,本身就是图书馆学家,他们聘请的馆员也多为接受新式教育的学者,这些新式馆长、馆员能够带领周围更多的馆员参加到图书馆的学术活动中来,使各馆学者汇集成研究图书馆学术问题的先锋群体。从战后情况来看,学者群体仍然集中在国立北平图书馆、国立清华大学图书馆、国立北京大学图书馆、国立北平师范大学图书馆、燕京大学图书馆,反映出其学术继承性特征。国立北平图书馆馆长、中华图书馆协会理事长袁同礼仍然担纲学术带头人的角色,国立北京大学图书馆馆长毛准、国立清华大学图书馆馆长潘光旦、燕京大学图书馆馆长聂崇岐均为著名学者,领导有力,聘请图书馆专业学者较多,学术群体发挥了较好的作用。

3. 国立图书馆和大学图书馆的学者人数最多

民国时期,北京占地利之功,最早建立了国立图书馆。国立图书馆属于公立图书馆,由国家出资支持,有政府主办背景,虽然数量少,但藏书量大,资金有保障,学者数量所占比重很高。据 1929 年统计,北平图书馆协会有来自各类型图书馆的会员 112 人,而国立图书馆仅 2 所,会员有 38 人,占会员总数的 34%。大学图书馆主要为高等学校教学和科研提供支撑,经费来自大学,大学高层领导和馆员自身认识较高,容易吸引高层次人才,因此会员学者次多的为大学图书馆,在 1929 年北平图书馆协会的统计中,公私立大学图书馆会员共 51 人,占会员总数的 44%,国立图书馆和大学图书馆会员学者占北平图书馆协会会员总数的 78%。1929 年北海图书馆和北平图书馆合并,以原北海图书馆会员为主的国立图书馆学者队伍更为壮大,据 1935 年统计,中华图书馆协会中的北京会员为 111 人,其中国立北平图书馆有 48 人,占北京会员学者的 43%。会员学者次多的仍为大学图书馆,共有会员 37 人,占北京会员学者的 33%。国立图书馆和大学图书馆学者在中华图书馆协会会员中占北京学者的 76%。在北平图书馆协会和中华图书馆协会会员中,国立图书馆和大学图书馆这种绝对优势的分布,使国立图书馆和大学图书馆成为北京的学术据点,掌握学术研究的话语权。而其他类型图书馆的学者参与图书馆学术活动有限,相应的研究也较为薄弱,这使北京公立图书馆系统中除国家图书馆外的其他图书馆发展相对较为缓慢。

4. 外国学者促进中国图书馆事业的发展

在北京的图书馆事业发展过程中,也有外国学者的参与。在统计的 19 位外国学者中，燕京华文学校6人，人数最多；协和医学院5人，次之；燕京大学、辅仁大学、清华学校各2人；还有2位是来自德国、法国的国立北平图书馆的交换馆员。燕京华文学校是一所语言学校，筹办始于1910年，在华共办36年，数以千计的欧美人士在此接受汉语和中国历史文化教育，培养了大批杰出的汉学家、外交官、军事人员。华文学校图书馆职员主要由在校师生担任，很多是著名的汉学家。1926年馆长由著名汉学家马尔智担任，他也是中华图书馆协会会员。在馆员们的努力下，学校图书馆主要收藏关于中国的西文著作，多半是研究中国史地、政治、人情、风俗及偏重中国美术考古之类的书籍，被认为是收藏中国与远东西文文献最好的图书馆。外国馆员不仅建立了极具特色的图书馆馆藏，还直接参与中国图书馆的工作。美籍狄玛夫人发兰姆毕业于威斯康星图书管理学校，随在清华学校任教的丈夫狄玛来到中国，是清华学校图书馆聘请的第一位外籍馆员，1919年她开始使用杜威十进分类法对清华学校图书馆的西文图书进行编目。1922年戴志骞夫人戴罗瑜丽（挪威人，英文名Julie Rummlehoff）继续狄玛夫人的工作，1927年出版了《清华图书馆（英文）书籍目录》。戴罗瑜丽于1928—1936年任协和医学院图书馆主任，她在协和医学院图书馆的工作非常努力，时人评价"北平协和医学院图书馆，自民国十七年起，即由戴志骞夫人主持，迄今已八年之久，该馆内部组织以及管理方法均极完善，在吾国医学图书馆中堪称首屈一指，此等成绩皆戴夫人苦心孤诣，惨淡经营所至"。[①] 1935年中华图书馆协会发起向世界图书馆大会投稿征文，戴罗瑜丽撰写了"中国之医学图书馆"（英文），向世界介绍中国医学图书馆的情况。西北边疆自开发以来，一直为外国人所觊觎，西北问题也一直受到学界的关注。20世纪30年代朱士嘉曾就燕京大学图书馆入藏的有关新疆的书籍杂志编成目录，为开发西北之参考资料。此目在编辑过程中，得到来自美国的时任燕京大学图书馆副馆长兼西文编目部主任王美桂的大力支持，朱士嘉在文后备注："此目编制得燕京大学图书馆西文编目主任王美桂女士（Miss M.Weller）之助最多。"[②]外国馆员的参与，使中国图书馆与外国图书馆管理理念和方法直接对接，也扩大了中国图书馆的影响。

---

① 《北平协和图书馆主任易人》，《中华图书馆协会会报》，1936年第12卷第2期，29页。

② 朱士嘉、陈鸿舜：《西北图籍录——新疆》，《禹贡》，1936年第5卷第8～9期，153～177页。

5. 社会知识精英学者踊跃参与和提倡图书馆事业

北京作为全国的政治和文化中心，有深厚的文化底蕴，聚集了大批高素质的社会活动家和其他知识分子，很多著名学者和社会热心人士积极提倡和直接参与到图书馆组织和活动之中，与图书馆专业学者共同谋划中国图书馆事业的发展。在 1929 年北平图书馆协会会员中，除图书馆专业学者外，还有京报及建设通讯社编辑、琉璃厂藻玉堂书店经理、北平地方法院书记官等 3 位社会热心人士。在 1935 年中华图书馆协会会员中，有 12 位曾在北京任职的社会知名人士和热心人士，在中华图书馆协会聘请的 28 位中国籍名誉会员中，有 19 位曾在北京任职的著名学者和社会活动家。他们有的居政府高位，有的是大学教授，1918—1922 年任中华民国大总统的徐世昌也被聘请为名誉会员，蔡元培、陈垣、傅增湘、卢木斋等还亲自担任过图书馆馆长。首届中华图书馆协会董事部部长、北京松坡图书馆馆长梁启超最早提出建立中国的图书馆学；蔡元培任中华民国教育总长，于教育部中增设社会教育司，主管图书馆、博物馆、美术馆等，使通俗图书馆的建立在制度上有了保证。鲁迅任教育部佥事，负责北京的图书馆建设等事宜，策划增设北京的公共图书馆。曾任国立北京大学校长的胡适教授在北平图书馆协会上演讲“图书馆采访事务之建议”，提倡“良好教师可求而不可得，图书馆则可求而可得，故青年当埋头于图书馆中”。他赞扬北平的图书馆事业，“北平好图书馆极多，为全国读书最适宜之所在，如北京大学、清华大学、国立北平图书馆、政治学会图书馆，所藏适用书籍颇为丰富。”[①]李大钊则把图书馆作为宣传革命思想的阵地，建立亢慕义斋，利用书籍传播进步思想。抗战胜利后，仍有陈垣、傅增湘、胡适等为中华图书馆协会名誉会员，社会学者坚守在图书馆学术阵营，他们的官方色彩使之在社会上有极高的号召力，他们与图书馆专业学者一起呼吁呐喊，提高了图书馆的社会认同度。

6. “新”“旧”学者携手组成学术共同体

近代学术的发展为图书馆的学术研究提供了新的思路，一方面近代图书

① 《北平协会席上之胡适讲演》，《中华图书馆协会会报》，1930 年第 5 卷第 6 期，18～19 页。

馆是完全不同于封建藏书楼的管理系统，需要重建理念、制度、方法等，这即是新兴的图书馆学；另一方面中国传统校雠学在近代分科系统中，逐渐分化为版本学、目录学、校勘学等独立学科，构成了与近代图书馆学相关联的重要学术门类。在受过新式高等教育的学者成为北京学术活动主导力量的同时，传统文献学者也积极参加图书馆的学术活动。在北平图书馆协会和中华图书馆协会的北京学者中，既有海外归来的留学生，也有前清翰林，既研究新书，也研究古籍，"新""旧"学者同处一个学术共同体内，共同促进近代图书馆与学术研究的互动。接受新式高等教育的学者首先接受新观念，研究近代图书馆的制度建设，为其他学科学术研究提供支持，同时他们也注重传统文献的研究，如袁同礼、洪有丰都发表过关于古籍目录及藏书家考证的文章；而传统文献学者在新学术格局的重建中，也找到了新的研究方向，促进了图书馆藏书、目录、版本等的研究。在1935年中华图书馆协会设立的专门委员会中，有创新力度最强的"分类委员会""编目委员会"，其领导人有曾接受新教育并在北京任职的学者刘国钧、王文山、查修、袁同礼、洪有丰等；也有继承传统研究路径的"板片调查委员会"，领导人包括卓有成绩的北京学者赵万里、傅增湘、徐鸿宝、王重民等。民国时期，随着中西封闭地理格局的打破，中西文化交流增多，"新""旧"学者在文化融合的大潮中寻找到了学术的交汇点，携手组成学术共同体，共同推进图书馆学术研究的进步。

第五节　北京的图书馆学者著述与学术出版

北京的各类学者积极参加图书馆专业组织的活动，对图书馆学多有思考，留下了很多重要的著作。学者的著作主要在图书馆学、文献学方面，除图书外，北京还有众多图书馆学专业期刊，刊登一些学者的重要论文。

1. 北京的图书馆学者著作

（1）图书馆学著作

民国时期，北京聚集了一批优秀的图书馆学者，在北京工作期间出版了一些专业书籍。作者包括有全国影响的优秀学者，也有北京的地方学者。图书馆学著作有集体著述，如北京通俗教育研究会出版的《图书馆小识》等，而更多的是个体著作。具体见表7-15。

表7-15　图书馆学著作列表

序号	作者(译者)	著　作　名	出　版　者	出版年
1	北京通俗教育研究会	图书馆小识	北京通俗教育研究会	1917
2	戴志骞	图书馆学术讲稿	北京高师图书馆学讲习会讲义(未刊本)	1920
3	杨昭悊	图书馆学	商务印书馆	1923
4	查修	杜威书目十类法补编	清华学校图书馆	1924
5	戴罗瑜丽	清华学校图书馆(英文)书籍目录	清华学校图书馆	1927
6	查修	清华学校图书馆中文书籍目录	清华学校图书馆	1927
7	刘国钧	中文图书编目条例	国立北平图书馆(未刊本)	1929
8	刘国钧	中国图书分类法	国立北平图书馆(未刊本)	1929
9	沈学植	图书馆学 ABC	世界书局	1929
10	房兆楹	三十三种清代传记综合引得	燕京大学图书馆引得编纂处	1932
11	洪业	引得说	燕京大学图书馆引得编纂处	1932
12	李钟履	图书馆参考论	中华图书馆协会(抽印本,译作)	1933
13	于震寰	善本图书编目法	图书馆学季刊(抽印本)	1933
14	罗静轩	儿童书目汇编	北平图书馆协会	1933
15	李文裿	北平学术机关指南	北平图书馆协会	1933
16	章新民	民众图书馆的行政	武昌文华图书馆学专科学校(译作)	1934
17	耿靖民	目录学概论	武昌文华图书馆学专科学校(译作)	1934
18	何日章、袁涌进	中国图书十进分类法	国立北平师范大学图书馆	1934
19	皮高品	中国十进分类法	武昌文华图书馆学专科学校	1934
20	向达	新加坡的赖佛尔博物馆及图书馆	图书馆学季刊(抽印本)	1935

续表

序号	作者(译者)	著 作 名	出 版 者	出版年
21	赵福来	图书馆建筑与设备	武昌文华图书馆学专科学校	1935
22	王国维	世界图书馆小史	中华图书馆协会(抽印本)	1936
23	丁浚	有关儿童图书馆问题之杂志论文目录	图书馆学季刊(抽印本)	1936
24	邓衍林	中文参考书举要	国立北平图书馆	1936
25	袁涌进	现代中国作家笔名录	中华图书馆协会	1936
26	施廷镛	国立清华大学图书馆丛书子目书名索引	清华大学图书馆	1936
27	陈宗登	公共图书馆预算	图书馆学季刊抽印本(译作)	1937
28	胡正支	俄文著者排列法	国立北平大学法商学院印刷部	1937
29	胡正支	中国帝号标题一览	燕京大学引得校印所	1939
30	李文禧	北平学术文化机关综览	新民印书馆	1940
31	王柏年	中国儿童图书馆事业发达史	未刊本	1942

图书馆学著作涉及范围广泛,有对图书馆业务工作的探讨,如图书馆预算、参考、编目、建筑、设备等,也有涉及目录编制,如儿童书目、各馆目录等,还有一些翻译的著作,如翻译的目录学书籍,指导编制目录的实践。索引也有几种,如燕京大学引得编纂处、清华大学图书馆等处印制的索引。还有关于图书馆学总论,如戴志骞、杨昭悊的著作。

(2) 文献学著作

北京文献学者的代表作多数完成于民国时期,也有民国以后陆续出版的,但其成果产生于民国时期。有些书籍是后人所辑,如北大图书馆抗战时期购进了木犀轩藏书,1985 年整理出版了《木樨轩藏书题记及书录》;朱希祖之子朱偰(1907—1968)于 1961 年整理出版了朱希祖所著《明季史料题跋》。王献唐《国史金石志稿》收录了 20 世纪初叶主要金类著录所载器物共 4 854 件,2004 年由华东师范大学中国文字研究与应用中心竞标出版。有的著作先在期刊上发表,后结集出版,如向达《唐代刊书考》,张国淦《中国古方志考》

等。具体著作见表 7-16。

表 7-16 文献学著作列表

序号	姓　名	文献学代表作	出 版 者	出版年
1	王国维	观堂集林	蒋汝藻在上海以聚珍版排印	1923
2	梁启超	古书真伪及其年代	武进董氏自印	1928
3	向达	唐代刊书考	江苏省立国学图书馆年刊	1928
4	杨家骆	四库大辞典	《中国图书大辞典》编辑部	1931
5	陈垣	校勘学释例	中华书局	1931
6	胡朴安	校雠学	商务印书馆	1931
7	孙楷第	中国通俗小说书目	国立北平图书馆	1932
8	张国淦	中国古方志考	国闻周报	1933
9	谢国祯	晚明史籍考	北平图书馆	1933
10	傅增湘	藏园群书题记	《大公报》出版部	1934
11	汪辟疆	目录学研究	商务印书馆	1934
12	伦明	辛亥以来藏书纪事诗	《正风》半月刊	1935—1936
13	孙殿起	贩书偶记	商务印书馆	1936
14	余嘉锡	四库提要辨证	武陵余氏	1937
15	张元济	校史随笔	商务印书馆	1938
16	赵万里	中国版刻图录	文物出版社	1960
17	朱希祖	明季史料题跋	中华书局	1961
18	王重民	中国善本书提要	上海古籍出版社	1983
19	郑振铎	西谛书话	三联书店	1983
20	李盛铎	木樨轩藏书题记及书录	北京大学出版社	1985
21	董康	书舶庸谭	辽宁教育出版社	1998
22	顾廷龙	顾廷龙文集	北京图书馆出版社、上海科学技术文献出版社	2002
23	王献唐	国史金石志	青岛出版社	2004
24	冀淑英	冀淑英文集	北京图书馆出版社	2004
25	郭伯恭	四库全书纂修考	岳麓书社	2010
26	柳诒徵	中国版本概论		

2. 图书馆学专业期刊

民国时期，北京还出版了各类图书馆学期刊。据统计，民国时期全国创办了 164 种图书馆学期刊，北京的各图书馆编辑出版的有 28 种，占 17%。具体如表 7-17 所示。

表 7-17　民国时期北京的图书馆学期刊①

序号	刊　名	起止时间	编辑出版	刊出情况	内　容
1	中华图书馆协会会报	1925.6.30—1948.5.31	中华图书馆协会编辑发行	共出版 21 卷，102 期	有论文，目录，图书馆界、会员消息，新书介绍等
2	图书馆学季刊	1926.3—1937.6	中华图书馆协会编辑发行	共出版 1～11 卷，42 期	有时论撮要、论著、纪载、序跋、插图、补白、书目、调查、书评、讨论、目录、杂俎、索引、文艺、附刊、附载、通讯等栏目
3	中华图书馆协会年会报告	1929.7—1933.10.22	中华图书馆协会编纂发行	共出版 1～2 期	有年会宣言、会序、开幕大会纪事、筹备经过报告、出席人员一览表等
4	北平图书馆协会会刊	1924.8—1933.5	北平图书馆协会编辑发行	共出版 1～5 期	刊物以报告会务兼载学术讲演为主旨，亦登论评等
5	国立北平图书馆馆刊	1928.5—1937.2	国立北平图书馆编辑	共出版 11 卷，59 期	主要栏目有插图、专著、书评、馆藏善本书提要、馆藏书目、馆讯、校勘、辑佚、专载等
6	国立北平图书馆馆务报告	1926.3—1938	国立北平图书馆编辑出版	共出版 7 期	记载该馆一年来之馆务，分赠书、采访、编目、索引、阅览及咨询、赠书人名录等
7	图书季刊（中、英文）	1934.3—1948.12	国立北平图书馆编印	共出版 4 卷，16 期	内容分论著、书评、图书介绍、期刊介绍、学术界及出版界消息、书录、专载等
8	读书月刊	1931.10.10—1933.9	国立北平图书馆编辑发行	共出版 2 卷，24 期	主要有论坛、书报述评、读书杂记、学术界杂讯、新到中文普通书目、本馆出版书广告等

① 张敏：《民国时期图书馆学期刊研究》，苏州大学博士论文，2015 年，143～167 页。

续表

序号	刊　　名	起止时间	编辑出版	刊出情况	内　　容
9	学文	1930—1932.5	王重民、谢国桢、孙楷第主办	共出版1卷,1～5期	国立北平图书馆同人刊物,内容以论著为主
10	大公报·图书副刊	1933.9.28—1948.12.31	国立北平图书馆编辑	共出版269期	栏目有出版界和学术界消息、书评、新书介绍等(抗战时停刊)
11	益世报·图书副刊	1938.12—?	国立北平图书馆编辑	停刊年、出版期数不详	
12	北平市立第一普通图书馆馆刊	1931.6	北平市立第一普通图书馆编辑	共出版1期	主要栏目有论文、概况、统计、会议、附录等,内容注重揭示馆藏各类文献的数量、馆务工作
13	北平特别市市立第一普通图书馆周年纪念刊	1930.3	北平市市立第一普通图书馆编辑	共出版1期	内容分插图、弁言、沿革、概况、规则、命令、呈文、公函、公告、统计、简章、附录等
14	北大图书部月刊	1929.10.20—1930.3.20	北京大学图书部	共出版4期	有插图、专著、专载、书评、馆藏善本书跋、书目、北大图书部纪事等栏目
15	北京大学周刊·图书馆副刊	1934—?	北京大学		刊载图书馆知识、图书利用指南等内容
16	图书与学习	1947.11—1948.3	北京大学学生自治会孑民图书室编辑	共出版4期	内容有新书评介、图书统计、图书室工作报告、新书摘录、赠书鸣谢
17	清华周刊·图书馆增刊	1930—1931.12	国立清华大学编辑出版	共出版200期	以报道本馆入藏中英文新书及文告,工具书、参考书举要,读者借阅统计等为主
18	燕京大学图书馆报	1931.1.15—1939.8	燕京大学图书馆出版	共出版134期	内容关于该校图书馆新编中西文书目录、工作统计,间有图书馆学、索引、题跋、校勘论文
19	国立北平师范学院图书馆馆刊	1947.6	国立北平师范学院图书馆编辑出版	仅出版1期	

续表

序号	刊　名	起止时间	编辑出版	刊出情况	内　容
20	北平私立木斋图书馆季刊	1937.2.1—5.1	北平私立木斋图书馆编辑出版	共出版 2 期	有插图、论说、书目、专著、年谱、文艺、图书馆消息、记载等
21	佛教图书馆报告	1936.7.25—1937.1	北平佛教图书馆编辑	共出版 7 期	内容以本馆大事记、捐赠图书目录为主
22	华北日报·图书馆学周刊	1931.5.20—1936	北平《华北日报》社编辑出版	总期数不详	
23	建设旬刊	1929.3—5	北平建设图书馆编辑出版	共出版 7 期	有命令、公牍、各局专栏、本署消息
24	世界日报副刊·图书馆周刊	1935—?	北平《世界日报》社编辑出版	停刊时间、总期数不详	
25	中法汉学研究所图书馆馆刊	1945.3—1946.10	中法汉学研究所编辑出版		内容有专著、馆藏善本题记、图书介绍、杂志论文题要、出版消息及馆讯等
26	(伪)《北平近代科学图书馆馆刊》(汉、日文)	1937.9—1939.7	北平近代科学图书馆编辑发行	共出版 6 期	刊载日本近代各方面科学研究精华，兼刊登本馆记事、汇编资料、书志等
27	(伪)书渗(日文)，该刊原名《北京近代科学图书馆月报》	1938—1943	北平近代科学图书馆编辑出版	共出版 52 期	
28	(伪)华北综合调查研究所图书馆图书月报	1943—1945	华北综合调查研究所图书馆编辑出版	共出版 16 期	按类刊载书目

3. 北京图书馆学者学术出版的特点

(1) 社会知识精英是早期新式图书馆观念的介绍者和传播者。近代以来，社会知识精英学者群体积极宣传新图书馆观念。北京的学者首先“扛起大旗”，王国维译自英国百科全书的“世界图书馆小史”，是介绍西方图书馆史的第一篇系统之作；1909年5月11日起在《学部官报》上分24期连载。[①] 王国维去世后，中华图书馆协会为纪念这位伟大的先哲，出版了《世界图书馆小史》单行本。北京的知识精英成为早期中国新式图书馆观念的介绍者和传播者。

(2) 开创图书馆学研究新方向。北京通俗教育研究会最早翻译《图书馆小识》。1915年9月6日，北京通俗教育研究会正式成立，隶属于教育部社会教育司，其宗旨是"研究通俗教育事项，改良社会普及教育"。1917年北京通俗教育研究会译自日文《图书馆小识》出版，这是早期以日为师的代表作。1920年戴志骞主持北京高师图书馆学讲习会，其编译的讲稿《图书馆学术讲稿》成为以美国为师的代表作，北京的学者主导由以日本为师转为以美国为师的学术转向。1923年杨昭悊出版《图书馆学》，此为受北京高师图书馆学讲习会学习的影响编就，是中国的第一部以图书馆学命名的著作。北京的图书馆学者开创了民国时期图书馆学研究的新方向。

(3) 北京的文献学研究成果数量多，质量高。北京的文献学研究相当活跃，这与北京的文化古城特点相符合。北京的图书馆最早汇聚了官府、书院、私家藏书，大小图书馆均以古籍为多，促进了对古籍的研究。国立北平图书馆继承京师图书馆藏书，也就是继承了官府、国子监藏书，古籍占绝大多数；以通俗读物见长的北平市立第一普通图书馆，也以古籍为主，孔德学校图书馆馆长马廉收集的稀见戏曲、小说古籍版本最终也归入该馆。原馆藏不以古籍为多者，也以补充古籍为主，如清华大学图书馆补充杨氏丰华堂藏书，改变了以收藏外文、新书为主的状况。古籍的大量收藏吸引了一批文献学者聚集北京，文献学者的聚集又促进了古籍藏书的利用，如此良性循环成为推动北京文献学者产出学术成果的必备条件。

(4) 图书馆学期刊内容丰富，学术性强。北京的28种图书馆学期刊内容丰富，成为学者学术成果产出的重要载体。期刊内容主要包括：第一，图书馆学专业论文。期刊对建设新式图书馆理论与方法的译介和研讨，促进了对图书馆实际工作的认识和理解。第二，中国传统文献学论文。期刊刊登了大量文献学、目录学等研究成果，继承了对古典文献研究的传统。第三，各馆自办

① 王国维：《世界图书馆小史》，《学部官报》，1909年第91期～1910年第135期。

的馆刊记载馆史和馆务报告。对各馆发展情况的记述，便于图书馆界互相了解，交流信息。第四，期刊经常推荐图书，刊登读书指导方法，推广读书救国理念，提高广大民众的知识水平和思想觉悟。图书馆学期刊在促进图书馆学界传播理念、学术研讨、业务交流、藏书推介、沟通读者、国际合作等方面发挥了重要作用。

(5) 良好的学术氛围利于学术成果的产出。中华人民共和国成立前，在北京的学术出版领域，图书和期刊均在20世纪30年代最为活跃，成果最多。究其原因：一是全面抗战前的社会环境给学术出版提供了条件，学者们稳定的生活利于学术成果的产出。二是北京失掉政治中心，更彰显文化中心的地位。1928年6月—1929年5月任北平市首任市长的何其巩曾说，北平“原有学校，多属最高学府，讲艺之风，逾于邹鲁，加之故宫之文物，焕然杂陈，各图书馆之册籍，庋藏丰富，其足以裨益文化考证学术之资材，几于取之不尽，用之不竭，而文人学士之乔寓是邦者，亦于斯为盛”。[①]《大公报》文章指出：“北平之特色，即在文化之价值，故最宜于设为教育区。而首都南迁，北平去政治中心甚远，环境洁净，尤便于讲学。况其风俗质朴，人情敦厚，于青年之精神修养，复较南方之浮嚣隐靡为适宜。”[②]去除了政治的喧嚣，更利于文化的生长，客观上促进了文化著作的增多。尤其是国立北平图书馆，聚集了一批研究学者，使20世纪30年代成为该馆学术成果“井喷”的重要时点。

民国时期北京的图书馆学者顺应社会大潮，汇集社会各界精英，以群体的身份出现在北京的文化舞台上，他们投身到倡导新学、启发民智、培育人才、开新风气的文化运动之中，成为中国图书馆事业的引领者。社会精英学者群体、图书馆学专业学者群体、在北京的图书馆工作的外国学者群体、传统文献学者群体成为共同推动图书馆事业进步的有生力量。社会精英学者往往在政府任有官职，或在学术界有较大影响，利用他们在社会上的号召力，大力宣传图书馆的益处，提高了图书馆的社会认同度。图书馆学专业学者是图书馆工作的执行者，他们人数最多，有留学海外的图书馆学专业学者、本土培养的图书馆学专业学者，还有虽没有图书馆学专业背景，但在图书馆界工作多年，积累了大量经验，成为图书馆学专家的学者。图书馆学专业学者致力

① 何其巩：《今后北平之建设》，《益世报》，1928年10月12日。

② 《今后之北平》，《大公报》，1928年7月31日。

于开展新服务，采用新技术，探索新方法，从业务上促进图书馆学和图书馆事业的进步。外国学者在北京的图书馆服务，他们有的在本国接受图书馆学专业教育，把专业思想带到中国，带动中国图书馆工作的进步，有的是汉学家，对中国文献情有独钟，管理图书馆，形成有特色的馆藏，促进中国图书馆事业的发展。传统文献学者继承对传统图书进行学术研究的方法，在整理研究传统古籍方面作出贡献。不同的学者群体各自发挥不同的作用，在图书馆的建设、管理、教育、研究乃至与世界图书馆学界交流等各个方面都取得了重要成就。今日图书馆的发展仍然需要学者型的带头人，在发挥图书馆专业学者作用的同时，应更多地吸纳社会学者参与图书馆学术活动，积极发挥图书馆学术组织的作用，提高馆员的学术水平和行业认同度。

第八章

民国时期北京的图书馆发展成效与制约因素

民国时期是中国新图书馆发轫之时，尽管政局动荡、战火连绵，图书馆事业跌宕起伏，但从藏书楼到近代图书馆的新旧更替，为图书馆的发展带来了新的契机，尤其是全面抗战前社会发展相对稳定，为图书馆的发展提供了良好的社会环境，使这一时期的图书馆事业带有明显的时代特征。

第一节　北京的图书馆发展成效

民国时期，北京的图书馆在推动中国图书馆事业的进步、奠定北京的图书馆格局、建立图书馆工作秩序、开展专业教育、建立学术团体、提供服务、改良社会风气等方面都取得了重要成就，成效显著。

1. 推动中国图书馆事业的进步

北京作为元明清三代都城，有深厚的文化底蕴。近代以来，尽管北京历经政治中心地位的变迁，但其文化教育重镇的地位始终屹立。北京有全国数量最多的知识群体和文化设施，在图书馆及图书馆学领域，北京凭借其丰富的资源优势与率先开拓的人才优势在全国起到了重要的引领示范作用。

清末发生在北京的戊戌变法，是中国先进知识分子发动的社会改良运动。戊戌变法运动的主将之一梁启超率先引进西方新式图书馆观念。他在主张变法图强的同时，敏锐地注意到图书馆在文化教育中的重要作用，创立了强学会藏书楼，是戊戌维新时期第一个建立的新式藏书楼。传播新观念的还有新式学堂，张元济等创立的通艺学堂，制定了《通艺学堂图书馆章程》，是中国最早使用“图书馆”名称的章程。

民国初期，北京是民国政府的所在地。蔡元培作为中华民国临时政府第一任教育总长，十分重视图书馆的社会教育功能，他在教育部增设社会教育司，主管图书馆、博物馆、美术馆、通俗教育及讲演会、巡回文库等。为了有效实施他的教育设想，蔡元培聘请鲁迅为教育部佥事，负责社会教育工作中的博物馆、图书馆等事务。鲁迅任职期间，制定北京地区图书馆建设的整体规划，协助创办京师图书馆分馆、京师通俗图书馆、中央公园图书阅览所。京师图书馆分馆是北京最早以普通民众为主要服务对象的公共图书馆。

兴起于北京大学的新文化运动高举“科学”与“民主”的大旗，传播新思想、新理论。在与新文化运动的呼应中，中国的新图书馆运动出现了不同的发展方向。一是马克思主义者把图书馆作为革命思想启蒙的阵地，发挥图书馆藏品启蒙思想的作用，北京大学图书馆主任李大钊创办了亢慕义斋，收藏进步书刊，传播进步思想。二是一批留美学者掀起了一场改良中国旧式藏书楼，提倡建立“公共”“公平”的新图书馆运动。1916 年武汉文华大学图书科沈祖荣留美回国后，率先在全国各地宣讲新图书馆观念，与沈祖荣相配合，1919 年北京的第一位留美学者戴志骞回国后，到北京高师、南京高师、圣约翰大学、南开大学等处演讲，宣传新图书馆观念、理论与方法。

留美学者立足于建立新式图书馆，一批管理者重点研究优化图书馆管理的理论与方法，如清华学校图书馆主任戴志骞、国立北平图书馆馆长袁同礼、北京高师图书馆主任冯陈祖怡、国立清华大学图书馆主任洪有丰等，对各馆的管理工作作出了重要贡献。北京还吸收了本土培养的图书馆管理人才，如燕京大学图书馆主任田洪都、中国社会政治学会主任陈宗登，还有国立北平图书馆的李芳馥、汪长炳、曾宪三等在各自业务岗位上不断探索，进一步促进图书馆管理工作的专业化。

与此同时，北京的图书馆理论学者群体崛起，杨昭悊的《图书馆学》，戴志骞的《图书馆学术讲稿》都是有影响的图书馆学著作，此外北京的图书馆学者对分类、编目、流通、建筑、设备等均有研究，陆续出版了著作。外国学者也加入其中，来自挪威的戴罗瑜丽撰写了医学图书馆研究论文。在对馆藏的研究方面，传统国学也产生了一批重要成果，王国维、梁启超、陈垣等传统文献学者的代表作代表了当时最高研究水平，还有一批年轻学者成为后起之秀，国立北平图书馆聚集了一批文献学者，如赵万里、王重民、向达、孙楷第等，成果出现“井喷”。

从清末到民国，北京的学者始终站在图书馆事业发展的潮头，高举大旗，创新开拓，在重要的节点上体现北京学者的软实力。他们开展图书馆学专业教育，创立图书馆协会，创办图书馆学期刊，促进了近代图书馆学术研究体制的形成，推动了中国图书馆事业的进步。

2. 奠定了近代北京图书馆的基本格局

民国时期图书馆法规的颁布，为图书馆的建立和发展提供了法律依据，是确立近代图书馆新秩序的标志。北京作为北洋政府的首都，国民政府的北方政治中心，率先建立了具有近代特征的各类型图书馆，包括国立图书馆、市立图书馆、学校图书馆、私立图书馆、会社机构图书馆。在公共服务方面，形成了国立图书馆与市立图书馆密切配合，以市立图书馆为中心，以全市阅书报处为网络节点，以私立图书馆、学校图书馆、机构图书馆为补充的图书馆网，奠定了近代北京图书馆发展的基本格局。

清末派往欧美考察政治的大臣回国后，极力称赞西方的公共图书馆在启迪民智方面的巨大作用。1909 年学部率先在北京筹备建立具有国家图书馆性质的京师图书馆，1912 年对外开放。1925 年建立了故宫博物院图书馆。与此同时，北平的市立图书馆系统逐渐完善，1913 年 6 月京师图书馆设立分馆，1913 年 10 月建立京师通俗图书馆，1917 年 8 月教育部建立中央公园图书阅览所，还有一所由原八旗学务处附设的通俗图书馆发展而来的北平市立民众图书馆。北京的公共图书馆体系逐渐形成。

法律法规不仅为公共图书馆的建立提供了依据，还对私立图书馆做出规定。《拟定京师及各省图书馆通行章程》第 17 条规定，可自行设立私立图书馆；1915 年北洋政府教育部颁发的《图书馆规程》和《通俗图书馆规程》，也对私立图书馆做出了规定，北京陆续建立了松坡图书馆、木斋图书馆等私立图书馆。除私人创办的图书馆外，还有私立的机构、会社、学校等创办的私立图书馆。据“七七”事变前统计，在北平的 132 所图书馆中，私立图书馆有 73 所，占 60％。

学校图书馆一般为学校附设机构。辛亥革命以后，伴随着“教育救国”思想的兴起，近代西方的大、中、小学三级学校教育体制正式成为中国学校教育系统的模板。辛亥革命前北京仅有北京大学及私立汇文中学、私立崇实中学等少数公私立大、中学校，辛亥革命后，陆续新建了一批公私立学校，至“七七”事变前北京有20所专科以上学校，71所中学，421所小学。[①] 随着大、中、小学的建立，学校附设的图书馆也陆续建立起来。“七七”事变前专科以上学校基本都建立了图书馆，中学图书馆（含中等职业学校）有64所，小学图书馆较少，学校图书馆稍显发展不均衡。

北京的会社机构图书馆也很活跃。北京作为文化之都，各种社会团体众多，很多机构设有图书馆，社会调查所、地质调查所，中华全国铁路协会、中华图书馆协会、中华教育改进社等都有图书馆。抗战胜利后，在北平还先后设立了美国图书馆、英国文化委员会图书馆等，这些图书馆收藏较专，一般规模不大。

民国时期北京的图书馆综合体系包括：以支持学术研究为主的国家图书馆，以服务普通民众为主的市立图书馆，以提供特色服务为主的私立图书馆，为本校师生服务为主的学校图书馆，为本机构成员服务为主的机构会社图书馆的综合体系。在这个综合体系中，公共服务是其核心和纽带，在为不同人群提供重点服务的同时，各类图书馆均提供公共服务。

20世纪30年代，北京初步建立了以国立、市立图书馆为主，以市立阅书报处为节点，以学校、私立、机构图书馆为辅的图书馆服务体系。抗战胜利后，强化北平市立图书馆在市属公共图书馆服务体系中的中心地位，将北平市立图书馆合并为一所，增设市立图书馆分馆，显现出国、市、区公共服务文献保障体系的雏形，为各省建立省、市、区公共服务文献保障体系提供了样本。

3. 建立了近代图书馆的基本工作秩序

在封闭的藏书楼时代，图书管理员的职责只是看管图书。从民国时期开始，图书馆业务工作出现了图书采购、编目、整理、流通以及编辑出版和业务辅导等分部门管理模式，业务管理趋向于严格、精细，业务工作开始专业化、科学化。北京最早实现了图书馆业务管理工作的专业分工，建立了近代图书

① 陈兆肆：《日伪统治时期北平的中小学教育》，《北京社会科学》，2009年第2期，101～108页。

馆管理秩序。

留美学者戴志骞回国后，以清华学校图书馆为实践基地，对管理工作进行革新，引进分部门概念，在馆内设立参考、购置、编目、出纳、登录、装订六部，各部门分工明确，各负其责，这是国内图书馆最早建立的分部门制度，此后北京的图书馆开始陆续在馆内设置分部门，进行分工管理。北京大学图书馆、北海图书馆等先后建立了独立的业务部门，北京的图书馆在业务管理专业化方面走在全国的前面。

分类编目是科学管理图书的前提和基础，是民国时期对图书进行管理的核心技术之一，一般图书馆也为此设置独立的部门，聘请专业人员进行专门的研究与实践应用。杜威十进分类法传入中国后，中国学者开始学习该法，并根据中国图书的特点进行改进，先后出现了“遵杜”“仿杜”“改杜”“补杜”等各种新式图书分类法。1923 年清华学校图书馆的查修编《杜威书目十类法补编》，将中国经类图书放置在杜威十进分类法的空号之中，解决了经类图书在杜威十进分类法中的位置问题，将四部分类法中的经类和杜威十进分类法较好地融合在一起，得到图书馆学界的肯定，很多图书馆效仿之。1928 年皮高品在任燕京大学图书馆编目部主任时完成了《中国十进分类法》的构想，1934 年正式出版《中国十进分类法》。1927 年裘开明编制《汉和图书分类法》，1943 年正式出版，燕京大学图书馆和哈佛燕京图书馆同时采用该法，实现了中外图书馆的合作互动。1925 年留美博士刘国钧回国，1929 年受聘国立北平图书馆，同年完成《中国图书分类法》和《中文图书编目条例》规范的编写，使中国图书分类编目有了标准规范。1934 年北平师范大学图书馆何日章、袁涌进合编《中国图书十进分类法》出版。刘国钧评价杜定友、刘国钧、皮高品三家分类法在国内较有影响，三家之中北京占有两家，在四部分类法与杜威十进分类法融合的过程中，北京的学者做出了积极的贡献。

4. 开展图书馆学专业教育，培养图书馆学专业人才

近代新学和新式图书馆的建立，使社会对图书馆专业人才的需求日益迫切，图书馆学专业教育应运而生。

早期派赴海外留学是快速培养人才的有效途径。清华学校、北京大学相继派出了戴志骞、袁同礼等留学海外。培养女性学者在北京开风气之先，冯

陈祖怡成为北京乃至中国图书馆学界第一位留学海外的女性图书馆学者。先驱学者回国后，开始尝试在中国本土培养专业人才。

民国时期图书馆学专业教育主要有短期培训和专科学校两种形式。短期教育开始于北京，最早是 1920 年 8 月 2—23 日在北京高师开设为期 3 周的暑期图书馆学讲习会，这是中国第一次系统的、大规模的宣讲新图书馆理论与方法的盛会，开中国近代图书馆学短期培训之先河，也是中国图书馆界由学习日本转而学习美国的标志。

抗战胜利后，图书馆事业百废待兴，人才极缺。为了尽快培养人才，在北平市市立图书馆馆长朱励安的主持下，举办了图书馆学讲习班，学员毕业后分散到北平的国立北平图书馆、北平市立图书馆、市立图书分馆、民众教育馆以及高校图书馆如协和医学院图书馆、北平师范学院图书馆（今之北京师范大学）、北平铁道管理学院图书馆，还有非图书馆系统的北平广播电台、无线电职业学校、崇仁小学等，培训班学员将先进的图书馆管理理念和方法带到了北平各类图书馆，促进了北平各类图书馆的发展。

然而，短期培训只是解决燃眉之急，开展图书馆学专科教育是北京的图书馆学者始终努力的方向，于是在大学创办图书馆学专业提上日程。留美学者王重民曾受国立北平图书馆派遣赴美留学，1947 年回国。当此国家急需人才之际，王重民创办北京大学图书馆学专修科，聘请留美归国人士和资深专家孙云畴、邓衍林、关懿娴等担任教学工作，为中华人民共和国成立后的图书馆事业培养了专业人才。

民国时期，北京先后开办图书馆学讲习会、图书馆学讲习班，创办图书馆学系，成为中国图书馆学专业教育的摇篮。

5. 建立学术团体，开展学术活动

从国家与社会的关系而言，民国时期的社会团体呈现出"强社会"的现代特征。团体成员抛弃政见，研究学术，充分联合社会各界力量，使团体参与度逐步提高，促进了"强社会"的理念，推动社会向现代化转型。

自近代图书馆发轫以来，北京的图书馆学人一直努力建立能够凝聚同行的学术团体，以期互相学习、交流心得。1918 年建立北京图书馆协会，因立案未准，后停止活动。1924 年 3 月 30 日在中华教育改进社的支持下，成立新的北京图书馆协会。北京图书馆协会建立后，督促各地尽快建立地方图书馆协会，各地纷纷响应，为全国图书馆协会的建立做好了组织准备。正是在此背景下，当美国图书馆协会派鲍士伟访华时，一呼百应，酝酿已久的中华图书馆协会一举成立。1925 年 6 月 2 日全国性的中华图书馆协会在北京举行成立仪式，总事务所设在北京松坡图书馆，后移至国立北平图书馆，北京最早建立了统一的学术共同体。

协会组织是交流的载体。北京图书馆协会和中华图书馆协会都非常注意对内对外的交流。对内交流主要通过共同体成员的活动组织完成。两个协会成立后，均以开展学术活动为己任。北京图书馆协会定期举行常会，每次常会邀请专家进行演讲；中华图书馆协会以举办年会的形式聚集同道，共同探讨图书馆学术问题，年会的提案涉及图书馆发展理论和实践的方方面面，既有如分类法、编目法等技术问题，也有如图书馆教育、图书馆经费等涉及发展方向的问题。在统一的学术共同体内，同行互相切磋，互相研讨，共同推进中国图书馆事业的发展。

协会的对外交流主要途径是接待来访、互派馆员。每遇外国专家来访，协会必组织交流活动，聘请专家演讲，以此了解外界的发展，开阔视野。北京图书馆协会先后接待了鲍士伟、毕力汉、莱斯米、奥思博恩等学者，中华图书馆协会接待了恒慕义、沙本生、白朗、克莱普等，外国学者带来的图书馆发展理念为协会的繁荣注入了新的活力。协会还通过互派馆员进行交流，中国派赴留美的有严文郁、汪长炳、岳良木、李芳馥、曾宪三等，接待派来中国的有德国西门·华德、法国杜乃扬，增进了中国与世界其他国家的交流。

参与协会的力量非常广泛，协会吸引了众多社会名人参加，充分调动了社会各界力量，使图书馆问题跳出了专业的小圈子，引起社会的广泛注意。社会名人利用他们的社会影响力，为图书馆事业呼吁呐喊，提高了图书馆在社会上的知名度，体现了团体“强社会”的诉求，自觉将图书馆纳入建设现代国家的体系之中。

北京图书馆学术团体的建立，引领全国风气，成为各地方图书馆协会的样板。图书馆协会是自由的学术共同体，同时也承担行业领导的职责。作为全国最早建立的地方图书馆协会学术组织，北京图书馆协会维护北京图书馆的群体利益，凝聚和团结各馆力量，共同促进北京图书馆事业的发展。

6. 注重服务,实行开放

北京聚集了一批支持图书馆事业的社会学者和有思想、有见地的图书馆学专业学者,由于他们的提倡,北京的图书馆较早接受西方的服务思想,引领新图书馆运动的方向,开放、平等、共享等先进理念在北京的图书馆服务中得以实现。

辛亥革命后,蔡元培出任中华民国临时政府第一任教育总长,在教育部设立了社会教育司,掌管图书馆、博物馆、美术馆、通俗教育及讲演会、巡回文库等,从行政上确立了通俗图书馆的地位。鲁迅于1912年任教育部佥事,主管图书馆工作,关心北京的图书馆建设。在社会学者的直接支持和参与下,北京的图书馆、阅书报处大量增加,图书馆事业逐渐发达。

除在组织上有保障外,实践也很重要。北京有一批在民国时期卓有影响的专业学者,他们力主开放图书馆,为读者提供服务。在他们执掌的图书馆,尽力为读者创设良好的阅读环境,使图书馆成为近代学术体制中的一环。国立北平图书馆馆长袁同礼强调馆藏建设,重视参考咨询,编制多种书目索引,开展馆际互借等。清华学校图书馆主任戴志骞将读者服务列在图书馆管理法之中,认为"馆长之对于书籍,切不可有守财奴对于金钱之观念,应想各种方法,使人民多用书籍杂志,而少窖藏书籍,须具商铺掌柜之资格,望每日皆有主顾,愈多愈善,切不可具局长之威严,有'图书馆重地,闲人莫入'之牌示"。

除为学者服务外,图书馆还注重为民众服务。图书馆是启发民智的利器,北平市立第一普通图书馆在馆长李文裿的领导下,实行了一系列鼓励市民使用图书馆的措施:增加晚间开放时间,方便市民阅览;在图书馆设立儿童部,开展儿童读书活动;设立巡回文库和流动书车,方便市民读书;举办升学指导服务,方便中学生报考学校;利用电台播音,用喜闻乐见的形式让市民了解图书馆。北平通俗图书馆也设立流动图书车,巡回市内庙会、商场及通衢各处,所备图书均为关于民众、儿童读物及有益身心之浅近小说。北平教育短波社为了解决小学教师买不起书、买不到书、找不到书、借不到书的困难,创设邮借图书馆,只要交一定押金,即可代为借书。1931年北平有"市立的通俗图书馆、书报阅览处、讲演所、通俗教育馆等,计内外城及四郊共有大小二十余处，通常每月阅览书报者有八万多人”。[①] 街上也设置了阅报栏，北平街头的阅报栏前经常聚集一群阅报者（见图 8-1）。

图 8-1　民国时期的街头阅报栏

作为新生事物，摒弃藏书楼，建立开放图书馆的思想在民国时期已经深入图书馆人的心里，图书馆的开放意识增强，一些学校、会社图书馆也向普通读者开放。清华大学图书馆规定：“其他图书馆或个人经相当之介绍得主任之同意者亦得借阅。”[②]1915 年成立的中国社会政治学会是中国最早的全国性社会科学专业学会，学会图书馆不但为会员服务，还为周边的民众提供服务。北平宣外麻刀胡同私立中才小学校董赵璞华将女儿赵淑贤的遗妆及珍贵器物共 40 余件捐给学校，学校将遗妆折价变卖后，筹款在校内创立了淑贤图书馆，不仅为本校师生服务，也对附近民众开放，提供阅览。[③]

服务是图书馆的根本，北平的图书馆在为学者服务和为民众服务方面均取得了很好的效果，发挥了重要作用。

---

① 詹叔霞：《北平之现状极今后繁荣之途径》，《平等杂志》，1931 年第 1 卷第 1 期，1～18 页。

② 《国立清华大学图书馆规则》，转引自清华大学校史研究室：《清华大学史料选编》（二下），755 页，北京，清华大学出版社，1991 年。

③ 《中才小学淑贤图书》，《中华图书馆协会会报》，1930 年第 5 卷第 6 期，20 页。

7. 改良社会风气，推进北京地区现代化进程

清末以来，新式藏书楼、图书馆、阅书报处作为社会教育的重要场所，起到了传播新知识、摒弃旧思想，促进人们改善行为方式及习惯的重要作用，是培养现代国民、推动古老中国现代化进程的有力“催化剂”。

作为封建帝都的北京，多年沉淀下来的封建思想和不良社会风气，影响人们健康思想的形成。李大钊曾经指出：“苦闷、干燥、污秽、迟滞、不方便、不经济、不卫生、没有趣味，是今日北京市民生活的内容。我们要是长久生活在这种生活里，恐怕要死；就是不死，也没有什么生趣。我们急切的很要求一种新生活。”启发民智，引导民众作“新民”，是知识精英为中国实现现代化设计的第一步，李大钊呼吁“应该多办市立的图书馆，通俗的尤其要紧。图书馆宜一律公开不收费；多立劳动教育机关（如夜校、半日学校等）；多立贫民学校、贫民工厂、孤儿院、恤老院。街上的乞丐应当禁止；幼年的儿童送入贫民学校或孤儿院，由校或院给他衣食，教养成人，去自营生业；中年的人，送入贫民工厂做工，贫民工厂应该是公立的，或对私立的加以严重的监督，以防资本家借慈善为名从中取利；衰老的人送入恤老院；公园一律公开，不许索费，并将北海、景山等名所一概开放。每个公园里，均设一极大的运动场。街旁的树木，应该多栽。洒街多用水车”。[①] 李大钊描绘的美好愿景成为他为劳苦大众争取权利的动力。图书馆成为解决社会问题的良药之一。

李大钊的设计深深感染图书馆人。为了达此目的，北京的图书馆自觉以“启民智”“化民俗”为己任，组织开展各种读书实践活动，市立图书馆、民众教育馆图书馆、阅书报处、巡回文库、流动书车，为民众提供阅读的方式灵活便捷，只要想读书，即可方便地获得，这些灵活的送书形式提高了贫民的阅读旨趣。识字的民众可以自由地到图书馆、阅书报处阅览书报，学习各种新知识。在热闹的街上，也可以随手借一本书，尽情饱览之后，方便地归还。

在内部管理上，也尽量简化手续。北平市立第一民众教育馆成立后，一度收取阅览票。1934 年 5 月，简化借书手续，取消阅览票，采取开架阅览，读

① 李大钊：《北京市民应该要求的新生活》，转引自李大钊：《李大钊文集》（下），86～88 页，北京，人民出版社，1984 年。

者人数大大增加，有评论称“自从该馆免票阅览书报后，阅览者骤增”。[①] 图书馆工作人员达成为民众服务的共识，他们认为：“倘借书手续过于麻烦，以致减少其读书兴趣，甚至因之不肯再来，这样对于图书馆的宗旨，显有违背。”[②] 为了方便读者，第一区民教馆“多采取开架式，任阅者自由择阅”。第三区民教馆陈列杂志百余种，“完全为开架式，由阅览人自由取阅”。[③]

通过学习知识，一些民众改掉了不良的生活习惯，如吸食鸦片、妇女缠足、包办婚姻等远离了市民的生活，也提高了人们的思想觉悟。有义士为民请命，在北京组织赈灾义捐会，“入场者半为贫寒之小贩，听毕演说大动感情，慨然捐助一二枚铜元者，颇不乏人，即守望巡兵札拉芬氏亦慨助铜元十枚，最可钦佩者，内中有一乞丐，亦勉力捐助大钱三文，足见公德之进步。”[④]

作为社会教育主要施教途径的图书馆，通俗图书馆最为活跃，在启发民智方面贡献最大。图书馆在引导民众走向“新民”，“使人民具备近代都市及农村生活之常识”主旋律中扮演重要角色，推动北京走向现代化。

第二节　北京的图书馆发展制约因素

民国时期，北京的图书馆发展成效显著，但也受到来自政治因素、经费不足以及人们的教育程度和教育观念的制约。

1. 政治不稳阻碍图书馆的发展

民国时期，北京一直是各路势力争夺之地，政治局势动荡不安。辛亥革命后，袁世凯盘踞北京，窃取了革命果实，建立了北洋政府，中国陷入了长期军阀混战、民不聊生的境地。1916 年袁世凯死后，皖系、直系、奉系和晋系各路军阀明争暗斗，中央政权频频易手，先后爆发直皖战争、直奉战争。

1920 年在北京高师举办的第一次图书馆学讲习会就直接受到了直皖战

---

① 《第一社会教育区民众教育馆》，《每日评论》，1934 年 8 月 29 日。

② 《第一社会教育区民众教育馆关于举办卫生展览会和年画、唱本、儿童玩具展览会经过情形及呈报该馆改进计划书的呈文及社会局的指令》，北京市档案馆藏，档案号：J002-003-00668。

③ 李经印：《阅览部现况》，《北平市第三社教区民众教育馆月刊》，1936 年第 1 期。

④ 《乞丐热心》，《大公报》，1907 年 3 月 4 日，4 版。

争的影响。1920 年 7 月 14—23 日，以段祺瑞为首的皖系军阀和以吴佩孚为首的直系军阀在北京东西两面的京津铁路和京汉铁路线开战，涿州、高碑店、琉璃河一带成为战场，战争结果段祺瑞被迫辞职，直奉两系军阀控制了北洋政府。北京高师图书馆学讲习会原定于 1920 年 8 月 2—23 日举行，此间因为战争致使交通断绝，一时难以恢复，一些学员无法到京，讲习会主持人戴志骞聘请的讲员、武昌文华大学图书科教授沈祖荣也因交通阻隔无法到京，沈祖荣"直等到八月十五号才得着最后机会"[①]，17 日下午到达北京，此时课程已经过了大半，沈祖荣只在 18 日上午演讲："我们何以要提倡图书馆呢?"1927 年 4 月 28 日，奉系军阀在北京捕杀了曾任北京大学图书馆馆长的革命先驱李大钊。1928 年 1 月 15 日奉系军阀又杀害了创办中华教育改进社图书馆并任馆长的北京大学教授高仁山。

南京国民政府建立后，首都迁往南京，北平政治经济受到极大影响。时人描述："北京自首都南迁，一年以来，百事诚不免于凋敝。"[②]"北平自失掉首都资格之后，市面日渐萧条，人口日见减少，于是一班商人有愿呼搬国民政府于北平之请，然而为遵从中山先生底遗意和其他理由，政府终究设在南京。于是市府当局前有设立北平繁荣设计委员会的筹议，可是事隔半载，虽则国内外专家建了许多繁荣大计，不但不闻不见实施了什么计划，而反使市民怀着此地不可久留的感想，日处于惶惑警惊，水深火热中。"[③]

北平凋敝的不仅是经济，政治的冲击成为更严重的问题。"九一八"事变后，日本步步紧逼，华北形势危急。1933 年 1 月 16 日教育部向北平文化机关及各大专院校发出密电，要求做好贵重物品的转移准备。1933 年 1—5 月，国立北平图书馆先后分四批，将善本图书总计 233 箱，运往北京德华银行、天津大陆银行以及华语学校保存。1933 年 3 月 16 日国立清华大学图书馆在主任王文山的带领下，检出图书中最优者装为两箱，共 34 种，687 册精品中的精品，运往天津保存。1935 年华北再度危急，国立北平图书馆再次将共计 586 箱珍贵善本典籍运往上海和南京保存。清华大学图书馆也在馆长朱自清的带领下，将 417 箱总计 3 万多册中西文善本图书杂志运往汉口，存放在上海商

---

① 查修：《北京图书界见闻记录》，文华温故集，32～37 页，1920 年第 15 卷第 4 期。

② 芸子：《卷首语》，《北京画报》，1929 年第 2 卷第 51 期，1 页。

③ 观明：《北平失业问题》，《社会月刊》，1938 年第 2 卷第 4 期。

业储蓄银行汉口第一仓库。在这样动荡的环境下，图书馆很难专心发展事业。

日伪占领北平期间，图书馆事业受到严重摧残，图书损毁严重。抗战胜利后，仅有短暂修养，又有内战爆发。政治不安导致北京的社会环境动荡，民众疲于奔命，忙于躲避战乱，无暇顾及自身的教育问题，图书馆的作用受到影响。

2. 经费不足影响图书馆可持续发展

北京的图书馆分为国立、市立、学校、私立、会社机构图书馆，其隶属关系不同，经费来源各不相同，总体来看，多数存在经费不足的情况。

国立北平图书馆是在京师图书馆的基础上，1929 年与中华教育文化基金董事会自办的北海图书馆合并而成，由教育部与中基会合办，经费由中基会负责，“七七”事变前一直较为稳定。“七七”事变爆发后，经济凋敝，物价飞涨，图书馆经费开始出现困难。“七七”事变前国立北平图书馆的经费在中基会历年各项开支中占比最大，“七七”事变后，中基会资助的其他众多学术机构需要补助，资金入不敷出，加之 1939 年年初，中国政府停付庚款，中基会经费来源断绝，国立北平图书馆经费告急，不要说发展，就连维持都很困难。经过馆长袁同礼多方斡旋，1943 年国立北平图书馆经费归属发生转向，改由教育部全额承担。[①] 尽管距离图书馆的实际需求仍然不足，但保证了该馆的持续发展。

北平市立图书馆最初由教育部创办，隶属于教育部，经费也由教育部拨给。国都迁往南京后，市立图书馆归属北平市教育局，不久教育局裁撤，改隶社会局，经费由北平市社会教育活动经费统一拨给。教育部曾规定社会教育中的图书馆经费应占市属社会教育总经费的 10%～20%，但实际从未达到过，北平社教经费最高的 1935 年，图书馆的经费占总社会教育经费的比例也只有 9.54%，[②]连最低限度也没有达到。1930 年市立图书馆及阅书报处经费见表 8-1。

---

① 陈秋慧：《袁同礼与抗战中后期国立北平图书馆的经费危机》，61～70 页，《图书馆界》，2016 年第 4 期。

② 李建兴：《中国社会教育发展史》，167 页，台北，三民书局，1986 年。

表 8-1　1930 年北平图书馆、阅书报处一览表①

处别	职员		差役费（元）	公费（元）	房租（元）	共计（元）	附设识字班经费（元）	总计（元）
	人数	月薪（元）						
第一普通图书馆	17	530	90	620		1 140	10	1 240
通俗图书馆	10	316	113	136		565		565
民众图书馆	3	52	8	13		73	10	83
第一阅书报处	1	16	8	11	17	52	10	62
第二阅书报处	1	16	8	11	6	41	10	51
第四阅书报处	1	16	8	11	11	46	20	66
第五阅书报处	1	16	8	11		35		35
第六阅书报处	1	16	8	11	22	57	20	77
第八阅书报处	1	16	8	11	10	45		45
第九阅书报处	1	16	8	11	17	52	20	72
第十阅书报处	1	16	8	11	13	48	10	58
东郊阅书报处	1	16	8	11	15	50	10	60
南郊阅书报处	1	18	8	9	18	53	10	63
西郊阅书报处	1	16	8	11	13	48	10	58
北郊阅书报处	1	16	8	11	13	48	10	58

民众图书馆和阅书报处的工作人员每月只有十几元的工资，低微的待遇挫伤了工作人员的积极性，“经费困难，有时还积欠不发，经费多供薪金之用，购书费绝无仅有，如此只是维持现状而已，绝对谈不到发展，管理的职员，报酬很微，自然谈不到兴奋精神，专心奉工”。② 1947 年北平市立图书馆馆长马子刚、第一民教馆馆长何继畬、第二民教馆馆长李畯蔚、第一阅书报处管理员张芰坪、第二阅书报处管理员赵四维等联名呈请北平市教育局提高社教同仁待遇，要求将薪资列入下一年度本市教育经费之中。③

① 《北平市教育局所属市立各馆、处、所、社一览表》，北京市档案馆藏，档案号：J004-004-00396。

② 《文化中心的平民教育概况》，《北平晚报》，1933 年 2 月 15 日，3 版。

③ 《北平市立图书馆和阅书报处等呈请提高社教同仁待遇的呈及教育局的制定》，北京市档案馆藏，档案号：J004-001-01231。

学校图书馆由学校经费拨给。根据各校情况分配给图书馆的经费有所不同，如清华学校于 1928 年改为大学后，校长罗家伦主持制定规划，确定学校经费的 20％用于购书和仪器设备，经费较为充足。而北京大学图书馆由于缺乏经费，新馆舍迟迟未建，影响发展。日寇侵占北平后，大学图书馆经费也很紧张，北大南迁，与清华、南开合组联合大学，北大图书馆留守北平人员于 1937 年 9 月因“经费无着”，而不得不解散。[①]北平的中小学隶属于北平市教育局，“七七”事变前，“因为经费之拮据，而未能将中小学教育和社会教育充分发展和扩大起来，依照民国十七年(1928 年)的统计，北平全市学龄儿童之有机会入学的，仅占 20％，其余 80％均为失学儿童，根据去年(1932 年)市立与私立各小学所报告入学学生之数目虽略有增加，然而失学的儿童仍占大多数”。[②] 北平沦陷期间，各项事业屡遭破坏，抗战胜利后百废待兴，经费更加拮据，前述中小学校恢复非常困难，建图书馆经费就更加无着落了。

私立图书馆和会社图书馆的经费均为专门来源，隶属于创办者或创办机构的拨款情形。私立图书馆如松坡图书馆等经费也很短缺，松坡图书馆曾一度用收取阅览券资的方式来缓解经费的困难。总之各级各类图书馆的发展都为经费所困扰，经费问题成为影响图书馆发展的直接因素。

3. 教育程度和教育观念制约人们利用图书馆

民国时期，中国有 4 万万人口，其中文盲占大多数，据国民党中央宣传部估计：“当时中国人口中不识字者约占总人口的 80％，即为 3 万万余人。其中，占总人口 80％的乡村居民中有 90％的不识字者，而占总人口 20％的城市居民中有 60％的不识字者。”[③]据教育部的估计：“考全国现时之不识字者，虽乏确切调查，要不能少于 70％，若即以全国人口 4 万万而论，则不识字者应有 28 000 万之多。”[④]据中华教育改进社的调查统计，“我国不识字的人占全国总人数百分之 80％以上，换句话说，就是全国 4 万万人中有 32 000 万不识

① 中国社科院近代史研究所民国史研究室：《胡适来往书信选》，441 页，北京，中华书局，1979 年。

② 李静澄：北平市的教育，《时代教育(北平)》，1933 年第 1 卷第 2 期，1～6 页。

③ 天津特别市识字运动宣传委员会：《天津特别市识字运动宣传委员会会刊》，天津华北新闻社，1930 年第 1 期，15 页。

④ 《教育部公布识字运动宣传计划大纲》，转引自中国第二历史档案馆：《中华民国史档案资料汇编》第五辑 第一编 教育(二)，694～698 页，南京，江苏古籍出版社，1994 年。

字的人。”[①]虽然这些数字都是估算，但大致反映了一个事实，从全国范围来看，不识字人群大概占70%～80%。具体到北京，20世纪20年代曾有调查反映当时的情况，见表8-2。

表8-2　北京识字情况调查

地　名	调查者	时　期	对　　象	人口数	标　　准	文盲比例	备　　注
北京	甘博	1920年	奉教家庭	未详	有读书能力	15%～33%	男最高19%，女最高50%
北京清华园成府	陈达		学龄儿童	246	进学校	40%	
北京	李景汉	1924—1925年	车夫	1 000	看白话报	67%	

上述调查虽各有局限，但基本能够看出北平人口的受教育线索，城区信教家庭受教育程度较高，西郊清华园成府一带相对较低，儿童识字率高于成人体力劳动者，男性识字率高于女性。

20世纪30年代，市民识字率变化不大。调查显示，截至1931年9月1日，北平市不识字男女达到549 443人，1931年全市总人口1 419 099人，[②]不识字比例为39%，比20年代进步不大，“这样广大的文盲群，对于社会之改进，国家观念及民族思想之启发，均为莫大之障碍”。[③]

在更加偏远的乡村，文盲率更高。曾有一位京兆尹公署视学委员向著名“乡村教育”专家傅葆琛讲述：“京西西山里某村没有学校，不但没有学校，连一个识字的人都没有。若是村里遇有文字上的事件，还得派人下山，到山下的村里去请人看或是写。”傅葆琛感慨：“距北京尚不及百里，从前所谓近畿之地，人民的程度尚且如此，远畿的地方，文盲之多，更可想而知了！”[④]

由于识字人数有限，北京“虽有数图书馆之设立，而读者对象，大部为中上阶级”。另据第一民教馆附设阅书报处统计：“凡来馆及附设阅报所阅览

① 张紫绶：《识字运动的我见》，《天津特别市识字运动宣传委员会会刊》，天津华北新闻社，1930年第1期，5页。

② 韩光辉：《民国时期北平市人口初探》，《人口研究》，1986年第6期，41～46页。

③ 《北平市各区不识字人数调查表》，《时代教育》，129～131页，1933年第1卷第6期。

④ 傅葆琛：《文盲与非文盲的研究》，《教育与民众》，1～15页，1930年第1卷第10期。

者，十之八九属于小资产阶级，十之一二是属于劳动的民众。”[①]图书馆没有真正发挥启迪下层民众思想的作用。

除文化程度低以外，文化观念也制约人们对图书馆的认识。办图书馆是为了给人们提供更多的读书机会，提高知识水平，然而农民并未实际感觉到必须读书。社会教育学者晏阳初大力提倡读书从识字开始，也创办了一些识字学校，但收效甚微。他认为，农民对识字不热情，识字教育开展不起来，主要是因为普通民众认为识字与农民实际生活没有关系。他说：“农民是最讲实际的人民，他们会想：现在我已经能够读书了，但是读书对我自己的生活来说带来些什么，王大哥目不识丁，而我识字，我仍然和他一样穷。”[②]

一般农民接受宿命论，“读书人才要读书，我们庄户人家读什么书呢?”“读书是要有福气的，我们苦命的人，也谈得到读书么？即使想读书，也要惹人耻笑的。”在民众生计没有解决的情况下，为了生计而奔忙的人们，哪有空闲去读书？“肚子还忙不饱，还要念什么书?”[③]近代中国图书馆事业虽然发达了几十年，但仍是“一般人对它(图书馆)还没有十分清楚的认识，多年不知利用”。[④]

民众对图书馆的不了解至今仍然存在。原首都图书馆馆长倪晓建说：“总的说来，公众利用图书馆的意识还不够浓。图书馆，是从纳税人的腰包里掏的钱建起来的，你为什么放弃使用它的权利呢？在这里，无论贫富，不论身份，人人平等。你不来，浪费了。”[⑤]

---

① 《文艺部工作概况》，《北平市市立通俗教育馆季刊》，49页，1932年第1卷第1期。

② 晏阳初：《平民教育与中国抗战及民族建设》，转引自晏阳初：《晏阳初全集》第二卷，186页，长沙，湖南教育出版社，1992年。

③ 田康：《民众学校招生法》，杭州新新印刷局，9～10页，1934年。

④ 芸芸：《记首都巡回图书车》，《教育学报(北京)》，6～15页，1939年第4期。

⑤ 倪晓建：《首都图书馆馆长谈北京图书馆业：不来看书很浪费》，《北京青年报》，2013年10月11日。

第九章

对民国时期北京图书馆发展历程的反思

晚清以来，中国进入了一个剧烈的社会变革时代，国家现代化是大势所趋，知识精英自下而上推动新式藏书楼、图书馆的兴起，进而国家政权介入，自上而下推动图书馆的发展。图书馆成为教育民众、提高民众文化知识的载体，受到国家政权、知识精英的重视，从"开民智，移风俗"到使人民"具备近代都市及农村生活之常识"，政学两界联手，图书馆成为社会教育和社会改造的利器，成为提升国家治理水平的有效手段。

北京的图书馆在发展过程中，取得了很多重要成就，如推动中国图书馆事业的进步、奠定了近代北京的图书馆格局、建立了工作秩序、开展专业教育、组织学术活动、实行开放等。更重要的是，图书馆成为近代学术体制的重要组成部分，促进了近现代学术体制的转型，其成果非常显著。

然而，作为培养现代国民的载体，图书馆要在中国传统社会，尤其是城郊乡村中普及与推广，首先需要民众的参与，要调动民众的自发性和参与的积极性，还要借助地方乡绅的力量，明确"中国的图书馆学"定位。为此，应该在这些问题上对民国时期的图书馆发展历程进行反思。

第一节　图书馆在促进近现代学术体制的转型方面成果显著

中国传统学术有其固有的形态，也有其独特的运行机制。中国古代藏书机构主要有官府藏书、书院藏书、私家藏书和寺观藏书四种类型，彼时学者研究只能从官府秘藏及私人藏书楼获得学术研究所需要的文献资料，且翻检不易，获得资料的范围非常有限，所以藏书楼制度只是造就了中国古代少数精英学者。近代以来，随着与中国传统学术路径不同的西方学术文化的传入与移植，开始提倡学术独立和学术自由，学术研究更具灵活性和开放性，中国古代传统学术体制面临严峻挑战，催生了新的藏书楼承继形式——图书馆的诞生。从藏书楼到图书馆，其辅助研究的功能并没有根本性的变化，只是在形式上发生了转变，因此更容易实现衔接。

左玉河在研究现代学术体制建立时曾经描述："20 世纪 30 年代新建立起来的现代学术体制，是以大学和研究机构为中心，包括学术团体、学术期刊、现代出版业、图书馆、基金会、各种评议会等在内的一套较完整的制度。"他认为现代学术体制的建立主要体现在八个方面：①学术研究主体职业化；②学术研究共同体的形成；③新式大学体制的建立；④专业学术研究机构的建立；⑤现代出版制度的出现；⑥现代图书馆制度日趋完善；⑦独立于政府之外的学术资助体制；⑧形成一套学术成果评估机制和优秀成果奖励制度。[①]在现代学术体制建立过程中，图书馆成为现代学术体制中的一环，是近现代学术体制的重要组成部分，图书馆的出现和发展促进了学术研究的专业化。

20 世纪 20 年代梁启超在"中华图书馆协会成立会演说辞"中提出建立"中国的图书馆学"，内容包括分类、编目、编纂新式类书，"成功之后，却不但为中国学术界开出新发展途径，无论何国的图书馆关于中国书的部分，都能享受我们所建设的成绩，凡属研究中国文化的人，都可以免除许多困难，所以这种工作，可以名为世界文化工作之一部。"[②]图书馆不仅直接提供文献资料保证，而且继承古代研究传统的目录学、校勘学等，成为辅助科学研究的专门学问，现代图书馆制度日趋完善，为学术研究提供资料、信息和服务性保障。

古代藏书楼和近代图书馆在服务学者研究方面一脉相承，功能相同。民国时期北京的图书馆在促进学术转型、为学术研究服务方面堪称全国楷模。京师图书馆定位为"保存国粹，造就通才"，主要为"硕学专家研究学艺、学生士人检阅考证"提供文献支持；国立北平图书馆定位："一为国家庋藏重籍之图书馆；二为供给科学（包括自然与人文科学）研究之图书馆。"重点工作包括各种索引之编制、孤本书籍之翻印、史书之校勘、遗书之整理、专门目录之编制等，继承传统的校勘、目录、索引、考订、整理等工作，国立北平图书馆馆员

---

① 左玉河：《现代中国学术体制之创建》，《中国社会科学院院报》，2005 年 4 月 21 日，3 版。

② 梁启超：《中华图书馆协会成立会演说辞》，《中华图书馆协会会报》，1925 年第 1 卷第 1 期，11～15 页。

整理文献，研究学术，形成了颇有影响的学术群体。大学和科研机构图书馆辅助教授和科研人员研究学术最为有力，国立北京大学、国立清华大学、国立北平师范大学等，众多大学图书馆伴随大学的转型、学术体制的建立，发挥了文献保障的重要作用。

民国时期，在学术型图书馆和通俗型图书馆“双轨制”发展过程中，图书馆的学术辅助功能最强，图书馆在促进近现代学术体制的转型方面成果最为显著。

第二节　经济基础与上层建筑不相适应，民众教育收效未达预期

清末社会知识精英将救亡图存作为政治理想，以普及知识来唤起民众。民国初年兴起的社会教育运动，目标是培养现代国民，其主观愿望是提高国民性，促进国家实现现代化。

知识精英和社会教育人士对当时社会的基本判断是“愚、贫、弱、私”，胡适曾提出中国有五大仇敌：第一大敌是贫穷，第二大敌是疾病，第三大敌是愚昧，第四大敌是贪污，第五大敌是扰乱。[①] 社教学者高践四认为，中国人有四种缺点：贫、病、愚、私，他赞成胡适提出的五大仇敌说。针对胡适指出的社会问题，高践四提出：“民众教育范围，终不外乎生计、健康（或卫生）、文字（或文艺）、公民（或政治）等数项而已。民众识了字，并且有了生产知能、医药卫生常识及公民常识与道德，再加以军事训练或保卫团的训练与组织，更不怕他们不起来共同救国。”[②]

知识精英和社教专家设计的民众教育活动，包括“1.对于失学民众，给予补习教育；2.对于已受教育民众，给予继续教育；3.协助学校，训练青年和儿童。”[③]希望以此提高民众的受教育程度。在读书方面，政府大力提倡图书馆事业，设计了图书馆、民众教育馆、阅书报处多种形式，无偿提供书籍阅览，图

① 胡适：《我们走哪条路？》，《新月》，1929年第2卷第10期，6～21页。

② 高践四：《过去五年民众教育对于国家的贡献及今后应行努力的方向》，《教育与民众》，1934年第5卷第8期，1364～1371页。

③ 吴学信：《中国社会教育概述》，18页，北京，国民图书出版社，1942年。

书馆人倾力奉献,热情推广。有这样的好处,想必民众一定会积极响应参加。然而,事与愿违,民众对此反映并没有预期的强烈,民众教育馆除去有闲阶级,人迹很少。于是阅读场所出现了读者多数为中上阶级,十之八九是小资产阶级,十之一二是劳动民众的局面。

对于预设活动未达预期,推广者深感茫然。一方面是充满热情、积极推送知识的各种举措,另一方面是身处下层、为填饱肚子而辛苦劳作的劳动者。在社教人士眼中,造成这种状况,是因为民众的"愚、贫、弱、私",根本原因是其劣根性,他们为民众的不积极而着急,哀其不幸,怒其不争。

然而,当我们站在民众的角度来理解他们时,似乎可以达成谅解,在温饱还没有解决的前提下,为了生计而奔忙的人们走进图书馆的机会、阅读图书的前提可谓少之又少,经济基础与上层建筑的不适应明显体现出来,民众阅读收效甚微也就是自然的了。如何从根源上找到问题的症结,找到解决问题的良方,预设活动的前提是否符合民众的认知?是否切中需求的要害?是需要我们认真思考的问题。

第三节　城郊乡村图书馆处于空白,未能发挥基层权力作用

在中国几千年的发展进程中,逐渐形成了传统社会的"双轨制"文化网络。其一是国家政权建立了一套府、厅、州、县的管理制度,但其影响力至多达到县级。其二是在国家权力未达的城郊乡村地区,权力网络则由地方社会组织自发形成,其中乡绅发挥重要作用,他们主持地方的教育与公益事业,是乡村公认的领袖。

图书馆是顺应知识精英、社会教育人士的主张,主要依靠政府的财力支持建立起来的,政学两界联手,设计了国立、省立、府厅州县立图书馆和省立、市立、县立通俗图书馆"双轨制"系统,但政府支持的两种体制图书馆都只到县级,县级以下文化事业由地方乡绅主持。

民国时期,北京的行政区划包括内城、外城和东、西、南、北四郊,国立图书馆、市立图书馆均在城区;20 世纪 30 年代,扩大阅书报处,先后在郊区设立了东郊、南郊、西郊、北郊、第五十一小学附设阅书报处(西郊外火器营),而图

书馆始终未达城郊乡村，民众教育馆也仅在城区范围。

按照中国传统文化网络的格局分布，城郊乡村的文化建设主要由乡绅主持，但在民国时期北京的图书馆发展过程中，未能充分发动乡绅的参与。

燕京大学、清华大学的学生对北郊前八家村的调查表明，“七七”事变前，该村行政体制不断变化，权势家族不断易手，但不管如何变化，地方权力始终牢牢掌握在梁氏、徐氏、黄氏、曹氏、全氏几家的手中。村级社会组织兼具政治、经济、教育、宗教、娱乐等多种功能，前八家村的教育权主要掌握在徐氏家族手中，他们也建立了学校等教育设施，但并未有创办图书馆的意图。当权力集中于一人之手时，如果个人认知受到局限，某项事业被忽略也就是自然的了。图书馆的价值没有引起地方乡绅的重视，乡绅没有形成自发地参与建设图书馆的积极性，也没有充分发挥乡绅在权力网络中主持图书馆公益的作用。本就落后的城郊乡村地区未能借上社会教育的东风，图书馆的作用受到局限。今日国家权力在乡村已经取代了乡绅的地位，政府机关下移至村级，如何解决建设乡村图书馆的问题，以满足乡村民众的阅读需求，仍然是今天要解决的问题。

第四节　关注建设“中国的图书馆学”，但没有得到良好的答案

民国时期图书馆的发展是在现代化语境下展开的，它顺应知识精英、社教人士“救亡图存”“培养现代国民”的政治诉求，以推动国家实现现代化为目标，用符合现代化标准的科学知识来教育民众。

如何使图书馆成为教育民众的利器，需要理论的指导，究竟应该采用什么样的理论指导图书馆实践？在与藏书楼完全不同的图书馆时代，古人的经验完全不能适用。近代以来，向西方学习被视为中国发展的唯一选择和必经之路，早期留美学者把美国的图书馆观念和方法带到中国，试图向古老的中国移植西方的图书馆学。

然而，这种移植存在风险，其有与中国固有文化相合的一面，中国人容易接受，也有与中国现状不合的一面，是古老中国不肯放弃的固有观念。在中西冲突矛盾之中，人们开始探索一条适合中国图书馆学发展的道路。

梁启超作为一位多面学者，最早提出“建设中国的图书馆学”。梁启超的中国图书馆学包括：①分类，改革传统四部分类法，“科学的”“贯通古今书籍”；②编目，按照新式分类法进行编目，其原则是“互见”“裁篇别出”；③编纂新式类书，克服中国古代类书编纂的不足，采用新式编纂方法。梁启超提出的“中国的图书馆学”继承了中国的藏书传统，分类、目录、编纂书目成为少数学者深入钻研的方向。

然而，“中国的图书馆学”如果仅仅研究分类、编目、编纂新式类书，如何体现公共、开放、共享的图书馆理念和诸如需要采访、编目、流通分部门互相配合的近代图书馆实践？在西方观念全面冲击的时代，完全漠视“西方的”存在，专注于传统的内容和方法，很难解决图书馆的实践问题。

吸收“西方的”思想和方法的“中国的图书馆学”究竟是什么？包含哪些内容？民国时期，对这些问题并没有进行深入的研讨，也没有得到良好的答案，这是中国图书馆学界的遗憾。时至今日，图书馆学界仍然带着困惑，在努力学习“西方的”思想和方法。对图书馆学理论探讨的缺陷，不仅影响中国，也是世界图书馆学界的缺失，面对技术发展的强大冲击，20 世纪 90 年代美国图书馆院校出现了关闭潮，21 世纪初中国图书馆院校出现了改名潮，没有理论根基，只能被技术大潮裹挟，飘向不知目的地的未来。

第十章

民国时期北京图书馆发展历程的启示

历史的意义是借鉴、传承和发现规律。在对历史进行反思的过程中，我们发现了前人的经验与教训，同时历史的发展有时也惊人地相似，这些都给我们今天的工作带来启示。

第一节　贯彻为民众服务的宗旨，提高图书馆开放程度

民国时期，通俗图书馆坚持为民众服务的宗旨，通过市立图书馆、民众教育馆图书馆、阅书报处为民众提供阅读服务，还举办巡回文库、开出流动书车为民众送书到手，较好地发挥了图书馆的社会教育作用。研究型图书馆在构建近现代学术体制过程中起到了重要作用，并成为现代学术体制中不可缺少的一环，但在为民众服务方面效果不明显。

经过近百年的发展，中国社会文化已经明显进步，民众识字率明显提高。然而中国是人口大国，从目前情况来看，发挥社会教育功能的公共图书馆数量仍然不足。据中国文化部统计，截至 2016 年，中国总人口 13.827 1 亿人，全国共有公共图书馆 3 153 所，平均 43.85 万人拥有一个图书馆，全国公共图书馆总藏书量为 90 163 万册(件)，人均拥有公共藏书 0.65 册。[①] 另据北京市统计局发布的数据，截至 2016 年年底，北京全市常住人口 2 172.9 万人，北京共有公共图书馆 25 所，其中，中央直属国家图书馆 1 所，北京市属首都图书馆 1 所，其他 23 所为区县所属的图书馆，平均 86.92 万人拥有一个图书馆，全市总

---

① 《2016 年全国文化发展基本情况》，转引自中华人民共和国文化部：《2017 文化发展统计分析报告》，3～20 页，北京，中国统计出版社，2017 年。

藏书量 6 264.7 万册,人均拥有公共图书馆藏书 2.88 册[①]。2015 年全国人均借书量仅为 0.4 册(美国 7.7 册,日本 5.9 册),人均到公共图书馆次数 0.4 次(美国近 6 次,日本近 3 次)。[②] 总体上看,我国在馆均人数、藏书数、借书量、人均到馆数上都与国外有较大差距。

从北京的情况来看,就图书馆而言,人均拥有图书馆的数量低于全国人均馆数,但北京市把各类图书馆分馆、图书室、书屋等借阅场所纳入公共图书馆服务系统,建立了北京市公共图书馆计算机服务信息网,大部分借阅场所支持使用"一卡通"通借通还,改善了北京图书馆不足的情况,优化了借阅环境。

事实上,北京的人均图书馆和人均借书数都是仅对公共图书馆的统计。北京除公共图书馆外,还有大量的学校图书馆、机构图书馆和私立图书馆。以学校图书馆为例,截至 2016 年,北京市有公办大学 91 所,中等学校 767 所,小学 984 所,[③]各校基本都设立图书馆,这些图书馆数量、藏书数等并未统计在内,这是未开发的宝藏,其中蕴藏着巨大潜力。

目前,学校图书馆基本只对本校师生开放,机构图书馆更是关起大门,私立图书馆还寥寥无几。据东南大学图书馆调查,近年来高校图书馆读者到馆率和纸质图书借阅率都在逐年下降。[④] 一方面是急切希望利用图书馆的读者;另一方面是长期闲置的资源,高校图书馆的核心竞争力需要培育和提升,[⑤]如何在其中找到平衡点,现代社会图书馆人的智慧应更胜于前辈。民国时期,各种类型图书馆均有对外开放的先例,大学的如协和医学院图书馆,私立的如北平私立木斋图书馆,会社的如中国社会政治学会图书馆等。这些开放的图书馆给我们启示,在国家大力推进文化事业的大背景下,应鼓励学校图书馆和机构图书馆向公众开放,为公众提供更多的阅读场所和可利用的资

---

① 北京市 2017 年国民经济和社会发展统计公报[EB/OL][2018-08-08]. http://www.bjstats.gov.cn/tjsj/tjgb/ndgb/index.html。

② 《2016 年全国文化发展基本情况》,转引自中华人民共和国文化部:《2017 文化发展统计分析报告》,3~20 页,北京,中国统计出版社,2017 年。

③ 2017 北京统计年鉴[EB/OL][2018-08-08].http://tjj.beijing.gov.cn/tjsj/。

④ 孙维佳、顾建新:《高校图书馆到馆率和纸质图书利用率的分析与思考》,《新世纪图书馆》,2017 年第 5 期,25~30 页。

⑤ 马春晖:《试论培育和提升高校图书馆的核心竞争力》,《图书馆工作与研究》,2005 年第 6 期,9~11 页。

源。美国的公立大学图书馆同时也是社区图书馆，在我国，依靠公共财政支持的学校图书馆应承担更多的社会责任，与世界接轨不仅体现在经济方面，文化接轨更是百年大计。

图书馆不仅有书，还有文化氛围，民众在图书馆享受的不仅是知识，更有精神上的提升。2012 年 3 月 12 日，首都图书馆联盟正式成立。时任北京大学图书馆馆长、联盟副主席朱强在成立大会上宣布，北大、清华等 34 所高校图书馆将向社会免费开放，[①]公众期待高校图书馆能够向社会无差别开放。我们欣喜地看到，远郊的一些学校图书馆已经加入到北京市联网的公共图书馆之中，如京北职业技术学院分馆、中共怀柔区委党校分馆加入了怀柔区联网图书馆，首都经济大学密云分校图书馆加入了密云区联网图书馆，[②]这是一个非常好的开端，希望能够带动更多的图书馆走向开放。

第二节　将民众的喜好纳入考量，设计民众喜闻乐见的教育活动

图书馆是社会教育的一部分，图书馆学家早有论述，戴志骞认为图书馆教育是学校教育的补充，学校教育“有时期之限制，比如一人从幼稚园经小学中学而高等而大学，于是学校教育之时期乃毕”。况且，“彼贫寒子弟，衣食且不暇给，安有余力攻书，受教育者，若仅属少数家计充裕之子弟，而求教育之普及，必不可得。”而“图书馆则无时期之限制，且无阶级之判别，上至博士工程师，下逮一般艺徒工匠，莫不以图书馆为供给知识之渊薮”。[③] 因此，“图书馆的最大功用就是补学校教育之不足，因为他的收藏无穷无尽，所有的学问都涵括在内”。[④]

社会教育与学校教育、家庭教育并列为教育的三大组成部分，世界各国都很重视。现代人的成长已不完全局限于学校，通过社会教育更有利于人的社会化。社会教育不仅面对学校，面对青少年，更面对社会上的成人劳动者，

---

① 北京 34 所高校将免费开放图书馆[N].城市晚报，2012 年 3 月 16 日。

② 北京市公共图书馆计算机信息服务网 [EB/OL][2018-08-08]. http://www.bplisn.net.cn/.[2016-07-24]。

③ 戴志骞：《图书馆学简说》，227～238 页，《新教育》，1923 年第 7 卷第 4 期。

④ 戴志骞：《图书馆学》，42～50 页，《清华周刊》，1924 年第 305 期。

这不仅可以弥补学校教育的不足，满足成年人继续学习的要求，有效促进经济发展，还可以通过政治、道德教育，促进社会安定与进步。

戴志骞在提到图书馆与学校教育时，首次提出“图书馆为终身学校”的观点。他认为“学校即教育之初步也，教少年人民以温故知新之识，然学校不能教育国民之终身，人人有出学校之一日，若社会中无图书馆，则多数离学校后，即于智力上不能生长，如要国民有终身智力生长之机，除图书馆外别无较良美之法，故图书馆可称国民之终身学校”。[①]《国家中长期教育改革和发展规划纲要（2010—2020 年）》提出，到 2020 年基本形成学习型社会，为此要“构建灵活开放的终身教育体系，搭建终身学习的‘立交桥’”。[②]

图书馆教育的意义自然重要，那么如何实现教育目标，要完成哪些任务？如何衡量它的进展？为此给图书馆提出了新的任务。图书馆不能坐等上门，应该先于民众动员起来，设计实施教育方案。然而如何设计活动方案，要进行认真的思考。

民国时期，社教人士为民众预设了各种教育活动，但民众反响较小，他们在分析原因时，普遍归结为国民的劣根性，基于对中国民众“愚、贫、弱、私”的标签化认知，认为民众不能领会社教活动的重要性，是未觉悟的表现。实际上，高高在上的设计形式，没有考虑民众的需求，而与民众需求不符的活动，自然不能引起民众的兴趣。

作为设计者，在设计活动时，要充分考虑民众的接受程度，实际解决阅读者的需求。市区和乡村需求不同，商业区和生活区需求不同，只有真正契合民众的需求，才能引起阅读兴趣。阅读场所的普及也应纳入考量，目前，有的城市又开出了流动图书车，这种新式活动成为人们热议的话题，但其象征意义大于实际意义，有的流动图书车只在特定的日期开出，如世界读书日等，还未形成规模和完备的组织。一些追求喧嚣热闹、吸引眼球的读者活动并没有实际意义。民国时期北京有组织、有计划地开展市立图书馆、民众教育馆、阅书报处、巡回文库、流动书车等活动，给我们提供了很好的经验。

---

① 戴志骞：《图书馆学简说》，227～238 页，《新教育》，1923 年第 7 卷第 4 期。

② 国家中长期教育改革和发展规划纲要（2010—2020 年）[EB/OL][2018-08-08]. http://old.moe.gov.cn/publicfiles/business/htmlfiles/moe/info_list/201407/xxgk_171904.html。

第三节　重视基层图书馆建设，构建合理的图书馆网

民国时期，北京城市公共图书馆系统建设受到重视，在公共服务方面，形成了以市立图书馆为中心，以全市阅书报处为网络节点，以私立图书馆、学校图书馆、机构图书馆为补充的图书馆网，为后来的发展奠定了基础。然而，国家政权势力所及基本止步县级，在国家政权未达的城郊乡村地区主要靠地方乡绅主持教育及公益事业，而图书馆在乡村地区很少或没有。

今天，主持地方公益的乡绅作为一个阶层已经消失，国家政权管辖权力也延伸到了村级。据 2010 年统计显示，北京文盲人口（15 岁及以上不识字的人）为 33.3 万人，文盲率为 1.7%，据 2020 年统计，文盲率进一步下降为 0.8%，识字人群与民国时期相比不可同日而语，这些都有利于提高基层人群的阅读水平。目前，北京市除 25 所公共图书馆外，已经将各区图书馆、分馆、图书室、书屋也纳入到公共借阅场所体系，建立了北京市公共图书馆计算机信息服务网，截至 2017 年年底，入网的图书馆、分馆、图书室、书屋等共 228 所，有 206 所借阅场所支持使用“一卡通”通借通还。2017 年北京市联网公共图书馆情况见表 10-1。

表 10-1　2017 年北京市联网的公共图书馆①

联网图书馆区域	数量（所）	联网图书馆区域	数量（所）
朝阳区	52	海淀区	38
西城区	34	东城区	25
大兴区	14	平谷区	11
石景山	11	通州区	8
房山区	7	顺义区	5
昌平区	5	丰台区	5
密云区	5	门头沟区	4
怀柔区	3	延庆区	1

① 北京市公共图书馆计算机信息服务网[EB/OL][2018-08-08].http://www.bplisn.net.cn/。

然而，就拥有2000万人口的大城市来说，北京9万多人拥有一个借阅场所，数量仍然偏少，且分布不均。联网借阅场所最多的朝阳区有52所，最少的延庆区仅有1所，即使是市区也有差异，除朝阳区外，海淀区38所，西城区34所，东城区25所，而丰台区仅有5所。有的借阅场所还因为远离居住区，路途遥远，借阅不方便而使公众望而却步，挫伤了公众利用图书馆的积极性。图书馆学家戴志骞曾形象地把美国图书馆之多与中国遍布城乡的城隍庙相比较，彼时的美国，途人问答皆曰："该村之图书馆在何处?"而不问"该村有无图书馆?"其实，偏远乡村更需要图书馆，更需要知识。图书馆应重心下移，鼓励各级力量参与图书馆建设，加大投入，完善布局，为市民构建合理的图书馆网。

可喜的是，北京市联网的借阅场所数量增长很快，2021年笔者又进行了一次调查，具体情况见表10-2。

表10-2　2021年北京市联网的公共图书馆

联网图书馆区域	数量(所)	联网图书馆区域	数量(所)
朝阳区	52	海淀区	38
西城区	42	东城区	27
大兴区	30	平谷区	24
石景山区	12	通州区	19
房山区	31	顺义区	29
昌平区	13	丰台区	22
密云区	21	门头沟区	9
怀柔区	17	延庆区	16

截至2021年年初，北京市联网图书馆、分馆、图书室、书屋已经达到402所，使用"一卡通"通借通还的借阅场所达到349所，平均每5万人拥有一所借阅场所，进步速度非常快。与2017年统计相比，市区以丰台区增加17所为最多，此外西城区增加8所，东城区略增2所，石景山区增加1所，朝阳区、海淀区保持不变。而变化最大的是远郊区，除门头沟区借阅场所仍保持一位数字外，其他各区均达到二位数，大兴区、房山区、顺义区已经超过了东城区。北京市联网公共借阅场所的数量增长符合预期的发展路径，这也说明政府部门加大了对文化建设的支持力度，尤其是加强了对远郊区文化建设的支持。

第四节 加强理论研讨与实际应用相结合，鼓励创新，促进发展

20世纪初，中国最早一批留学欧美的图书馆学家发起了一场以重视图书馆的社会教育功能、引进和创办近代图书馆为特征的新图书馆运动，社会知识精英也参与其中，梁启超最早提出"建立中国的图书馆学"，促进了古代藏书楼向近代图书馆的转型，推动了中国近代图书馆的建立和发展。

遗憾的是，对于"建立中国的图书馆学"的话题并未进行深入的研讨，梁启超提出延续中国传统图书馆学的分类、目录、编纂书目成为少数学者深入钻研的方向，而在现代化语境下，上述内容没有和西方图书馆学充分融合，从而并没有形成有特色的"中国的图书馆学"。时至今日，中国图书馆学界仍然在努力学习西方，"中国的图书馆学"概念仍很模糊。

在1925年6月1日上海图书馆协会发行的《图书馆》杂志上，杜定友发表了"图书馆学之研究"一文，认为"从前的图书馆，只要能够保存书籍，要看的时候，只要拿得到手，便算尽其能事。所以只要知道些目录的编法用法，就可以胜任了。但是现在图书馆的宗旨不同了，事业范围加大了，目录之学，不过是图书馆学中一部分的事。办理图书馆的人，固为事务日繁，问题日多，非要各方面都明白，不能着手"。[①] 杜定友提出了图书馆学的研究范围，融合了中西图书馆学的内容，其中的一些项目很有特色。具体见表10-3。

表10-3 杜定友的图书馆学研究内容

序号	项　目	内　容
1	书目学	(1)参考书目；(2)普通书目；(3)各科书目；(4)各国书目；(5)书肆书目；(6)官印书目；(7)校雠学；(8)版目学；(9)善本学
2	专门的科目	(1)选择法；(2)购订法；(3)登记法；(4)校对法；(5)分类法；(6)编目法；(7)陈列法；(8)标目法；(9)保护法；(10)点查法；(11)索引法；(12)修订法；(13)编辑法；(14)统计法；(15)笔记法；(16)书法；(17)打字；(18)印刷术

① 杜定友：《图书馆学之研究》，19～26页，《图书馆》，1925年创刊号。

续表

序号	项　目	内　容
3	行政的科目	(1)组织制度;(2)规则表式;(3)建筑设备;(4)布置;(5)用具;(6)商业管理法;(7)经费;经费;(8)法令;(9)出纳法;(10)交换法;(11)互借法;(12)阅览指导法;(13)参考法;(14)儿童事业;(15)盲童事业;(16)推广事业;(17)广告术;(18)参观法;(19)集会法
4	历史的科目	(1)图书馆史;(2)印刷史;(3)造纸史;(4)图籍史;(5)新闻搜集
5	辅助的科目	(1)文学;(2)地学史;(3)教育学;(4)儿童学;(5)社会学;(6)经济学;(7)普通科学;(8)故事演讲;(9)演说学;(10)会议法

杜定友提出的研究范围,尽管时过境迁,其中的一些项目在今天看来,已经是不成问题的问题,但在图书馆工作流程之外,他建议图书馆学也要研究辅助的科目,图书馆员要有综合知识,这正是今日图书馆员的弱项,今日图书馆学专业课程中少了一些必要的内容,杜定友提出拓展课程的思路值得继承。

理论先于实践,指导实践。如何将西方图书馆学本土化,仍然是今天需要认真审视的问题。见样学样将永远处于跟随的地位,中国现代图书馆在硬件方面已经达到一定高度,甚至有些图书馆的设施已经超过了外国图书馆,在这种情况下,怎样学习外国图书馆学的真谛,并以此为基础,提出创新发展思路,才是未来发展的方向。如果只是见样学样,很可能招致水土不服,陷入"橘生淮南则为橘,生于淮北则为枳"的尴尬局面。王子舟教授组织学生讨论新时期中国图书馆学发展方向,在 MOOC 时代、全民阅读时代,"中国的图书馆学"被赋予了新的含义,"中国的图书馆学"建设仍在路上。[①]

21 世纪,中国的图书馆正面临由传统图书馆向智慧图书馆转型,创新是求发展的永恒主题,是精神动力和智力支持的源泉。一是思想创新,没有创新的思想,就没有创新的办法,要在总结前人经验的基础上,创造性地提出新思想、新观点、新学说,指导新时期的工作;二是管理创新,在创新中求适应,在适应中求发展,要敢于挑战已经熟悉了的工作程序,不断创新服务手段和服务方式,由简单的图书管理向知识管理、信息管理、数据管理迈进,满足现代社会对图书馆的多元化需求。

北京作为全国的首都,借地利之功,应该起到示范作用。民国时期,北京

① 王子舟等:《"中国的图书馆学"建设仍在路上——纪念梁启超〈中华图书馆协会成立会演说辞〉发表 90 周年》,《图书馆论坛》,2015 年第 5 期,6～12,67 页。

图书馆协会是全国最早的学术组织，其成员范围广大，既包括国立、市立图书馆馆员，也包括各级学校图书馆馆员，既有图书馆学专业学者，也有如藻玉堂书店经理王雨这样的圈外人士，北京图书馆协会为中国图书馆事业输送了大量人才。

如今北京市图书馆协会仅联合了北京各区县和市属各校图书馆，活动范围明显缩窄。应充分发挥北京市图书馆协会的作用，整合北京的国立、市立、学校、私立、会社图书馆资源，凝聚力量，扩大覆盖面，举办学术会议，发挥学术共同体的作用，从理论上探讨"中国的图书馆学"之路。理论探讨是实践的先导，最终还是要落实到实践上。首都图书馆作为区域中心馆，在理论探讨上做出表率，同时在引领区县图书馆方面有得天独厚的条件，可以将理论研究成果推广到基层图书馆，努力探索"中国的图书馆学"，找准方向，适应新时期的要求，不断创新，发挥示范效应，引领中国图书馆事业的进步。

附录

近代北京地区图书馆发展大事记

1605年8月27日，意大利天主教耶稣会士利玛窦(Matteo Ricci，1552—1610)正式建立南堂图书馆。

1655年11月，意大利耶稣会士利类思(Lodovico Buglio)和葡萄牙耶稣会士安文思(Gabriel de Magalhães)创立东堂图书馆。

1693年12月19日，法国耶稣会士洪若翰(Jean de Fontaney)神父建立北堂图书馆。

1726年，总部设在山东的传道总会在嘉禄主教(Carlo Mezzabarba)的努力下，在北京建立西堂图书馆。

1795年，俄罗斯第八届教会首领大司祭格利勃夫斯基在北京建立东正教图书部，1796年正式建立图书馆。

1876年(光绪二年)，清国英建立共读楼，藏书总计书三千余种，二万余卷；法帖四百余册。共读楼分上下两层，坐北向南，楼上为书库，楼下为阅览室，设有桌凳，可同时容纳20人阅览，对公众开放。1934年，陈乃乾编撰《共读楼藏年谱目录》，著录年谱700余种。共读楼是北京最早开放的藏书楼。

1895年11月，康有为、梁启超等主持成立强学会，在北京设立强学会藏书楼，向民众开放。在强学会的带动下，北京陆续建立了很多学会，并设立新式藏书楼。

1897年2月12日，张元济等主持在北京设立通艺学堂，制定《通艺学堂图书馆章程》，这是目前所知我国最早使用“图书馆”称谓的章程。

1897年，莫理循来到北京，开始建立莫理循文库。

1898年7月3日，清政府创办京师大学堂，设立藏书楼，这是我国第一个大学图书馆的雏形。

1902年，京师大学堂师范馆图书室建立，1917年12月1日，正式建立北京高等师范学校图书馆，刘宝廉为首任图书馆主任。

1902 年，清政府公布了我国第一个学制《钦定学堂章程》，称“壬寅学制”，包括《钦定京师大学堂章程》《钦定高等学堂章程》《钦定中学堂章程》《钦定小学堂章程》等，规定各级学校均应设立图书馆。

1904 年，清政府修改公布了《奏定学堂章程》，即“癸卯学制”，包括《奏定大学堂章程》《奏定高等学堂章程》《奏定中学堂章程》《奏定高等小学堂章程》《奏定初等小学堂章程》等，继续以法规形式规定各级学校应设立图书馆。

1905 年 4 月 16 日，黄琮创办北京西城阅报处，发布《北京西城阅报处创办章程》。1905—1907 年，北京先后创办了 40 多家阅报处。这些阅报处对下层贫民无门槛开放，改良了社会风气，为后续图书馆的建立打下了良好的群众基础。

1905 年，废除延续一千多年的科举制度，1905 年 12 月设立学部，作为管理全国教育的最高行政机构。

1906 年 5 月，设立京师督学局，地址在宣武门内东铁匠胡同，直属学部。下设师范教育、中等教育、小学教育三科，规定各校设立图书馆，归各校行政管辖，社会教育归师范教育科管辖。

1906 年，罗振玉发表《京师创设图书馆私议》，呼吁在京师创办国家级图书馆。

1907 年 4 月，法部主事江亢虎（绍铨）筹办内外城女学传习所，同时筹办内外城图书馆。1907 年 8 月，江亢虎上呈“创办京师图书馆请拨款”折，将内外城图书馆改为京师图书馆。

1907 年 10 月 16 日，京师图书馆阅报处先行成立，由民政部主持，主事是民政部侍郎荣勋，参议金梁协助，决定“暂不取资”。

1909 年，在学部主持下，正式建立国立京师图书馆。

1910 年，学部公布《京师及各省图书馆通行章程》。

1912 年 5 月 10 日，正式成立京师学务局，直隶于教育部，地点在北京东铁匠胡同原京师督学局旧址，管理北京中等以下学校及下辖的教育处所。

1912 年 8 月，清华学堂图书室建立，10 月改为清华学校图书室，1916 年改为清华学校图书馆。

1913 年 6 月，京师图书馆分馆成立。

1913 年 10 月 21 日，京师通俗图书馆成立。

1915 年，教育部公布《图书馆规程》，共 11 条。

1915 年 10 月 23 日，教育部公布《通俗图书馆规程》，共 11 条。

1915 年，北京通俗教育研究会成立，负责审查通俗图书馆的图书。

1917 年 8 月，中央公园图书阅览所成立。

1918 年 12 月 21 日，袁同礼与北大图书馆主任李大钊等一起组织成立了中国第一个地方性图书馆学专业组织——北京图书馆协会，北京 21 家图书馆派代表参加了成立大会，推举清华图书馆主任袁同礼为会长，汇文学校高罗题为副会长，北大图书馆主任李大钊为中文书记，协和医学校图书馆吉非伦为英文书记。协会订立章程，其宗旨是"图谋北京各图书馆之协助互益"，主要活动内容为"互借图书"和"互换其出版物"等。后因立案未准，停止活动。

1919 年 3 月，清华学校图书馆新馆舍落成，建筑面积 2 114.44m^2，费银 25 万元。建筑工程由德国泰来洋行承办，前为二层楼主建筑，平面呈"一"字型，后为书库 3 层，整体呈"T"字形，书库每层书架数十排，可藏书 15 万册。主建筑包括阅览室、研究室、办公室等，中、西文阅览室可同时容纳读者 240 人。

1920 年 8 月 2—23 日，在北京高师举办第一次图书馆学讲习会，参加者 78 人，讲师有戴志骞、沈祖荣、李贻燕、邓萃英、程伯庐、李大钊。讲习会意义重大，标志着中国短期图书馆学专业培训的开始，开创了中国图书馆学业余教育之先河，成为图书馆在职人员培训的里程碑。改变了中国图书馆学发展的走向，中国图书馆学界由学习日本转向学习美国，奠定了中国以美为师的图书馆学发展趋势。

1920 年，中国社会政治学会图书馆成立，首任管理者是前驻华美国领事格林先生（Mr.R.S.Greene），后来曾担任协和医学院总视事。格林离开后，文华大学图书科第一届毕业生陈宗登（尺楼）任图书馆主任。

1921 年冬，由教育界人士在北京发起成立"中华教育改进社"，由于戴志骞在学术界的影响，被吸收为第一批会员，负责组织"图书馆教育组"的工作。

1922 年 7 月，中华教育改进社在济南召开第一届年会，"图书馆教育组"出席者有戴志骞、沈祖荣、杜定友、孙心磐、戴志骞夫人（Julie Rummlehoff）、孙家治、洪有丰等，这是早期中国图书馆界先锋人物的第一次聚首。

1922 年 7 月 17 日，地质调查所新图书馆在兵马司 9 号落成。

1922 年 10 月，北京高师图书馆新馆舍落成，由德国、美国、丹麦三国 4 位建筑师、电器设计师设计与施工的新馆舍，矗立在国立北京高等师范学校校门内不远处，建筑面积 1 157m^2，二层楼房，设有 4 个书库，东、西各两库，共可容纳中西文图书 10 万册，阅览座位 200 余席。

1923 年 8 月 19—24 日，中华教育改进社第二届年会在清华学校举行，戴志骞任会务主任，他的提案“组织各地方图书馆协会”在“图书馆教育组”获得通过。

1923 年 11 月 3 日，松坡图书馆在北京正式成立，梁启超被干事会推举为馆长。

1923 年，中法大学图书馆成立。

1924 年 3 月 30 日，戴志骞率先在北京发起成立“北京图书馆协会”，这是在中华教育改进社支持下建立的第一个地方性图书馆协会，戴志骞当选为会长，冯陈祖怡为副会长，查修为书记。联络处设在戴志骞所在的清华学校图书馆。

1924 年 7 月 4—8 日，中华教育改进社第三届年会在南京东南大学举行。

1924 年，查修编辑《杜威书目十类法补编》，“将中国经籍，置于杜威法最前之空位(用作乡土集等)”。时人评价：“自此法问世后，一般图书馆之已用杜威法者，以及正欲分类者，颇多采用此法，其于中国图书馆界，颇受影响。”

1925 年，辅仁大学图书馆成立。

1925 年 4 月 25 日，美国图书馆协会代表鲍士伟到达上海，在迎接鲍士伟到来的同时，在上海举行中华图书馆协会成立大会。

1925 年 6 月 2 日，在北京南河沿欧美同学会礼堂举行了中华图书馆协会成立大会，各省图书馆界代表及在京教育界代表出席了大会。梁启超发表“中华图书馆协会成立会演说辞”，韦棣华发表“中美国际友谊之联络”的演讲。协会总事务所设在石虎胡同七号松坡图书馆分馆，董事部部长梁启超，执行部部长戴志骞，下设图书馆教育委员会、分类委员会、编目委员会、索引委员会、出版委员会。

1925 年 5 月 25 日—6 月 4 日，美国图书馆协会代表鲍士伟访华，在北京停留 10 天，是他在中国访问的 2 个月期间停留时间最长的城市。

1925 年 8 月 17—23 日，中华教育改进社第四届年会太原山西大学举行。

1925年10月10日，故宫博物院图书馆成立。

1925年10月4日，京兆尹薛笃弼在北京钟鼓楼设立通俗教育馆，委派京兆尹公署总司王凤翰为馆长，由京兆尹直辖。

1925年12月7日，教育部令京师图书馆分馆改为京师第一普通图书馆，京师通俗图书馆改为京师第二普通图书馆，中央公园图书阅览所改为京师第三普通图书馆。

1926年，燕京大学图书馆新馆舍落成，占地6 480余方尺，除窗门外全系钢骨水泥建筑，规模仿文渊阁而略参考西式，建筑费10万元。

1926年3月1日，北平北海图书馆成立。

1927年1月16日，北平北海图书馆正式开馆。

1927年7月，第一、第二普通图书馆合并，改称京师第一普通图书馆，第三普通图书馆改为京师第二普通图书馆。

1927年，清华学校出版查修编《清华学校图书馆中文书籍目录》，戴罗瑜丽编《清华学校图书馆（英文）书籍目录》。

1927年12月，蔡元培签发大学院《图书馆条例》15条。条款大多沿袭民国初期的《图书馆规程》，重点地方做了一些修改。1927年的《图书馆条例》，没有像1915年《图书馆规程》一样列入收费条款。此后陆续颁布的图书馆法规，也未提到收费问题。然而，应该注意的是，该《条例》虽未列入有关收费的条款，但也未明确规定公共图书馆必须实行免费服务。因此，在执行过程中，取消收费的时间不尽相同，总体来看，20世纪30年代，公共学术图书馆基本全面实行对读者的免费开放。

1928年11月，京师第一普通图书馆改为北平特别市第一普通图书馆，第二普通图书馆改为北平特别市革命图书馆。

1928年6月，京师学务局改为北平特别市教育局，主要负责北平市中小学校的教育行政管理、文化教育事业管理，同时负责图书编辑、出版、宣传工作等。教育局设立四科，第四科为通俗教育科，主管社会教育，图书馆隶属于该科管辖。

1928年，由释宗月刊社创办慈航图书馆，地址在新街口西街，后迁至鹫峰寺内，主要收藏佛经300余种。

1929年，建立慈济图书馆，地址在沙滩关帝庙内，藏书以佛经为主，约

500种。

1929年1月28日—2月1日，中华图书馆协会在南京金陵大学召开第一届年会。

1929年8月31日，国立京师图书馆与北平北海图书馆合并为新的"国立北平图书馆"，"国立"之名一直沿用至中华人民共和国成立。

1929年7月13日，北平市市长张荫梧令将北平市革命图书馆改称中山图书馆。

1929年5月，由清末京师学务局附设的民众图书馆、后来社会教育办公处附设的通俗图书馆演变而来，改为市立民众图书馆，隶属北平市教育局。

1929年，刘国钧受袁同礼之请，到国立北平图书馆任编纂部主任，编制《中国图书分类法》和《中文图书编目条例》，并主持《图书馆学季刊》工作，同年出版《中国图书分类法》。

1929年10月，在北平图书馆协会的主持下，编辑完成《北平各图书馆所藏期刊联合目录》，刊登在北平图书馆协会会刊上。联合目录共收录24个图书馆的1100多种期刊。

1930年，施廷镛创制"八大类分类法"，其大类有：甲、总类；乙、哲学宗教；丙、自然科学；丁、应用科学；戊、社会科学；己、历史地理；庚、语言文学；辛、艺术。在清华大学图书馆应用。

1930年10月，在北平图书馆协会的主持下，《北平各图书馆所藏丛书联合目录》终于编就，刊登在《北平图书馆协会会刊》上。

1931年4月14日，中法大学图书馆新馆舍落成开馆。设计和监修由汪申伯担任，整体呈"工"字形，二层楼房，东西150尺，南北130尺，楼下前部为会议厅，中部为大礼堂，后部为书库，楼上中部为阅览室、办公室，书库在两侧。书库为钢铁书架，分南北两个书库，每库各三层，可容图书20万册，阅览室座位176个。

1931年6月25日，国立北平图书馆新馆舍落成，举行落成典礼。蒋中正签署教育部第984号令，派蒋梦麟代表教育部参加，表明国家承认国立北平图书馆的代表地位。

1931年11月，清华大学图书馆扩建工程完工。扩建后的图书馆费银25万余元，总建筑面积7 700m^2，可容600人阅览，新旧书库共可容书30余万册。

1932年7月，北平市政府裁撤教育局，原教育局业务划归社会局，在社会局添设第四科，负责教育事业。不久社会局改组，裁撤原设第二科，第四科改为第三科，仍然负责教育事业，所有中小学校、图书馆均归社会局第三科管辖。

1932年，根据《民众教育馆暂行规程》的精神，通俗教育馆改为北平市民众教育馆。

1933年8月28日—9月1日，中华图书馆协会在北京清华大学召开第二届年会。

1933年，国立北平图书馆赵万里主持编纂《国立北平图书馆善本书目(甲编)》(四卷四册)。

1933年末，第一区民教馆在北平市民众教育馆基础上成立，馆长戚彬如。

1934年，何日章、袁涌进以在国立北京师范大学图书馆分类编目工作为基础，出版《中国图书十进分类法》。

1935年11月，汇文中学兴建新图书馆馆舍落成，同时可容纳300余名学生阅览。

1935年9月，北京大学图书馆新馆舍落成开馆。新馆建筑面积6 600m^2，建筑为“山”字形，坐北朝南，前为东西二层，中间及后部为四层，共设五间阅览室，可容纳500人，书库共四层，分为东、西两库，共可容书30余万册。

1936年6月29日，第三区民众教育馆正式成立，原市立民众图书馆并入，地点在东安市场附近，馆长张肇基。

1936年7月20—24日，中华图书馆协会在青岛山东大学召开第三届年会。

1936年9月22日，成达师范学校伊斯兰教福德图书馆成立。

1936年9月27日，第二区民众教育馆正式成立，馆长王栋。

1936年10月18日，北平私立木斋图书馆在西单旧刑部街20号正式开馆。

1936年，清华大学图书馆施廷镛主持编写的《国立清华大学图书馆丛书子目书名索引》出版。

1937年3月7日，在北平师范大学第一附属小学图书馆举行了春季会员大会，到会者40余人，北大图书馆主任严文郁为主席，师大附小图书馆主任王柏年致辞，严文郁报告会务，刚从美国回来的裘开明发表演讲，这是北平图书馆协会“七七”事变前召开的最后一次大会。

1937 年 5 月 16 日，第四区民教馆正式成立，在原市立民众乐园基础上改组而成，馆长杨明德。

1937 年，国立北平图书馆赵录绰主持编纂《国立北平图书馆善本书目乙编续目》(四卷一册)。

1937 年 7 月 7 日，日本发动“七七”事变，全面侵华战争开始。北大、清华、南开先迁长沙，后迁昆明，联合组成西南联合大学。国立北平大学、国立北平师范大学、国立北洋工学院等联合组成国立西北大学。

1937 年 9 月 11 日，为了粉饰太平，日寇强令全市影剧院、图书馆、阅书报处等“恢复营业”，北平市立图书馆、阅报处等，经过“整顿”后予以“恢复”。

1937 年 10 月 12 日，北平市地方维持会改“北平”为“北京”。

1937 年 12 月 24 日，伪“新民会”成立，宣称与伪政府保持“表里一体的关系”，起初是作为附属政府的教化机关，后来逐渐成为一个包括各行各业的庞杂组织，从上而下自成体系，从“思想教化团体”演变为“政府专用机关”。

1938 年 5 月，伪“中华民国临时政府”教育部及北京市公署要求所属各校图书馆，对所谓“有碍邦交”的图书即行销毁，“未及毁弃者，均须转送新民会收藏。本局当即照办。此外本局复派员会同警察、社会两局及日本宪兵队分赴各书店检查”。

1938 年 11 月 27—30 日，中华图书馆协会在重庆川东联立师范学校召开第四届年会。

1938 年 12 月 5 日，日伪控制下的巡回图书车启动，全市划分为东、西、南、北四区，设定巡回路线，每天在各街市巡回。

1939 年，北京主教委任法籍惠泽霖(H. Verhaeren)对北堂图书进行整理编目，1949 年出版了《北堂图书馆目录》。1958 年，在“献堂献庙”运动中，北堂图书馆的藏书被移交给文津街国家图书馆善本特藏部保管，1988 年迁至紫竹院国家图书馆新馆，国家图书馆清点北堂图书共 3 663 种，5 144 册。

1942 年 1 月 2 日，伪华北政务委员会教育总署接管了国立北平图书馆，更名为国立北京图书馆，抗战胜利后恢复为国立北平图书馆。

1942 年 2 月 8—9 日，中华图书馆协会在重庆国立中央图书馆召开第五届年会。

1944 年 5 月 5—6 日，中华图书馆协会在重庆国立中央图书馆召开第六届年会。

1945 年 8 月 15 日，日本宣布无条件投降。

1945 年 8 月，熊斌任北平市市长，图书馆开始全面恢复。

1945 年 11 月，北平市政府接管伪教育局，改为北平市教育局，恢复旧制，局长英千里，教育局下辖公私立中小学校及社教机关。

1945 年 11 月 13 日，袁同礼馆长到国立北平图书馆办理接收事宜。

1945 年 12 月，统计市立图书馆系统的损失，仅有市立图书馆 2 处、阅书报处 2 处、民众教育馆 3 处。

1946 年 1 月，北平市市长熊斌主持制订“北平市政府复员计划”。筹办市立图书馆 1 所，对现有市立图书馆进行扩充，依照部颁标准设立 5 部：总务部、编辑部、阅览部、特藏部、研究辅导部。分区设立 5 所分馆，将中山图书馆改为市立图书馆第一分馆，另增设 4 个分馆。设置巡回书库 4 处，附设于各处的民众教育馆，每日按照一定的路线巡回开放。扩充民众教育馆组织，将原有的市立第一、第二、第三民众教育馆合并，合组市立第一民众教育馆，原有第四民教馆增添设备，改称市立第二民众教育馆，另增设市立第三、第四民众教育馆 2 处。增设阅书报处 24 所，所需经费由经常费和临时费支付。由于国民政府党争，致使建设计划落空，未能改变北平社会教育状况。

1946 年，中山图书馆并入北平市立图书馆。

1947 年，国立北京大学呈请教育部批准创办图书馆学专修科，隶属于文学院，王重民为系主任，第一届招收图书馆学专业学生 7 人。

1948 年 3—6 月，在北京市立图书馆馆长朱励安的主持下，开办为期 3 个月的图书馆学讲习班，共 47 位学员，讲师有章新民、张月如、胡正支、李仲和、朱励安、耿济安、赵福来、邢树屏、李钟履。

1949 年 1 月，北平和平解放。

1949 年 7 月，根据华北高等教育委员会指令，北京大学图书馆学专修科对外招收高中毕业生，学制 2 年，这即是今日北京大学信息管理系的前身。

参考文献

一、档案资料

[1] 第一社会教育区民众教育馆关于举办卫生展览会和年画、唱本、儿童玩具展览会经过情形及呈报该馆改进计划书的呈文及社会局的指令[A].北京市档案馆藏,档案号:J002-003-00668

[2] 华北政务委员会教育总署转发周作人对世界大势及华北教育事业的训令及教育局转发各校、馆、处的指令[A].北京市档案馆藏,档案号:J004-001-00512

[3] 北京市教育局三十一年度中学教育行政计划案[A].北京市档案馆藏,档案号:J002-007-1384

[4] 中国战时文物损失数量及估价目录凡例及总目表(1949 年 1 月 24 日)[A].中国第二历史档案馆藏,档案号:全宗号 5(2),案卷号 913

[5] 中国战时文物损失数量及估价目录凡例及总目表(1949 年 1 月 24 日)[A].中国第二历史档案馆藏,档案号:全宗号 5,案卷号 11707

[6] 教育部平津区特派员办公处代电[A].中国第二历史档案馆藏,档案号:全宗号 5,案卷号 1641

[7] 市民王卓然为成立"保持人生健康学社"给教育局的呈及北平市社会教育同仁联合会[A]. 北京市档案馆藏,档案号:J004-004-00397

[8] 北平市社会教育促进会筹经费的公函及教育局的复函(附组织章程等)[A].北京市档案馆藏,档案号:J004-004-00345

[9] 北平市教育局社会教育科所属社教机关一览表[A].北京市档案馆藏,档案号:J004-004-00117

[10] 北平市民国三十五年度职业教育推选及改进计划书[A].北京市档案馆藏,档案号:J004-004-00124

[11] 社会局、教育局关于北平图书馆协会建议普遍设立公共图书馆核情形给市政府的合签呈[A].北京市档案馆藏,档案号:J002-003-00925

[12] 北平图书馆协会拟定图书收回办法及市政府训令[A].北京市档案馆藏,档案号:J001-003-00240

[13] 北平图书馆协会关于本市各公私立中小学校应扩充图书馆的笺函及市教育局给市公私立各中小学校的指令[A].北京市档案馆藏,档案号:J004-002-01407

[14] 北平市教育局所属市立各馆、处、所、社一览表[A].北京市档案馆藏,档案号:J004-004-00396

[15] 北平市立图书馆和阅书报处等呈请提高社教同仁待遇的呈及教育局的指令[A].北京市档案馆藏,档案号:J004-001-01231

二、民国时期的出版物

[1] 福开森等.新闻报[N].1928

[2] 北京晨报社.晨报副刊[N].1925

[3] 申报馆.申报[N].1898

[4] 大公报馆.大公报[N].1907

[5] 上海时务报馆.时务报[J].1898

[6] 北洋官报局.北洋官报[J].1907

[7] 清政府学部.学部官报[J].1907,1909-1910

[8] 中华民国北京政府教育部.教育公报[J].1915-1916

[9] 中华民国南京政府教育部.教育部公报[J].1929,1945

[10] 京师学务局.京师教育报[J].1914

[11] 京师学务局.京师学务局教育行政月刊[J].1920

[12] 北平市教育局编辑处.北平市教育行政周报[J].1931-1932

[13] 北平大学区秘书处.北平大学区教育旬刊[J].1929

[14] 中华图书馆协会.中华图书馆协会会报[J].1925-1948

[15] 中华图书馆协会.图书馆学季刊[J].1926.3-1937.6

[16] 文华图书馆学专科学校.文华图书馆学专科学校季刊[J].1932-1937

[17] 北平图书馆协会.北平图书馆协会会刊[J].1924.8-1933.5

[18] 国立北平图书馆.国立北平图书馆馆刊[J].1928.5-1937.2

[19] 国立北平图书馆.国立北平图书馆馆务报告[J].1926.3-1938

[20] 北京大学图书部.北大图书部月刊[J].1929.10.20-1930.3.20

[21] 北京大学编辑.北京大学日刊[J].1924

[22] 清华周刊社.清华周刊·图书馆增刊[J].1930-1931.12

[23] 成舍我主办.世界日报副刊·图书馆周刊[J].1935
[24] 燕京大学图书馆.燕京大学图书馆报[J].1931.1.15-1939.8
[25] 北平私立木斋图书馆.北平私立木斋图书馆季刊[J].1937.2.1-5.1
[26] 北平近代科学图书馆.北平近代科学图书馆馆刊[J].1937.9-1939.7
[27] 北平社教编辑委员会.北平社教[J].1937
[28] 北平市社会局教育科.时代教育(北平)[J].1933-1936
[29] 北平市教育局编辑处.现代教育[J].1930
[30] 新教育共进社.新教育[J].1919-1925
[31] 北京高师.教育丛刊[J].1923
[32] 商务印书馆.教育杂志[J].1909-1913
[33] 现代青年社.现代青年(北平)[J].1935-1937
[34] 伪中华民国教育总会.教育学报[J].1938-1939
[35] 北平市第三民教馆.北平市第三社教区民众教育馆月刊[J].1936
[36] 北平特别市市政公报编辑处.北平特别市市政公报[J].1929-1930
[37] 北平市政府.北平市政府公报[J].1946-1948
[38] 文艺部工作概况.北平市市立通俗教育馆季刊[J].1932
[39] 中国社会教育社.中国社会教育社第二届年会报告[M].南京:中国社会教育社自刊,1933:13
[40] 北平大学区教育行政院.北平大学区扩充教育处计划及工作摘要[M].北平:北平大学区教育行政院,1929
[41] 教育部教育年鉴编纂委员会.第一次中国教育年鉴[M].上海:开明书店,1934
[42] 教育部教育年鉴编纂委员会.第二次中国教育年鉴[M].上海:商务印书馆,1948
[43] 新晨报丛书室.北平各大学的状况[M].北平:新晨报营业报,1930
[44] 许晚成.全国图书馆调查表[M].上海:龙文书店,1935:8
[45] 杨家骆.图书年鉴[M].上海:辞典馆,1935
[46] 全国图书馆及民众教育馆调查表[M].中华图书馆协会编印,1935
[47] 全国公私立图书馆一览表[M].教育部社会教育司编印,1930
[48] 全国公私立图书馆一览表[M].教育部社会教育司编印,1936
[49] 全国图书馆一览[M].杭州:浙江省立图书馆编印,1931
[50] 申报年鉴社.申报年鉴[M].上海:申报馆,1936
[51] 北平特别市市立第一普通图书馆周年纪念刊[M].北平市市立第一普通图书馆编印,1930.3

[52] 中华图书馆协会第一次年会报告[M].中华图书馆协会执行委员会编印,1929

[53] 中华图书馆协会第二次年会报告[M].中华图书馆协会执行委员会编印,1933

[54] 李文祷.北平学术机关指南[M].北平图书馆协会出版,1933

[55] 李文祷 武田熙.北平学术文化机关综览[M].新民印书馆,1940

[56] 杨家骆.全国机关公团名录[M].上海:辞典馆,1937

[57] 江朝中.北京地方维持会报告书[M].1938,未刊稿

[58] 熊斌.北京市政府复员计划[M].1946.1,未刊稿

[59] 北平市立图书馆学讲习班同学录[M].未刊稿,1948.6

[60] 北平市图书馆协会会员录[M].北平图书馆协会编印,1948,未刊稿

[61] 赵福来.北平市图书馆一览[M].北平市图书馆协会编印,1948,未刊稿

[62] 北平市立第一普通图书馆概况[M].北平市立第一普通图书馆编印,1936

[63] 燕京大学图书馆概况[M].燕京大学图书馆编印,1933

[64] 北平私立燕京大学一览[M].燕京大学编印,1936-1937

[65] 金敏甫.中国现代图书馆概况[M].广州图书馆协会,1929

[66] 北京近代科学图书馆概况[M].北京近代科学图书馆编印,1939

[67] 国立北京大学图书馆概况[M].国立北京大学图书馆编印,1936

[68] 国立清华大学图书馆概况[M].国立清华大学图书馆编印,1933

[69] 中法大学图书馆概况[M].中法大学编印,1933

[70] 吴学信.中国社会教育概述[M].重庆:国民图书出版社,1942:18

[71] 俞庆棠.民众教育[M].南京:正中书局,1935:3

[72] 蒋元卿.中国图书分类法沿革[M].上海:中华书局,1937

[73] 总政编查馆.城镇乡地方自治章程[M].上海:商务印书馆,1908:2

[74] 杨廷栋.城镇乡地方自治章程通释[M].上海:商务印书馆,1910:10

[75] 梁启超.梁任公近著(下)[M].上海:商务印书馆,1923

[76] 田康.民众学校招生法[M].杭州:新新印刷局,1934:9-10

三、专著

[1] 郗志群.北京史百年论著资料索引[M].北京:北京燕山出版社,2000

[2] 王灿炽.北京史地风物书录[M].北京:北京出版社,1985.11

[3] 吴廷燮.北京市志稿[M].北京:北京燕山出版社,1998

[4] 张树华.北京各类型图书馆志[M].北京:北京燕山出版社,1993.03

[5] 张树华 张久珍.20 世纪以来中国的图书馆事业[M].北京:北京大学出版社,2008

[6] 李希泌 张椒华.中国古代藏书与近代图书馆史料(春秋至五四前后)[M].北京:中华书局,1982

[7] 北京市地方志编纂委员会.北京志·文化艺术卷·群众文化志、图书馆志、文化艺术管理志[M].北京:北京出版社,2001.9

[8] 耿申 邓清兰 沈言 喻秀芳.北京近代教育记事[M].北京:北京教育出版社,1991

[9] 邓菊英 高莹.北京近代教育行政史料[M].北京:北京教育出版社,1995.9

[10] 谢灼华.中国图书和图书馆史[M].武汉:武汉大学出版社,2011.10

[11] 程焕文.中国图书馆史·近代图书馆卷[M].北京:国家图书馆出版社,2017.10

[12] 李致忠.中国国家图书馆馆史资料长编(1909-2008)[M].北京:国家图书馆出版社,2009

[13] 吴晞.北京大学图书馆九十年记略[M].北京:北京大学出版社,1992

[14] 吴晞.从藏书楼到图书馆[M].北京:书目文献出版社,1996

[15] 韦庆媛 邓景康.清华大学图书馆百年图史[M].北京:清华大学出版社,2013

[16] 韦庆媛 侯竹筠.不尽书缘——忆清华大学图书馆[M].北京:清华大学出版社,2001

[17] 北京师范大学图书馆.北京师范大学图书馆百年馆庆纪念册[M].北京:北京师范大学出版社,2002

[18] 甘博.北京社会调查(上)[M].北京:中国书店出版社,2010

[19] 万妮娜.民国时期北京社会教育活动研究[M].南昌:江西人民出版社,2015

[20] 刘晓云.近代北京社会教育发展研究[M].北京:知识产权出版社,2013

[21] 关晓红.晚清学部研究[M].广州:广东教育出版社,2000

[22] 陈源蒸 张树华 毕世栋.中国图书馆百年纪事(1840-2000)[M].北京:北京图书馆出版社,2004

[23] 赵倩.现代化语境下的民众教育与社会改造:1928-1937年北平地区民众教育馆研究[M].北京:中国人民大学出版社,2015

[24] 张玮瑛 王百强 钱辛波.燕京大学史稿[M].北京:人民中国出版社,1999

[25] 清华大学校史研究室.清华大学史料选编(第1-4卷)[M].北京:清华大学出版社,1991-1994

[26] 宋恩荣 余子侠.日本侵华教育全史(第2卷)[M].北京:人民教育出版社,2005

[27] 郑章飞 黎盛荣 王红.中国图书馆学教育概论[M].北京:国防科技大学出版社,2001

[28] 王学珍 张万仓.北京高等教育文献资料选编(1861-1948)[M].北京:首都师范大学出版社,2004

[29] 中国图书馆学会.百年文萃:空谷余音[M].北京:中国城市出版社,2005

[30] 王酉梅.中国图书馆发展史[M].长春:吉林教育出版社,1991

[31] 周洪宇.不朽的文华——从文华公书林到文华图书馆学专科学校[M].武汉:华中师范大学出版社,2013

[32] 严文郁.中国图书馆发展史:自清末至抗战胜利[M].台湾新竹:枫城出版社,1983

[33] 高增德.中国现代社会科学家大辞典[M].太原:书海出版社,1994

[34] 刘绍唐.民国人物小传(第 13 册)[M].北京:生活·读书·新知三联书店,2016

[35] 程焕文.裘开明年谱[M].桂林:广西师范大学出版社,2008

[36] 麦群忠 朱玉培.中国图书馆界名人辞典[M].沈阳:沈阳出版社,1991

[37] 李大钊.李大钊文集(下)[M].北京:人民出版社,1984

[38] 李建兴.中国社会教育发展史[M].台北:三民书局,1986

[39] 彭望苏.北京报界先声[M].北京:商务印书馆,2013

[40] 吕永和 张宗平.清末北京志资料[M].北京:北京燕山出版社,1994

[41] 朱有瓛 戚名琇 钱曼倩 霍益萍.中国近代教育史资料汇编(教育行政机构及教育团体)[M]. 上海:上海世纪出版股份有限公司、上海教育出版社,2007

[42] 璩鑫圭 唐良炎.中国近代教育史资料汇编(学制演变)[M].上海:上海教育出版社,2007

[43] 中国第二历史档案馆.中华民国史档案资料汇编(第五辑 第三编 教育一)[M].南京:江苏古籍出版社,2000

[44] 邓咏秋.中国出版业现代化研究:1800—1949[M].北京:国家图书馆出版社,2016

四、论文

[1] 朱强 王波等.北京大学图书馆的历史、现状与展望[J].大学图书馆学报,2012(6):5-16

[2] 张树华.北京近代图书馆的产生、发展和现状[J].大学图书馆学报,1990(1-6)

[3] 张树华.民国时期北京地区私立图书馆述略[J].北京图书馆馆刊,1998(3):108-111

[4] 李彭元.试论中华图书馆协会的主要历史贡献[J].图书馆论坛,2018(2):1-11

[5] 陈光祚.梁启超的目录学理论观点和实践活动[J].武汉大学人文科学学报,1963(4):156-171

[6] 全根先.蔡元培与中国近代图书馆事业[J].山东图书馆学刊,2004(3):18-22

[7] 韦庆媛.戴志骞新图书馆学思想与实践[J].图书馆,2010(6):58-61

[8] 张红扬.袁同礼与北京大学图书馆[J].大学图书馆学报,2011(5):118-121

[9] 罗梅.伊本·赫勒敦的社会历史观[J].齐齐哈尔师范高等专科学校学报,2011(4):74-75

[10] 苏全有 黄姗姗.对民国时期图书馆史研究的回顾与反思(上)[J].焦作师范高等专科

学校学报,2011(3):41-49

[11] 曹明.民国时期通俗图书馆述论[J].中州学刊,2012(3):150-153

[12] 隋元芬.中国近代图书馆事业的兴起[J].浙江社会科学,2000(5):120-124

[13] 韦庆媛.民国时期图书馆学留学生群体的构成及分析[J].大学图书馆学报,2018(3):106-121

[14] 韦庆媛.民国时期本土培养的图书馆学者群体的构成与分析[J].图书情报知识,2018(1):44-57

[15] 韦庆媛.民国时期涉华外国图书馆学者群体的构成及分析[J].图书馆,2018(5):101-111

[16] 吴稌年.北京高等师范学校暑期图书馆学讲习会 95 周年纪念[J].山东图书馆学刊,2016(2):1-6

[17] 夏白鸽.中国历史上第一次与图书馆事业有关的出洋考察[J].大学图书馆学报,1998(1):41-45

[18] 左玉和.从藏书楼到图书馆:中国近代图书馆制度之建立[J].史林,2007(4):24-39,189

[19] 马秀娟 魏豫州 张梅.民国时期图书馆法规与私立图书馆发展[J].图书馆论坛,2016(6):57-60

[20] 刘菡.清末阅书报社及其发展探究[J].图书馆论坛,2015(11):100-106

[21] 黄少明.走向免费服务——从清末和民国时期的图书馆法规看公共图书馆免费服务的原则最终在我国的确立[J].图书馆,2005(2):22-25

[22] 张欣毅 贾晓玲.北堂图书馆纪略[J].图书馆理论与实践,2008(2):107-115

[23] 米镇波.清代北京俄罗斯东正教会图书馆的若干问题[J].故宫博物院院刊,1994(3):84-90

[24] 卢正言.近代图书馆的先声——关于国英和他的藏书室共读楼[J].图书馆杂志,1992(3):62-64

[25] 汪家熔.两件图书馆史史料[J].图书馆学通讯 1983(2):88-90

[26] 杨玉麟.民国时期"国立西北图书馆"史料订补[J].图书与情报,1996(4):76-77

[27] 刘波 黄梦洁.清末民政部所建京师图书馆史事钩沉[J].大学图书馆学报,2010(3):31-35

[28] 李铁虎.北平伪临时政府辖境政区沿革述略[J].北京档案史料,1987(3):57-62

[29] 李铁虎.抗战时期北平高等院校的兴衰[J].北京党史研究,1995(4):39-41

[30] 陈雁.民国时期北京中法大学图书馆建设研究[J].图书馆理论与实践,2012(12):107-

108,121

[31] 李镇铭.京师图书馆的基础藏书及其渊源[J].北京图书馆馆刊,1995(Z2):113-119

[32] 刘甲良.故宫博物院图书馆所藏清宫文献述略[J].知识管理论坛,2014(4):1-4

[33] 孟化.浅析京师图书馆分馆在京师图书馆(1911-1928)发展历程中的意义和作用[C].北京史学论丛,2013:317-323

[34] 许赤瑜.北平沦陷时期中小学损失研究[J].北京党史,2015(4):24-27

[35] 陈兆肆.日伪统治时期北平的中小学教育[J].北京社会科学,2009(2):101-108

[36] 孟化.北京(北平北海)图书馆评述[J].文津学志,2014:170-178

[37] 左玉河.典籍分类与近代中国知识系统之演化[J].华东师范大学学报(哲学社会科学版),2004(6):48-59,117-118

[38] 郭英.梁启超与松坡图书馆[J].河南图书馆学刊,2006(2):123-124,139

[39] 李彭元.莫理循文库评述[J].晋图学刊,2005(2):74-76

[40] 张树华.北京大学图书馆学系发展史[J].图书馆杂志,1983(1):55-58

[41] 陈碧香.何日章在国立北平师范大学图书馆:办馆理念与实践[J].河北科技图苑,2014(2):3-6

[42] 王余光.略论 20 世纪中国文献学家[J].图书情报工作,2006(2):5-6

[43] 王子舟等."中国的图书馆学"建设仍在路上——纪念梁启超《中华图书馆协会成立会演说辞》发表 90 周年[J] .图书馆论坛,2015(5):6-12,67

[44] 马春晖.试论培育和提升高校图书馆的核心竞争力[J].图书馆工作与研究,2005(6):9-11

[45] 左玉河.现代中国学术体制之创建[N].中国社会科学院院报,2005-04-21,第 3 版

[46] 倪晓建.首都图书馆馆长谈北京图书馆业:不来看书很浪费[N].北京青年报,2013-10-11

[47] 闵韬.保罗·柯文等美国学者关于费正清"冲击—回应"模式争论[D].华东师范大学硕士论文,2011

[48] 张敏.民国时期图书馆学期刊研究[D].苏州大学博士论文,2015

[49] 李静.1901-1911 年北京地区中学教育研究[D].首都师范大学硕士论文,2007

[50] 王艳.1912-1927 年北京地区的中学教育研究[D].首都师范大学硕士学位论文,2007

[51] 卢浩.中华教育改进社[D].华东师范大学硕士论文,2003

五、网络文献

[1] 北京市公共图书馆计算机信息服务网[EB/OL] [2018-08-08].http://www.bplisn.

net.cn/

[2] 国家中长期教育改革和发展规划纲要(2010—2020 年)[EB/OL] [2018-08-08]. http://old. moe. gov. cn/publicfiles/business/htmlfiles/moe/info _ list/201407/xxgk _ 171904.html

[3] 北京市 2017 年国民经济和社会发展统计公报[EB/OL] [2018-08-08]. http://www.bjstats.gov.cn/tjsj/tjgb/ndgb/index.html

[4] 2017 北京统计年鉴[EB/OL] [2018-08-08]. http://tjj.beijing.gov.cn/tjsj/

六、外文文献

[1] J. H. Tang. Educational Reform and The Emergence of Modern Libraries in China: With Special Reference to the Metropolitan Library of Beijing, 1909—1937. Ph. D., Dissertation, University of Western Sydney, 2004

[2] Kuang-Pei Tu. Transformation and Dissemination of Western Knowledge and Values: the Shaping of Library Services in Early Twentieth Century China. Ph. D., Dissertation, University of California, 1996

[3] Margaret C. Fung. Safekeeping of the National Peiping Library's Rare Chinese Books at the Library of Congress 1941—1965. The Journal of Library History. Vol. 19, No. 3, 1984:359-372

[4] Lee-hsia Hsu Ting. Library Services In the People's Republic of China: A Historical Overview. The Library Quarterly: Information, Community, Policy. Vol. 53, No. 2, 1983:134-160

[5] Felix Reichmann. Research Methods in Librarianship , Library Trends, Vol.13, No.1, 1964:31-41

[6] The Board of Trustees of The University of Illinois. The history of the university of Ilinois Graduate School of Library and Information science, 1893—1993[M]. Printed In The United States of America, 1992

[7] Gail A. Schlachterand Dennis Thomison. Library Science Dissertations 1925—1972 [M]. Libraries Unlimited INC., 1974

[8] James I. Wyer. New york State Library School Register 1887—1926. New York State Library School Association. INC., 1959

[9] Yi-Chi Mei. Chi-Pao Cheng. A Survey of Chinese Students In American Universities and Colleges In the Past One Hundred Years[M]. New York, 1954

[10] Masters' Essays, Columbia University School of Library Service, 1967

[11] China Institute In America. Directory of Chinese university graduates and students In America, New York: China Institute in America. INC., 1945

[12] Henry Evelyn Bliss. The Organization of Knowledge in Libraries and the Subject Approach to Books, The H, W. Wilson Company, 1933

[13] The Committee on General Catalogue, Columbia University Alumni Register 1754—1931, New York: Columbia University Press, 1932

[14] New York Public Library. Library School of the New York Public Library Annual Report[M]. New York: The Library School, 1918

[15] C.C. Williamson and Alice L. Jewett. Who's Who In Library Service[M]. New York: The H.W. Wilson Company, 1933

[16] Dorothy Ethlyn Cole, Who's Who In Library Service, New York: The Grolier Society INC., 1955

[17] Lee Ash. Who's Who In Library Service. The Shoe String Press, INC., 1966

[18] Lee Ash. Who's Who in Library Service. Chicago: American Library Association, 1970

[19] Lee, Joel M. Who's Who In Library and Information Services. Chicago: American Library Association, 1982

后　记

1997年我来到清华大学图书馆工作。2000年元旦前夕，我和当时的清华大学校友会秘书长承宪康老师一起去看望杨绛先生。谈话间电话铃声响起，电话是出版社打来的。原来是钱钟书先生的新版《围城》刚刚出版，出版社想举办签名售书活动。当时钱钟书先生已经去世，出版社希望杨绛先生能够出席活动，并签名售书。杨绛先生静静地听完对方的陈述，以她特有的、稳重的声音回答对方："读者买书出于自愿，如果他认为这本书对他有帮助，自然会买的，如果他不需要，我不希望用这种方式吸引他买书。"杨绛先生的高风亮节令我由衷敬佩，并深受影响。从此，低调行事，踏实做人，自我修炼，修养自在，成为我毕生坚守的信条，也使我坐住了冷板凳，扎进图书馆史研究领域，相信耕耘总会有收获。

研究图书馆发展史，非同于其他课题，需要了解各个时期、不同内容的图书馆业务工作的进步与革新，因此要求对图书馆各项工作的特点及流程均要有较为深刻的理解，这也促使我提高了对现实图书馆各项工作的认识。

我在清华图书馆工作了二十多年，身在琅嬛福地，浸润在书海之中，越发觉得书的可爱，于是把时间全部投给了图书馆史研究，在出版了几部关于清华图书馆历史的图书之后，有了一些积累，觉得眼光应该放得更宽广一些，于是有了大胆的想法，把研究视野逐步扩展至北京，乃至中国的图书馆史研究领域。2015年申请北京哲学社会科学基金项目"民国时期北京的图书馆发展史研究"，很荣幸获得批准。但同时也带来了一个难题，同年申请的国家哲学社会科学基金项目也获得批准，两个哲社基金项目同时进行的确感到压力很大。好在披星戴月，废寝忘食，2018年终于完成了本课题的研究报告，顺利结题，获得评定等级为"优秀"。2020年以此为题申请清华大学文科出版基金资助项目，承蒙评审专家推荐，获得批准。感谢评审专家的匿名推荐，使这一成果得以面世。

北京具有得天独厚的发展图书馆的条件，图书馆的发展也具有深厚的历史渊源。如果从1605年南堂图书馆建立算起，北京有图书馆的历史已有400多年。如果从1876年国英创办共读楼算起，北京开放私人藏书阅读的历史已有140多年。如果从1909年京师图书馆的建立算起，北京将图书馆纳入国家治理体系的历史已有110多年。北京曾为元明清三朝古都，留下了大量弥足珍贵的文化典籍，为图书馆的建立和发展奠定了坚实的基础。北京的图书馆学者众多，有留学海外的图书馆学专业学者、本土培养的图书馆学专业学者、社会精英学者、传统文献学者，他们或高屋建瓴贡献思想，或管理大型图书馆积累经验，或在研究领域被誉为翘楚，是中国图书馆学和图书馆事业及各研究领域的开创者和领导者，共同引领北京乃至中国的图书馆事业不断进步，北京的图书馆发展史即是半部中国图书馆发展史。

历史是一面镜子，知道来路，才能够明确去路。厘清来路，也才能够不断修正去路。历史的功用在于传承与借鉴，通过分析民国时期北京的图书馆发展的成效，能够传承先辈留下的精神财富。通过分析制约因素，进行反思，为今日图书馆发展提供借鉴。我深以能够研究这样一个课题为幸。

多年沉浸在图书馆史研究领域，渐渐熟悉了业内的老师。为本书作序的王子舟老师任北京大学信息管理系(原图书馆学系)教授多年，涉猎多个研究方向，成绩斐然。我与子舟老师相识已久，其学问令我仰止。2019年我赴雅典参加第85届世界图书馆大会(IFLA)，并以"中国图情专业教育的回顾与展望"为题在会上发言。子舟老师带着两位漂亮的女博士弟子张晓芳、张歌也前往参加，并以"B@LSH项目:为中国农村儿童创造无处不在的阅读环境"为题在会上发言。在雅典相见是意外收获，又得聆听子舟老师的高见。子舟老师虽学富五车，但平和有加，邀我去他与弟子暂住的民宿参观，两位女弟子亲自下厨，让我饱餐一顿，在异国他乡感受到家的味道。子舟老师对图书馆史颇有研究，如北京早期对外开放的共读楼等，他的几位研究生也选择了图书馆史作为毕业论文的研究主题，因此我有幸参与评阅论文。此次子舟老师在百忙之中欣然同意为本书作序，不胜感激。在子舟老师审读书稿的过程中，不断提示我书中的一些文字错误。序言中提到的邓云乡文章对我很有启发，我已在书中补充了相关内容。子舟老师提到的其他几篇文献也很有价值，但关于抗战胜利后的图书馆调查情况，因为没有确切资料而难以补充完整，只能期待将来查找到更多的资料再行补充。

感谢清华大学出版社承担了本校文科出版基金项目的出版工作，感谢责任编辑周菁老师对我的大力支持和鼓励。已经出版的《邺架巍巍——忆清华大学图书馆》《清华大学图书馆百年图史》都是由周菁老师担任责任编辑。周老师毕业于北京大学图书馆学系，专业素养极好，经常给我提出专业建议，我与周老师的交往也由编读关系变成了朋友关系。此次出版本书，周老师从申请学校资助到出版过程都给了我很大的帮助，在本书即将付梓之际，向周老师表示衷心感谢！

韦庆媛

2020 年 2 月 17 日